시스코 스위칭 완전 분석

GNS3 시뮬레이터를 활용한

시스코 스위칭 완전 분석

정철윤 지음

i!i
에이콘

지은이 소개

정철윤 (mrrock1415@gmail.com)

현재 호주 IT 업체에서 대형 기업망 관리 및 설계 등 다양한 네트워킹 솔루션을 제공한다. 1995년 KT에 입사해 KT 인터넷망을 관리했다. KT 인재개발원과 일반 사설 교육 센터의 객원 강사로 활동하면서 CCNA, CCNP, 그리고 CCIE 과정을 강의했다. 현재도 네트워크 입문자나 초·중급자에게 20년 이상의 네트워킹 경력으로 축적된 경험을 전달하고 있다. 저서로는 에이콘출판사에서 출간한 『시스코 라우팅 완전 분석』(2013)과 『시스코 네트워크 보안 완전 분석』(2015)이 있다.

지은이의 말

"원격 사이트가 접속 불능 상태다! 모든 사용자가 네트워크에 접속되지 않는다."

고객의 민원이 접수됐다. 사이트의 라우터 접속을 했지만, WAN 링크에 문제점이 발생하지 않았다. 그러나 내부 스위치로의 접속이 불가능한 상태다.

이는 최근 한 프로젝트 엔지니어가 필자에게 도움을 청한 내용이다. 프로젝트 엔지니어는 해당 사이트에 새로운 스위치를 추가하는 작업을 수행 중이었다. 필자는 순환 구조 네트워크로 인한 브리징 루프를 의심했고, 새로 추가된 스위치의 링크를 제거한 후 회복됐다. 결론부터 얘기하면 스위칭 기술을 잘못 이해해 발생한 장애였다.

대부분의 스위칭 기술은 라우팅과 같이 복잡한 설정이 많이 요구되지 않는다. 이런 이유로 스위칭 기술에 대한 학습은 라우팅 학습보다 덜 중요하다고 인식되는 것이 현실이다. 그러나 대부분의 기업망은 내부에 복잡한 스위치 네트워크를 형성하는데, 대다수의 관리자는 간단한 VLAN과 트렁크 설정, 확인 등을 비교적 단순한 업무라고 생각하곤 한다. 그 이유는 스위치 네트워크의 핵심이라 할 수 있는 스패닝 트리 프로토콜은 기본적으로 동작하기 때문에 관리자가 신경 쓰지 않는 경우가 대부분이기 때문이다.

필자는 서두에서 언급한 형태의 장애를 매우 자주 접해 왔다. 소위 전문가 자격증인 CCIE를 소유한 엔지니어도 이와 같은 장애를 종종 발생시키곤 한다. 이것 또한 스위칭 기술을 라우팅 기술보다 덜 중요한 파트라고 치부해 버리기 때문이다. 실제 CCIE 문제 등에서도 스위칭 관련 문제는 복잡하거나 어려운 부분이 그리 많지 않기 때문에 CCIE 준비생들 역시 스위칭 학습에 큰 시간을 들이지 않는다.

그러나 실무에서, 특히 기업망을 관리하는 엔지니어나 프로젝트 엔지니어가 스위치 네트워크를 관리 또는 설계할 때 스위칭 관련된 각 기술에 대한 완전한 이해 없이는 고장 복구나 안정적인 스위치 네트워크 설계를 할 수 없다. 특히 많은 스위치 장비와 VLAN

을 운용하는 복잡한 네트워크의 경우에는 더욱 강력한 이론적인 지식을 바탕으로 한 실무 능력을 겸비해야 한다.

다른 IT 기술과 마찬가지로, 스위칭 기술도 더욱 진화하고 있다. 새로운 기술이 소개될 때마다 그 기술을 이해하려고 많은 시간을 투자한다. 그러나 미래의 모든 새로운 기술은 현재의 기술을 기반으로 탄생한다. 새로운 기술은 현재의 기술의 장점을 더욱 발전시키고, 단점을 제거하는 방식으로 소개된다. 그러므로 새로운 미래 스위칭 기술을 이해하려면 현재의 기술을 완전히 이해하고 있어야만 한다. 시스코에서 데이터센터용 스위치로 소개된 넥서스Nexus 스위치의 경우도 마찬가지다. 이 스위치에서 제공하는 모든 새로운 기술은 기존 스위치의 단점을 극복하는 형태로 소개됐다.

한편, 과거에 비해 오늘날은 네트워킹 기술 학습이 매우 간편해졌다. 그 이유는 과거에 비싼 네트워크 장비를 접하지 못하거나 실습용 장비가 부족해서 실무 관련 실습은 거의 불가능했다. 그러나 오늘날 거의 대부분의 제조사는 각 제품의 가상화 버전을 제공하기 때문에 VMWare 등을 이용한 가상 장비를 구동함으로써 거의 완벽한 실습 환경을 구축할 수 있게 됐다. 시스코 스위치의 경우도 마찬가지다. 과거에는 시스코 라우터 실습이 가능했지만, 스위치의 경우는 가상 장비를 통한 실습이 불가능했다. 그러나 이제 대부분의 실습이 가능해졌고, 이 책에서 제공하는 대부분의 예제도 가상 스위치 장비를 이용한 실습을 제공한다.

필자가 마지막으로 당부하고 싶은 말은 단순하고 가볍게 학습을 시작하는 것이 중요하다는 것이다. 본문의 설명이 이해가지 않는다면 예제 실습을 그대로 따라 한 후 다시 본문 내용을 학습하면 보다 쉽게 이해할 수 있을 것이다. 그리고 이 책의 끝부분까지 학습한 후, 독자 자신이 스위치 네트워크를 바라보는 관점이 달라져 있는 희열을 느낄 수 있기를 진심으로 바란다.

마지막으로 오랜 시간 동안 출간을 도와주신 권성준 사장님, 황영주 상무님 외 에이콘 출판사 모든 관계자분들께 감사 인사를 드리고 싶다. 그리고 항상 내게 힘을 주는 사랑하는 가족, 경희, 재훈, 유주에게 고마움을 전하고 싶다. 그리고 이 책을 읽어주시는 독자분들께 무한한 감사를 드린다.

시드니에서 정철윤

차례

01장   LAN 통신   19

02장   가상 랜   61

들어가며

이 책은 시스코 스위치 네트워크를 이해하는 데에 집중했다. 이를 통해 독자에게 실제 스위치 네트워크에서 스위칭 기술을 활용할 실무 능력을 향상시키는 데에 목표를 뒀다. 더불어 CCNP나 CCIE RS와 같은 시스코 자격증의 스위칭 파트를 준비하는 데도 활용할 수 있도록 했다.

이 책을 학습하는 독자에게 처음부터 끝까지 순서대로 학습하는 것을 권장하지만, 독자가 필요한 부분을 우선적으로 학습할 수 있도록 설명하려 노력했다. 또한 각 장의 마지막 단원은 각 주제와 관련된 실무 상황 또는 자격증 시험을 대비할 수 있는 문제와 해설을 제공함으로써 독자 스스로 각 장의 내용을 정리할 수 있도록 했다.

이 책은 총 7장으로 구성돼 있다. 각 장의 순서는 각 장 내용의 연관성에 의해 정해졌다.

제1장은 스위칭 기술의 가장 기본적인 내용인 LAN 통신의 전반적인 내용을 다룬다. LAN 통신의 가장 기본인 이더넷^{Ethernet} 관련 내용과 링크의 전송 방식, 2계층의 MAC 주소 체계와 같은 스위칭 기술의 근본이 되는 내용을 다룬다. 그리고 스위치의 포워딩 테이블과 그 관리 방법, 그리고 시스코 스위치가 라우팅 IOS와 다른 조작법 등에 관해 설명한다. 또한 시스코 자격증 시험에서 다루는 내용은 아니지만, 오늘날 실무에서 많이 사용하는 PoE에 대한 설명과 관련 설정 및 확인을 통해 실무에서 활용할 수 있게 한다.

제2장은 스위칭 기술의 가장 중요한 기술 중 하나인 가상 랜^{VLAN}을 다룬다. VLAN의 필요성을 통해 VLAN의 특징을 쉽게 이해할 수 있다. 또한 VLAN을 통한 OSI 2계층의 구성도와 3계층의 구성도 차이점을 이해함으로써 실무에서의 VLAN 활용도를 높일 수 있다. 한편, VLAN과 트렁크의 연관성을 통해 트렁크의 필요성, 그리고 트렁크의 동작 방식을 이해하고, 설정과 확인 방법을 설명한다. 그리고 트렁크를 통한 VLAN 데이터

베이스를 공유하게 하는 VTP에 관해 설명한다. 또한 초보자가 이해하기 어려운 VTP 프루닝에 대한 상세한 설명을 통해 트렁크 링크를 효과적으로 사용할 수 있게 한다.

제3장은 스위칭 기술의 핵심인 스패닝 트리 프로토콜Spanning Tree Protocol을 설명한다. 견고한 네트워크를 위한 스위치 이중화 때문에 발생하는 문제점을 설명하고, 이를 극복하기 위한 스패닝 트리 프로토콜의 동작을 이해한다. 또한 VLAN 단위로 이중화된 링크로의 부하분산Load Balancing을 구현하는 방법 등을 소개한다. 또한 스패닝 트리 프로토콜의 세부 설정을 통해 스위치 네트워크의 안정성을 향상시키는 방법 등을 소개한다. 여기에 기존 VLAN 기반 스패닝 트리 프로토콜이 가지는 단점을 이해하고, 이를 극복할 수 있는 MST에 관해 학습한다.

제4장은 링크 통합에 관해 알아본다. 링크 통합은 포트 채널 또는 이더 채널로 더 많이 알려져 있는데, 링크 통합의 의미와 스위치에서의 그 동작 등을 알아본다. 또한 각 링크 통합 방식을 알아보고, 링크 통합 프로토콜인 LACP와 PAgP에 관해 설명하며, 그 설정과 확인하는 과정을 학습한다. 또한 포트 채널에 속하는 여러 링크를 통한 부하분산이 어떻게 이뤄지는지에 관해 알아본다.

제5장은 다중 계층 스위칭에 관해 학습한다. 다중 계층 스위치의 필요성을 알아보고, 이를 구현하는 과정을 학습한다. 또한 스위치의 트래픽 포워딩 방식을 알아보고, 시스코의 L3 스위칭 방식인 CEF를 설명한다.

제6장은 스위치 감시를 주제로 한다. 스위치 포트로 수신되는 트래픽을 분석 장치로 미러링하는 기능인 SPAN의 필요성을 이해하고, 그 종류와 설정 방법을 학습한다. 그리고 서비스 레벨을 모니터링하기 위한 기능인 IP SLA의 개요와 설정 및 확인뿐만 아니라 그 활용에 관해 설명한다.

제7장은 스위치 보안에 관해 설명한다. 호스트 장비가 연결되는 각 스위치 포트에 대한 보안 적용을 통한 서비스 안정화 방법을 알아본다. 또한 브로드캐스트 트래픽으로 인한 네트워크 성능 저하를 방지하기 위해 스톰 제어 기법을 학습하고, 그 설정 방법을 알아본다. 한편 VLAN에 관해 특정 트래픽을 제한할 수 있는 VLAN 액세스 리스트인 VACL의 동작과 설정 방법을 학습한다. 또한 악의적인 VLAN 태깅을 통한 공격

인 VLAN 호핑을 이해하고, 이를 방지할 수 있는 방법을 알아본다. 마지막으로 특정 VLAN 내부의 호스트 간 통신을 제한하기 위한 사설 VLAN에 관해 알아보고, 이를 설정 및 확인한다.

본문 내용 이외에 부록을 제공한다.

부록 A를 통해 데이터센터 스위치인 시스코 넥서스Nexus 장비의 OS인 NX-OS에 대한 간단한 설명을 제공한다. NX-OS의 많은 기능 중 L2 기술 중심의 기능 개요와 간단한 설정법을 설명한다. NX-OS가 기존 IOS와 다른 점과 가장 핵심 기능인 가상 포트 채널VPC의 개요와 기본 설정법을 알아보고, 스위치 패브릭 확장을 위한 FEX의 개요를 이해한다.

마지막으로 부록 B는 GNS3과 GNS3 VM의 설치 과정을 소개함으로써 책에 제시된 실습 네트워크를 구축할 수 있게 한다. 대부분의 예제는 GNS3과 GNS3 VM에서 실습이 가능하다. 그리고 마지막 부분에는 책에 예시한 모든 실습이 가능한 GNS3 실습 네트워크 구성도를 제공한다.

01

LAN 통신

LAN이라는 용어를 접하면 무척이나 오래전에 사용하던 것 같은 느낌이 든다. 요즘은 LAN이라는 말보다 VLAN 또는 WLAN이라는 용어를 많이 사용한다. 어쩌면 LAN보다 SAN 등과 같은 용어를 더 많이 사용하는지도 모른다. 오늘날에는 이더넷이라는 프로토콜이 대중화되면서 어느덧 LAN의 또 다른 이름으로 존재하고 있다. 스위치 네트워크를 본격적으로 학습하기 전에 이더넷의 기본적인 내용과 스위치의 동작 등에 관해 알아보자.

1.1 이더넷

오늘날 우리가 사용하는 대부분의 LAN 통신은 IEEE의 802.3으로 표준화된 이더넷이라는 프로토콜을 통해 이뤄진다. 이더넷은 링크에 연결된 모든 호스트가 대역폭을 공유하는 통신 방식으로 동작한다. 많은 LAN 프로토콜 중에서 이더넷이 가장 대표적이고 인기 있는 프로토콜로서 지금까지 존재하는 이유는 손쉬운 확장성 때문이다. 초기 이더넷은 10Mbps의 대역폭을 지원했지만, 오늘날에는 100Mbps, 1Gbps, 그리고 10Gbps의 빠른 전송 속도를 지원한다. 전송 속도의 향상과 기존 네트워크를 기반으로 손쉽게 구현할 수 있다는 큰 장점으로 인해 지금까지 널리 사용되고 있다.

이더넷은 네트워크상의 호스트가 통신 미디어를 공유한다. 이더넷의 통신 미디어는 한 시점에 단 하나의 호스트만 통신 미디어를 점유한다. 그러므로 여러 호스트가 동시에 트래픽을 전송하는 경우, 공유 통신 미디어상에서 데이터와의 충돌이 발생하는 단점이 있다. 이런 단점을 극복하기 위해 실제 이더넷상의 호스트는 데이터 충돌을 인지함으로써 재전송이 가능해야 한다. 이더넷은 이를 CSMA/CD^{Carrier Sense Multiple Access & Collision Dectection}라고 표현한다. 이는 반송파^{Carrier}를 감지하는^{Sense} 다중 접근^{Multiple Access} 통신 방식인데, 이 외에도 충돌을 감지^{Collision Dectection}한다는 것이다.

기본적으로 이더넷상에서 특정 호스트가 보낸 트래픽의 시그널은 공유 통신 미디어를 통해 모든 호스트로 전달된다. 그러므로 모든 호스트는 공유 통신 미디어가 다른 호스트에 의해 사용 중인지를 인지할 수 있다(그림 1.1).

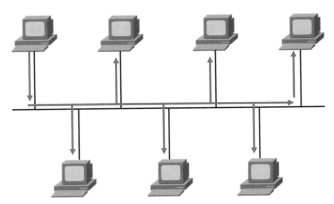

그림 1.1 이더넷상의 모든 호스트로 트래픽의 반송파가 전달된다.

한 호스트가 보낸 트래픽은 OSI 1계층에서 전기 시그널로 송출된다. 이를 반송파^{Carrier}라고 하는데, 이더넷에서 반송파는 모든 호스트로 전달된다. 이더넷에서 특정한 시점에 단 하나의 호스트만 통신 미디어를 점유한다. 그러므로 한 시점에 2대 이상의 호스트가 동시에 트래픽을 송출하면 통신 미디어상에서 반송파의 충돌이 발생한다(그림 1.2).

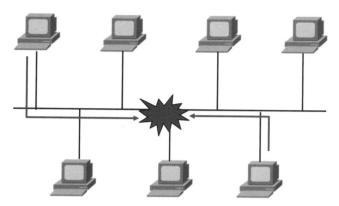

그림 1.2 2대 이상의 호스트가 동시에 트래픽을 송출하면 충돌(Collision)이 발생한다.

이때 호스트가 충돌을 감지하면, 충돌이 발생했다는 사실을 네트워크상의 다른 호스트에게 알리기 위해 충돌 신호Jamming Signal를 보낸다(그림 1.3). 충돌 신호를 수신한 다른 모든 호스트도 데이터 전송을 임의 시간 동안 대기한 후, 전송을 시도한다. 만약 충돌이 다시 발생하면 또 다시 충돌 신호를 보내고, 임의의 시간을 대기한 후, 재전송을 시도한다. 이런 시도는 최대 15번까지 가능하다. 만약 최대 15번까지의 전송이 실패하면이를 에러로 간주하고 전송을 중단한다.

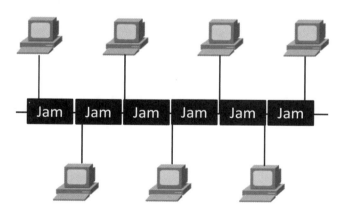

그림 1.3 충돌을 감지하면 충돌 신호를 보낸다.

이와 같이 CSMA/CD 방식의 통신은 전송 미디어상에서의 충돌을 감수하는 프로토콜이다. 전송 방식에 의한 전송 효율은 그만큼 떨어진다. 네트워크상에서 충돌이 발생하는 경우, 해당 네트워크의 모든 호스트 전송은 보류되므로 데이터 충돌은 전체 네트워크의 효율에 영향을 미친다. 이런 데이터 충돌의 영향을 받는 호스트가 존재하는 영역을 충돌 영역Collision Domain이라 한다.

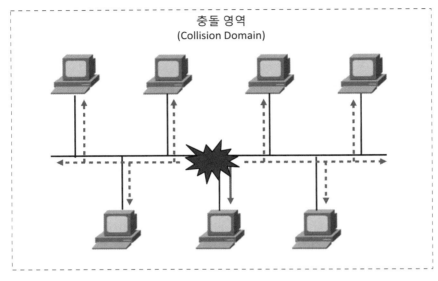

그림 1.4 충돌 영역

이런 이유로 CSMA/CD 네트워크의 일반적인 전송 효율을 70~80% 정도로 여긴다. 만약 충돌 영역에 많은 호스트가 존재하면 그 전송 효율은 더 나빠질 것이다. 다른 말로 표현하면, 충돌 영역에 호스트가 적을수록 전송 효율은 더 높아진다.

네트워크상의 충돌 영역을 더 작게 함으로써 전송 효율을 높이기 위해 개발된 장비가 브리지Bridge다. 브리지는 2계층 주소인 MAC 주소에 근거해 프레임을 전달한다. 그러므로 단순 전기 시그널인 반송파 포워딩은 이뤄지지 않는다(그림 1.5). 이로써 네트워크의 전송 효율을 더 높일 수 있다는 장점을 취할 수 있다.

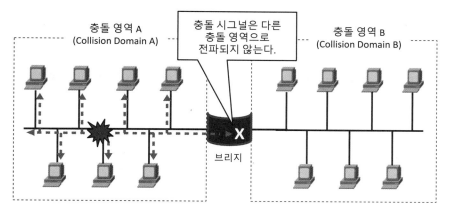

충돌 영역 A
(Collision Domain A)

충돌 시그널은 다른
충돌 영역으로
전파되지 않는다.

충돌 영역 B
(Collision Domain B)

브리지

그림 1.5 브리지는 충돌에 영향을 받는 영역을 분리시킨다.

비록 브리지를 통해 충돌 영역을 제한할 수 있지만, 그림과 같은 네트워크에서 각 랜 세그먼트의 통신 효율은 여전히 70~80% 정도에 머물 것이다. 어떻게 하면 통신 효율을 100%까지 끌어올릴 수 있을까?

통신 효율을 100%까지 끌어올리려면, 각 랜 세그먼트에 단 하나의 호스트만 존재하도록 하면 된다. 각 랜 세그먼트의 통신 미디어가 단 하나의 호스트를 위해 지정된다면, 해당 호스트의 통신 효율은 100%까지 끌어올릴 수 있을 것이다. 이에 착안한 통신 장비가 스위치다. 그림 1.6에서 볼 수 있듯이, 스위치는 모든 스위치 포트에 개별 브리지를 설치한 형태로 동작한다. 그러므로 각 스위치 포트에 연결한 특정 호스트의 통신 효율을 100%로 끌어올릴 수 있는 것이다. 이것이 스위치의 탄생 배경이다. 스위치의 첫 번째 목적은 통신 효율을 극대화하기 위한 것이고, 그 이후 비용 절감 등의 목적으로 VLAN이나 트렁크 등과 같은 기술이 도입됐다.

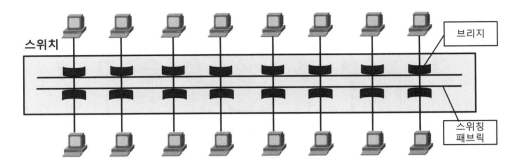

그림 1.6 스위치는 각 스위치 포트에 브리지를 둬 충돌 영역을 최소화한 장비다.

브리지와 스위치는 MAC 주소를 근거로 포워딩한다고 했다. 그러므로 특정 포트에 목적지 MAC 주소의 호스트가 존재하는 경우에 프레임을 포워딩한다. 브리지와 스위치가 특정 포트에 해당하는 MAC 주소 정보를 기록하는 테이블을 포워딩 테이블Forwarding Table이라 하는데, 포워딩 테이블을 구축하는 과정은 다음 절에서 살펴본다.

한편, 브리지는 L2 MAC 주소에 근거해 프레임을 포워딩하므로 프레임을 수신하면 목적지 MAC 주소를 살펴본다. 이때 목적지 주소가 브로드캐스트 주소(FFFF.FFFF.FFFF)인 경우에도 포워딩이 이뤄진다. 브로드캐스트Broadcast는 네트워크상의 모든 호스트를 의미한다. 네트워크상의 모든 호스트를 호출하는 통신 방식이 브로드캐스트이므로 충돌 영역과 상관없이 네트워크상의 모든 호스트로 해당 브로드캐스트 프레임을 포워딩한다. 그림 1.7과 같이 브로드캐스트 트래픽이 전달되는 영역을 브로드캐스트 영역Broadcast Domain이라 한다.

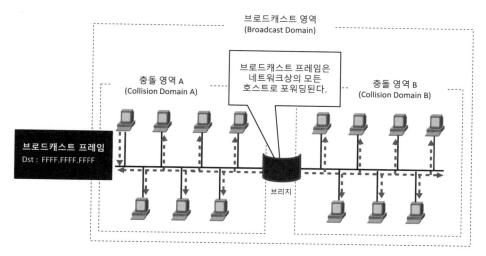

그림 1.7 브로드캐스트 영역

브로드캐스트 트래픽 역시 네트워크 효율을 저하하는 원인이 된다. 물론 브로드캐스트 트래픽은 통신에 있어서 반드시 필요한 부분임에 틀림없다. 그러나 특정 브로드캐스트 트래픽은 원하지 않는 호스트에게 부하를 가중시키는 트래픽이다. 또한 이더넷 환경에서 브로드캐스트 트래픽이 통신 미디어를 점유하는 경우, 다른 호스트는 이를 사용하지 못한다. 그러므로 네트워크 규모가 커질수록 브로드캐스트 트래픽은 더욱 많아지고, 각 호스트가 통신 미디어를 사용할 기회는 점차 줄어들게 되므로 통신 효율은 저하된다. 브리지는 브로드캐스트 MAC 주소인 FFFF.FFFF.FFFF를 목적지로 하는 프레임을 모든 포트로 포워딩하므로 이를 차단하지 못한다.

브로드캐스트 프레임은 3계층 장비에 의해 차단될 수 있다. 라우터와 같은 3계층 장비는 3계층의 주소로 라우팅을 수행하기 때문에 2계층 네트워크를 분리한다. 다시 말해, 3계층 장비는 브로드캐스트 프레임을 다른 인터페이스로 전달하지 않고 차단한다(그림 1.8).

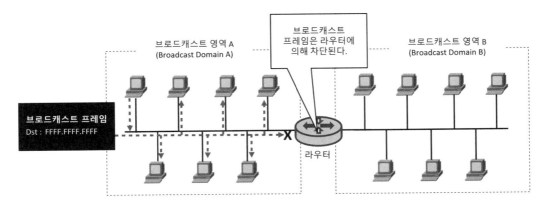

그림 1.8 브로드캐스트 트래픽은 라우터에 의해 차단된다.

스위칭의 가장 기본적인 기술인 CSMA/CD 방식은 그 동작의 특성상 통신 미디어상에서의 데이터 충돌을 인정한다. 그러므로 통신 효율을 높이기 위해 그 충돌이 발생하는 영역을 최소화하는 노력이 필요했고, 그로 인해 스위치가 개발됐다.

여기서 우리가 이해해야 할 내용은 충돌 영역과 브로드캐스트 영역이다. 앞에서 설명한 개념과 영역의 범위 등에 관해 이해하기 바란다.

1.2 전송 방식

통신은 데이터를 상대방으로 또는 상대방으로부터 데이터를 송수신함으로써 이뤄진다. 데이터 전송은 데이터를 상대방에게 전달함으로써 정보를 공유할 수 있게 한다. 초기의 데이터 전송은 통신 미디어의 특성상 제한적으로 이뤄졌다. 이 절에서는 전송 방식Duplex에 관해 자세히 알아본다.

초기 통신의 전송 방식은 반이중Half-Duplex 방식으로 이뤄졌다. 반이중 방식은 송신과 수신을 동시에 사용하지 못하고, 번갈아 가며 전송이 이뤄지는 방식이다. 송신을 수행할 때는 수신이 제한되고, 수신을 수행할 때는 송신이 제한된다. 무전기를 이용한 통신 방식을 떠올리면 이해하기 쉬울 것이다(그림 1.9).

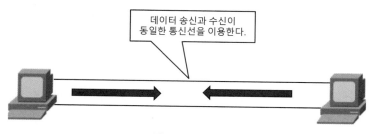

데이터 송신과 수신이
동일한 통신선을 이용한다.

그림 1.9 반이중 방식

초기 이더넷(802.3)의 전송 방식은 반이중 방식을 채택했다. 통신 미디어는 송신과 수신이 한 쌍의 통신선으로 이뤄졌기 때문에 송수신이 동시에 이뤄질 수 없었다. 송수신이 동시에 이뤄질 수 없기 때문에 반이중 방식의 이더넷 전송 효율이 매우 저하된다. 송신 트래픽과 수신 트래픽이 하나의 통신선을 사용하므로 이로 인한 데이터 충돌도 매우 빈번하게 발생한다. 통계상으로 약 30~40%의 전송 효율을 제공한다고 보고됐다. 이 말은 10Mbps의 이더넷 전송 속도가 실제 3~4Mbps밖에 제공하지 못한다는 것을 의미한다. 이런 단점을 극복하기 위해 전이중 방식Full-Duplex Mode이 소개됐다.

전이중 방식은 통신 미디어에 송신과 수신을 위한 별도의 통신선을 제공함으로써 데이터 송수신이 동시에 이뤄질 수 있게 했다(그림 1.10). 오늘날 전화기와 같은 방식이다. 무전기 통신에서 전화기 통신으로 발전된 형태로 비유할 수 있다. 송신과 수신이 개별 통신선을 사용하므로 동시 송수신에 의한 데이터 충돌을 피할 수 있다. 이는 실제 통신 효율을 극대화하는 데 큰 역할을 한다. 실제 호스트 장비 2대를 전이중 방식으로 직접 연결하면 통신 효율 100%를 제공한다.

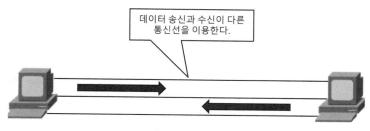

데이터 송신과 수신이 다른
통신선을 이용한다.

그림 1.10 전이중 방식

오늘날의 모든 스위치는 전이중 방식을 제공한다. 그러나 스위치와 연결되는 장비 중에서 구형 장비는 전이중 방식을 제공하지 않을 수 있으므로 선택적으로 반이중 방식을 지원하기도 한다.

한편 시스코 스위치는 전이중 방식을 제공하지만, 구형 장비를 지원해야 하기 때문에 기본 설정으로 사용하지 않는다. 시스코 스위치의 기본 설정은 협상을 통해 전송 방식을 결정하는 자동Auto 방식으로 결정된다. 자동 방식은 스위치와 연결된 호스트 장비 간 전송 방식Duplex과 속도를 협상을 통해 결정한다.

여기서 스위치와 연결된 호스트는 다른 스위치의 스위치 포트가 될 수도 있고, 라우터나 서버, 그리고 일반 사용자 PC 등이 될 수도 있다. 두 스위치 포트의 전송 방식의 설정에 따라 그 전송 방식과 속도가 결정된다. 표 1.1은 스위치 포트의 전송 방식과 속도가 결정되는 경우의 수를 보여준다.

표 1.1 전송 방식 설정에 따른 스위치 포트의 전송 방식 결정

NIC 설정	스위치 설정	NIC 설정 결과	스위치 포트 결과	참고
Auto	Auto	1Gbps 전이중	1Gbps 전이중	1Gbps NIC
1Gbps 전이중	Auto	1Gbps 전이중	1Gbps 전이중	1Gbps NIC
Auto	1Gbps 전이중	1Gbps 전이중	1Gbps 전이중	1Gbps NIC
1Gbps 전이중	1Gbps 전이중	1Gbps 전이중	1Gbps 전이중	1Gbps NIC
100Mbps 전이중	1Gbps 전이중	No Link	No Link	**속도 불일치 포트 사용 불가**
100Mbps 전이중	Auto	100Mbps 전이중	100Mbps 반이중	**전송 방식 불일치**
Auto	100Mbps 전이중	100Mbps 반이중	100Mbps 전이중	**전송 방식 불일치**
100Mbps 전이중	100Mbps 전이중	100Mbps 전이중	100Mbps 전이중	
100Mbps 반이중	Auto	100Mbps 반이중	100Mbps 반이중	기본 설정 반이중

NIC 설정	스위치 설정	NIC 설정 결과	스위치 포트 결과	참고
10Mbps 반이중	Auto	10Mbps 반이중	10Mbps 반이중	기본 설정 반이중
10Mbps 반이중	100Mbps 반이중	No Link	No Link	**속도 불일치 포트 사용 불가**
Auto	100Mbps 반이중	100Mbps 반이중	100Mbps 반이중	기본 설정 반이중
Auto	10Mbps 반이중	10Mbps 반이중	10Mbps 반이중	기본 설정 반이중

이 표는 실제 스위치를 운용하는 경우, 스위치 포트 설정에 많은 도움이 된다. 실제 스위치 운용 시 서버의 NIC 또는 네트워크 장비의 설정이 상이해 네트워크 성능 문제를 야기하는 경우가 많다. 표에서 제시하는 경우의 수가 많아서 복잡해 보일 수도 있다. 그러나 기본적인 원칙 몇 가지만 알고 있으면 그 결과를 간단하게 유추할 수 있다.

1. 협상^{Auto} 기능을 통한 10/100Mbps 포트에서 전송 방식 결정은 FLP^{Fast Link Pulse}라는 전기 비트 시그널에 의해 결정되는데, 이는 수동 설정 시 비활성화된다.
2. 속도 결정은 FLP를 수신하지 않아도 수신하는 전기 시그널에 의해 판단할 수 있고, 그 시그널에 맞는 속도에 일치시킨다.
3. 전송 방식의 기본 설정 값은 반이중이다.
4. 전송 속도가 일치하지 않으면 스위치 포트는 활성화되지 않는다.

시스코 스위치에서 1Gbps의 스위치 포트는 기본적으로 전이중 방식만 지원한다. 그러므로 표의 1G 스위치 포트에 관한 전송 방식은 전이중을 전제로 이뤄진다. 수동 설정의 오류로 인한 속도 불일치가 발생하지 않는 한, 스위치 포트는 가용화된다. 예를 들어 한쪽을 100Mbps/ 전이중으로, 다른 한쪽을 1Gbps로 설정하는 경우, 속도 불일치가 발생해 포트가 가용화되지 않는다.

10/100Mbps 포트는 FLP에 의해 협상이 이뤄진다. 두 스위치 포트가 자동 방식을 사용하면 협상을 통해 전송 방식이 결정돼 스위치 포트가 가용화된다. 그러나 스위치 포트에 수동 설정을 하는 순간, 협상을 위한 FLP의 송출은 이뤄지지 않는다. 그러므로

두 포트 중 하나의 포트만이라도 수동으로 설정하면 협상은 이뤄지지 않는다. 이때 자동 방식을 사용하는 포트는 항상 기본 설정인 반이중으로 동작한다. 그러므로 상대 포트가 전이중을 선택하면 전송 방식 불일치가 발생한다.

두 포트가 전송 방식을 반이중으로 설정하고 속도가 일치하면 포트는 활성화된다고 했다. 그러나 반이중 방식은 충돌로 인해 통신 효율이 매우 떨어진다. 그러므로 전이중 방식으로 동작하도록 관리하는 것을 권장한다. 또한 반이중/전이중의 형태로 전송 방식이 불일치되더라도 스위치 포트는 가용화 상태가 된다. 그러나 포트상에서 많은 에러가 발생하고, 이로 인해 통신이 적절히 이뤄지지 않기 때문에 이 경우 두 포트의 전송 방식을 확인한 후, 전송 방식을 일치시켜야 한다.

1.3 이더넷 주소 체계

기본적으로 이더넷은 OSI 모델의 2계층에 해당하는데, 이는 하드웨어를 기반으로 통신이 이뤄진다는 것을 의미한다. 이더넷 또는 랜을 우리 일상생활에 비유하면, 우리가 살고 있는 동네에 해당한다. 우리가 살고 있는 동네의 어느 곳을 가고자 하는 경우와 동네 밖의 어느 곳을 가고자 하는 경우, 우리 자신이 생각하는 목적지에 도달하기 위해 생각하는 방법 자체가 다르다는 것을 알 수 있다.

우리가 살고 있는 동네 밖을 가고자 할 경우에 일반적으로 우리는 행정 주소를 이용한다. 그러나 동네 안의 어느 곳으로 향하는 경우에 행정 주소를 사용하는 일은 드물 것이다. 이 경우 행정 주소 대신, 시장 옆 3층 건물 또는 파란색 5층 건물 등 그 외형을 표현하는 형태로 사용한다. 이때 외형을 표현하는 방식의 주소를 하드웨어 주소 또는 물리적Physical 주소라고 한다.

반면, 동네 밖의 행선지를 지정할 때 사용하는 행정 주소는 그 건물의 형태와 상관없이 논리적인 주소 체계를 사용한다. '서울시 강남구 역삼동 xxx길 xxx번지' 등과 같이 행정 주소는 그 대상의 물리적인 형태와 상관없이 행정 주소 체계에 의해 지정된다. 그러나 우리가 동네 내부의 어떤 행선지를 표현할 때는 '우체국 옆의 2층 건물' 또는

'골목 모퉁이의 파란색 건물' 등으로 표현한다. 혹자는 이런 식의 행선지 표시를 어떻게 주소라고 말할 수 있느냐고 반문할 수 있다. 그러나 이 역시 또 다른 형태의 주소로서 의미를 가지는데, 이 주소는 실제 행정 주소 체계에 의해 지정된 것이 아니라 그 행선지의 물리적인 위치나 외형을 표현한다. 통신에 있어서 주소란 매우 중요한 요소다.

이더넷 주소를 물리적 주소Physical Address로서 MACMedia Access Control 주소라고 한다. MAC 주소는 랜 카드LAN Card라고 불리는 NICNetwork Interface Card 내부에 고정된 주소라는 의미다. 다시 말해, MAC 주소가 하드웨어인 NIC에 완전히 종속돼 있는 주소를 말한다. 네트워크에 연결된 NIC를 교체하는 경우, 내장된 MAC 주소 역시 변경된다. 이런 이유로 MAC 주소를 하드웨어 주소 또는 물리적 주소라고 한다.

반면, 시스템을 교체한다 하더라도 IP 주소는 그대로 동일한 주소를 사용할 수 있다. 이는 앞에서 언급한 행정 주소와 같은 맥락으로 이해하면 된다. IP 주소는 물리적 장비에 완전히 독립돼 있기 때문에 논리적 주소Logical Address라고 한다.

한편, MAC 주소는 총 6바이트(48비트)로 이뤄지는데, 이는 16진수로 표현한다. 총 6바이트 중 앞의 3바이트는 OUIOrganizationally Unique Identifier라고 하는데, 이는 IEEE에 의해 각 제조사에 할당된다. IEEE에 의해 OUI를 각 제조사에 할당하므로 다른 제조사에 의해 생산된 NIC와 중복되는 MAC 주소가 발생하지 않는다. 그리고 나머지 3바이트는 시리얼 번호와 같은 방식으로 제조사에 의해 할당된다(그림 1.11).

그림 1.11 MAC 주소의 구성

IEEE가 제조사에게 중복되지 않는 OUI를 제공하고, 제조사는 각 NIC에 시리얼 번호와 같은 일련번호를 제공하기 때문에 MAC 주소의 중복은 발생하지 않는다. 참고로, MAC 주소를 통해 NIC의 제조사를 검색할 수 있는데, 이는 고장 복구에서 단말 장비를 유추하는 데 도움이 된다. 구글 등 검색 사이트에서 키워드 'OUI 검색'으로 OUI 검색 사이트를 쉽게 찾을 수 있다. OUI 검색 사이트에서 3바이트의 OUI를 통해 제조사를 쉽게 검색할 수 있다(그림 1.12).

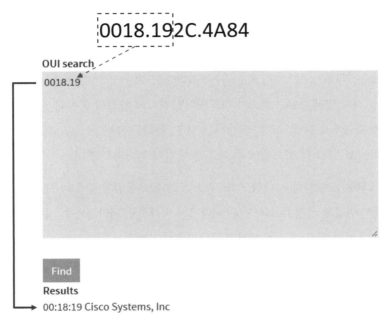

그림 1.12 OUI 검색

1.4 스위치/브리지 동작 및 포워딩 테이블 구축

브리지와 스위치는 OSI 모델의 2계층 장비다. 이 말은 브리지와 스위치는 프레임 내의 2계층 헤더, 특히 주소 정보인 MAC 주소를 기반으로 트래픽 포워딩을 수행한다는 의미다. 그러므로 스위치는 호스트의 MAC 주소가 수신되는 스위치 포트의 정보가 필요하다. 이 정보를 근거로 해당 MAC 주소로 향하는 프레임을 해당 스위치 포트로 전달한다. 이 MAC 주소와 스위치 포트의 매핑 정보를 포워딩 테이블 또는 CAM 테이블Content-Addressable Memory Table이라 한다. 사실 실무에서는 MAC 테이블을 더 많이 사용한다.

MAC 주소는 하드웨어 주소 또는 물리적 주소라고 했다. 그러므로 MAC 주소는 하드웨어에 완전하게 종속된 주소고, 하드웨어가 교체되면 MAC 주소도 달라진다. 이는 MAC 주소는 하드웨어가 변경될 때마다 포워딩 테이블도 변경돼야 한다는 것을 의미한다. 그러므로 포워딩 테이블은 라우터의 라우팅 테이블과 같이 관리자가 미리 입력해 관리하기가 쉽지 않다. 이런 이유로 포워딩 테이블은 스위치로 수신되는 프레임을 통해 능동적으로 구축된다.

기본적으로 스위치의 포워딩 테이블은 최초의 상태에는 아무 정보도 가지지 않는다. 그러나 각 스위치 포트를 통해 프레임이 수신되면, 프레임 내의 출발지 MAC 주소 정보를 찾아 수신 스위치 포트 정보와 매핑해 포워딩 테이블에 기록한다. 다시 말하면, 프레임이 특정 스위치 포트로 유입될 때 해당 프레임을 송출한 출발지 MAC 주소가 해당 스위치 포트에 연결돼 있다는 사실을 통해 포워딩 테이블을 구축하는 방식이다.

그림 1.13을 통해 스위치가 포워딩 테이블을 구축하는 과정을 살펴보자. 그림에서 볼 수 있듯이, 최초 상태의 포워딩 테이블은 비어 있다.

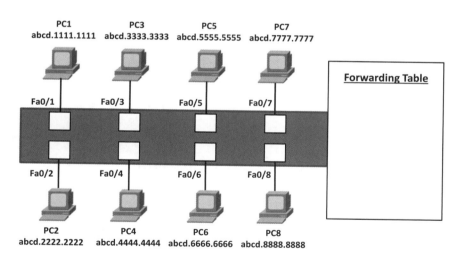

그림 1.13 최초 상태의 포워딩 테이블은 비어 있다.

이 상태에서 특정 호스트로부터 프레임이 수신되면, 스위치는 프레임의 L2 헤더로부터 출발지 MAC 주소를 검색한다. 해당 출발지 MAC 주소가 포워딩 테이블에 존재하면, 목적지 MAC 주소를 검색한 후, 해당 포트로 포워딩한다. 만약 목적지 MAC 주소가 포워딩 테이블에 존재하지 않으면, 스위치는 해당 프레임을 모든 포트로 포워딩한다.

그림 1.14의 경우, PC1이 PC6로 프레임을 송출한다. 이때 스위치는 PC1의 프레임을 수신하자마자 출발지 MAC 주소를 검색한다. 그러나 포워딩 테이블에 PC1의 MAC 주소가 존재하지 않음을 인지하고, PC1의 MAC 주소와 프레임이 수신되는 스위치 포트 정보를 포워딩 테이블에 기록한다. 스위치는 이런 방식으로 프레임을 수신할 때마다 출발지 MAC 주소를 확인하고, 포워딩 테이블에 업데이트를 수행함으로써 거의 완전한 형태의 포워딩 테이블을 구축할 수 있다. 스위치가 수신하는 프레임의 출발지 MAC 주소에 근거해 구축하는 포워딩 테이블의 정보를 동적 MAC 주소Dynamic MAC Address라고 한다.

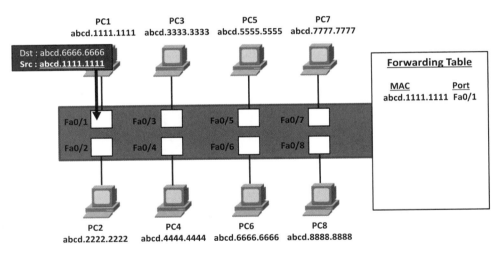

그림 1.14 출발지 MAC 주소가 포워딩 테이블에 존재하지 않으면 포워딩 테이블에 기록한다.

일단 포워딩 테이블에 존재하지 않는 출발지 MAC 주소를 기록한 후, 스위치는 프레임이 향하는 목적지 MAC 주소를 확인한다. 그림 1.15에서 목적지 MAC은 PC6의 abcd.6666.6666이다. 이 MAC 주소를 포워딩 테이블로부터 검색하는데, 존재하지 않기 때문에 스위치는 목적지 호스트가 어디에 위치하는지 알 수 없다. 그러므로 스위치는 해당 프레임을 모든 스위치 포트로 포워딩한다.

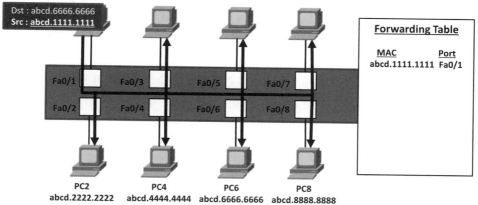

그림 1.15 목적지 MAC 주소가 포워딩 테이블에 존재하지 않는 경우, 모든 포트로 포워딩한다.

그러나 그림 1.16과 같이 스위치가 일부 호스트의 MAC 주소를 포워딩 테이블에 저장
했다면, 해당 MAC 주소의 호스트로 향하는 프레임은 모든 포트로 포워딩되지 않고,
해당 포트로만 포워딩된다.

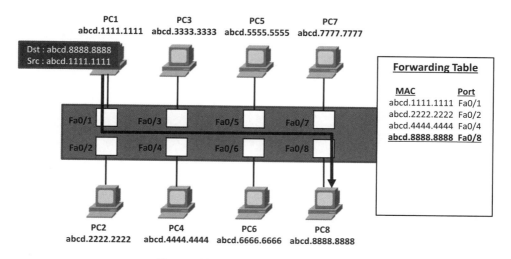

그림 1.16 포워딩 테이블에 근거해 포워딩이 이뤄진다.

한편, 스위치의 포워딩 테이블은 해당 호스트로부터의 트래픽이 일정 시간 동안 존재하지 않으면 해당 MAC 주소는 포워딩 테이블로부터 삭제된다. 이는 라우터의 라우팅 테이블과 사뭇 다른 현상이다. 라우터의 라우팅 테이블은 논리적 주소인 IP 정보를 저장한다. 그러나 앞에서 언급했듯이, 스위치의 포워딩 테이블은 물리적 주소인 MAC 주소를 저장한다. 물리적 주소가 하드웨어에 완전하게 종속된 주소이기 때문에 하드웨어가 교체되는 경우에 MAC 주소 역시 변경된다고 했다. 그러므로 일정 시간 이상 해당 호스트의 트래픽이 존재하지 않는 경우, 하드웨어가 변경돼 MAC 주소 역시 변경될 수 있기 때문에 포워딩 테이블의 MAC 주소 정보를 영구적으로 보관하지 않는다.

참고로, 모든 하드웨어 주소, 즉 MAC 주소와 연관된 테이블에는 해당 MAC 주소 정보에 관한 타이머가 존재한다. MAC 주소/IP 주소 매핑 정보를 나타내는 ARP, 그리고 포워딩 테이블 등 MAC 주소를 저장하는 모든 테이블은 각 엔트리에 관한 타이머가 동작하기 때문에 사용하지 않는 호스트의 MAC 주소 정보는 테이블로부터 삭제된다.

그러나 앞에서 언급한 방식과 같이 동적으로 MAC 주소를 수집해 포워딩 테이블을 구축하지 않고, 관리자의 설정에 의해 특정 MAC 주소와 스위치 포트 정보를 스위치 포워딩 테이블에 수동으로 등록할 수 있다. 이를 정적 MAC 주소^{Static MAC Address}라고 한다.

한편, 스위치는 MAC 주소 정보인 포워딩 테이블을 구축해 프레임을 적절한 스위치 포트로 포워딩한다. 그러나 프레임이 스위치 포트를 통해 스위치에 유입될 때 정책에 따라 포워딩 테이블을 검색하기 전에 관리자의 정책을 먼저 살펴본다. 물론 프레임이 스위치 포트를 통해 보내지기 전에도 관리자의 정책을 참고한 후, 목적지로 포워딩된다. 이 절에서 좀 더 자세하게 스위치가 프레임을 처리하는 과정을 살펴보자.

네트워크 장비는 트래픽을 받아들일 때 항상 해당 트래픽에 적용할 정책 유무를 확인한다. 여기서 가장 기본적인 정책은 필터링^{Filtering}이다. 그리고 해당 트래픽을 수신 및 처리할 것인지 결정한다. 그리고 이에 더해, 트래픽의 QoS를 적용하기 위한 트래픽 분류 등이 요구될 수 있다. 이런 일련의 정책을 적용하기 위한 과정이 요구된다. 그러므로 그림 1.17과 같이 트래픽이 수신 및 송신되는 과정에서 이런 정책이 적용될 수 있다.

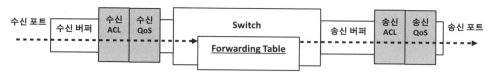

그림 1.17 스위치의 정책 적용 과정

스위치의 수신 포트로 프레임이 수신되면, 이 프레임은 수신 버퍼^{Ingress Queue}에 저장한 후, 필터링과 QoS 적용 유무를 확인한다. 만약 수신 ACL에 의해 필터링 정책이 적용되면 해당 프레임은 폐기된다. 그러나 프레임이 허용되면 포워딩 테이블에 의해 송신 포트를 검색한 후, 송신 포트로 전달된다. 프레임이 송신 버퍼의 대기열에서 필터링과 QoS 등의 송신 정책을 적용할 수 있다.

여기서 언급한 세 가지 요소인 ACL, QoS, 그리고 포워딩 테이블은 스위치 하드웨어의 독립된 부분에 의해 거의 동시에 진행된다. 물론 필터링과 QoS는 정책을 적용하는 경우에만 사용될 것이다. 그러나 포워딩 테이블은 프레임을 수신해 처리되는 과정에서 항상 사용되므로 가장 중요한 정보라 할 수 있다. 포워딩 테이블 검색은 실무에서도 네트워크 관리와 고장 복구에서 자주 사용된다.

지금까지 스위치가 포워딩 테이블을 구축하고, 이를 통해 프레임을 포워딩하는 과정을 살펴봤다. 실무에서 포워딩 테이블의 검색 역시 자주 이뤄질 것이다. 또한 실무에서의 포워딩 테이블은 방대하기 때문에 원하는 MAC 주소를 찾기 어려울 수 있다. 실무에서 사용할 수 있는 포워딩 테이블 검색은 뒤에서 언급한다.

1.5 포워딩 테이블 활용

모든 스위치는 2계층 MAC 주소에 근거해 프레임을 포워딩한다. 이때 사용하는 정보가 포워딩 테이블이다. 포워딩 테이블의 구축 과정은 앞 절에서 살펴봤다. 이 절은 포워딩 테이블 관리와 확인 등에 관해 알아본다.

포워딩 테이블은 2계층의 주소인 물리적 주소를 관리한다. 앞 절에서 언급했듯이, 물리적 주소는 하드웨어에 완전히 종속된 주소이므로 하드웨어가 교체되면 물리적 주소 역시 변경된다. 그러므로 2계층 주소와 연관된 모든 테이블은 일정 시간 동안 트래픽이 존재하지 않으면(Idle) 해당 호스트에 관한 2계층 주소는 모두 제거된다. 그 이유는 하드웨어 교체로 인해 2계층 주소가 변경될 수 있기 때문이다.

이런 이유로 포워딩 테이블에 MAC 주소가 빈번하게 삭제되는 경우를 자주 접할 것이다. 이는 포워딩 테이블의 각 MAC 주소에 타이머가 동작하기 때문인데, 이를 MAC 주소의 에이징 타이머Aging Timer라 한다. 시스코 스위치의 MAC 주소 에이징 타이머의 기본 설정 값은 300초로 돼 있는데, 특정 호스트가 300초 동안 아무런 트래픽 교환이 없다면, 해당 호스트의 MAC 주소를 포워딩 테이블로부터 제거한다. 그러나 이후, 해당 호스트 MAC 주소를 목적지로 하는 프레임이 수신되면, 포워딩 테이블에 해당 목적지 MAC 주소가 존재하지 않기 때문에 모든 스위치 포트로 포워딩한다. 이는 스위치에 연결된 모든 호스트로 프레임을 전달하기 때문에 네트워크 성능에 영향을 미칠 수도 있다.

MAC 주소에 관한 에이징 타임Aging Time은 시스템의 성능과 밀접한 관련이 있다. 에이징 타임이 너무 짧으면 MAC 주소가 포워딩 테이블로부터 자주 제거되기 때문에 이로 인해 모든 스위치 포트로의 프레임 방출이 자주 발생할 것이고, 에이징 타임이 너무 길면 포워딩 테이블의 정보가 너무 방대해질 우려가 있다. 시스코는 에이징 타임의 기본 설정을 500초로 제공하지만, 이는 관리자에 의해 변경될 수 있다. 그 설정은 아래와 같은 명령어로 이뤄진다.

(config)# **mac address-table aging-time** *seconds*

설정 1.1은 MAC 주소 에이징 타임의 설정과 확인 과정을 보여준다. 비록 설정을 통해 MAC 에이징 타임을 변경할 수 있지만, 시스템과 네트워크 성능에 영향을 줄 수 있기 때문에 설정에 주의해야 한다. 특별한 문제가 없는 한 에이징 타임은 시스코의 기본 설정 값을 유지하는 것을 권장한다.

설정 1.1 MAC 주소 에이징 타임 변경 및 확인

```
SW01# show mac address-table aging-time
Global Aging Time: 300
```

```
Vlan    Aging Time
----    ----------


SW01(config)# mac address-table aging-time 400


SW01# show mac address-table aging-time
Global Aging Time: 400
Vlan    Aging Time
----    ----------
```

위와 같이 MAC 에이징 타임이 스위치 전체에 적용되도록 변경할 수 있다. 그러나 MAC 에이징 타임 변경으로 인해 발생할 수 있는 영향을 최소화하기 위해 특정 VLAN 을 지정해 변경할 수 있다. 설정 1.2는 VLAN 10에 속하는 MAC 주소에 한정해 MAC 에이징 타임을 변경하는 과정을 보여준다.

설정 1.2 VLAN에 한정된 MAC 에이징 타임 설정 및 확인

```
SW01# show mac address-table aging-time vlan 10
Global Aging Time: 400[1]
Vlan    Aging Time
----    ----------
10      400


SW01(config)#mac address-table aging-time 500 vlan 10


SW01#show mac address-table aging-time vlan 10
Global Aging Time: 400
Vlan    Aging Time
----    ----------
10      500
```

---

1 앞의 예제에서 400으로 변경했다.

한편, 포워딩 테이블은 수신되는 프레임의 출발지 MAC 주소를 수집함으로써 구축된다. 해당 MAC 주소는 특정 스위치 포트로 수신되는 프레임의 출발지 MAC 주소가 변경될 때마다 포워딩 테이블에 업데이트된다. 이런 방식으로 수신되는 프레임에 따라 변경되는 출발지 MAC 주소를 동적 MAC 주소라 한다. 그러나 관리자에 의해 특정 스위치 포트에 MAC 주소를 미리 지정할 수 있는데, 이를 정적 MAC 주소라 한다. 특정 스위치 포트에 연결된 호스트가 변경되지 않으면, 해당 MAC 주소를 항상 포워딩 테이블에 등록시키기 위해 정적 MAC 주소를 설정할 수 있다. 정적 MAC 주소 설정은 아래와 같다.

(config)# **mac address-table static** *mac-address* **vlan** *vlan-id* **interface** *type mod/num*

설정 1.3 정적 MAC 주소 설정 및 확인

```
SW01(config)# mac address-table static 1111.1111.1111 vlan 1 interface e3/2

SW01# show mac address-table
        Mac Address Table
-----------------------------------------

Vlan    Mac Address      Type        Ports
----    -----------      --------    -----
1       0050.7966.6801   DYNAMIC     Et3/2
1       0050.7966.6802   DYNAMIC     Et3/3
1       0050.7966.6803   DYNAMIC     Et3/0
1       1111.1111.1111   STATIC[2]   Et3/2
Total Mac Addresses for this criterion: 4
```

실제 네트워크에서 포워딩 테이블은 매우 방대하다. 적게는 수십 개에서 수백 개, 많게는 수천 개의 MAC 주소를 포함하는 경우가 있다. 설정 1.4와 같이 포워딩 테이블의 MAC 주소 개수를 확인할 수 있다. 첫 번째는 스위치 학습을 위한 실습 네트워크 스위

---

2 MAC 주소 타입이 정적 MAC 주소라는 것을 의미한다.

치의 포워딩 테이블 MAC 주소고, 두 번째는 실제 네트워크에 운용 중인 스위치의 포워딩 테이블 엔트리 개수를 보여준다.

설정 1.4 포워딩 테이블 MAC 주소 개수 확인

```
SW01# show mac address-table count

Mac Entries for Vlan 1:
-------------------------
Dynamic Address Count  : 3
Static  Address Count  : 1
Total Mac Addresses    : 4


Mac Entries for Vlan 10:
-------------------------
Dynamic Address Count  : 0
Static  Address Count  : 0
Total Mac Addresses    : 0

RealNet# show mac address-table count
MAC Entries  for all vlans :
Dynamic Address Count:              1429
Static Address(User-defined) Count:  410
Total MAC Addresses In Use:         1839
Total MAC Addresses Available:     65536
```

이와 같이 포워딩 테이블이 매우 방대하기 때문에 실제 네트워크에서 포워딩 테이블을 검색하는 데 어려움이 있다. 그러므로 관리자가 포워딩 테이블을 확인할 때 단순히 show mac address-table 명령만 사용할 경우 어려움이 있다. 이를 위해 포워딩 테이블을 확인할 때 옵션 명령어를 추가해 세분화된 포워딩 테이블을 검색할 수 있다. 이때 실무에서 가장 많이 사용되는 명령어가 show mac address-table interface 또는 show mac address-table address다.

show mac address—table interface는 특정 스위치 포트를 통해 학습된 MAC 주소를 확인할 수 있다. 다시 말해, 특정 스위치 포트를 통해 연결된 호스트의 MAC 주소를 확인할 수 있다. 설정 1.5는 스위치 포트 E3/2로 연결된 호스트의 MAC 주소를 확인한다.

설정 1.5 스위치 포트에 관한 포워딩 테이블 확인

```
SW01# show mac address-table interface e3/2
        Mac Address Table
-------------------------------------------------

Vlan    Mac Address      Type       Ports
----    ------------     --------   -----
1       0050.7966.6801   DYNAMIC    Et3/2
1       1111.1111.1111   STATIC     Et3/2
Total Mac Addresses for this criterion: 2
```

한편, show mac address—table address 명령으로 특정 MAC 주소의 포워딩 테이블을 확인할 수 있다. 이 명령어는 실제 네트워크에서 특정 호스트가 연결된 스위치 포트를 확인하는 데 유용하다. 예제에서 MAC 주소 0050.7966.6802가 연결된 스위치 포트를 확인한다(설정 1.6). 실무에서 사용자의 MAC 주소를 확보한 후, 해당 명령어를 사용해 사용자의 스위치 포트를 찾을 수 있다.

설정 1.6 특정 MAC 주소의 스위치 포트 검색 시 포워딩 테이블 확인

```
SW01# show mac address-table address 0050.7966.6802
        Mac Address Table
-------------------------------------------------

Vlan    Mac Address      Type       Ports
----    ------------     --------   -----
1       0050.7966.6802   DYNAMIC    Et3/3
Total Mac Addresses for this criterion: 1
```

지금까지 시스코 스위치에서 포워딩 테이블을 확인하는 과정을 알아봤다. 이 내용은 실무에서 자주 활용할 수 있는 명령어이므로 반드시 기억하길 바란다.

1.6 시스코 스위치의 기본적인 활용

이제 이론적인 내용에서 벗어나 실제 시스코 스위치에서의 설정에 관해 알아보자.

일반적인 시스코 스위치는 기본적인 IOS로 구동되므로 시스코 라우터의 명령어와 거의 동일하다. 시스코 라우터 경험이 있는 독자라면 기본 설정에는 어려움이 없을 것이다. 그러므로 이 책에서 IOS 장비의 최초 설정에 관한 설명은 하지 않는다. 시스코 IOS 장비의 기본 설정은 저자의 『시스코 라우팅 완전 분석』(에이콘출판사, 2013)을 참고하기 바란다.

스위치는 라우터와 달리, 많은 사용자 포트를 제공한다. 물론 적게는 8개, 많게는 수백 개의 스위치 포트를 제공한다. 관리자가 수많은 스위치 포트에 동일한 특정 설정 값을 적용할 때 개별 스위치 포트를 일일이 설정한다면, 매우 번거로울 것이다.

스위치라는 특성상 많은 포트를 제공하고, 그 포트의 용도 역시 거의 동일할 것이다. 따라서 시스코는 여러 스위치 포트에 일괄적으로 동일한 명령을 적용할 수 있다. 일반적인 설정에서 스위치 포트에 특정 설정 명령어를 적용하는 것은 인터페이스 설정 모드에서 이뤄지는데, 이때의 프롬프트는 (config-if)#로 나타난다(설정 1.7).

설정 1.7 일반적인 인터페이스 설정 모드의 프롬프트

```
SW01(config)#interface e3/0
SW01(config-if)#
```

시스코 스위치는 interface range 명령을 통해 여러 스위치 포트를 일괄적으로 설정할 수 있다. interface range 명령어를 사용하면 (config-if-range)# 형태의 프롬프트를 제공한다. 설정 1.8과 같이 하이픈(-)을 사용해 연속된 스위치 포트를 지정할 수

도 있고, 콤마(,)를 사용해 비연속 스위치 포트를 지정할 수도 있다. 물론 2개의 기호를 혼용해 지정할 수도 있다. 이런 편의 기능으로 관리자는 좀 더 효과적으로 스위치 설정을 수행할 수 있다.

설정 1.8 복수의 스위치 포트 일괄 지정

```
SW01(config)# interface range e2/0-3
SW01(config-if-range)#

SW01(config)# interface range e0/1,e1/2,e2/0,e3/0
SW01(config-if-range)#

SW01(config)# interface range e0/0-3,e1/1,e2/0-2,e3/3
SW01(config-if-range)#
```

이제 스위치 포트의 기본적인 설정에 관해 알아보자. 가장 먼저 스위치 포트의 속도 설정에 관해 알아보자. 시스코 스위치의 스위치 포트는 여러 속도를 지원한다. 기본적으로 가장 널리 사용되는 100Mbps를 지원하는 패스트 이더넷Fast Ethernet 포트는 100Mbps뿐만 아니라 일반 이더넷 속도인 10Mbps를 지원한다. 또한 1Gbps를 지원하는 기가 이더넷Giga Ethernet은 1000Mbps뿐만 아니라 100Mbps와 10Mbps까지 지원한다. 이는 해당 스위치 포트에 연결되는 호스트 장비의 속도에 맞게 지정된다. 스위치 포트의 속도 설정은 아래와 같은 명령어로 설정할 수 있다.

(config-if)# speed{10 | 100 | 1000 | auto}

위 명령어는 기가 이더넷의 스위치 포트에 해당한다. 그러나 스위치 포트 속도의 기본 설정 값은 자동 모드다. 자동 모드의 속도는 스위치 포트에 연결되는 장비와의 협상을 통해 결정한다. 기본적으로 속도 설정이 자동 모드로 적용됐다면, 전송 모드Duplex 역시 협상을 통해 결정된다.

단말 장치와 스위치 포트의 속도를 일치시키는 것은 매우 중요하다. 스위치 포트와 단말 장치 간의 속도가 일치하지 않으면 스위치 포트 상태가 가용화되지 않는다. 앞 절에서 언급했지만, 전송 모드가 일치하지 않는 경우에는 전송상의 에러가 발생하지만, 스위치 포트 자체는 가용화 상태가 된다. 그러므로 가장 바람직한 환경은 단말 장치와 스위치 포트가 협상을 통해 속도를 결정하는 것이다. 그러나 구형 단말 장치와 같이 속도 협상을 지원하지 않는 경우에는 수동 설정을 통해 속도를 일치시켜야 한다.

한편, 시스코 스위치는 모든 전송 모드, 즉 전이중 방식, 반이중 방식과 자동 모드를 지원한다. 스위치 포트 속도와 마찬가지로 기본 설정 값은 자동 모드다. 자동 모드는 협상을 통해 전송 모드를 결정하는데, 이때 스위치는 전이중 방식을 먼저 협상하고, 이것이 이뤄지지 않을 경우, 반이중 방식으로 결정한다. 스위치 포트의 전송 모드 설정은 아래 명령으로 이뤄진다.

(config-if)# duplex {auto | full | half}

설정 1.9는 스위치 포트의 속도와 전송 모드 설정을 보여준다. 예제에서 스위치 포트 Fa1/0/1은 100Mbps 속도와 전이중 방식으로 지정하고, Fa1/0/2는 속도와 전송 모드 모두 자동 모드로 지정하는 예를 보여준다.

설정 1.9 스위치 포트 속도와 전송 모드 설정

```
SW01(config)# interface fa1/0/1
SW01(config-if)# speed 100
SW01(config-if)# duplex full
SW01(config)# interface fa1/0/2
SW01(config-if)# speed auto
SW01(config-if)# duplex auto
```

이제 스위치 포트의 에러 관리에 관해 알아보자. 시스코 스위치는 시스코 라우터와 달리, 스위치 네트워크의 특성상 하나의 스위치 포트 문제로 인해 전체 네트워크에 영향을 줄 수 있다. 예를 들어, 특정 단말 장비로부터 다량의 브로드캐스트 트래픽이 유입될 경우, 이로 인해 네트워크 전체가 마비될 수도 있다. 그러므로 시스코 스위치는 스위치 포트에 심각한 문제가 발생할 경우, 해당 스위치 포트를 강제로 비활성화하는 기능을 제공한다.

시스코 스위치는 기본적으로 모든 스위치 포트에 관한 에러를 감지할 수 있다. 만약 특정 스위치 포트에 에러가 감지되면, 해당 스위치 포트는 err-disabled 상태가 돼 비활성화된다(설정 1.10). 기본적으로 err-disabled 상태로 인해 스위치 포트가 비활성화되면 에러가 발생하지 않는 상태가 되더라도 해당 스위치 포트는 활성화되지 않는다. 이는 에러로 인해 비활성화된 스위치 포트가 관리자의 인지 없이 다시 활성화돼 에러가 다시 발생함으로써 네트워크에 영향을 줄 수 있기 때문이다.

설정 1.10 err-disabled로 인한 스위치 포트 상태 확인

```
SW01# show interfaces e0/3
Ethernet0/3 is down, line protocol is down(err-disabled)
  Hardware is AmdP2, address is aabb.cc00.0230(bia aabb.cc00.0230)
  Description: to_SW01
  MTU 1500 bytes, BW 10000 Kbit/sec, DLY 1000 usec,
     reliability 255/255, txload 1/255, rxload 1/255
  Encapsulation ARPA, loopback not set
  Keepalive set(10 sec)
  Auto-duplex, Auto-speed, media type is unknown
  input flow-control is off, output flow-control is unsupported
  ARP type: ARPA, ARP Timeout 04:00:00
  Last input 00:00:01, output 00:00:18, output hang never
Last clearing of "show interface" counters never
 - 생략 -
```

기본적으로 에러로 인해 비활성화된 스위치 포트를 활성화하려면, 해당 스위치 포트를 수동으로 비활성화한 후, 다시 활성화하면 된다. 다시 말해, 해당 스위치 포트를 셧다운shutdown한 후, 노 셧다운no shutdown하면 에러가 발생하지 않는 한 다시 활성화된다. 설정 1.11은 err-disabled 상태의 스위치 포트를 활성화하는 과정을 보여준다.

설정 1.11 errdisable 상태의 스위치 포트 활성화

```
SW01(config)#interface e0/3
SW01(config-if)#shutdown
SW01(config-if)#no shutdown
```

```
SW01#show interfaces e0/3
Ethernet0/3 is up, line protocol is up(connected)
  Hardware is AmdP2, address is aabb.cc00.0230(bia aabb.cc00.0230)
  Description: to_SW01
  MTU 1500 bytes, BW 10000 Kbit/sec, DLY 1000 usec,
    reliability 255/255, txload 1/255, rxload 1/255
  Encapsulation ARPA, loopback not set
  Keepalive set(10 sec)
  Auto-duplex, Auto-speed, media type is unknown
-생략 -
```

그러나 관리자에 의한 스위치 포트의 수동 비활성화는 비활성화 상태가 장기화될 수
있다. 그래서 시스코는 자동으로 활성화하는 기능을 제공한다. 스위치 포트 자동 활성
화는 아래와 같은 명령어로 이뤄진다.

(config)# errdisable recovery cause [all | *cause-name*]

모든 에러에 관해 자동 활성화를 원하는 경우에는 all을 사용한다. 그러나 심각한 에러
인 경우, 모든 에러에 관한 스위치 포트 자동 활성화는 심각한 문제가 반복적으로 발
생할 수 있다. 그러므로 비교적 심각한 문제가 아닌 특정 에러에 관해서만 스위치 포
트 자동 활성화를 지정할 수 있다. 기본적으로 스위치 포트 자동 활성화는 스위치 포트
비활성화가 5분(300초)간 지속되면 활성화한다. 자동 활성화 시도 시간은 30초부터 24
시간까지 변경할 수 있다. 자동 활성화 시도 시간은 아래와 같은 명령어로 이뤄진다.

(config)# errdisable recovery interval *seconds*

이 설정은 모든 스위치 포트를 대상으로 한다. 설정 1.12는 스위치 포트 자동 활성화
설정의 예를 보여준다.

설정 1.12 err-disabled 상태의 스위치 포트 자동 활성화 설정

```
SW01(config)#errdisable recovery cause psecure-violation
SW01(config)#errdisable recovery interval 600
```

여기서 언급하는 에러는 단순한 전송 에러 등을 의미하는 것이 아니라 특정 이벤트에 의한 비교적 심각한 에러들을 의미한다. 그 모든 항목은 표 1.2와 같다.

표 1.2 err-disabled 상태의 고장 원인

err-disabled 상태	설명
All	모든 가능한 원인
arp-inspection	동적 ARP 검사에 관련된 에러
bpduguard	포트 패스트 설정 스위치 포트로 STP BPDU가 수신
dhcp-rate-limit	DHCP 스누핑 에러
dtp-flap	트렁킹 프로토콜이 변경되는 것을 감지
gbic-invalid	유효하지 않은 GBIC 또는 SFP 모듈이 감지
inline-power	POE inline 파워 관련 에러 감지
l2ptguard	L2 터널링 관련 에러 감지
link-flap	링크 업 다운이 반복되는 플래핑(Flapping)이 감지
pagp-flap	포트 채널 상태가 일관되지 않은 경우
psecure-violation	스위치 포트에 설정된 포트 보안 설정에 관련된 에러 감지
psp	프로토콜 스톰 방지에 관련된 에러 감지
security-violation	802.1X 보안에 관련된 에러 감지
sfp-config-mismatch	SFP 설정 불일치에 관련된 에러 감지
small-frame	VLAN 태그 패킷이 너무 작거나 특정 값 이상의 수신을 감지
storm-control	스톰 제어의 임계치 초과를 감지
udld	링크에 한 방향의 트래픽만 감지

이런 모든 에러에 관해 포트 비활성화를 할 수 있고, 특정 몇 개의 에러에 관해서 포트 비활성화할 수 있다. 또한 스위치 포트 자동 활성화도 위의 몇 개 원인만 지정할 수 있다.

1.7 PoE

오늘날의 네트워크는 다양한 서비스를 제공한다. 유선 네트워크뿐만 아니라 무선 네트워크도 제공한다. 또한 데이터 통신뿐만 아니라 전화와 같은 음성 통신도 동일한 네트워크를 통해 제공된다. 여기서 무선 통신을 제공하는 무선 AP^Access Point와 음성 통신을 위한 IP 전화기 등이 광범위하게 사용된다. 이 절에서는 네트워크에 연결되는 이런 단말 장치의 설치를 도와줄 수 있는 기능인 PoE^Power over Ethernet에 관해 알아본다.

1.7.1 PoE의 개요

모든 네트워크 장비는 전기 공급이 필요하다. 무선 AP나 IP 전화기 역시 전기 공급이 필요하다. 이들 장비는 외부 전원 공급을 위해 AC 전원 어댑터 등을 사용해 연결해야 한다. 그러나 이들 장비에 외부 전원을 별도로 공급하는 것이 쉽지 않은 경우가 종종 있다. 특히 무선 AP의 경우는 천장에 설치되거나 전원 플러그가 없는 곳에 설치해야 하는 경우가 많다. 또한 IP 전화기도 사용자의 책상에서 전원을 별도로 연결해야 하는데, 이 경우도 전원 플러그가 부족해 전원 공급이 쉽지 않을 수 있다. 그림 1.18은 AP와 IP 전화기의 일반적인 전원 공급을 보여준다.

그림 1.18 일반적인 전원 공급

PoE는 단말 장비의 별도 전원 공급 문제를 해결하기 위해 소개된 기술이다. PoE는 UTP 케이블을 통해 전원을 공급함으로써 단말 장비에 별도 전원을 공급하지 않아도 된다. 다만 PoE에서 중요한 점은 전원 사용량이 크지 않은 작은 단말 장치에만 사용될 수 있다는 점이다. 그 이유는 이더넷 케이블을 통해 공급되는 전원은 매우 제한된 용량의 전기만 공급할 수 있기 때문이다. 그림 1.19는 PoE를 통한 전원 공급이 구현된 단말 장치의 구성을 보여준다.

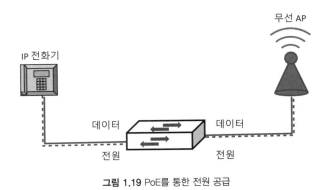

그림 1.19 PoE를 통한 전원 공급

그림에서 보듯이, PoE는 일반 UTP 케이블을 통해 데이터뿐만 아니라 전원까지 공급한다. 그러므로 천장이나 외부벽에 설치되는 무선 AP 등과 같이 전원을 공급하기 어려운 장치에 매우 효과적이다.

PoE로 인해 취할 수 있는 이점을 나열하면 아래와 같다.

첫째, 이동성Portability이다. AP와 같은 단말 장치를 설치할 때 가장 어려운 점은 천장과 같은 곳에서 파워 콘센트를 찾기 어렵다는 것이다. 일반 이더넷 케이블을 통해 전원을 공급할 수 있으므로 전기 콘센트의 위치에 관계없이 원하는 곳에 설치할 수 있다.

둘째, 비용 절감Cost Saving이다. UTP 케이블을 통해 전원을 공급하므로 특정 위치에 설치하기 위한 비용을 절감할 수 있다.

셋째, 간결함Simplicity이다. 단말 장치 연결을 위해 요구되는 것이 UTP밖에 없으므로 많은 케이블로 인해 지저분해지는 것을 방지할 수 있다.

넷째, 관리성Maintenance이다. PoE는 스위치와 같은 PoE 장비가 전원을 공급하기 때문에 단말 장치를 원격에서 재시작할 수 있다. 장비 리셋을 위해 장비 앞에서 전원 버튼을 조작할 필요가 없다.

PoE는 이런 장점으로 인해 오늘날 널리 사용되고 있다. 무선 AP와 IP 전화기는 물론, 그 밖의 많은 단말 장치까지 그 사용 범위가 점차 넓어지고 있다. 오늘날 출시되는 소형 스위치까지 PoE 기능을 제공하기도 한다.

마지막으로 PoE 관련 용어를 살펴보고, 본격적인 PoE 학습을 시작해보자. PoE 관련 용어는 표 1.3을 참고하기 바란다.

표 1.3 PoE 용어

용어	설명
IEEE 802.3af	최초 PoE 표준 프로토콜, PoE라 불림.
IEEE 802.3at	마지막 PoE 표준 프로토콜, PoE+로 알려짐.
PoH	Power over HDbaseT, PoE 표준, 최대 100W까지 공급함.
PoE	Power over Ethernet
PD	Powered Device, 전원을 공급받는 단말 장치
PSE	Power Sourcing Equipment, 이더넷 케이블을 통해 전원을 공급하는 장비
Midspand	중간 전원 공급 장치, PoE 미지원 스위치를 대신해 이더넷 케이블을 통해 전원을 공급하는 장치
ILP	Inline Power, 최초 시스코 전용 PoE 방식
UPoE	Universal PoE, 시스코의 통합 PoE 방식

1.7.2 PoE 동작

PoE는 UTP 케이블을 통해 전원을 공급한다고 했다. 그러면 UTP의 어떤 케이블을 통해 전원을 공급하는 것일까?

UTP 케이블은 4개의 페어, 즉 여덟 가닥의 선으로 이뤄져 있다. 그림 1.20에서 보듯이, 4개 페어의 케이블은 각각의 역할을 수행한다. 오늘날 대부분의 이더넷 케이블은 페어 2(3과 6번)와 페어 3(1과 2번)만 데이터 송수신용으로 사용한다. 원래는 페어 1(4와 5번)은 음성 통신용이 제공되고, 페어 4(7과 8번)는 예비용 또는 접지용으로 제공됐다. 그러나 오늘날 페어 2와 페어 3은 데이터용, 페어 1과 페어 4는 미사용 페어로 구분된다.

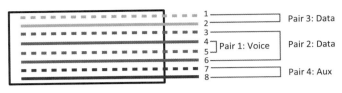

그림 1.20 UTP 케이블

PoE의 전원 공급은 크게 데이터용 페어를 통해 전원을 공급하는 방법(모드 A)과 미사용 페어를 통해 전원을 공급하는 방법(모드 B)으로 나눠진다.

데이터용 페어를 통한 전원 공급 방식(모드A)은 UTP의 데이터용 페어인 페어 2번(3번과 6번)과 페어 3번(1번과 2번)을 통해 DC 48볼트 전원을 공급한다. 이때 공급되는 전원에 의한 데이터 전송에는 전혀 영향이 없다. 그림 1.21은 데이터용 페어를 통한 전원 공급 방식의 개략적인 그림을 보여준다.

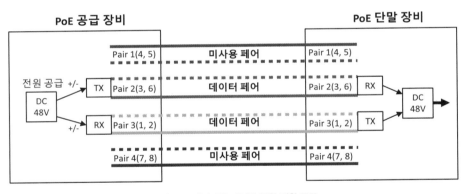

그림 1.21 데이터용 페어를 통한 전원 공급

미사용 페어를 통한 전원 공급 방식(모드 B)은 오늘날 사용하지 않는 UTP의 페어 1번(4번과 5번)과 페어 4번(7번과 8번)을 통해 DC 48볼트 전원을 공급하는 방식이다. 그림 1.22에서 볼 수 있듯이, 전원 공급은 데이터용 페어에 전혀 영향을 미치지 않는다. 페어 1번은 DC 48 볼트 + 전원을 공급하고, 페어 4번은 − 전원을 공급한다.

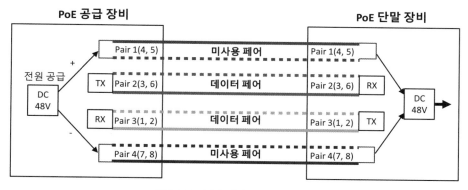

그림 1.22 미사용 페어를 통한 전원 공급

표 1.4는 각 PoE 프로토콜을 보여준다.

모든 단말 장치에 요구되는 전기 용량은 매우 다양할 수 있다. 어떤 단말 장치는 작은 용량의 전기가 요구되고, 또 어떤 단말 장치는 많은 용량의 전기가 요구될 수 있다. 단말 장치와 PoE 동작을 위한 여러 종류의 방식이 존재한다. 표 1.4는 PoE의 여러 방식을 나열한 것이다.

표 1.4 PoE 종류

PoE 방식	이름	용량	비고
시스코 인라인 파워	ILP	7W	시스코 전용, 2페어 사용
IEEE 802.3af	PoE	15.4W	IEEE 표준, 2페어 사용
IEEE 802.3at	PoE+	25.5W	IEEE 표준, 4페어 사용
시스코 유니버셜 PoE	UPoE	60W	시스코 전용, 4페어 사용

각 PoE 방식에 따라 공급하는 전원량도 다르지만, 실제 스위치 포트로 전원을 공급하려면, 어떤 PoE 단말 장치가 연결됐는지를 인지해야 한다. 그러나 기본적으로 대부분의 단말 장치는 개별적으로 전원을 공급받아 사용하므로 시스코 PoE 스위치는 연결되는 단말 장치가 PoE를 통해 전원을 공급받아야 하는지를 알아야 한다.

PoE 스위치는 송수신 페어로 작은 볼트의 전기를 공급함으로써 PoE 단말 장치 유무를 확인한다. 이를 통해 스위치는 해당 스위치 포트에 연결된 장비의 저항 값을 측정하게 된다. 그리고 측정된 저항 값에 관한 사전 정의된 볼트의 전기 공급을 결정한다. 여기서 사전 정의된 볼트의 전기는 전원 클래스$^{Power\ Class}$로 구분되는데, 각 클래스마다 최대 전원 공급량이 결정돼 있다. 표 1.5는 전원 클래스$^{Power\ Class}$별 최대 전원 공급량을 보여준다.

표 1.5 전원 클래스에 따른 최대 전원 공급량

전원 클래스(Power Class)	최대 전원 공급량
0(기본 클래스)	15.4W
1	4.0W
2	7.0W
3	15.4W
4(802.3at)	**최대 30W**

이런 과정을 거쳐 PoE 스위치가 각 스위치 포트에 연결된 PoE 단말 장치로 전원을 공급한다. 그러나 만약 PoE 단말 장치가 더 높은 전원 공급이 필요한 경우에는 CDP나 LLDP를 통해 요청할 수 있다.

1.7.3 PoE 설정

PoE 스위치는 자동으로 PoE 단말 장치를 인지할 수 있다. PoE 자동 인지 기능을 통해 PoE 단말 장치의 전원 클래스를 결정해 전원을 공급한다.

PoE 설정은 매우 간단하다. 특정 스위치 포트에 관해 PoE 자동 인지 기능을 사용할지, 아니면 고정된 PoE 적용을 사용할지 설정할 수 있다. PoE 설정을 위한 명령어는 아래와 같다.

```
(config-if)# power inline {auto | static} [maxmilliwatts]
```

각 스위치 포트에 PoE 기능을 자동으로 사용할지, 고정으로 사용할지를 auto 또는 static 명령으로 변경할 수 있다. auto를 사용하면, 스위치 포트에 연결된 PoE 단말 장치가 CDP나 LLDP를 통해 전원 공급을 요청하고, 스위치는 기본적으로 최대 30W의 전원을 공급한다. 물론 스위치가 PoE 전원을 공급할 여유가 있어야 한다. 반면, static 명령은 사전 정의된 전원 공급량을 공급한다. 그러므로 static 명령을 사용하는 경우에는 max 명령을 추가해 최대 전원 공급량을 미리 설정해야 한다.

한편, auto 명령에서도 max 명령을 추가할 수 있는데, 이때 주의해야 할 점은 max 명령을 통해 정의한 전원 공급량은 해당 스위치 포트에 관한 최대 전원 공급량이므로 PoE 단말 장치가 요구하는 전원 공급량보다 낮게 설정할 경우, PoE 단말 장치가 충분한 전원을 공급받지 못하기 때문에 해당 PoE 단말 장치는 연결되지 않는다는 것이다. 예를 들어, 최대 전원 공급량을 7W로 설정했는데, PoE 단말 장치가 15.4W의 전원이 요구된다면, 해당 PoE 단말 장치는 연결되지 않는다. 그러므로 특별한 경우 외에는 max 명령을 사용하지 않는 것이 좋다.

설정 1.13은 PoE 설정의 예를 보여준다. 예제에서 Fa1/0/2에 관한 PoE 동작이 자동으로 이뤄지는데, 최대 전원 공급을 7W로 하는 설정의 예를 보여준다. 이 경우 PoE 단말 장치가 7W보다 높은 전원을 요청할 경우, 해당 장비는 연결되지 않는다.

설정 1.13 max 명령을 사용한 자동 PoE 설정은 권장되지 않는다.

```
SW01(config)# interface fa1/0/3
SW01(config-if)# power inline auto max 7000
*Mar  1 00:13:06.465: %LINEPROTO-5-UPDOWN: Line protocol on Interface
FastEthernet
1/0/3, changed state to down
*Mar  1 00:13:07.463: %LINK-3-UPDOWN: Interface FastEthernet1/0/3, changed
state to down
*Mar  1 00:13:08.503: %ILPOWER-7-DETECT: Interface Fa1/0/3: Power Device
detected: IEEE PD
*Mar  1 00:13:08.503: %ILPOWER-5-ILPOWER_POWER_DENY: Interface Fa1/0/3:
inline power denied
*Mar  1 00:13:09.460: %ILPOWER-5-IEEE_DISCONNECT: Interface Fa1/0/3: PD
removed
```

한편, 각 스위치 포트에 관한 PoE 전원 공급을 비활성화할 수도 있다. 비인가 PoE 단말 장치로 인해 PoE 스위치의 가용 PoE 전원을 소진할 수 있으므로 PoE 단말 장치가 연결되지 않은 스위치 포트에 관해 PoE 전원 공급을 강제로 차단할 수 있다(설정 1.14).

    (config-if)# **power inline never**

설정 1.14 스위치 포트의 PoE 기능 비활성화

```
SW01(config)# interface range fa1/0/4-24
SW01(config-range-if)# power inline never
```

참고로, shutdown을 통한 스위치 포트의 강제적인 비활성화 역시 해당 스위치 포트의 PoE 전원을 차단하는 효과를 가진다. 그러므로 무선 AP와 같이 PoE 단말 장치의 리부팅이 요구되는 경우에 해당 스위치 포트를 강제 비활성화한 후, 활성화할 수 있다.

PoE 스위치의 전원 공급 상태를 확인해보자. PoE 상태 확인은 show power inline 명령어로 이뤄지는데, 이 명령어를 통해 PoE 스위치의 가용 전원 공급량과 사용량 및 잔여 전원 공급량을 확인할 수 있다. 또한 각 스위치 포트의 PoE 설정 상태와 동작 현황 등을 확인할 수 있다(설정 1.15).

설정 1.15 PoE 상태 확인

```
SW01# show power inline

Module    Available   Used      Remaining
(Watts)   (Watts)     (Watts)
-----     ---------   -------   ---------
1         370.0       18.5      351.5[3]
Interface Admin Oper   Power   Device              Class   Max
(Watts)
--------- ----- -----  -----   ------------------  -----   -----
```

---

3 스위치의 PoE 가용 전원 공급량

Fa1/0/1	auto	off	0.0	n/a	n/a	15.4[4]
Fa1/0/2	auto	on	6.3	IP Phone 7941	2	15.4[5]
Fa1/0/3	auto	on	12.2	AIR-LAP1131AG-N-K9	3	15.4
Fa1/0/4	off	off	0.0	n/a	n/a	15.4[6]
Fa1/0/5	off	off	0.0	n/a	n/a	15.4
Fa1/0/6	off	off	0.0	n/a	n/a	15.4
Fa1/0/7	off	off	0.0	n/a	n/a	15.4
Fa1/0/8	off	off	0.0	n/a	n/a	15.4
Fa1/0/9	off	off	0.0	n/a	n/a	15.4
Fa1/0/10	off	off	0.0	n/a	n/a	15.4
- 생략 -						

지금까지 UTP 케이블 통해 단말 장치의 전원 공급이 이뤄지는 PoE에 관해 알아봤다. PoE는 PoE 스위치와 같은 전원 공급 장치의 가용 전원 공급량에 따라 전원을 공급할 수 있는 PoE 단말 장치의 수가 결정된다. 그러므로 PoE 단말 장치를 연결할 때 잔여 전원 공급량을 확인하기 바란다. 또한 PoE 단말 장치는 분산 수용하길 권장한다.

1.8 실전 학습

실전 설정을 통해 학습한 내용 중 실무 활용도와 자격증 학습에 대비해보자.

1.8.1 실전 문제

[조건 1] 스위치의 기본 설정으로 모든 스위치 포트가 활성화된다. 모든 스위치 포트를 일괄적으로 비활성화하라.

---

4 PoE auto 상태의 비PoE 장비 연결
5 PoE 단말 장치 연결
6 PoE 비활성화

[조건 2] 기본 설정으로 사용하지 않는 MAC 주소는 5분 동안 포워딩 테이블에 저장된다. 이를 10분 동안 사용하지 않는 MAC 주소가 포워딩 테이블로부터 삭제되도록 설정하라.

[조건 3] 스위치의 E0/0 ~ E0/1에 관한 기존 설정 값이 존재한다. 이들 스위치 포트를 다른 용도로 사용하기 위해 해당 스위치 포트의 설정 값을 일괄적으로 초기화하라.

1.8.2 문제 해설

조건 1 문제 해설

스위치는 많은 스위치 포트를 제공한다. 그러므로 모든 스위치 포트의 개별적 설정은 권장되지 않는다. 시스코 스위치는 여러 스위치 포트에 일괄적으로 동일한 설정을 할 수 있다.

조건 1 권장 설정

```
SW05(config)#interface range e0/0-3,e1/0-3,e2/0-3,e3/0-3
SW05(config-if-range)#shutdown
==================================================================
SW05#show interfaces status


Port    Name        Status      Vlan    Duplex  Speed Type
Et0/0               disabled    1       auto    auto unknown
Et0/1               disabled    1       auto    auto unknown
Et0/2               disabled    1       auto    auto unknown
Et0/3               disabled    1       auto    auto unknown
Et1/0               disabled    1       auto    auto unknown
Et1/1               disabled    1       auto    auto unknown
Et1/2               disabled    1       auto    auto unknown
Et1/3               disabled    1       auto    auto unknown
Et2/0               disabled    1       auto    auto unknown
Et2/1               disabled    1       auto    auto unknown
Et2/2               disabled    1       auto    auto unknown
Et2/3               disabled    1       auto    auto unknown
```

Et3/0		disabled	1	auto	auto unknown
Et3/1		disabled	1	auto	auto unknown
Et3/2		disabled	1	auto	auto unknown
Et3/3		disabled	1	auto	auto unknown

조건 2 문제 해설

MAC 주소에 관한 Max-aging-time 설정 문제다. 기본 5분을 10분으로 변경하면 된다. 다만 설정 시 시간 단위가 초이므로 600초로 설정한다.

조건 2 권장 설정

```
SW05(config)#mac address-table aging-time 600
================================================================
SW05#show mac address-table aging-time
Global Aging Time:  600
Vlan    Aging Time
----    ----------
```

조건 3 문제 해설

스위치 포트는 라우터의 인터페이스와 달리, 호스트가 직접 연결되는 포트로서 상황에 따라 그 설정 값이 빈번하게 달라질 수 있다. 그러므로 시스코 스위치는 간단한 명령어 실행으로 특정 스위치 포트의 설정 값을 초기화할 수 있는 기능을 제공한다. 이 기능은 개별 스위치 포트의 설정 초기화는 물론, 여러 스위치 포트의 일괄적인 초기화도 가능하다. 이 문제는 2개 스위치 포트의 일괄적인 설정 값 초기화를 요구한다.

조건 3 권장 설정

```
기존 설정 값
interface Ethernet0/0
 description test
 no switchport
 ip address 10.1.1.1 255.255.255.0
```

```
  shutdown
!
interface Ethernet0/1
 switchport access vlan 1000
 switchport mode access
 shutdown
 duplex auto
!
```

==

SW05(config)# default interface range e0/0,e0/1

==

초기화한 후의 설정 값

```
interface Ethernet0/0
 shutdown
!
interface Ethernet0/1
 shutdown
 duplex auto
!
```

02

가상 랜

LAN을 구성하는 이더넷은 연결된 모든 호스트가 연결된 미디어를 서로 공유한다. 이로 인해 네트워크의 효율이 나빠지자, 이를 개선하고자 브리지를 개발했다. 그리고 브리지의 개념을 이용해 통신 효율을 100%까지 끌어올리기 위해 스위치를 개발했다. 그러나 오늘날 이것이 스위치의 모든 것이라 믿는 이는 아무도 없을 것이다.

오늘날 스위치를 떠올릴 때 가장 먼저 언급하는 것이 가상 랜VLAN이다. 그만큼 VLAN은 스위치의 가장 대표적이고 중요한 기능이라 할 수 있다. 이 장에서는 VLAN과 트렁크Trunk, 그리고 VTP에 관해 알아본다.

2.1 VLAN은 무엇인가?

모든 기술의 발전은 비용 절감과 관련이 있다고 해도 과언이 아니다. 오늘날 우리는 가상화Virtualization라는 말을 매우 흔하게 접한다. 예나 지금이나 가상화 기술은 '어떻게 비용을 절감할 수 있는가?'라는 물음에 관한 답이다. 물리적인 장비에 가상화를 적용하고, 가상 장비의 생성을 통해 비용을 절감한다. 물론 VLAN은 현재 네트워크에 적용되는 가상화 기술에 비하면 매우 원시적인 기술로 여겨진다. 그러나 VLAN이 소개될 당시에는 매우 획기적인 기술이었음에 틀림없다. 이 절에서는 VLAN이 무엇이고, 왜 그것이 스위치의 주된 기능으로 알려졌는지 알아본다.

2.1.1 VLAN의 필요성

VLAN을 쉽게 이해하려면, VLAN이 소개되기 전의 브리지 또는 원시적인 스위치의 단점이 무엇인지 알아볼 필요가 있다. 여기서 VLAN을 지원하지 않는 초기의 스위치에 어떤 단점이 존재하는지 알아보자.

VLAN^{Virtual LAN}은 말 그대로 가상의 LAN을 의미한다. 가상의 LAN이란, 물리적인 케이블로 연결된 로컬 네트워크를 논리적으로, 즉 가상으로 분리시켜 여러 개의 개별적이고 물리적인 LAN 네트워크와 동일한 환경으로 구현한 것을 말한다. 쉽게 말하면, 하나의 물리적 스위치 장비를 논리적으로 여러 개의 장비인 것처럼 분리하는 기술을 말한다.

LAN에 연결된 모든 호스트는 모두 정보를 공유할 수 있다. 각 LAN 프로토콜에 따라 그 동작 방식이 각각 다르지만, 이더넷을 예로 볼 때 동일한 스위치에 연결된 모든 호스트는 상호간 모든 정보를 공유할 수 있다. 즉, 모든 호스트는 동일한 LAN에 연결된 모든 호스트에 열려^{open} 있다고 할 수 있다.

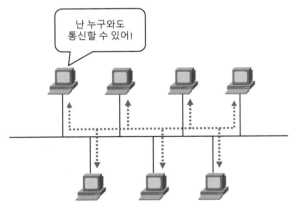

그림 2.1 LAN에 연결된 모든 호스트는 상호간 정보를 공유할 수 있다.

이와 같은 환경에서 왜 굳이 VLAN이라는 기술을 구현할 필요가 있을까? 그림에서 각 호스트는 동일한 LAN 세그먼트에 위치한다. 스위치가 MAC 주소를 기반으로 통신하기 때문에 해당 목적지 MAC 주소의 호스로만 트래픽이 전달될 것이다. 그러나 이는 스위치가 이미 목적지 MAC 주소의 위치(포트)를 알고 있는 경우에만 가능하다. 만약 스위치가 목적지 MAC 주소 정보를 포워딩 테이블에 가지지 않으면 모든 스위치로 해당 프레임을 포워딩하고, 모든 호스트는 이를 수신한다. 물론 목적지 MAC을 가지지 않는 호스트는 L2 헤더에 위치하는 목적지 MAC 주소가 자신의 것이 아니라는 것을 확인하고, 해당 프레임을 폐기할 것이다. 여기서 불필요한 자원 낭비가 초래된다.

또한 브로드캐스트 프레임의 경우는 어떠한가? 브로드캐스트 트래픽은 CAM 테이블의 정보와 무관하게 모든 호스트를 의미하므로 모든 스위치 포트로 포워딩된다. 이로 인해 불필요한 자원 낭비가 초래된다.

이제 보안적인 관점으로 접근해보자. 그림 2.2와 같이 독립적인 2개의 부서가 있다고 가정해보자. 만약 인사부와 기술부가 보안상의 이유로 상호 직접 통신이 이뤄지지 않아야 한다고 가정해보자. 이 조건을 만족하기 위해 여분의 스위치 포트가 많이 남아 있음에도 불구하고 새로운 스위치를 구매해야 하는가?

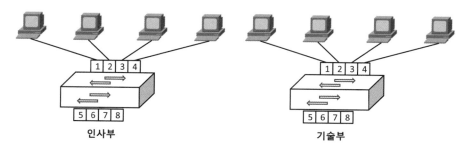

그림 2.2 독립적인 부서 간의 통신 분리

그림 2.2에서 각 스위치는 1~4번 포트만 사용하고, 5~8번 포트는 사용하지 않는다. 그러나 관리자는 두 부서 간의 통신을 보안상 분리하기 위해 2대의 스위치를 구매해 각 부서의 전용 스위치로 사용했다. 여기서 여분의 스위치 포트가 있음에도 불구하고 별도의 스위치를 구매할 비용이 요구된다. 만약 여분의 스위치 포트가 더 많고, 분리

해 연결해야 할 부서가 더 많다면, 구매해야 할 스위치도 더 많아질 것이다. 이런 비효율적인 비용 발생을 방지하기 위해 개발된 것이 VLAN이다.

VLAN은 물리적인 스위치 하드웨어를 논리적으로 분리시켜 별도의 스위치로 분리시킨다. 그림 2.3의 스위치에서 포트 1~4번은 VLAN 10, 포트 5~8번은 VLAN 20으로 지정했다고 가정해보자. 이때 논리적인 구성 형태는 포트 1~4번을 가지는 VLAN 10 스위치와 포트 5~8번을 가지는 VLAN 20 스위치가 별도로 존재하는 것과 동일한 효과를 가진다.

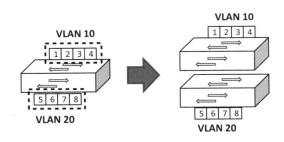

그림 2.3 VLAN을 이용한 스위치 분리

이 말은 동일 VLAN에 속하는 스위치 포트 간의 통신은 자유롭지만, 다른 VLAN에 속하는 스위치 포트 간의 통신은 기본적으로 이뤄지지 않는다는 것을 의미한다. 이 말은 다른 VLAN은 서로 전혀 다른 별도의 LAN이라는 의미다(그림 2.4).

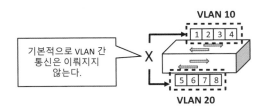

그림 2.4 다른 VLAN 간의 통신은 기본적으로 이뤄지지 않는다.

기본적으로 VLAN 간의 통신이 이뤄지지 않기 때문에 모든 호스트를 호출하는 브로드캐스트 트래픽 역시 다른 VLAN으로 전파되지 않는다. 그러므로 VLAN은 해당 VLAN으로 브로드캐스트 영역을 제한시키는 효과도 가질 수 있다. 그림 2.5에서 VLAN 10

은 SW01과 SW02 간의 링크가 VLAN 10에 속하므로 VLAN 10의 브로드캐스트 트래픽은 두 스위치에 속하는 모든 VLAN 10 호스트로 전달된다. 또한 VLAN 20의 브로드캐스트 트래픽도 SW01과 SW03 간의 링크를 거쳐 전파되므로 브로드캐스트 영역은 SW01과 SW03에 걸쳐 형성된다. 반면, VLAN 30의 브로드캐스트 영역은 SW03 내로 한정되므로 브로드캐스트 트래픽은 다른 스위치로 전달되지 않는다.

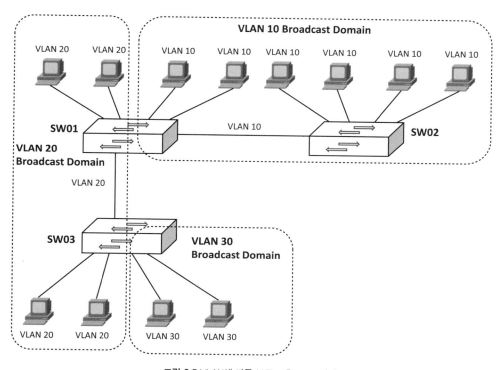

그림 2.5 VLAN에 따른 브로드캐스트 도메인

한편, VLAN은 3계층 네트워크를 구분하기 위해서도 사용된다. 일반적으로 2계층 네트워크와 3계층의 네트워크를 동일하게 정의해야 한다. 2계층 네트워크가 3계층 네트워크보다 큰 경우에는 브로드캐스트 트래픽이 다른 3계층 네트워크의 호스트까지 전파될 수 있기 때문이다. 반면, 2계층 네트워크가 3계층 네트워크보다 작은 경우에는 동일한 2계층 네트워크에 속하는 호스트 간의 통신이 이뤄지지 않아서 3계층 통신까지 이뤄지지 않는 경우가 존재할 수 있기 때문이다.

그림 2.6에서 VLAN 10과 VLAN 20에 속해 있는 호스트를 살펴보자. PC23은 VLAN 10에 속해 있지만, 3계층 네트워크는 VLAN 20의 10.1.2.0/24에 속해 있다. 비록 VLAN 10의 10.1.1.0/24 네트워크에 속하는 PC에서 발생한 브로드캐스트 트래픽은 모든 10.1.1.0/24 네트워크의 호스트로 전달된다. 그러나 3계층의 IP 네트워크가 다른 PC23도 동일한 VLAN 10에 속하기 때문에 10.1.1.0/24 네트워크에 속하는 호스트로부터의 불필요한 브로드캐스트 트래픽을 수신한다. 또한 VLAN 20에 속하는 10.1.2.0/24 네트워크의 호스트 간의 통신은 VLAN 20의 브로드캐스트 도메인으로 한정된다. PC23은 VLAN 10에 속하고, 2계층 통신이 근본적으로 다른 VLAN 에 속하기 때문에 PC23은 동일한 IP 네트워크에 속하는 PC21과 PC22와의 통신이 당연히 이뤄지지 않는다.

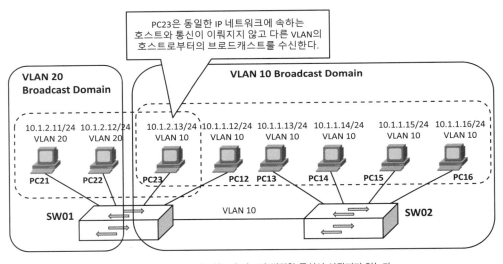

그림 2.6 VLAN과 IP 네트워크가 다르면 적절한 통신이 이뤄지지 않는다.

만약 다른 IP 네트워크의 호스트가 동일한 VLAN에 속한다면, 어떤 일이 일어날까? 비교적 많은 소규모 네트워크에서 스위치 구성을 할 때, VLAN 구성 없이 IP 서브넷만 다르게 할당해 사용하는 경우를 많이 접한다. 물론 이 경우 라우터가 연결돼 있다면, 다른 IP 네트워크의 호스트들 간의 통신이 가능하다. 그러나 네트워크 효율은 결코 좋다고 볼 수 없다. 그림 2.7에서 10.1.1.0/24와 10.1.2.0/24는 모두 기본 VLAN인 VLAN 1에 속한다. 이때 다른 IP 네트워크에 속하는 호스트로의 트래픽은 모두 라우터로 전달된다. 동일한 VLAN 내에 다른 IP 서브넷이 존재하는 경우, 다른 서브넷 간의 모든 통신은 기본 게이트웨이인 라우터로 전달돼 이뤄진다. 물론 동일한 서브넷에 속하는 호스트 간의 통신은 라우터를 거치지 않고 스위치를 통해 직접 이뤄진다.

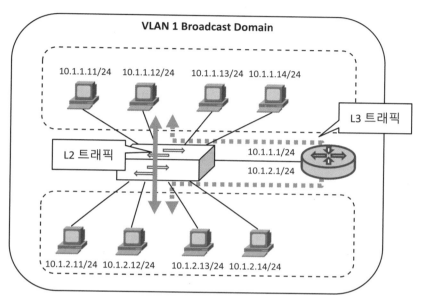

그림 2.7 다른 IP 네트워크로의 트래픽은 라우터로 전달된다.

그림에서 호스트 10.1.1.11로부터 호스트 10.1.2.11로 향하는 트래픽을 살펴보자. 호스트 10.1.1.11은 호스트 10.1.2.11이 다른 IP 네트워크에 위치한다는 사실을 인지한다. 그러므로 자신의 라우팅 테이블을 살펴보고, 패킷을 기본 게이트웨이로 전달해야 한다는 사실을 인지한다. 패킷을 기본 게이트웨이로 보내기 위해 L2 프로세싱을 수행하는데, 이때 ARP 요청을 통해 기본 게이트웨이의 IP인 10.1.1.1에 해당하는 MAC 주소를 얻고 라우터로 패킷을 보낸다.

호스트 10.1.1.11로부터 호스트 10.1.1.12로 향하는 패킷의 경우에는 라우터를 거치지 않고 바로 전달된다. 이들은 동일한 IP 네트워크 10.1.1.0/24에 속하므로 호스트 10.1.1.11은 목적지 10.1.1.12의 MAC 주소를 얻기 위해 ARP 프로세싱을 수행하고 패킷을 직접 전달한다. 이는 10.1.2.0/24 네트워크에 속하는 호스트 간의 통신도 마찬가지다.

그러나 L2 트래픽을 살펴보자. 3계층의 IP 통신과 무관하게 2계층 통신만 볼 때, 모든 호스트는 동일한 VLAN 1에 속한다. 그러므로 VLAN 내부에서 발생한 브로드캐스트 트래픽은 IP 네트워크와 무관하게 모든 호스트로 전파된다. 이로 인해, IP 네트워크가 다름에도 불구하고 지속적으로 브로드캐스트 트래픽을 수신하고, 시스템의 성능 저하가 발생할 수 있다. 이를 방지하려면, VLAN을 구성할 때 VLAN과 IP 네트워크를 일치시키는 것이 좋다.

앞의 그림을 2계층의 관점과 3계층의 관점으로 분리해 나타내면 그림 2.8과 같이 표현할 수 있다.

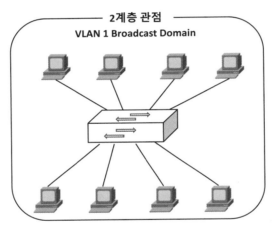

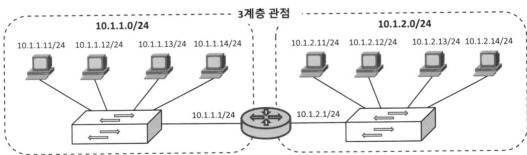

그림 2.8 2계층 관점과 3계층 관점

그림 2.9를 통해 한 번 더 알아보자. 그림 2.9에는 3계층의 라우팅을 수행하는 라우터가 존재하지 않는다.

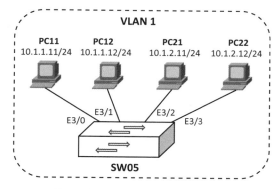

그림 2.9 기본 VLAN으로 이뤄진 네트워크 구성도

이 환경에서 PC11과 PC12는 10.1.1.0/24 네트워크에 속한다. PC11과 PC12 간의 통신은 가능하다. 그리고 PC21과 PC22는 10.1.2.0/24 네트워크에 속하고, 이들 간의 통신 역시 가능하다. 설정 2.1에서 볼 수 있듯이, 동일한 IP 네트워크에 속하는 호스트는 상호간 통신이 이뤄진다.

설정 2.1 동일 IP 네트워크 간의 통신은 이뤄진다.

```
PC11>ping 10.1.1.12
84 bytes from 10.1.1.12 icmp_seq=1 ttl=64 time=2.053 ms
84 bytes from 10.1.1.12 icmp_seq=2 ttl=64 time=1.927 ms
84 bytes from 10.1.1.12 icmp_seq=3 ttl=64 time=2.062 ms
84 bytes from 10.1.1.12 icmp_seq=4 ttl=64 time=2.131 ms
84 bytes from 10.1.1.12 icmp_seq=5 ttl=64 time=2.339 ms
==================================================================
PC21>ping 10.1.2.12
84 bytes from 10.1.2.12 icmp_seq=1 ttl=64 time=1.992 ms
84 bytes from 10.1.2.12 icmp_seq=2 ttl=64 time=1.552 ms
84 bytes from 10.1.2.12 icmp_seq=3 ttl=64 time=2.417 ms
84 bytes from 10.1.2.12 icmp_seq=4 ttl=64 time=1.850 ms
84 bytes from 10.1.2.12 icmp_seq=5 ttl=64 time=2.065 ms
```

이와 같이 동일한 IP 네트워크 내의 통신은 가능하지만, 다른 IP 네트워크 간의 라우터를 거치지 않는 직접적인 IP 통신은 불가능하다. 앞에서 언급한 바와 같이 다른 IP 네트워크 간의 통신은 라우터와 같은 3계층 장비에 의해 이뤄지기 때문이다. 예제의 네트워크 구성도에서 확인할 수 있듯이, 현재 네트워크에는 라우터와 같은 3계층 장비가 존재하지 않는다. 그러므로 다른 IP 네트워크의 호스트 간의 통신은 이뤄지지 않는다 (설정 2.2). 그러나 네트워크에 처음 입문하는 독자의 일부는 다른 IP 네트워크에 속하는 호스트와 직접적인 통신이 이뤄지지 않기 때문에 VLAN이 동일하더라도 네트워크 구성에 아무런 문제가 없다고 생각할 수 있다.

설정 2.2 다른 IP 네트워크 간의 통신은 이뤄지지 않는다.

```
PC11>ping 10.1.2.11
host(10.1.1.1) not reachable
================================================================
PC21>ping 10.1.1.11
host(10.1.2.1) not reachable
```

물론 예제와 같은 환경에서 상호간 IP 네트워크가 다르기 때문에 서로 다른 IP 네트워크에 속하는 호스트 간의 통신은 이뤄지지 않는다. 그러나 2계층의 관점에서 볼 때, 스위치에 연결된 모든 호스트는 IP 주소와 상관없이 2계층의 MAC 주소로 통신한다. 그러므로 정확하게 말하면, 다른 IP 네트워크에 속하는 호스트로 트래픽을 송수신하지 못하는 것이 아니라 수신되는 프레임의 목적지 MAC 주소가 자신의 MAC 주소가 아니기 때문에 폐기하는 것이다(그림 2.10).

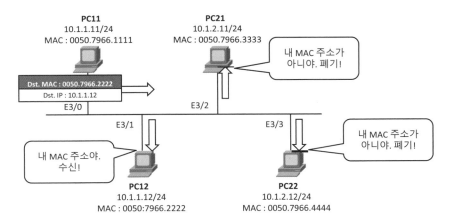

그림 2.10 프레임의 목적지 MAC 주소가 자신의 MAC 주소가 아니면 폐기한다.

그러므로 만약 와이어 샤크나 스니퍼와 같은 LAN 분석 툴로 확인할 때, 다른 IP 네트워크로부터 수신되는 L2 트래픽의 정보를 그대로 확인할 수 있다. 만약 누군가 악의를 가지고 LAN 분석 툴로 확인한다면, 2계층 통신으로 인해 정보 유출의 위험이 따를 수 있다. 다시 말해, 트래픽의 보안이 전혀 이뤄지지 않는다. 만약 회사 네트워크가 각 부서별로 다른 IP 네트워크 주소에 속한다고 하더라도 동일 VLAN에 속한 모든 호스트는 다른 부서의 호스트로부터의 트래픽을 모두 확인할 수 있다. 이 말은 특정 부서의 정보가 다른 부서로 흘러들어갈 수 있다는 것을 뜻한다. 혹자는 '같은 회사인데 어때?'라고 말할 수 있다. 그러나 회사 내에서도 부서만의 정보 기밀이 중요한 것이 사실이다. 만약 다른 회사나 조직이 동일한 스위치에 연결돼 있다면, 문제는 더욱 심각할 것이다.

또한 다른 IP 네트워크로부터의 트래픽을 수신하고 폐기하는 과정에서 호스트의 자원 역시 낭비된다. 물론 불필요한 브로드캐스트 트래픽 역시 수신하므로 네트워크 효율 역시 나빠질 수 있다.

이와 같은 단점을 보완하고, IP 네트워크와 LAN을 일치시키기 위해 개발된 기술이 VLAN이고, 가상 LAN 분리를 통해 비용도 절감할 수 있게 됐다.

2.1.2 VLAN의 종류

VLAN은 호스트가 어떤 LAN에 속할 것인지를 정의하는 것이다. 그러므로 VLAN은 실제 호스트가 연결되는 스위치 포트의 기준으로 정의된다. 스위치 포트가 어떤 방식으로 VLAN에 지정되는지에 따라 VLAN의 종류가 달라진다.

VLAN의 종류에는 정적 VLAN[Static VLAN]과 동적 VLAN[Dynamic VLAN]으로 나눠진다.

정적 VLAN은 특정 스위치 포트에 할당된 VLAN이 관리자에 의해 변경되지 않는 한, 항상 해당 VLAN에 속하는 방식이다. VLAN 설정을 통해 스위치 포트에 특정 VLAN을 설정하면, 해당 포트에 연결되는 호스트는 항상 해당 VLAN을 통해 네트워크에 접속된다. 다시 말해, 해당 스위치 포트의 VLAN 설정에 의해 호스트의 VLAN이 결정되는 방식이다. 정적[Static]이라는 용어에서 짐작할 수 있듯이, 일단 스위치 포트에 설정된 VLAN은 변경되지 않고 해당 스위치 포트에 고정돼 있다는 것을 의미한다. 정적 VLAN

은 가장 일반적인 VLAN 구성 방식으로 대부분의 실제 네트워크에 적용되는 방식이다.

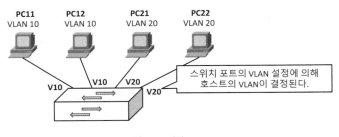

그림 2.11 정적 VLAN

그림 2.11에서 보듯이, 각 스위치 포트는 하나의 VLAN만 지정할 수 있다. PC11이 연결된 스위치 포트에 VLAN 10이 설정되면, PC11은 스위치와의 어떤 협상도 없이 VLAN 10에 연결된다. 이로 인해, 실무에서 사용자가 사무실의 위치를 변경하는 경우에 스위치 포트 변경으로 인해 네트워크 접속 불량에 관한 민원이 발생하곤 한다. 이 경우 관리자는 해당 사용자가 속하는 올바른 VLAN으로 설정을 변경해야 한다.

정적 VLAN은 스위치 포트의 고정 VLAN 설정을 통해 이뤄지므로 스위치의 하드웨어 기반(ASIC)으로 동작한다. 이는 스위치 포트에 관한 VLAN 설정이 이미 이뤄진 상태이므로 VLAN 매핑을 위한 다른 프로세싱을 수행하지 않기 때문에 스위치의 성능 향상에 도움을 줄 수 있다.

동적 VLAN은 스위치 포트에 연결되는 사용자에 의해 VLAN이 유동적으로 결정된다. 정적 VLAN이 고정 VLAN 설정된 스위치 포트에 의해 호스트의 VLAN이 결정되는 것과 반대로, 동적 VLAN은 호스트에 적용되는 VLAN이 스위치 포트가 아닌, 사용자에 의해 결정된다. 이는 호스트의 MAC 주소를 기반으로 VLAN이 결정되므로 호스트 장비가 연결되는 스위치 포트와 무관하게 이뤄진다. 사용자는 그 어떤 스위치 포트에 연결하더라도 스위치는 호스트 장비의 MAC 주소를 기반으로 VLAN을 결정해 네트워크에 연결시킨다.

실제 호스트의 MAC 주소를 사전에 VLAN 데이터베이스 관리 서버^{VMPS: VLAN Membership Policy Server}에 입력해야 하는 과정이 요구된다. 그러므로 사용자 측면에서는 동적 VLAN

이 더 편할 수는 있지만, 관리적인 측면에서는 비교적 더 많은 관리 업무가 요구될 수 있다.

2.2 VLAN 설정 및 확인

이 절에서는 스위치에서 VLAN을 설정하고 확인하는 과정에 관해 알아본다. VLAN을 설정하기 전에 스위치의 기본 설정 상태의 VLAN 구성 확인을 통해 이해한 후, 예제를 통해 VLAN 설정을 적용해보자.

기본적으로 최초 상태의 모든 스위치 포트는 VLAN 1에 속한다. VLAN 1은 모든 스위치 포트에 최초로 할당되는 VLAN으로써 기본 VLAN Default VLAN이라 불린다. 기본 VLAN은 스위치가 최초 구동된 후, 자동으로 생성되는 VLAN으로, 모든 스위치 포트는 기본적으로 VLAN 1에 속하도록 구성된다.

설정 2.3은 시스코 스위치의 기본 설정 상태에서의 VLAN 정보를 보여준다. VLAN 상태 확인은 show vlan 명령어로 이뤄진다.

    # show vlan

설정 2.3 최초 설정 상태에서 모든 스위치 포트는 기본 VLAN(VLAN 1)에 속한다.

```
SW05#show vlan

VLAN Name                 Status      Ports
---- ------------------   -------     -------- -------
1    default              active      Et0/0, Et0/1, Et0/2, Et0/3
                                      Et1/0, Et1/1, Et1/2, Et1/3
                                      Et2/0, Et2/1, Et2/2, Et2/3
                                      Et3/0, Et3/1, Et3/2, Et3/3

1002 fddi-default         act/unsup
1003 token-ring-default   act/unsup
1004 fddinet-default      act/unsup
1005 trnet-default        act/unsup
```

```
VLAN  Type  SAID    MTU    Parent  RingNo  BridgeNo  Stp  BrdgMode  Trans1  Trans2
----  ----  -----   ---    -----   ------  -------   --   -------   -----   -----

1     enet  100001  1500   -       -       -         -    -         0       0

1002  fddi  101002  1500   -       -       -         -    -         0       0

1003  tr    101003  1500   -       -       -         -    -         0       0

1004  fdnet 101004  1500   -       -       -              ieee -    0       0

1005  trnet 101005  1500   -       -       -              ibm  -    0       0


Primary      Secondary      Type          Ports
-------      ----------     ---------     ------------------------------
```

위의 VLAN 정보는 크게 세 부분으로 나눠지는데, 첫 번째는 스위치에 구동되는 VLAN 과 VLAN 이름, VLAN 상태, 그리고 해당 VLAN에 속하는 스위치 포트 정보를 보여준 다. 실무에서 VLAN을 확인할 때 가장 많이 참고하는 정보다.

두 번째는 각 VLAN의 타입과 각종 파라미터 값을 보여준다.

마지막은 사설 VLAN^PVLAN: Private VLAN에 관한 정보를 보여준다. 현재 스위치에 사설 VLAN을 지정하지 않았으므로 아무 정보도 보여주지 않는다.

VLAN 확인 시 단순히 첫 번째 정보인 VLAN의 상태만 확인하고자 하는 경우에는 show vlan brief 명령어를 사용하면 된다(설정 2.4).

설정 2.4 VLAN 상태 요약 확인

```
SW05#show vlan brief

VLAN  Name                  Status      Ports
----  -----------------     -------     --------------------
1     default               active      Et0/0, Et0/1, Et0/2, Et0/3
                                         Et1/0, Et1/1, Et1/2, Et1/3
                                         Et2/0, Et2/1, Et2/2, Et2/3
                                         Et3/0, Et3/1, Et3/2, Et3/3
1002  fddi-default          act/unsup
1003  token-ring-default    act/unsup
1004  fddinet-default       act/unsup
```

1005	trnet-default		act/unsup

> **참고**
>
> 시스코 스위치의 VLAN 정보 중에서 VLAN 1002 ~ 1005는 FDDI와 토큰링(Token Ring)을 위한 VLAN이다. 오늘날에는 거의 모든 LAN이 이더넷으로 구성돼 있지만, 과거에는 토큰링이 주된 LAN 프로토콜이었고, 캠퍼스 네트워크에는 FDDI를 주로 사용했다. 이 프로토콜의 사용이 점차 줄어 이제는 거의 접할 수 없지만, 여전히 이를 사용하는 네트워크가 존재할 수 있으므로 이더넷이 아닌 다른 LAN 프로토콜을 지원하기 위한 VLAN으로 예약돼 있다. 한편, 시스코가 가장 최근에 출시한 넥서스(Nexus) 스위치에서는 이들 VLAN이 삭제돼 더 이상 지원하지 않는다.

이제 개별 스위치 포트에 관한 정보를 확인해보자. 스위치 포트 정보는 show interface switchport 명령어로 확인할 수 있다(설정 2.5).

show interface [*type number*] switchport

설정 2.5 스위치 포트의 기본 설정 상태 확인

```
SW05#show interfaces e0/0 switchport
Name: Et0/0
Switchport: Enabled
Administrative Mode: dynamic desirable1
Operational Mode: static access2
Administrative Trunking Encapsulation: negotiate
Operational Trunking Encapsulation: native
Negotiation of Trunking: On
Access Mode VLAN: 1(default)3
Trunking Native Mode VLAN: 1(default)
Administrative Native VLAN tagging: enabled
Voice VLAN: none
Administrative private-vlan host-association: none
```

---

1 설정된 스위치 모드
2 동작된 스위치 모드
3 해당 스위치 포트의 VLAN

```
Administrative private-vlan mapping: none
Administrative private-vlan trunk native VLAN: none
Administrative private-vlan trunk Native VLAN tagging: enabled
Administrative private-vlan trunk encapsulation: dot1q
Administrative private-vlan trunk normal VLANs: none
Administrative private-vlan trunk associations: none
Administrative private-vlan trunk mappings: none
Operational private-vlan: none
Trunking VLANs Enabled: ALL
Pruning VLANs Enabled: 2-1001
Capture Mode Disabled
Capture VLANs Allowed: ALL

Appliance trust: none
```

스위치 포트의 기본 운용 모드Operational Mode가 정적 액세스Static Access 모드로 돼 있고,
VLAN은 기본값 VLAN 1으로 적용된 것을 확인할 수 있다. 여기서 액세스 모드Access
Mode라는 것은 특정 단일 VLAN에 속한 일반적인 호스트가 연결되는 모드를 의미한다.
특정 VLAN에 속하는 일반적인 모든 스위치 포트는 해당 VLAN으로 접근Access할 수
있는 모드인 액세스 모드로 지정한다.

이제 예제 구성도를 참고해 실제로 설정해보자.

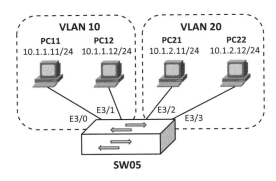

그림 2.12 VLAN 실습을 위한 구성도

설정 예제는 VLAN 10과 VLAN 20을 생성하고, E3/0과 E3/1은 VLAN 10, E3/2와 E3/3은 VLAN 20에 속하도록 설정한다.

앞의 VLAN 정보로부터 확인할 수 있듯이, 기본 설정 상태에서는 VLAN 10과 VLAN 20은 존재하지 않는다. 그러므로 VLAN 10과 VLAN 20을 생성하는 과정이 필요하다. VLAN은 아래와 같은 명령어로 생성할 수 있다.

> (config)# **vlan** *vlan-id*
> (config-vlan)# **name** *VLAN-Name* → 선택 사항

위 명령어에서 VLAN 이름 지정은 선택 사항이므로 설정하지 않아도 무방하다. 그러나 많은 VLAN을 관리하는 경우, 해당 VLAN의 용도를 구별하기 위해 VLAN 이름을 지정하는 것을 권장한다. 설정하지 않으면 VLAN 이름이 VLAN ID로 자동 지정된다 (설정 2.6).

설정 2.6 VLAN 10을 생성하고 확인한다.

```
SW05(config)#vlan 10
SW05(config-vlan)#name Net_10.1.1.0/24

SW05#show vlan brief

VLAN  Name              Status    Ports
----  ----------------  --------  ---------------------
1     default           active    Et0/0, Et0/1, Et0/2, Et0/3
                                  Et1/0, Et1/1, Et1/2, Et1/3
                                  Et2/0, Et2/1, Et2/2, Et2/3
                                  Et3/0, Et3/1, Et3/2, Et3/3

10    Net_10.1.1.0/24[4]  active
1002  fddi-default      act/unsup
1003  token-ring-default act/unsup
1004  fddinet-default   act/unsup
1005  trnet-default     act/unsup
```

---

4 설정된 VLAN 이름을 확인할 수 있다.

VLAN 10이 생성됐고, VLAN 이름도 Net_10.1.1.0/24로 지정된 것을 확인할 수 있다. 그러나 현재는 VLAN 10을 생성만 했으므로 VLAN 10에 속하는 스위치 포트는 존재하지 않는다. 이제 E3/0과 E3/1을 VLAN 10으로 지정하기 위한 설정을 해보자. 스위치 포트의 VLAN 지정은 아래와 같은 명령어로 이뤄진다.

(config-if)# switchport mode access
(config-if)# switchport access vlan *vlan-id*

첫 번째 명령어 switchport mode access는 사용자 또는 호스트의 네트워크 연결을 위한 호스트 접근 포트를 의미하는 액세스 모드로 지정한다. 액세스 모드는 사용자와 호스트 장비 등이 네트워크 연결을 위한 접속점을 제공하는 스위치 포트로 지정하는 것이다. 그러므로 액세스 모드의 스위치 포트는 연결되는 호스트 장비를 특정 VLAN으로 지정하므로 스위치 포트의 VLAN 지정을 위해 스위치 포트의 모드를 액세스 모드로 설정해야 한다. 그러나 스위치 포트의 기본 설정이 액세스 모드이므로 변경이 필요한 경우에만 사용해도 된다.

그러므로 두 번째 명령어인 switchport access vlan을 통해 스위치 포트를 특정 VLAN에 지정한다. 모든 액세스 모드의 스위치 포트는 단 하나의 VLAN에만 지정할 수 있다. 하나의 스위치 포트에 여러 개의 VLAN을 설정할 수 없다는 점을 명심하길 바란다. 설정 2.7은 스위치 포트의 VLAN 지정의 설정을 보여준다.

설정 2.7 스위치 포트의 VLAN 지정

```
SW05(config)#interface e3/0
SW05(config-if)#switchport mode access
SW05(config-if)#switchport access vlan 10[5]
SW05(config)#interface e3/1[6]
SW05(config-if)#switchport access vlan 10

SW05#show vlan brief
```

---

5   액세스 모드의 스위치 포트에는 단 하나의 VLAN만 지정할 수 있다.

6   기본 설정 상태에서 스위치 포트 모드가 액세스 모드이므로 설정하지 않아도 된다.

```
VLAN   Name                Status     Ports
----   ---------------     -------    ---------------------------
1      default             active     Et0/0, Et0/1, Et0/2, Et0/3
                                      Et1/0, Et1/1, Et1/2, Et1/3
                                      Et2/0, Et2/1, Et2/2, Et2/3
                                      Et3/2, Et3/3
10     Net_10.1.1.0/24     active     Et3/0, Et3/1
1002   fddi-default        act/unsup
1003   token-ring-default  act/unsup
1004   fddinet-default     act/unsup
1005   trnet-default       act/unsup
```

이제 E3/2와 E3/3을 VLAN 20에 지정해보자. 앞 설정에서 가장 먼저 설정한 단계가 VLAN 생성이었다. 이 예제에서 VLAN 20을 생성하지 않고 곧바로 스위치 포트를 VLAN 20으로 지정해보자(설정 2.8)

설정 2.8 지정하는 VLAN이 존재하지 않으면 자동으로 생성된다.

```
SW05(config)#interface e3/2
SW05(config-if)#switchport access vlan 20
% Access VLAN does not exist. Creating vlan 20[7]
SW05(config)#interface e3/3
SW05(config-if)#switchport access vlan 20

SW05#show vlan brief

VLAN   Name                Status     Ports
----   ---------------     -------    ---------------------------
1      default             active     Et0/0, Et0/1, Et0/2, Et0/3
                                      Et1/0, Et1/1, Et1/2, Et1/3
                                      Et2/0, Et2/1, Et2/2, Et2/3
10     Net_10.1.1.0/24     active     Et3/0, Et3/1
20     VLAN0020            active     Et3/2, Et3/3
```

---

7 설정한 VLAN이 존재하지 않으면 자동 생성된다.

```
1002    fddi-default              act/unsup
1003    token-ring-default        act/unsup
1004    fddinet-default           act/unsup
1005    trnet-default             act/unsup
```

설정에서 확인할 수 있듯이, 지정하고자 하는 VLAN이 스위치에 존재하지 않으면 자동으로 생성된다. 그리고 해당 스위치 포트가 VLAN 20에 지정된 것을 확인할 수 있다. 이렇듯 지정하고자 하는 VLAN이 스위치에 존재하지 않으면 해당 VLAN을 자동 생성한 후, 스위치 포트는 해당 VLAN에 지정된다. 물론 VLAN이 자동 생성됐으므로 VLAN 이름은 역시 기본 이름인 VLAN의 ID인 VLAN0020으로 지정된 것을 확인할 수 있다.

VLAN 이름은 소규모 네트워크에서는 그리 중요하지 않으나, VLAN이 많은 대규모 네트워크에서는 지정하는 것을 강력하게 권장한다. 그 이유는 VLAN ID로 해당 VLAN을 인지하는 것이 어렵기 때문에 쉽게 인지할 수 있는 이름을 통해 설정 및 고장 복구시 쉽게 접근할 수 있는 이점을 취할 수 있다. VLAN 20의 이름을 Net_10.1.2.0/24으로 지정하자(설정 2.9).

설정 2.9 VLAN 20의 이름 지정

```
SW05(config)#vlan 20
SW05(config-vlan)#name Net_10.1.2.0/24
```

참고로, 실무에서 많은 스위치 포트에 VLAN을 지정해야 하는 경우가 많다. 이때 interface range 명령으로 여러 스위치 포트를 일괄적으로 설정할 수도 있다(설정 2.10).

설정 2.10 interface range 명령으로 일괄 설정도 가능하다.

```
SW05(config)#interface range e3/0 - 1
SW05(config-if-range)#switchport access vlan 10
SW05(config)#interface range e3/2 - 3
SW05(config-if-range)#switchport access vlan 20
```

이제 모든 설정이 끝났다. show interface switchport 명령을 통해 스위치 포트 E3/0
의 예로 스위치 포트의 상태를 확인해보자(설정 2.11).

설정 2.11 스위치 포트 상태 확인

```
SW05#show interfaces e3/0 switchport
Name: Et3/0
Switchport: Enabled
Administrative Mode: static access
Operational Mode: static access
Administrative Trunking Encapsulation: negotiate
Operational Trunking Encapsulation: native
Negotiation of Trunking: Off
Access Mode VLAN: 10(Net_10.1.1.0/24)
Trunking Native Mode VLAN: 1(default)
Administrative Native VLAN tagging: enabled
Voice VLAN: none
Administrative private-vlan host-association: none
Administrative private-vlan mapping: none
Administrative private-vlan trunk native VLAN: none
Administrative private-vlan trunk Native VLAN tagging: enabled
Administrative private-vlan trunk encapsulation: dot1q
Administrative private-vlan trunk normal VLANs: none
Administrative private-vlan trunk associations: none
Administrative private-vlan trunk mappings: none
Operational private-vlan: none
Trunking VLANs Enabled: ALL
Pruning VLANs Enabled: 2-1001
Capture Mode Disabled
Capture VLANs Allowed: ALL

Appliance trust: none
```

동작 상태에서 확인할 수 있듯이, 관리 모드Administrative Mode와 운용 모드Operational Mode
모두 정적 액세스 모드로 지정됐다.

처음에 확인했을 때 관리 모드는 동적 디자이어러블 모드$^{Dynamic\ Desirable\ Mode}$였다. 동적 디자이어러블 모드는 해당 스위치 포트에 연결된 시스템과 모드 협상을 통해 결정한다는 것을 의미한다. 사용자 PC나 라우터 등은 기본적으로 액세스 모드로 사용한다. 그러므로 처음 예제가 동적 디자이어러블 모드임에도 불구하고, 운용 모드가 액세스 모드로 결정된 것이다. 동적 디자이어러블 모드는 스위치 포트에 연결된 시스템과의 협상을 통해 스위치 포트 모드가 동적으로 결정되므로 실제 운용 중인 스위치에 중요 시스템이 연결된 포트에 관해서는 명령어를 통한 수동 설정을 통해 스위치 포트의 모드를 지정하는 것이 권장된다.

2.3 VLAN 구성 조건 및 규모

소규모 네트워크에서 VLAN은 그리 복잡하지 않다. 소규모 네트워크는 적게는 기본 VLAN 하나만 사용하는 경우가 많고, 많으면 3~5개 정도의 VLAN을 운용한다. 그러나 대규모 네트워크의 중심에 위치하는 코어 스위치$^{Core\ Switch}$의 경우에는 적게는 수십 개, 많게는 수백 개의 VLAN을 운용하는 경우가 많다. 그러므로 L2 네트워크에 VLAN을 구성할 때 요구되는 조건이 있다. 이 절에서는 대규모 네트워크에서 VLAN을 구성할 때 유의해야 할 점을 알아보자.

대규모 네트워크의 스위치는 많게는 수백 개의 VLAN을 운용하는 경우가 많다. 그리고 각 VLAN의 트래픽 또한 무시할 수 없다. 앞 절에서 언급했듯이, VLAN 구성 시 IP 네트워크와 VLAN을 일치시키는 것이 권장된다. 그렇지 않을 경우, 불필요한 트래픽으로 인해 네트워크 효율이 저하될 수 있다. 예를 들어, IP 서브넷 10.1.1.0/24에 속하는 호스트만을 위한 VLAN을 구성하고, IP 서브넷 10.1.2.0/24에 속하는 호스트만을 위한 VLAN을 별도로 구성하라는 것이다. 이 2개 이상의 서브넷을 포함하는 VLAN을 구성하는 경우, 불필요한 트래픽으로 인해 네트워크 효율이 저하될 수 있다는 것이다.

한편, 사용자 VLAN이 L2 네트워크의 중심부인 코어 스위치까지 확장되는 것을 피해야 한다. 이는 사용자로부터의 브로드캐스트 트래픽 등의 불필요한 트래픽이 네트워크의 중심인 코어 네트워크까지 전파되는 것을 방지해 네트워크 효율을 향상시킬 수 있다.

일반적으로 대규모 네트워크는 3계층으로 분류할 수 있다(그림 2.13). 망의 중심인 코어 계층Core Layer, 그리고 분배 계층Distribution Layer, 마지막으로 접근 계층Access Layer이 그 것이다. 코어 계층의 장비는 모든 트래픽이 집중되는 계층이므로 최대한 빠르게 트래픽을 전달하기 위하기 위한 계층이다. 분배 계층은 코어 계층과 접근 계층의 사이에 존재하는데, 이 계층의 장비는 라우팅이나 필터링 또는 QoS 등의 정책을 적용하는 계층이다. 마지막으로 접근 계층은 사용자나 서버 등의 호스트가 연결되는 계층이다. 접근 계층의 장비는 대부분 단순한 스위칭만 제공하는 경우가 일반적이다.

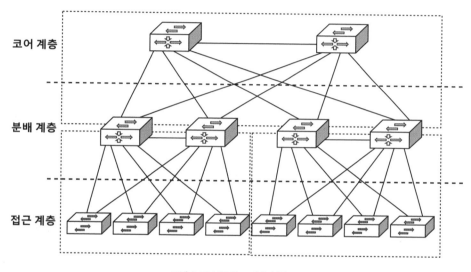

그림 2.13 네트워크 계층 분류

네트워크 계층 분류에서 알 수 있듯이, 불필요한 트래픽이 네트워크의 중심인 코어 계층으로 전파되는 것을 피해야 한다는 것을 알 수 있다. 그럼에도 불구하고 VLAN을 구성할 때 코어 계층에 걸쳐 형성해야 하는 경우도 있다. 이런 관점에서 VLAN 규모에 따른 VLAN의 구성 방식을 살펴보자.

VLAN 규모에 따른 분류는 특정 호스트가 속한 VLAN이 코어 계층에 걸쳐 형성되는지의 여부에 따라 나눠진다. VLAN 규모에 따른 VLAN의 종류는 종단간 VLANEnd-to-End VLAN과 로컬 VLANLocal VLAN으로 구분할 수 있다.

종단간 VLAN은 특정 VLAN이 코어 계층의 장비를 거쳐 연장되는 형태를 의미한다. 그림 2.14에서 보듯이, VLAN 10은 호스트가 연결되는 접근 계층으로부터 분배 계층과 코어 계층에 걸쳐 다른 스위칭 영역까지 연장돼 있는 형태를 이루고 있다.

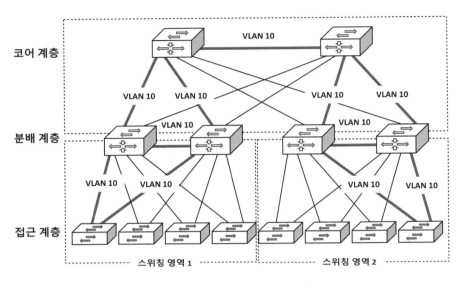

그림 2.14 종단간 VLAN(End-to-End VLAN)

이와 같이 특정 VLAN이 코어 계층을 거쳐 모든 스위칭 영역까지 확장돼 있기 때문에 사용자는 자신의 특정 위치와 관계없이 자신의 VLAN을 그대로 유지할 수 있다는 장점이 있다. 이는 대규모 기업망에서 큰 장점을 발휘할 수 있는데, 사용자의 업무 공간 및 위치가 변경되더라도 기존의 VLAN에 그대로 속할 수 있고, 위치 변경으로 인해 발생할 수 있는 민원을 방지할 수 있기 때문에 관리에 도움을 줄 수 있을 것이다.

그러나 종단간 VLAN은 코어 계층을 거쳐 형성되므로 그 구성은 실제 사용자의 트래픽 유형 등에 의해 좌우된다. VLAN 내에서 발생하는 브로드캐스트 등 L2 트래픽은 코어 계층을 통해 전파된다. 그러므로 이로 인한 네트워크 성능 저하가 발생할 수 있다. 종단간 VLAN 구성의 전제 조건은 VLAN 내의 모든 사용자의 트래픽 유형이 비교적 비슷해야 하는데, 이때 사용자가 위치하는 스위칭 영역 내의 트래픽이 외부 스위칭 영역으로 향하는 트래픽보다 많은 경우에 구성하는 것이 유용하다.

그림 2.15의 스위칭 영역 1에서 VLAN 10에 속하는 사용자의 트래픽이 스위칭 영역 1로 향하는 트래픽이 외부 영역으로 향하는 트래픽보다 많은 경우에 권장된다. 전문적으로 이를 '80/20 규칙'이라고 하는데, 사용자의 트래픽 유형이 로컬 스위칭 영역으로의 트래픽이 80%이고, 외부 스위칭 영역으로의 트래픽이 20%인 경우를 의미한다. 이 규칙의 의미는 L2 트래픽이 코어 계층을 경유하는 경우가 적다면, 종단간 VLAN의 이점을 최대한 가질 수 있다는 것을 의미한다.

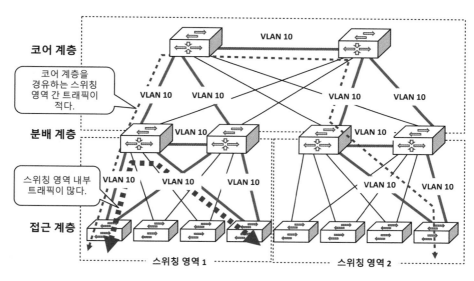

그림 2.15 스위칭 내부 영역 트래픽이 많은 경우에 종단간 VLAN을 구성할 수 있다.

앞에서 언급했듯이, 특정 VLAN이 코어 계층에 걸쳐 형성된다는 것은 그리 권장되지 않는다. 그 이유는 모든 브로드캐스트 트래픽이 코어 계층의 장비로 전파돼 네트워크 자원을 낭비할 우려가 있고, L2 네트워크의 가장 큰 문제점이라 할 수 있는 브로드캐스트 스톰이나 브리징 루프로 인한 문제가 발생할 경우, 코어 계층까지 그 영향을 주기 때문에 이는 네트워크 전체가 비가용 상태로 될 수 있는 잠재적인 문제가 있기 때문이다. 그러므로 종단간 VLAN이 특별히 요구되지 않는 한, 이를 구성하는 것은 그리 권장되지 않는다는 점을 유념하기 바란다.

만약 스위칭 영역 내부 트래픽보다 외부로 향하는 트래픽이 더 많은 경우에는 어떤 VLAN 구성이 바람직할까? 이 경우는 앞의 '80/20 규칙'과 정반대인 '20/80 규칙'의 상황을 의미한다. 스위칭 영역 내부 트래픽이 20%이고, 스위칭 영역 외부 트래픽이 80%인 경우다(그림 2.16).

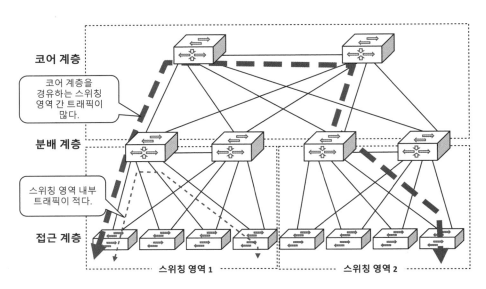

코어 계층

코어 계층을 경유하는 스위칭 영역 간 트래픽이 많다.

분배 계층

스위칭 영역 내부 트래픽이 적다.

접근 계층

스위칭 영역 1   스위칭 영역 2

그림 2.16 스위칭 외부 영역 트래픽이 내부 트래픽보다 많은 경우

스위칭 영역 내의 사용자 및 서버의 통신 대상이 내부 영역에 위치하지 않고 외부 영역에 위치한다면, 이들과 통신을 수행하기 위해 수반되는 브로드캐스트 등의 많은 불필요한 트래픽이 코어 계층을 거쳐 전파된다. 그러므로 이런 상황을 방지하기 위해 VLAN의 규모를 스위칭 영역 내부로 한정시킬 필요가 있다. 이때 VLAN의 규모가 로컬 스위칭 영역 내로 한정된 VLAN을 로컬 VLAN^{Local VLAN}이라 한다. 그림 2.17에서 스위칭 영역 1의 VLAN 10과 스위칭 영역 2의 VLAN 20은 각각 자신의 스위칭 영역 내에 위치한다. 이렇게 VLAN의 규모가 자신의 스위칭 영역 내부로 제한되는 것을 로컬 VLAN이라 한다.

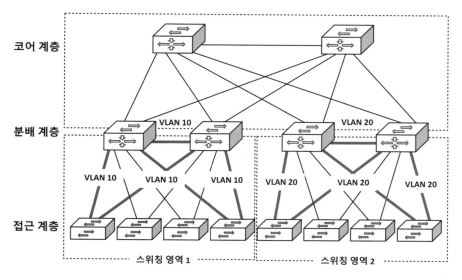

그림 2.17 로컬 VLAN

로컬 VLAN에서는 스위칭 영역 내부로 제한된 VLAN에서 발생한 불필요한 트래픽이 VLAN 종단에서 모두 제거되므로 코어 계층까지 전파되지 않는다. 그러므로 코어 계층의 장비는 호스트로부터 발생하는 브로드캐스트 등의 트래픽을 수신하지 않고, 순수한 사용자 트래픽만 수신하므로 네트워크 효율이 나빠지는 것을 방지할 수 있다. 또한 특정 VLAN에서 발생하는 브리징 루프Bridging Loop 등이 스위칭 영역 내부로 제한되므로 전체 네트워크 문제로 발전되는 상황을 방지할 수 있다.

그러나 로컬 VLAN은 종단간 VLAN과 달리, 특정 스위칭 영역에 한정되므로 사용자의 위치가 변경되는 경우에 해당 사용자의 VLAN 역시 변경돼야 하는 단점이 있다. 물론 이로 인한 사용자의 접근 정책을 변경해야 하는 등의 다른 관리 업무가 발생할 수는 있다. 오늘날의 사용자 트래픽의 형태가 내부 트래픽보다 외부 트래픽이 훨씬 더 많기 때문에 로컬 VLAN이 종단간 VLAN보다 많이 사용된다.

종단간 VLAN과 로컬 VLAN은 반대의 특징을 가진다. 그러나 중요한 점은 전체 네트워크의 효율을 극대화하면서 네트워크 안정성을 향상하기 위해 제안되는 VLAN 구성 종류다. 네트워크 구성 시에 이런 특징을 염두에 두면서 자신의 네트워크에 가장 효과적인 VLAN을 고민해 유연하게 적용하면 될 것이다.

참고로, 스위칭 영역의 기준이 무엇인지 궁금해하는 독자가 있을 수 있다. 이는 엄격한 기준이 있는 것은 아니다. 물론 코어 계층, 분배 계층, 그리고 접근 계층이라는 기준도 모든 네트워크에 일괄적으로 적용되는 부분이 아니다. 이는 각 네트워크의 규모와 상황에 따라 달라질 수 있는 권장 사항이다. 네트워크의 상황에 따라 접근 계층과 분배 계층이 하나의 계층으로 통합돼 있는 경우도 많고, 또한 분배 계층과 코어 계층이 하나로 이뤄진 네트워크도 많이 존재한다. 여기서 말하는 스위칭 영역이란, 많은 트래픽이 집중되는 코어 계층 아래에 위치하는 영역이라고 이해하는 것이 도움이 될 것이다. 그 이유는 VLAN의 규모에 관한 정의가 코어 계층의 장비가 L2 트래픽에 의한 잠재적 문제에 노출된 가능성이 많은지, 그렇지 않은지에 관한 것이기 때문이다.

2.4 보이스 VLAN

오늘날에는 네트워크가 연결되지 않은 곳을 찾기 힘들 정도로 널리 사용되고 있다. 유선 네트워크, 무선 네트워크 등으로 우리는 어디에서든 네트워크에 연결된다. 이런 광범위한 네트워크는 우리의 생활을 많은 부분을 바꿔 놓았다. 전화 통신도 마찬가지로 이런 이유로 상당 부분 달라졌다. 전화 통신도 IP 전화를 통해 데이터 네트워크를 이용한다.

음성을 PC와 같은 개인 단말기에서 직접 코딩한 후, 데이터 형식으로 전달해 전화 네트워크와 연동해 사용할 수 있게 됐다. 오늘날 많은 기업은 비용 절감을 위해 일반 전화 서비스에서 IP 전화로 변경해 사용하고 있다. IP 음성 통신을 위해 별도의 IP 전화기를 사용한다. IP 전화기도 IP 통신을 하는 단말기다. 그러므로 IP 전화기도 다른 단말기와 마찬가지로 네트워크에 연결돼야 한다. 다시 말해, 스위치에 연결돼야 한다. 이런 이유로 각 사용자에게 요구되는 스위치 포트는 최소한 2개의 스위치 포트가 필요하므로 높은 스위치 포트 점유로 인해 네트워크 구축 비용이 증가한다.

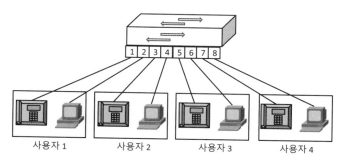

그림 2.18 IP 전화기로 인해 스위치 포트 사용량이 증가한다.

IP 전화기로 인해 스위치 포트 점유도 높아지지만, 단말기 연결을 위한 케이블 역시 2배로 요구된다. 케이블 비용도 증가하지만, 스위치와 사용자 간의 케이블 역시 증가하므로 관리하기가 쉽지 않다. 이런 구성상의 문제를 개선하기 위해 IP 전화 단말기를 작은 스위치와 함께 동작시킨다. IP 전화 단말기에 스위치 포트를 마련해 사용자 PC를 스위치로 연결하는 대신, IP 전화 단말기에 연결하면 스위치의 스위치 포트 가용량을 높일 수 있다.

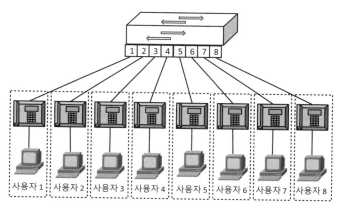

그림 2.19 PC를 IP 전화 단말기로 연결한다.

이와 같은 구성을 제공하기 이해 제안된 것이 보이스 VLAN^{Voice VLAN}이다. 이는 음성 데이터만을 위한 VLAN인데, 보이스 VLAN이 다른 일반 데이터 VLAN과 분리돼야 하는 이유는 음성 정보라는 것이다. 전화 통신은 최대한 실시간 통신이 이뤄져야 한다. 네트워크에서의 지연은 음성 서비스에 가장 민감한 사항이다. 그러므로 QoS 적용 등을 위해 실시간 음성 데이터만을 따로 분리해야 할 필요가 있다.

한편, 스위치 포트에 IP 전화기만 연결하고, IP 전화기를 통해 PC와 같은 사용자 단말 장치를 연결하는 구조로 연결하는 것은 기술적으로 특별한 의미를 가진다. 앞에서 언급했듯이, IP 전화기의 음성 데이터와 일반 데이터를 어떤 VLAN에 귀속시키는지에 따라 기술적으로 그 동작 방식이 상이하게 나타난다. 기본적으로 음성 데이터와 일반 데이터를 서로 다른 VLAN에 귀속시켜야 보이스 VLAN의 장점을 취할 수 있다. 이 경우, 음성 데이터와 일반 데이터가 다른 VLAN에 속하므로 실제 스위치 포트와 IP 전화기 사이의 링크는 트렁크 형태로 동작해야 한다. 그 이유는 VLAN 태깅을 통해 음성 데이터와 일반 데이터를 구분할 수 있어야 하기 때문이다.

그러나 스위치 포트에서 보이스 VLAN을 설정할 때, 스위치 포트의 내부적인 동작은 트렁크 형태로 동작한다. 이는 스위치 전반에 나타나는 일반적인 형태의 트렁크가 아니라 스위치 포트와 IP 전화기에만 한정적으로 동작하는 특별한 형태의 802.1Q 트렁크로 동작한다.

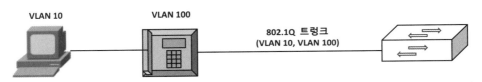

그림 2.20 스위치와 IP 전화기 간의 링크는 특별한 형태의 802.1Q 트렁크로 동작한다.

물론 IP 전화기에 연결되는 스위치 포트는 설정에 따라 트렁크로 동작시킬 수도 있지만, 음성 데이터와 일반 데이터를 동일한 VLAN으로 사용할 수도 있다. 그러나 이 경우에는 실시간 트래픽인 음성 데이터가 일반 트래픽과 동일하게 취급됨으로써 통화의 질이 나빠질 수 있다. 이런 이유로 음성 데이터와 일반 데이터를 분리하는 것을 권장한다.

시스코 스위치에서 보이스 VLAN의 설정은 아래와 같은 명령어로 이뤄진다.

(config-if)# **switchport voice vlan** {*vlan-id* | **dot1p** | **untagged** | **none**}

보이스 VLAN 설정 명령어에서 확인할 수 있듯이, 설정 방법에는 여러 가지가 있다.

우선 특정 VLAN을 보이스 VLAN으로 지정할 수 있다. vlan-id를 직접 지정함으로써 해당 VLAN을 보이스 VLAN으로 선정하기 때문에 이 경우 해당 VLAN이 스위치에 존재해야 한다(그림 2.21).

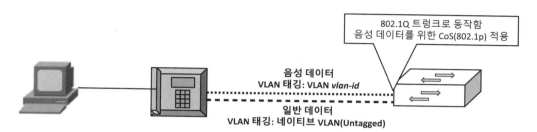

그림 2.21 특정 VLAN을 보이스 VLAN으로 지정한다.

보이스 VLAN을 dot1p로 설정하면, 음성 데이터는 특별한 VLAN인 VLAN 0으로 지정된다. 음성 데이터를 VLAN 0으로 지정하기 때문에 일반 데이터와 다른 VLAN으로 분리하는 이점을 얻을 수 있을 뿐만 아니라 이를 위해 특정 VLAN을 생성할 필요가 없다. 한편, dot1p는 802.1p로서 음성 데이터를 우선 처리하기 위한 QoS가 적용된다(그림 2.22).

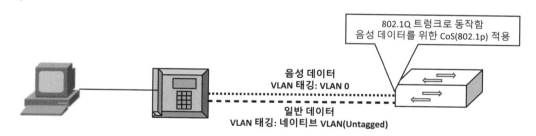

그림 2.22 보이스 VLAN을 dot1.p로 지정

보이스 VLAN을 untagged로 지정하면, 음성 데이터는 태깅이 이뤄지지 않기 때문에 네이티브 VLAN^Native VLAN으로 지정된다. 다만 스위치 포트는 여전히 트렁크로 동작하고, 음성 데이터를 우선 처리하기 위해 802.1p에 의한 QoS가 적용된다. 그러나 일반 데이터 역시 네이티브 VLAN으로 지정돼, 음성 데이터와 일반 데이터가 동일한 VLAN에 속하게 된다(그림 2.23).

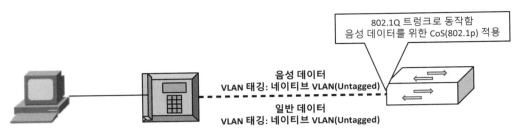

음성 데이터
VLAN 태깅: 네이티브 VLAN(Untagged)

802.1Q 트렁크로 동작함
음성 데이터를 위한 CoS(802.1p) 적용

일반 데이터
VLAN 태깅: 네이티브 VLAN(Untagged)

그림 2.23 보이스 VLAN을 untagged로 지정

마지막으로 보이스 VLAN을 none으로 설정하면, 보이스 VLAN을 지정하지 않은 것과 동일한 결과로 나타난다. 즉, 음성 데이터와 일반 데이터가 동일한 일반 VLAN에 속한다. 그러므로 음성 데이터를 위한 QoS가 적용되지 않는다. 그뿐만 아니라 음성 데이터와 일반 데이터가 동일한 일반 VLAN에 속하므로 스위치 포트 역시 트렁크로 동작할 필요가 없다. 그러므로 스위치 포트는 일반 액세스 포트로 동작한다.

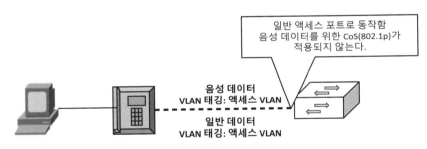

음성 데이터
VLAN 태깅: 액세스 VLAN

일반 액세스 포트로 동작함
음성 데이터를 위한 CoS(802.1p)가
적용되지 않는다.

일반 데이터
VLAN 태깅: 액세스 VLAN

그림 2.24 보이스 VLAN을 none으로 지정

이렇게 다양한 방법으로 보이스 VLAN을 설정할 수 있다. 그러나 가장 널리 사용되고 권장되는 방법은 음성 데이터를 위한 별도의 vlan-id로 보이스 VLAN을 지정하는 방법이다. 설정 2.12는 VLAN 10을 데이터 VLAN으로, VLAN 100을 보이스 VLAN을 지정하는 예를 보여준다. 설정한 보이스 VLAN은 show interface switchport 명령어로 확인할 수 있다.

설정 2.12 보이스 VLAN 설정 및 확인

```
SW05(config)# interface e3/0
SW05(config-if)# switchport access vlan 10
```

```
SW05(config-if)# switchport voice vlan 100
% Voice VLAN does not exist. Creating vlan 100

SW05# show interfaces e3/0 switchport
Name: Et3/0
Switchport: Enabled
Administrative Mode: dynamic desirable
Operational Mode: static access
Administrative Trunking Encapsulation: negotiate
Operational Trunking Encapsulation: native
Negotiation of Trunking: On
Access Mode VLAN: 10(Net_10.1.10.0)
Trunking Native Mode VLAN: 1(default)
Administrative Native VLAN tagging: enabled
Voice VLAN: 100(VLAN0100)
Administrative private-vlan host-association: none
Administrative private-vlan mapping: none
Administrative private-vlan trunk native VLAN: none
```

외관상으로 보이스 VLAN을 설정한 스위치 포트의 동작 모드는 일반적인 액세스 모드로 나타난다. 그러나 보이스 VLAN을 활성화시킨 스위치 포트는 특별한 형태의 802.1q 트렁크로 동작한다. VLAN 데이터베이스를 확인하면, 해당 스위치 포트가 2개의 VLAN에 속해 있다는 것을 확인할 수 있다. 또한 스위치 포트에 동작하는 스패닝 트리 프로토콜STP을 확인하면 2개의 VLAN STP가 동작한다는 것을 확인할 수 있다(설정 2.13).

설정 2.13 보이스 VLAN의 스위치 포트는 특별한 형태의 802.1q 트렁크로 동작한다.

```
SW05# show vlan brief

VLAN     Name              Status     Ports
-------- ----------------  --------   ------------------------
1        default           active     Et0/2, Et0/3, Et1/0, Et1/2
                                      Et1/3, Et2/0, Et2/1, Et2/2
                                      Et2/3, Et3/1, Et3/2, Et3/3
```

```
10          Net_10.1.10.0       active      Et3/0
20          Net_10.1.20.0       active
30          Net_10.1.30.0       active
40          Net_10.1.40.0       active
100         VLAN0100            active      Et3/0
990         Pseudo_VLAN         active
1002        fddi-default        act/unsup
1003        trcrf-default       act/unsup
1004        fddinet-default     act/unsup
1005        trbrf-default       act/unsup


SW05# show spanning-tree interface e3/0


Vlan            Role     Sts    Cost   Prio.Nbr   Type
----------     ------   ----   ---   -------    --------

VLAN0010        Desg     FWD    100   128.13     Shr Edge
VLAN0100        Desg     FWD    100   128.13     Shr Edge
```

2.5 VLAN 트렁크

기술의 발전은 우리에게 보다 적은 비용으로 더 나은 생활을 영위하게 한다. 거의 대부분의 기술 발전에는 여러 가지 목표가 있겠지만, 비용 절감이라는 목표가 가장 명확할 것이다. 아무리 좋은 기술이라도 높은 비용을 요구한다면, 사용자는 그 기술을 외면할 것이다. 네트워크에서도 비용 대비 효율을 증대하기 위해 가상화 기술을 매우 적극적으로 도입한다. 앞 절에서 설명한 가상 LAN, 즉 VLAN도 가상화를 통한 비용 절감이 주목적이라 했다. 이 절에서 설명할 VLAN 트렁크^{VLAN Trunk} 역시 비용과 밀접한 관계가 있다. 이 절은 스위치 트렁크의 동작과 특징 및 기능에 관해 알아본다.

2.5.1 VLAN 트렁크의 개념

VLAN은 하나의 물리적 스위치를 여러 개의 논리적 스위치로 분리해 네트워크를 분리함으로써 네트워크 효율과 보안은 그대로 유지한 채, 장비의 수용율을 극대화하기 위해 개발됐다. 그러나 실무에서 대부분의 네트워크는 여러 대의 스위치를 운용하고 있다. 그러므로 각 스위치를 상호 연결함으로써 네트워크를 확장해 사용하고 있다. 네트워크 확장을 위해 스위치 간의 연결점을 제공하는 스위치 포트 역시 동일한 VLAN에 속해야 한다. 그림 2.25에서 보듯이, 각 스위치는 기본 VLAN인 VLAN 1을 운용한다. VLAN 1의 영역을 다른 스위치까지 연장하기 위해 두 스위치 간을 연결하는 스위치 포트 역시 동일한 VLAN인 VLAN 1에 속해야 한다.

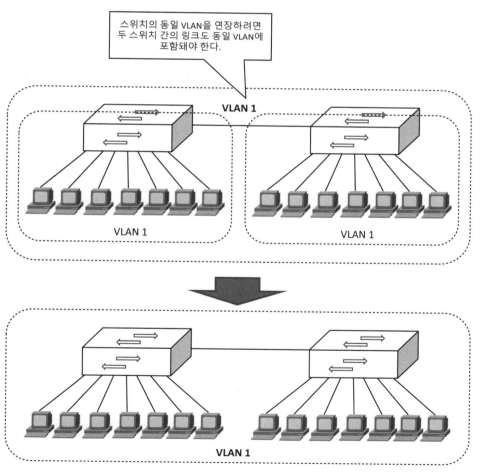

그림 2.25 스위치 간의 VLAN 확장

이는 당연한 말이다. 특정 VLAN을 연장하려면, 각 스위치로 연결되는 스위치 포트 역시 해당 VLAN에 속해야 한다. 그러나 스위치는 단일 VLAN을 운용하는 것이 아니라 다중 VLAN을 운용한다. 만약 스위치 내에 여러 개의 VLAN이 존재할 때, 이들 VLAN을 확장하고자 하는 경우에는 어떻게 해야 할까? 그림 2.26에서 각 스위치는 VLAN 10과 VLAN 20을 운용한다. VLAN 10과 VLAN 20 모두 확장하고자 한다면, 스위치 간의 링크 역시 해당 VLAN에 속해야 한다. 그러므로 스위치 간의 링크는 각 VLAN에 속하는 2개의 링크가 요구된다. 만약 확장할 3개의 VLAN이 존재한다면, 각 VLAN에 속하는 3개의 링크가 요구될 것이다.

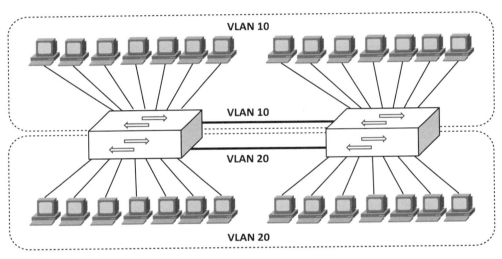

그림 2.26 확장하고자 하는 VLAN에 속하는 별도의 링크가 요구된다.

그림과 같은 구성은 큰 문제가 없을 듯 보인다. 그러나 만약 확장해야 할 VLAN이 수십개 또는 수백 개라면 얘기가 달라진다. 확장할 VLAN이 30개라면, 각 VLAN에 속하는 30개의 추가 확장을 위한 링크가 필요하다. 그렇다면, 단순히 VLAN 확장을 위해 대부분의 스위치 포트를 사용해야 하는 불필요한 비용이 발생할 것이다.

이런 추가 비용을 방지하고 효과적인 다중 VLAN 확장을 위해 소개된 것이 VLAN 트렁크VLAN Trunk 개념이다. VLAN 트렁크는 Trunk(중계선)의 의미 그대로 로컬 스위치의 VLAN 트래픽을 다른 스위치로 중계한다는 의미다. 여기서 '중계'는 VLAN을 확장하기 위해 각 VLAN에 속하는 확장 링크가 개별 VLAN별로 요구되는 것이 아니라 중계선을 통해 모든 VLAN의 트래픽을 모두 전달한다는 것으로 이해하면 된다. 그림 2.27에서 두 스위치 간의 링크는 특정 VLAN에만 속하는 것이 아니라 VLAN 10과 VLAN 20 트래픽 모두를 전달한다. 그러므로 하나의 트렁크라는 링크를 통해 모든 VLAN의 확장이 이뤄질 수 있다.

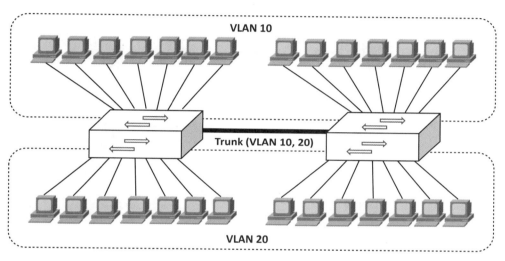

그림 2.27 트렁크는 모든 VLAN을 확장시킬 수 있다.

이와 같이 하나의 VLAN 트렁크를 통해 여러 VLAN을 확장할 수 있다. 각 VLAN의 개별적인 확장 링크를 제거함으로써 스위치 포트 및 케이블 등 여러 요소로 발생하는 비용을 절감한다.

그렇다면, VLAN 트렁크는 어떻게 동작하는 것일까? 스위치는 어떻게 트렁크상의 각 VLAN 트래픽을 구별할 수 있을까?

스위치는 각 VLAN으로부터 수신하는 트래픽을 트렁크로 보낼 때 각 VLAN을 표시하는 정보를 붙여 전달한다. 또한 트렁크를 통해 수신하는 트래픽의 VLAN 정보를 확인한 후, 해당 VLAN으로 전달한다. 그림 2.28과 같이 스위치가 VLAN 트래픽을 수신하고 해당 트래픽을 트렁크로 보내야 할 경우에는 해당 VLAN 정보를 프레임에 덧붙여 전달한다. 트렁크를 통해 프레임을 수신하는 스위치는 해당 프레임으로부터 VLAN 정보를 확인 및 제거해 해당 VLAN 영역으로 전달한다.

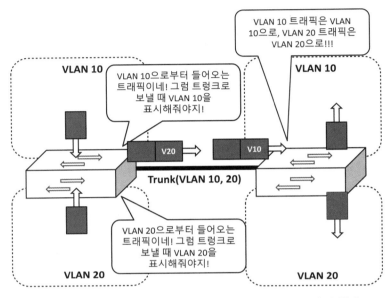

그림 2.28 트렁크로 VLAN 트래픽을 전달할 때 해당 VLAN 정보를 덧붙여 전달한다.

이와 같이 트렁크는 모든 VLAN의 트래픽이 전달되기 때문에 각 트래픽이 어떤 VLAN으로부터 전달되는지를 표시해야 한다. 이와 같이 트렁크 전달을 위해 L2 프레임에 추가되는 VLAN 정보를 VLAN 태그^VLAN Tag라고 한다. 태그란, 꼬리표를 뜻한다. 우리가 의류 같은 제품을 구매할 때 그 의류의 가격 및 사이즈 등을 표시하는 태그와 동일한 의미다. L2 프레임에 VLAN을 나타내는 태그를 추가해 전달함으로써 수신 스위치가 해당 프레임이 어떤 VLAN으로 전달돼야 하는지 알려주는 역할을 한다.

VLAN 트렁크는 모든 VLAN 트래픽을 하나의 링크를 통해 전달할 수 있으므로 모든 VLAN을 확장할 수 있다. 특정 개별 VLAN의 관점에서 보면, 단순히 확장 링크를 통해 VLAN의 영역을 연장한 것과 동일하다(그림 2.29).

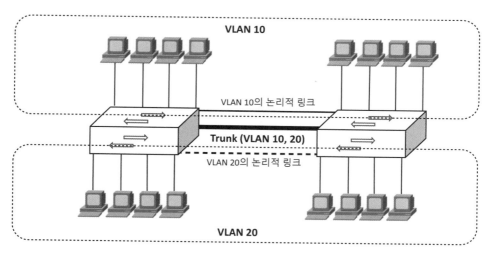

그림 2.29 VLAN의 논리적 관점에서 보면, 트렁크는 단순히 개별 VLAN의 확장 링크에 불과하다.

VLAN 트렁크를 어렵게 생각할 필요가 없다. VLAN 트렁크의 기본적인 개념을 이해했다면, 트렁크의 세부 사항을 이해하는 데도 전혀 무리가 없을 것이다.

2.5.2 트렁크 프로토콜

VLAN 트렁크는 다수의 VLAN을 다른 스위치로 확장할 때 사용한다. 개별 VLAN의 확장 링크 대신 다수의 VLAN을 하나의 링크로 일괄적으로 확장할 수 있다. 이때 요구되는 것이 트래픽, 즉 특정 프레임이 속하는 VLAN을 표시해야 한다는 점이다. 이때 추가하는 정보를 VLAN 태그라고 하는데, VLAN 태그 정보를 교환하는 데에 있어서 스위치 상호간의 약속이 있어야 한다. 이런 VLAN 태그 정보를 교환하기 위한 상호 약속을 VLAN 트렁킹 프로토콜이라 한다.

VLAN 트렁킹 프로토콜은 ISL^Inter-Switch Link과 802.1Q 프로토콜이 있다. ISL은 시스코가 개발한 시스코 전용 프로토콜이고, IEEE에 의해 소개된 표준 프로토콜인 802.1Q이 있다. 이들 트렁킹 프로토콜의 차이점은 제조사 전용 프로토콜인지, 표준 프로토콜인지에 달려 있다. 그러나 가장 큰 차이점은 VLAN 태깅 정보를 기존의 L2 프레임에 추가하는 방식에 있다.

ISL 프로토콜은 기존의 L2 프레임의 형식을 그대로 유지한 채 VLAN 태깅 헤더^{VLAN} Tagging Header를 추가하는 방식으로 이뤄진다. 엄격하게 말하면, 기존 L2 프레임을 ISL 프레임으로 다시 캡슐화하는 방식으로 이뤄진다. 그림 2.30에서 보듯이, ISL은 기존 L2 프레임을 그대로 유지하고, 앞부분에 VLAN 태깅 정보를 포함하는 ISL 헤더^{ISL Header}를 추가하고 뒷부분에 새로운 CRC 정보를 추가한다. 새로운 CRC는 ISL 캡슐화로 이뤄진 전체 ISL 프레임에 관한 에러 체크를 위해 마련됐다.

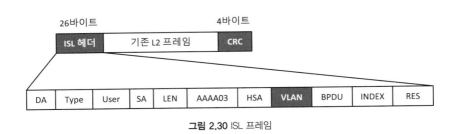

그림 2.30 ISL 프레임

반면, 802.1Q는 기존 L2 프레임의 필드 사이에 VLAN 태깅 정보를 삽입하는 방식으로 이뤄진다. 기존 L2 프레임에 VLAN 정보를 나타내는 태깅 정보를 추가 삽입하는 방식이기 때문에 기존 L2 프레임이 가지는 CRC 에러 체킹을 위한 FCS 필드 정보를 재계산해 수정된 CRC 정보로 대체한다. 그림 2.31을 보면, 기존 L2 프레임에 VLAN 태깅 정보를 출발지 주소 다음에 추가한다. 추가된 VLAN 필드로 인해 FCS의 CRC 정보가 달라지기 때문에 이를 바로잡기 위해 태깅 프레임 전체의 CRC 정보를 새로운 FCS 필드로 대체한다.

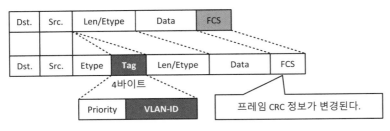

그림 2.31 ISL 프레임

IEEE의 802.1Q 프로토콜은 시스코 ISL과 달리, VLAN 태깅 정보를 추가하기 위해 단순히 기존 L2 프레임에 태깅 정보만 추가하기 때문에 매우 간편한 방식으로 이뤄진다. 이는 VLAN 태깅을 위한 스위치의 자원 소모량과도 관련이 있다. 802.1Q는 태깅 정보의 단순 삽입만 수행하기 때문에 캡슐화를 수행하는 ISL보다 효과적일 수 있다.

다수의 VLAN 트래픽을 트렁크라는 하나의 링크를 통해 모두 전달하기 때문에 기존 L2 프레임에 VLAN 태깅 정보를 추가해야 한다고 했다. 그러므로 모든 VLAN 트래픽이 트렁크를 경유하는 경우에 ISL 또는 802.1Q에 의해 VLAN 정보가 추가된다. 여기에 두 트렁크 프로토콜^{Trunk Protocol}의 차이가 또 다시 존재한다.

ISL은 트렁크를 경유하는 모든 VLAN 트래픽에 태깅 정보를 추가한다. 그러나 802.1Q는 네이티브 VLAN의 개념을 통해 특정 VLAN의 트래픽은 이런 VLAN 태깅을 수행하지 않는다. 특정 VLAN에 관해 태깅을 수행하지 않는다는 의미는 그 VLAN은 트렁크를 통해 확장되는 것이 아니라 해당 VLAN에 속하는 링크를 통해 VLAN이 확장된다는 것을 의미한다.

네이티브 VLAN은 트렁크 링크의 본래^{Native} 속하는 VLAN으로, 해당 트렁크 링크가 VLAN 트렁크로서 존재하는 것이 아니라 해당 VLAN에 속하는 일반 링크로 존재하는 것이다(그림 2.32). 네이티브 VLAN의 배경 역시 VLAN 태깅으로 인한 자원 낭비를 방지하기 위해 도입됐다. 트렁크상의 트래픽의 VLAN을 구분하기 위해 VLAN 태깅을 수행한다. 그러므로 단 하나의 VLAN의 트래픽에 관한 태깅이 이뤄지지 않더라도 해당 VLAN의 트래픽을 구분할 수 있다. 이는 특정 하나의 VLAN 트래픽에 관해 VLAN 태깅 프로세싱을 수행하지 않기 때문에 그만큼의 자원을 절약할 수 있다.

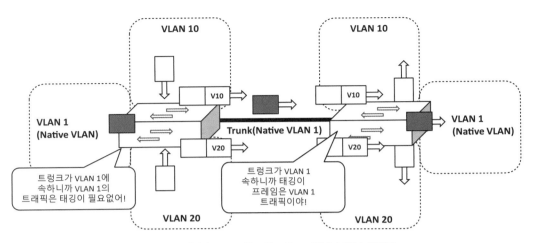

그림 2.32 네이티브 VLAN은 트렁크 링크 자체가 속한 VLAN이다.

앞에서 언급했듯이, ISL에는 네이티브 VLAN의 개념이 없기 때문에 모든 VLAN 트래픽에 관해 VLAN 태킹이 이뤄진다. 그러나 802.1Q는 네이티브 VLAN 트래픽은 VLAN 태킹 없이 기존의 프레임을 전달한다. 이런 네이티브 VLAN의 프레임을 태킹이 이뤄지지 않은 프레임이라는 의미의 언태그드^{Untagged} 프레임이라 한다.

한편, ISL은 시스코 전용 트렁크 프로토콜이기 때문에 타 제조사의 스위치와 트렁크를 구성하는 경우에는 지원하지 않는다. ISL이 802.1Q보다 좋은 장점이 없는 관계로 오늘날 소개되는 대부분의 스위치는 ISL을 더 이상 지원하지 않는다. 그러나 현재 운용 중인 기존 스위치는 여전히 ISL을 지원하기 때문에 기본적인 내용은 숙지하는 편이 좋다.

2.5.3 VLAN 트렁크 설정

기본적으로 시스코 스위치의 모든 스위치 포트는 호스트의 네트워크 연결을 위한 액세스 모드로 운용된다. 그러므로 특정 스위치 포트를 트렁크로 사용하기 위해 추가 설정이 요구된다.

그림 2.33은 트렁크 설정을 위한 네트워크 구성도다. 예제 네트워크 구성도를 통해 VLAN 트렁크를 설정하고 그 동작을 알아보자.

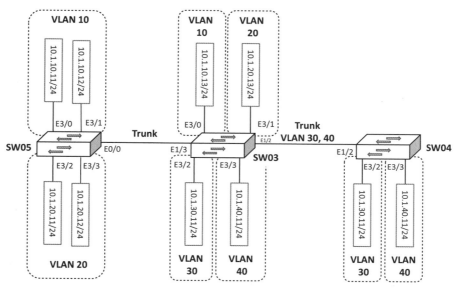

그림 2.33 트렁크 설정 구성도

본격적인 트렁크 설정에 앞서 예제 구성도에 따른 VLAN 생성과 액세스 포트에 관한 기본 설정을 수행한다. 설정 2.14는 트렁크 설정 예제를 위한 기본 설정을 보여준다.

설정 2.14 트렁크 설정 예제를 위한 기본 설정

```
SW03(config)# interface e3/0
SW03(config-if)# switchport mode access
SW03(config-if)# switchport access vlan 10
% Access VLAN does not exist. Creating vlan 10
SW03(config)# interface e3/1
SW03(config-if)# switchport mode access
SW03(config-if)# switchport access vlan 20
% Access VLAN does not exist. Creating vlan 20
SW03(config)# interface e3/2
SW03(config-if)# switchport mode access
SW03(config-if)# switchport access vlan 30
% Access VLAN does not exist. Creating vlan 30
SW03(config)# interface e3/3
SW03(config-if)# switchport mode access
SW03(config-if)# switchport access vlan 40
```

```
% Access VLAN does not exist. Creating vlan 40
===================================================================
SW04(config)# interface e3/2
SW04(config-if)# switchport mode access
SW04(config-if)# switchport access vlan 30
% Access VLAN does not exist. Creating vlan 30
SW04(config)# interface e3/3
SW04(config-if)# switchport mode access
SW04(config-if)# switchport access vlan 40
% Access VLAN does not exist. Creating vlan 40
===================================================================
SW05(config)# interface range e3/0-1
SW05(config-if-range)# switchport mode access
SW05(config-if-range)# switchport access vlan 10
% Access VLAN does not exist. Creating vlan 10
SW05(config)# interface range e3/2-3
SW05(config-if-range)# switchport mode access
SW05(config-if-range)# switchport access vlan 20
% Access VLAN does not exist. Creating vlan 20
```

시스코 스위치의 VLAN 트렁크 설정은 특정 스위치 포트의 운용 모드를 트렁크 모드로 지정함으로써 이뤄진다. 기본적으로 시스코 스위치의 모든 스위치 포트가 액세스 모드로 사용되지만, 연결되는 장비가 트렁크 모드를 지원하면 동적 트렁크로 동작한다. 설정 2.15는 기본 설정 상태에서 SW04의 스위치 포트 상태를 보여준다. 스위치 포트 E3/2와 같이 기본적인 상태는 액세스 모드로 동작한다. 그러나 SW03이 연결된 E1/2는 트렁크 모드로 동작한다는 사실을 알 수 있다.

설정 2.15 연결 장비가 트렁크를 지원하면 트렁크 모드로 동작한다.

```
SW04#show interfaces e3/2 switchport
Name: Et3/2
Switchport: Enabled
Administrative Mode: dynamic desirable
Operational Mode: static access
Administrative Trunking Encapsulation: negotiate
```

104

```
Operational Trunking Encapsulation: native
Negotiation of Trunking: On
- 생략-


SW04#show interfaces e1/2 switchport
Name: Et1/2
Switchport: Enabled
Administrative Mode: dynamic desirable
Operational Mode: trunk
Administrative Trunking Encapsulation: negotiate
Operational Trunking Encapsulation: isl
Negotiation of Trunking: On
- 생략 -
```

이런 동작은 동적 트렁킹 프로토콜DTP: Dynamic Trunking Protocol에 의해 이뤄진다. 관리자의 스위치 포트 설정 시 잘못된 설정으로 인해 네트워크 장애가 발생할 수 있다. 특히 운용 중인 네트워크에서의 잘못된 트렁크 설정은 심각한 문제를 발생시킬 수 있다. 시스코는 이를 방지하기 위해 모든 스위치 포트에 DTPDynamic Trunk Protocol, 즉 동적 트렁크 프로토콜이라는 것을 사용한다.

DTP는 스위치 포트에 연결되는 호스트 장비와 트렁크 운용 유무를 동적인Dynamic 협상을 통해 결정하는 것을 의미한다. 스위치 포트가 사용자 PC 또는 서버와 같은 일반적인 단말 장비와 연결되는 경우에는 트렁크 협상이 이뤄지지 않기 때문에 액세스 모드로 운용한다. 그러나 스위치와 같이 트렁크를 지원하는 장비는 동적으로 해당 스위치 포트의 트렁크 모드를 협상한다.

위의 스위치 포트의 상태에서 확인할 수 있듯이, 각 스위치 포트의 관리 모드Administrative Mode는 동적 모드Dynamic Desirable라는 사실을 알 수 있다. DTP로 인해 각 스위치 포트는 연결 장비와 트렁크 모드를 적극적으로 협상한다. 스위치 포트의 모드는 아래와 같은 명령어로 변경할 수 있다.

(config-if)# switchport mode {trunk | dynamic {desirable | auto}}

위 명령어에서 DTP 모드는 switchport mode dynamic 명령어로 이뤄진다. 여기에 옵션 명령어 desirable과 auto를 적용할 수 있다.

동적 디자이어러블 모드는 해당 스위치 포트가 매우 적극적으로 트렁크로 동작하고자 협상하는 모드다. 이 모드로 설정된 스위치 포트는 연결 스위치에게 트렁크 모드로 동작하자는 적극적인 협상을 수행한다. 그러므로 상대 스위치 포트의 모드가 트렁크, 그리고 동적 디자이어러블, 동적 자동 모드인 경우 트렁크로 동작한다.

동적 자동 모드 역시 해당 스위치 포트를 트렁크로 동작시킨다. 그러나 디자이어러블 모드와의 차이점은 동적 자동 모드의 스위치 포트가 적극적으로 협상을 수행하지 않는다는 것이다. 동적 자동 모드는 상대방으로부터의 트렁크 협상을 기다리고, 이를 요청받는 경우에만 트렁크로 동작한다. 그러므로 상대 스위치 포트의 모드가 트렁크와 동적 디자이어러블 모드인 경우에만 트렁크로 동작한다. 반면, 상대 스위치 포트도 동적 자동 모드로 동작한다면, 트렁크 협상이 이뤄지지 않고 일반 액세스 모드로 동작한다.

트렁크 모드는 해당 스위치 포트를 영구히 트렁크로 동작시킨다. 그러나 트렁크 모드 역시 여전히 DTP 협상을 수행하므로 상대방의 스위치 포트 모드에 따라 트렁크로 동작한다. 물론 위의 모든 트렁크 모드 역시 상대 스위치 포트가 액세스 모드로 설정돼 있다면, 트렁크로 동작하지 않고 일반 액세스 모드로 동작한다.

시스코 스위치는 기본 설정으로 모든 스위치 포트에 동적 모드를 적용하는데, 스위치 모델 또는 IOS 버전에 따라 세부적인 동적 모드가 상이하므로 각자 운용 중인 스위치의 기본 DTP 모드를 확인하기 바란다.

표 2.1 DTP 모드의 트렁크 동작

	trunk	dynamic desirable	dynamic auto
Trunk	O	O	O
dynamic desirable	O	O	O
dynamic auto	O	O	X

스위치 간의 스위치 포트가 디자이어러블 모드로 동작하면, 스위치 포트는 트렁크로 동작한다. 하나의 스위치 포트를 트렁크 모드로 변경하더라도 여전히 트렁크로 동작한다는 것을 확인할 수 있다. 그러나 두 스위치 포트 모두 동적 자동 모드인 경우에는 트렁크 협상이 이뤄지지 않기 때문에 액세스 모드로 동작한다는 것을 알 수 있다 (설정 2.16).

참고로, IOU와 같은 시스코 장비 에뮬레이터는 DTP를 지원하지 않는다.

설정 **2.16** 상호 연결된 스위치 포트가 동적 자동 모드일 때는 트렁크가 형성되지 않는다.

```
SW01(config)# interface fa1/0/24
SW01(config-if)# switchport mode dynamic ?
auto       Set trunking mode dynamic negotiation parameter to AUTO
desirable  Set trunking mode dynamic negotiation parameter to DESIRABLE
SW01(config-if)# switchport mode dynamic auto
==============================================================
SW02(config)# interface fa1/0/24
SW02(config-if)# switchport mode dynamic auto
==============================================================
SW01# show interfaces fa1/0/24 switchport
Name: Fa1/0/24
Switchport: Enabled
Administrative Mode: dynamic auto
Operational Mode: static access
Administrative Trunking Encapsulation: negotiate
Operational Trunking Encapsulation: native
- 생략 -

SW01# show dtp interface fa1/0/24
DTP information for FastEthernet1/0/24:
  TOS/TAS/TNS:                         ACCESS/AUTO/ACCESS
  TOT/TAT/TNT:                         NATIVE/NEGOTIATE/NATIVE
  Neighbor address 1:                  001AE3E3379A
  Neighbor address 2:                  000000000000
  Hello timer expiration(sec/state):   9/RUNNING
  Access timer expiration(sec/state):  never/STOPPED
```

```
Negotiation timer expiration(sec/state):    never/STOPPED
Multidrop timer expiration(sec/state):      never/STOPPED
FSM state:                                   S2:ACCESS
# times multi & trunk                        0
Enabled:                                     yes
In STP:                                      no


Statistics
----------
22 packets received(22 good)
0 packets dropped
    0 nonegotiate, 0 bad version, 0 domain mismatches,
    0 bad TLVs, 0 bad TAS, 0 bad TAT, 0 bad TOT, 0 other
46 packets output(46 good)
    23 native, 23 software encap isl, 0 isl hardware native
0 output errors
0 trunk timeouts
10 link ups, last link up on Mon Mar 01 1993, 06:33:02
16 link downs, last link down on Mon Mar 01 1993, 06:33:00
```

DTP에 의해 트렁크의 협상이 이뤄지면, 두 스위치 포트는 트렁크 프로토콜을 결정한다. 스위치 포트의 기본 상태를 확인했을 때 트렁크 프로토콜이 협상을 통해 이뤄진다는 것을 확인할 수 있다. 트렁크 프로토콜 협상 시 ISL이 가장 우선되고 차선은 802.1Q로 결정된다. 설정 2.17에서 트렁크 프로토콜은 협상으로 이뤄지고 프로토콜은 ISL로 결정된다는 것을 확인할 수 있다.

설정 2.17 기본 설정 상태에서 트렁크 프로토콜은 협상으로 결정된다.

```
SW03#show interfaces e1/2 switchport
Name: Et1/2
Switchport: Enabled
Administrative Mode: dynamic desirable
Operational Mode: trunk
Administrative Trunking Encapsulation: negotiate
Operational Trunking Encapsulation: isl
```

```
Negotiation of Trunking: On
- 생략 -
```

DTP 모드는 관리자의 스위치 포트 설정에서 발생할 수 있는 실수를 방지하는 데 매우 효과적이다. 그러나 DTP의 동작은 동일한 VTP^VLAN Trunking Protocol 영역에 위치하는 스위치 간에만 동작한다. 그러므로 VTP 도메인이 서로 다르면, DTP를 통한 트렁크 형성은 이뤄지지 않는다. 이런 이유로 실무에서 DTP 기능은 잘 사용하지 않는다. VTP는 다음 절에서 자세히 설명한다.

한편, 실제 트렁크 설정은 switchport mode trunk 명령어를 통해 이뤄지는 것이 일반적이다. 일반 액세스 포트도 비인가 스위치가 연결돼 자동으로 트렁크되지 않도록 강제로 액세스 모드로 설정하는 것을 권장한다. 트렁크로 동작할 스위치 포트를 명령어를 강제로 지정한다. 트렁크 모드 강제 지정을 위해 switchport mode trunk 명령어를 입력하면 스위치는 해당 명령어를 거부한다. 그 이유는 DTP로 인해 트렁크 프로토콜 역시 협상을 통해 이뤄지기 때문이다. 그러므로 트렁크 프로토콜 역시 직접 지정해야 한다.

아래는 스위치 포트를 수동으로 트렁크 프로토콜을 지정하고, 트렁크 모드로 설정하는 명령어다.

```
(config-if)# switchport trunk encapsulation {isl | dot1q | negotiate}
(config-if)# switchport mode trunk
```

설정 2.18은 예제 네트워크의 트렁크 링크를 설정하는 과정을 보여준다. 예제에서 트렁크 프로토콜은 802.1Q로 지정한다.

설정 2.18 각 스위치 포트를 강제적으로 트렁크로 지정한다.

```
SW03(config)#interface e1/2
SW03(config-if)#switchport mode trunk
Command rejected: An interface whose trunk encapsulation is "Auto" can not be
configured to "trunk" mode.
SW03(config-if)#switchport trunk encapsulation dot1q
```

```
SW03(config-if)#switchport mode trunk
SW03(config)#interface e1/3
SW03(config-if)#switchport trunk encapsulation dot1q
SW03(config-if)#switchport mode trunk
===================================================================
SW04(config)#interface e1/2
SW04(config-if)#switchport trunk encapsulation dot1q
SW04(config-if)#switchport mode trunk
===================================================================
SW05(config)#interface e0/0
SW05(config-if)#switchport trunk encapsulation dot1q
SW05(config-if)#switchport mode trunk
```

설정 2.19를 보면, 이제 각 스위치 포트는 802.1Q를 사용하는 트렁크 링크로 동작한다. 그리고 트렁크 프로토콜도 802.1Q로 지정됐다는 것을 확인할 수 있다. 앞에서 언급했듯이, ISL은 시스코 스위치만 지원하는 시스코 전용 프로토콜이므로 다른 제조사의 스위치는 지원하지 않는다. 802.1Q는 모든 제조자 장비가 지원하는 표준 프로토콜임과 동시에 ISL보다 많은 장점을 제공한다. 이런 이유로 실무에서 거의 모든 트렁크는 802.1Q를 트렁크에 사용하는 것을 권장한다.

설정 2.19 각 스위치 포트는 수동 트렁크 모드로 동작한다.

```
SW03#show interfaces e1/2 switchport
Name: Et1/2
Switchport: Enabled
Administrative Mode: trunk
Operational Mode: trunk
Administrative Trunking Encapsulation: dot1q
Operational Trunking Encapsulation: dot1q
Negotiation of Trunking: On
Access Mode VLAN: 1(default)
 - 생략 -
```

스위치 간의 링크가 트렁크로 지정됐으므로 각 스위치의 트렁크 상태를 확인해보자.

트렁크 상태는 show interface trunk 명령어로 확인할 수 있다. 설정에서 확인할 수 있듯이, 스위치의 모든 트렁크 포트와 운용되는 트렁크 프로토콜을 확인할 수 있다. 또한 Vlan allowed on trunk 부분을 통해 각 트렁크에 허용되는 VLAN의 범위도 확인할 수 있다. 이 예제에서는 모든 VLAN(1–4094)이 트렁크를 사용할 수 있다. 그리고 트렁크를 사용하는 현재 운용 중인 실제 VLAN도 확인할 수 있다. 예제에서는 기본 VLAN인 VLAN 1을 비롯해 각 스위치에서 생성한 모든 VLAN이 나타날 것이다. SW03의 경우는 VLAN 10, 20, 30, 40을 생성했으므로 기본 VLAN 1과 VLAN 10, VLAN 20, VLAN 30, VLAN 40이 각 트렁크를 사용하는 것으로 나타난다(설정 2.20).

설정 2.20 트렁크 상태 확인

```
SW03# show interfaces trunk

Port        Mode        Encapsulation   Status      Native vlan
Et1/2       on          802.1q          trunking    1
Et1/3       on          802.1q          trunking    1


Port        Vlans allowed on trunk
Et1/2       1-4094
Et1/3       1-4094


Port        Vlans allowed and active in management domain
Et1/2       1,10,20,30,40
Et1/3       1,10,20,30,40


Port        Vlans in spanning tree forwarding state and not pruned
Et1/2       1,10,20,30,40
Et1/3       1,10,20,30,40
```

트렁크 상태 확인에서 보여주는 정보에 관해 알아보자.

첫 번째는 트렁크 스위치 포트의 트렁크 동작 유무와 트렁크 프로토콜, 그리고 상태와 네이티브 VLAN 등 트렁크 자체의 일반적인 정보를 보여준다.

두 번째의 Vlans allowed on trunk는 설정을 통해 정의된 모든 허용 VLAN을 보여준다. 이 정보는 로컬 스위치에 해당 VLAN의 존재 유무와 상관없이 설정에 의해 허용된 모든 VLAN 정보를 보여준다. 예제에서 1-4094로 표시된 부분은 기본 설정에 의해 정의된, 허용하는 모든 VLAN 정보를 나타낸다.

세 번째의 Vlans allowed and active in management domain은 두 번째 정보와 유사한 정보인데, 설정을 통해 허용된 VLAN의 정보를 보여준다. 그러나 여기에 표시되는 VLAN은 로컬 스위치에 존재하는 VLAN만 보여준다. 이 정보는 스위치의 현재 VLAN 구성에 따라 실제 트렁크를 사용할 수 있는 VLAN의 정보를 나타낸다. 예제에서 VLAN 1, 10, 20, 30, 40은 두 번째에서 정의된 VLAN 1-4094 중에서 로컬 스위치의 VLAN 데이터베이스에 존재하는 VLAN만 보여주고 있다.

마지막의 Vlans in spanning tree forwarding state and not pruned는 세 번째 정보와 유사하지만, 여기서 정의되는 것은 스패닝 트리 프로토콜과 관련이 있다. 스패닝 트리 프로토콜에 의해 차단돼 실제 트래픽이 전달되지 않는 VLAN은 이 정보에서 제외된다. 다시 말해, 이 정보에 나타나는 VLAN은 스패닝 트리 프로토콜에 의해 포워딩 상태로 정의돼 실제 트래픽을 전달할 수 있는 VLAN을 나타낸다. 그러므로 실제 VLAN 트래픽이 해당 트렁크를 사용하는지의 유무를 확인하려면, 이 정보에서 해당 VLAN을 확인할 수 있는지를 살펴야 한다. 스패닝 트리 프로토콜은 다음 장에서 자세히 다룬다.

예제의 트렁크는 모든 VLAN에 관한 트래픽을 전달할 수 있고, 실제 현재 스위치에 운용하는 모든 VLAN의 트래픽을 전달한다. 그러나 각 트렁크에 불필요한 VLAN의 트래픽까지 전달될 수 있다. 예를 들어, SW03과 SW05 간의 트렁크를 살펴보자.

두 스위치 간의 트렁크는 VLAN 1을 비롯해 VLAN 10, VLAN 20, VLAN 30, VLAN 40의 모든 트래픽을 전달할 수 있다. 그러나 예제 구성도에서 볼 수 있듯이, SW05에는 VLAN 30과 VLAN 40이 존재하지 않는다. 이 사실은 SW03과 SW05 간의 트렁크로는 VLAN 30과 VLAN 40의 트래픽이 존재하지 않는다는 것과 같은 말이다. 그러나 두 스위치 간의 트렁크가 모든 VLAN의 트래픽을 허용하기 때문에 SW03과 SW04에 존재하는 VLAN 30과 VLAN 40에서 발생하는 트래픽이 전달될 수 있다. 이 트래픽은 SW05의 입장에서 보면 명백하게 불필요한 트래픽이다. 이는 VLAN 10과 VLAN 20이 존재하지 않는 SW04의 경우도 마찬가지다.

이와 같이 특정 스위치에 상관없는 VLAN 트래픽이 유입되는 것을 방지하기 위해 트렁크에 허용되는 특정 VLAN을 정의함으로써 불필요한 VLAN의 트래픽을 방지할 수 있다. 트렁크에 허용하는 VLAN을 정의하는 명령어는 아래와 같다.

(config-if)# **switchport trunk allowed vlan** {*vlan-list* | **all** | {**add** | **except** | **remove**} *vlan-list*}

SW03과 SW05 사이의 트렁크에 관해 VLAN 10과 VLAN 20만 허용하고, SW03과 SW04 간의 트렁크는 VLAN 30과 VLAN 40만 허용하도록 설정해보자. 설정 2.21은 이에 관한 설정 과정을 보여준다.

설정 2.21 트렁크에 관한 VLAN 허용 설정

```
SW05(config)#interface e0/0
SW05(config-if)#switchport trunk allowed vlan 10,20
===============================================================
SW03(config)#interface e1/3
SW03(config-if)#switchport trunk allowed vlan 10,20
SW03(config)#interface e1/2
SW03(config-if)#switchport trunk allowed vlan 30,40
===============================================================
SW04(config)#interface e1/2
SW04(config-if)#switchport trunk allowed vlan 30,40
===============================================================
SW03#show interfaces e1/2 trunk


Port      Mode          Encapsulation   Status      Native vlan
Et1/2     on            802.1q          trunking    1


Port      Vlans allowed on trunk
Et1/2     30,40


Port      Vlans allowed and active in management domain
Et1/2     30,40
```

```
Port        Vlans in spanning tree forwarding state and not pruned
Et1/2       30,40


SW03#show interfaces e1/3 trunk


Port        Mode        Encapsulation   Status      Native vlan
Et1/3       on          802.1q          trunking    1


Port        Vlans allowed on trunk
Et1/3       10,20


Port        Vlans allowed and active in management domain
Et1/3       10,20


Port        Vlans in spanning tree forwarding state and not pruned
Et1/3       10,20
```

참고로, 트렁크에 모든 VLAN을 허용하고자 하는 경우에는 옵션 명령어 all을 선택하면 된다. 그러나 특정 VLAN을 제외한 모든 VLAN을 허용하고자 하는 경우에는 옵션 명령어 all을 설정한 후, remove로 특정 VLAN을 제거하면 된다. 그러나 최초 설정 시 except를 사용하면 특정 VLAN만 제외하고 나머지 모든 VLAN을 허용한다(설정 2.22).

설정 2.22 allowed vlan all과 allowed vlan except

```
SW03(config)# interface e1/3
SW03(config-if)# switchport trunk allowed vlan all
SW03(config-if)# switchport trunk allowed vlan remove 40
!
SW03(config-if)# switchport trunk allowed vlan except 40
```

이제 각 트렁크는 실제로 존재하는 VLAN 정보만 전달하도록 설정됐다. SW03과 SW05 간의 트렁크는 VLAN 10, VLAN 20, SW03, SW04 간의 트렁크는 VLAN 30과 VLAN 40 트래픽만 전달한다.

특정 트렁크에 허용되는 VLAN이 지정됐는데, 실무에서는 허용될 VLAN이 추가돼야 하는 경우도 빈번하게 일어난다. 예를 들어, SW03과 SW04 간의 트렁크는 VLAN 30 과 VLAN 40 트래픽만 허용된다. 만약 SW04에 VLAN 20이 추가돼 확장할 필요가 있다면, 해당 트렁크에 VLAN 20을 추가로 허용해야 한다. 이때는 switchport trunk allowed vlan 명령어의 옵션 명령어 add를 사용하면 된다.

트렁크의 VLAN 추가 허용 설정은 초급 관리자의 잘못된 설정으로 인해 트렁크에 허용한 모든 VLAN의 트래픽이 허용하지 않게 됨으로써 심각한 문제를 야기시킬 수 있다. 그러므로 트렁크의 VLAN 추가 허용을 위한 설정 시에는 주의해야 한다. 예제 구성도에서 SW03과 SW04 간의 트렁크에 VLAN 10을 추가해보자. 이때 앞에서 설정한 동일한 명령어를 수행하면 기존 허용했던 VLAN이 모두 삭제된다. 그러므로 설정 2.23 과 같이 허용 VLAN을 추가하는 경우에는 반드시 옵션 명령어 add를 입력해야 한다.

설정 2.23 트렁크에 허용 VLAN을 추가하는 설정

```
SW03(config)#interface e1/2
SW03(config-if)#switchport trunk allowed vlan 10
SW03#show interfaces e1/2 trunk


Port        Mode      Encapsulation    Status        Native vlan
Et1/2       on        802.1q           trunking      1


Port        Vlans allowed on trunk
Et1/2       10[8]


Port        Vlans allowed and active in management domain
Et1/2       10[8]


Port        Vlans in spanning tree forwarding state and not pruned
Et1/2       none


SW03(config)#interface e1/2
```

---

8 허용 VLAN이 추가되지 않고 대체된다.

```
SW03(config-if)#switchport trunk allowed vlan 30,40
SW03(config-if)#switchport trunk allowed vlan add 10
SW03#show interfaces e1/2 trunk


Port      Mode       Encapsulation   Status      Native vlan
Et1/2     on         802.1q          trunking    1


Port      Vlans allowed on trunk
Et1/2     10,30,40[9]


Port      Vlans allowed and active in management domain
Et1/2     10,30,40[9]


Port      Vlans in spanning tree forwarding state and not pruned
Et1/2     none
```

기존 트렁크에 허용된 특정 VLAN을 삭제하는 경우에도 옵션 명령어 remove를 사용
해 제거해야 한다. 설정 2.24는 특정 VLAN을 삭제하는 과정을 보여준다.

설정 2.24 트렁크로부터 특정 VLAN 제거

```
SW03(config)#interface e1/2
SW03(config-if)#switchport trunk allowed vlan remove 10
SW03#show interfaces e1/2 trunk


Port      Mode       Encapsulation   Status      Native vlan
Et1/2     on         802.1q          trunking    1


Port      Vlans allowed on trunk
Et1/2     30,40


Port      Vlans allowed and active in management domain
Et1/2     30,40
```

---

9   허용 VLAN이 추가됐다.

```
Port      Vlans in spanning tree forwarding state and not pruned
Et1/2     30,40
```

간혹 VLAN을 추가 삭제하는 경우, 트렁크를 사용하는 모든 VLAN을 다시 설정하는
경우를 자주 접한다(설정 2.25). 물론 모든 허용 VLAN을 다시 설정해도 된다. 그러나 트
렁크에 허용되는 VLAN이 많이 존재하는 경우에는 설정 시 실수가 있을 수 있다. 그러
므로 add/remove 옵션 명령을 통해 허용 VLAN을 추가, 삭제하길 바란다.

설정 2.25 허용 VLAN 모두를 다시 설정한다.

```
SW03(config)# interface e1/2
SW03(config-if)# switchport trunk allowed vlan 10,30,40
SW03# show interfaces e1/2 trunk

Port      Mode        Encapsulation  Status     Native vlan
Et1/2     on          802.1q         trunking   1


Port      Vlans allowed on trunk
Et1/2     10,30,40


Port      Vlans allowed and active in management domain
Et1/2     10,30,40


Port      Vlans in spanning tree forwarding state and not pruned
Et1/2     30,40
```

실무에서는 주변 초급 엔지니어가 트렁크의 허용 VLAN을 추가 및 삭제하는 경우에
실수로 장애를 유발하는 경우를 자주 접한다. 기존 트렁크에 허용 VLAN을 추가, 삭제
하는 경우에 주의하기 바란다.

2.5.4 네이티브 VLAN

VLAN 트렁크를 통해 VLAN을 확장했다. 트렁크를 통해 확장된 VLAN의 트래픽은 트렁크를 경유할 때 해당 VLAN을 표시하는 태그 정보가 기존 프레임에 추가된다고 했다. 앞 절에서 트렁크에 VLAN 정보를 추가하는 과정은 각 VLAN 트래픽을 구별시켜 수신 스위치가 각 VLAN 트래픽을 적절한 VLAN으로 전달하기 위해 요구된다고 했다.

트렁크상의 각 VLAN 트래픽은 각 VLAN을 구별하기 위해 VLAN 태깅이 이뤄진다. VLAN 태깅을 통해 각 VLAN 트래픽은 구별된다. 모든 VLAN 트래픽의 VLAN 태깅이 이뤄지고, 이때 VLAN 태깅이 이뤄진 VLAN 트래픽은 구별되기 때문에 VLAN 태깅이 되지 않은 트래픽 역시 구별할 수 있다(그림 2.34).

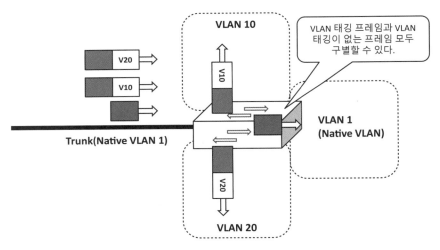

그림 2.34 VLAN 태깅 프레임과 VLAN 태깅이 없는 프레임은 구별된다.

이와 같이 VLAN 태깅 프레임과 VLAN 태깅이 없는 프레임 모두를 구별할 수 있다. 그래서 802.1Q는 특정 하나의 VLAN에 한해 VLAN 태깅을 수행하지 않는다. 이는 VLAN 태깅으로 인한 스위치의 자원 낭비를 방지하기 위함이다. 하나의 VLAN에 관해 VLAN 태깅 프로세스를 제거함으로써 스위치의 자원을 절약할 수 있다. IEEE는 이를 구현하기 위해 802.1Q에 네이티브 VLAN^{Native VLAN}의 개념을 도입했다.

네이티브 VLAN은 '본래의' 또는 '본토의'라는 뜻 그대로, 트렁크로 지정된 스위치 포트가 속하는 원래의 VLAN을 의미한다. 트렁크 링크가 기본적으로 속하는 VLAN을 의미하기 때문에 해당 VLAN 트래픽에 관한 VLAN 태깅은 이뤄지지 않는다. 이를 네이티브 VLAN의 관점에서 보면, 트렁크로 VLAN이 확장되는 것이 아니라 단순히 해당 VLAN에 속하는 개별 VLAN 링크를 통해 VLAN을 확장하는 것을 의미한다(그림 2.35). 다른 말로 표현하면, 네이티브 VLAN에 관해 트렁크가 아닌 일반 VLAN 링크를 통해 VLAN이 확장된다. 트렁크의 개념이 아니기 때문에 네이티브 VLAN의 트래픽은 VLAN 태깅을 하지 않은 채 전달된다. 이와 같이 VLAN 태깅이 이뤄지지 않은 네이티브 VLAN 트래픽을 언태그드 프레임Untagged Frame이라 한다.

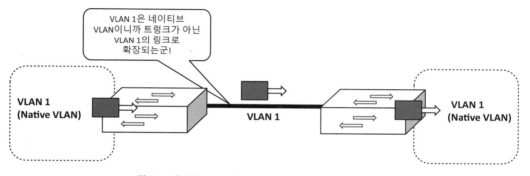

그림 2.35 네이티브 VLAN의 관점으로 보면 트렁크는 존재하지 않는다.

기본 설정 상태에서 모든 트렁크의 네이티브 VLAN은 기본 VLAN인 VLAN 1이 지정된다. 네이티브 VLAN은 관리자의 설정을 통해 변경할 수 있는데, 그렇다면 과연 어떤 VLAN을 네이티브 VLAN으로 지정해야 할까?

네이티브 VLAN은 트렁크상에서 VLAN 태깅 프로세스를 수행하지 않으므로 로컬 스위치의 자원을 절약할 수 있다고 했다. 그러므로 네이티브 VLAN은 해당 트렁크를 가장 많이 사용하는 VLAN, 또는 트렁크 사용에 있어서 가장 주된 VLAN으로 지정하는 것을 권장한다. 만약 기본 VLAN인 VLAN 1을 실제 망에서 사용하지 않는다고 가정해보자. 이때 트렁크의 네이티브 VLAN이 기본 설정 상태로 VLAN 1으로 지정돼 있다면, VLAN 태깅을 수행하지 않는 트래픽은 거의 없을 것이다. 이는 네이티브 VLAN을 통한 이점을 전혀 가지지 못한다는 것을 의미한다.

이 예제에서 네이티브 VLAN을 SW03과 SW04 사이의 트렁크는 VLAN 30, SW03과 SW05 간의 트렁크는 VLAN 10으로 변경해보자(그림 2.36).

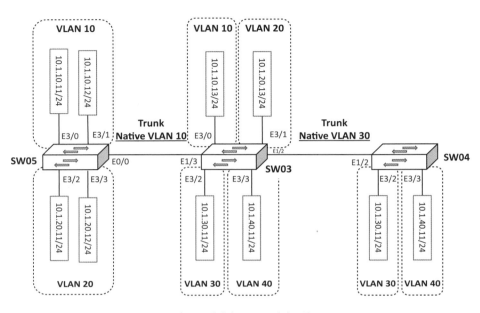

그림 2.36 네이티브 VLAN 변경 구성도

네이티브 VLAN 변경은 아래와 같은 명령어로 이뤄진다.

(config-if)# **switchport trunk native vlan**vlan-id

설정 2.26은 각 트렁크의 네이티브 VLAN 변경과 확인 과정을 보여준다.

설정 2.26 트렁크 네이티브 VLAN 변경 및 확인

```
SW03(config)# interface e1/2
SW03(config-if)# switchport trunk native vlan 30
SW03(config)# interface e1/3
SW03(config-if)# switchport trunk native vlan 10
================================================================
SW04(config)# interface e1/2
SW04(config-if)# switchport trunk native vlan 30
================================================================
```

```
SW05(config)# interface e0/0
SW05(config-if)# switchport trunk native vlan 10
==================================================================
SW03# show interfaces trunk


Port      Mode            Encapsulation   Status       Native vlan
Et1/2     on              802.1q          trunking     30
Et1/3     on              802.1q          trunking     10


Port      Vlans allowed on trunk
Et1/2     30,40
Et1/3     10,20


Port      Vlans allowed and active in management domain
Et1/2     30,40
Et1/3     10,20


Port      Vlans in spanning tree forwarding state and not pruned
Et1/2     30,40
Et1/3     10,20
```

네이티브 VLAN이 변경됐다. 이제 각 VLAN에 속하는 호스트 간에 트래픽을 발생시켜 VLAN 태깅 정보를 확인해보자.

그림 2.37은 SW03과 SW05 간의 트렁크를 경유하는 트래픽을 캡처한 정보다. 첫 번째는 트렁크의 네이티브 VLAN인 VLAN 10의 트래픽이다. 그림에서 확인할 수 있듯이, 프레임 헤더에 VLAN 태깅 정보가 확인되지 않는다. 이는 VLAN 10의 트래픽은 트렁크를 경유한 것이 아닌, 자신의 VLAN 링크를 경유한 것과 동일한 결과를 보여준다. 그러나 두 번째의 VLAN 20의 프레임 헤더에서 VLAN 태깅 정보가 확인된다. VLAN 20의 관점에서 볼 때, 해당 프레임은 트렁크를 경유해 전달된다는 것을 보여준다. 이와 같이 트렁크의 네이티브 VLAN을 지정함으로써 네이티브 VLAN의 트래픽이 트렁크를 경유할 때 VLAN 태깅 프로세스를 생략해 로컬 스위치의 자원을 절약할 수 있다.

Ping 테스트 (VLAN 10 : 10.1.10.11 → 10.1.10.13)

```
▷ Frame 66: 98 bytes on wire (784 bits), 98 bytes captured (784 bits) on interface 0
▲ Ethernet II, Src: Private_66:68:00 (00:50:79:66:68:00), Dst: Private_66:68:05 (00:50:79:66:68:05)
   ▷ Destination: Private_66:68:05 (00:50:79:66:68:05)
   ▷ Source: Private_66:68:00 (00:50:79:66:68:00)
     Type: IPv4 (0x0800)                                        VLAN 태깅 정보가 보이지 않는다.
▷ Internet Protocol Version 4, Src: 10.1.10.11, Dst: 10.1.10.13
▷ Internet Control Message Protocol
```

Ping 테스트 (VLAN 20 : 10.1.20.11 → 10.1.20.13)

```
▷ Frame 126: 102 bytes on wire (816 bits), 102 bytes captured (816 bits) on interface 0
▲ Ethernet II, Src: Private_66:68:03 (00:50:79:66:68:03), Dst: Private_66:68:02 (00:50:79:66:68:02)
   ▷ Destination: Private_66:68:02 (00:50:79:66:68:02)
   ▷ Source: Private_66:68:03 (00:50:79:66:68:03)
     Type: 802.1Q Virtual LAN (0x8100)
▲ 802.1Q Virtual LAN, PRI: 0, CFI: 0, ID: 20
     000. .... .... .... = Priority: Best Effort (default) (0)
     ...0 .... .... .... = CFI: Canonical (0)              VLAN 태깅 정보 (VLAN ID : 20)가
     .... 0000 0001 0100 = ID: 20                                  보인다.
     Type: IPv4 (0x0800)
▷ Internet Protocol Version 4, Src: 10.1.20.11, Dst: 10.1.20.13
▷ Internet Control Message Protocol
```

그림 2.37 트렁크 경유 트래픽 캡처

만약 트렁크로 연결된 스위치가 서로 다른 네이티브 VLAN을 가진다면, 어떻게 될까?
그 답은 두 스위치 간 트렁크의 네이티브 VLAN으로 지정된 VLAN 간의 통신은 이뤄
지지 않는다. 그 이유는 네이티브 VLAN의 트래픽은 태깅을 수행하지 않기 때문에 각
스위치는 수신하는 잘못된 네이티브 VLAN 트래픽을 해당 VLAN으로 적절히 전달할
수 없기 때문이다. 그림 2.38을 보면, 두 스위치 트렁크의 네이티브 VLAN이 다르다.

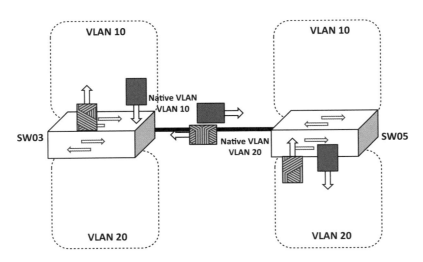

그림 2.38 트렁크 간 스위치의 네이티브 VLAN이 다르면 통신이 이뤄지지 않는다.

SW03은 VLAN 10, SW05는 VLAN 20을 네이티브 VLAN으로 지정했다. 이때 SW03은 VLAN 10 트래픽에 관해 VLAN 태깅 없이 언태그드 프레임을 SW05로 보낸다. 그러나 SW05는 네이티브 VLAN이 VLAN 20이므로 언태그드 프레임은 자신의 네이티브 VLAN인 VLAN 20으로 보내야 할 트래픽으로 인지하고, VLAN 20으로 전달한다. 그 반대의 경우도 마찬가지다. 이로 인해 두 스위치의 트렁크에 관한 네이티브 VLAN이 상이한 경우엔 해당 VLAN 간의 통신은 이뤄지지 않는다. 그러므로 스위치 상호간의 트렁크에 관한 네이티브 VLAN은 반드시 일치시켜야 한다는 것을 명심하기 바란다.

2.5.5 트렁크의 라우터 연결

동일한 VLAN에 속하는 호스트 간의 통신은 해당 VLAN 내에서 직접 이뤄진다. 그러나 VLAN 외부와 통신은 라우터라는 게이트웨이를 통해 OSI 3계층 통신으로 이뤄진다. 그러므로 VLAN에 속하는 모든 호스트는 VLAN 외부 통신을 위해 라우터 같은 게이트웨이가 요구된다.

VLAN 외부로의 모든 트래픽은 게이트웨이로 전달해야 하므로 게이트웨이 역시 VLAN 호스트와 동일한 VLAN에 속해야 한다. 즉, 게이트웨이도 다른 VLAN 호스트와 마찬가지로 해당 VLAN의 일원이어야 한다. 그러므로 L2 네트워크의 모든 VLAN은 개별적인 게이트웨이가 요구된다. 그림 2.39와 같이 게이트웨이 역할을 수행하는 라우터는 모든 VLAN에 속하는 개별 링크가 제공됨으로써 각 VLAN으로부터의 외부 트래픽을 라우팅할 수 있다.

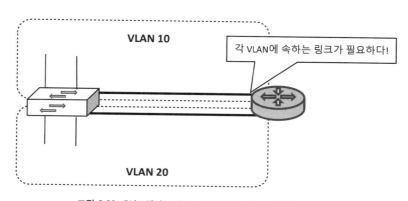

그림 2.39 게이트웨이도 각 VLAN에 속하는 링크가 존재해야 한다.

모든 VLAN이 게이트웨이로의 개별적 링크가 요구되기 때문에 VLAN이 10개라면 10개의 링크가 요구되고, 게이트웨이의 인터페이스 할당 등의 제약이 따를 수 있다. 이와 같은 제약을 극복하기 위해 제공된 기능이 라우터 인터페이스의 트렁크다. 라우터의 인터페이스를 트렁크로 동작시켜 스위치와 라우터 간의 VLAN 연결을 간편하게 구현할 수 있다. 라우터 인터페이스의 트렁크 구성은 물리적인 인터페이스를 각 VLAN을 위한 논리적인 인터페이스 생성으로 이뤄진다(그림 2.40).

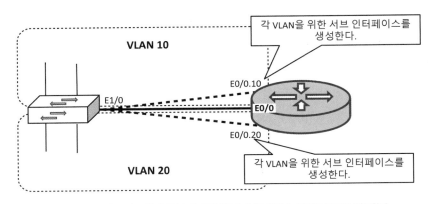

그림 2.40 라우터는 서브 인터페이스에 의해 각 VLAN을 위한 논리적인 링크를 제공한다.

예제 설정을 통해 라우터로의 트렁크 구성에 관해 알아보자. 그림 2.41은 이를 위한 예제 구성도를 보여준다.

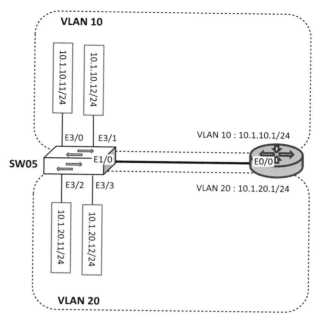

그림 2.41 라우터로의 트렁크 구성

스위치의 설정은 일반적인 트렁크 설정과 동일하다. 다만 라우터는 DTP, 즉 동적 트렁크 모드를 지원하지 않는다. 그러므로 스위치 포트를 트렁크로 설정 시 수동 트렁크 모드로 지정해야 한다(설정 2.27).

설정 2.27 라우터로의 트렁크 구성을 위한 스위치 설정

```
SW05(config)#interface e1/0
SW05(config-if)#switchport trunk encapsulation dot1q
SW05(config-if)#switchport mode trunk
```

라우터의 설정은 물리적인 인터페이스를 활성화$^{no\ shutdown}$하고, 서브 인터페이스$^{Sub-interface}$를 생성함으로써 진행한다. 그리고 서브 인터페이스에 트렁크 프로토콜을 802.1Q로 지정하고, 그 이후에 게이트웨이의 IP 주소를 설정하면 된다. 설정 명령어는 아래와 같다.

(config-subif)# **encapsulation** {**dot1Q** | *isl*} *vlan-id* [**native**]

라우터에서 각 VLAN에 관한 트렁크 구성은 서브 인터페이스를 생성함으로써 이뤄진다. 이때 서브 인터페이스의 번호는 관리자가 임의로 정의할 수 있다. 그러나 관리상의 이유로 VLAN ID와 일치시키는 것을 권장한다. 설정 2.28에서 서브 인터페이스 번호가 VLAN 10은 E0/0.10으로, VLAN 20은 E0/0.20으로 설정한 것을 알 수 있다. VLAN ID와 서브 인터페이스의 번호를 일치시킴으로써 서브 인터페이스 번호만으로 VLAN ID를 짐작할 수 있으므로 네트워크 관리에 도움을 줄 수 있다.

설정 2.28 라우터의 트렁크 설정

```
RT_EXT(config)#interface e0/0
RT_EXT(config-if)#no shutdown
RT_EXT(config)#interface e0/0.10
RT_EXT(config-subif)#encapsulation dot1Q 10
RT_EXT(config-subif)#ip address 10.1.10.1 255.255.255.0
RT_EXT(config)#interface e0/0.20
RT_EXT(config-subif)#encapsulation dot1Q 20
RT_EXT(config-subif)#ip address 10.1.20.1 255.255.255.0
```

이와 같이 설정하면 VLAN 내의 모든 호스트는 게이트웨이와 IP 통신이 가능하고, 비로소 외부 네트워크와의 통신이 이뤄진다.

라우터에서의 트렁크도 네이티브 VLAN을 지원한다. 스위치와의 트렁크상에서 VLAN 태깅을 수행하지 않고 그대로 전달하는 네이티브 VLAN은 스위치와 마찬가지로 VLAN 1을 사용한다. 라우터의 트렁크에서도 네이티브 VLAN을 변경할 수 있다. 예제에서 VLAN 10을 네이티브 VLAN으로 지정해보자. 네이티브 VLAN은 트렁크 링크가 연결된 스위치와 라우터 모두 변경해야 한다. 설정 2.29는 네이티브 VLAN 변경 과정을 보여준다.

설정 2.29 라우터의 트렁크도 네이티브 VLAN을 변경할 수 있다.

```
RT_EXT(config)# interface e0/0.10
RT_EXT(config-subif)# encapsulation dot1Q 10 native
====================================================================
```

```
SW05(config)# interface e1/2
SW05(config-if)# switchport trunk native vlan 10
```

이제 라우터의 트렁크에서 VLAN 10 트래픽은 VLAN 태깅을 수행하지 않고 그대로 전달한다.

지금까지 라우터의 트렁크 구성을 통해 VLAN으로 인한 물리적인 제약을 극복하는 과정을 알아봤다. L3 스위치의 등장으로 인해 대규모 네트워크에서 라우터 트렁크 구성이 그다지 많이 요구되지 않지만, 중소 규모의 네트워크에서 라우터의 트렁크 구성은 여전히 많이 사용하고 있으므로 숙지하기 바란다.

2.6 VLAN 트렁킹 프로토콜

VLAN은 가상의 LAN이다. 앞에서 살펴봤듯이, VLAN은 필요에 따라 얼마든지 생성하거나 삭제할 수 있다. 대규모 네트워크에는 많은 스위치와 VLAN을 운용하는데, 이 경우 VLAN 관리가 매우 번거로운 일이 될 수 있다. 예를 들어, 새로운 스위치를 네트워크에 연결할 때 관리자는 운용 중인 모든 VLAN을 일일이 생성해야 한다. 또한 기존에 사용하던 특정 VLAN을 삭제해야 하는 경우에는 해당 VLAN을 운용하는 모든 스위치로부터 삭제해야 한다. 이러한 번거로운 VLAN 관리를 효과적으로 할 수 있게 하는 기능이 VLAN 트렁킹 프로토콜VTP: VLAN Trunking Protocol이다. 이 절에서는 VLAN 관리를 효과적으로 할 수 있는 VTP에 관해 알아본다.

2.6.1 VTP의 개요 및 특징

VTP는 시스코 전용 프로토콜로, 스위치 간의 트렁크를 통해 동작하는 VLAN을 관리하기 위한 L2 프로토콜이다. 각 스위치는 자신의 VLAN 데이터베이스를 공유함으로써 L2 네트워크상의 스위치와 VLAN을 동기화한다. 그림 2.42는 VTP의 기본적인 동작 개념을 보여준다.

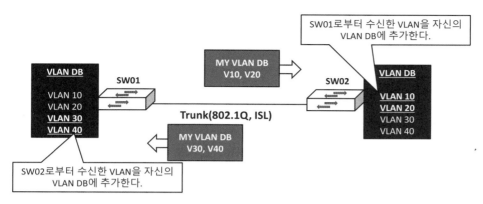

그림 2.42 VTP는 스위치의 VLAN 데이터베이스를 공유함으로써 VLAN 정보를 동기화하기 위한 프로토콜이다.

그림에서 보듯이, 각 스위치는 자신이 운용 중인 VLAN 정보를 상대 스위치에 전달한다. 각 스위치는 상대 스위치로부터 수신받은 VLAN 정보를 자신의 VLAN 데이터베이스에 업데이트한다. 이와 같이 관리자가 VLAN을 추가하거나 삭제할 때 단 하나의 스위치에 적용하면 네트워크의 모든 스위치가 자동으로 업데이트된다. 자동으로 VLAN이 업데이트되므로 관리자에게 편리함을 제공할 수 있지만, VLAN 업데이트는 엄격하고 신중하게 이뤄져야 한다. 이를 위해 VTP는 특정 영역 내에서만 적용되는데, 모든 스위치에 VTP 업데이트가 이뤄지는 영역을 정의해야 한다.

VTP 업데이트가 제한되는 영역을 VTP 도메인^{VTP Domain}이라 한다. VTP 도메인은 트렁크를 통해 VLAN 정보를 공유하는 영역으로 정의된다. VLAN 정보를 공유하는 모든 스위치는 동일한 VTP 도메인 내에 존재해야 한다. 다른 VTP 도메인에 위치하는 스위치와는 VTP 정보를 공유하지 않는다.

한편, VTP를 운용하는 스위치는 VTP 모드에 따라 다르게 동작한다. VTP 모드는 VLAN 정보를 업데이트하고 전달하느냐에 따라 특정 VTP 모드로 정의된다. VTP 모드는 서버 모드와 클라이언트 모드^{Client Mode}, 트랜스페어런트 모드^{Transparent Mode}, 마지막으로 오프 모드^{Off Mode}로 구분된다.

서버 모드는 말 그대로 VTP 업데이트의 서버 역할을 한다. VLAN을 생성하거나 삭제할 수 있고, VTP 정보를 다른 스위치에 업데이트한다(그림 2.43). 물론 동일 VTP 도메인 내의 스위치로부터 수신하는 VTP 정보를 자신의 VLAN 데이터베이스와 동기화한다. 서버 모드는 VLAN 관리에 필수적이다. 그러므로 VTP 도메인의 모든 스위치가 VTP 서버 모드일 수도 있지만, 가장 중요한 것은 VTP 도메인 내에 VTP 서버 모드를 운용하는 스위치가 최소한 하나는 존재해야 한다. 그렇지 않다면, VTP 도메인 내에 VLAN을 생성 및 삭제하고 다른 스위치로 전달할 수 있는 스위치가 존재하지 않기 때문에 VLAN 관리가 이뤄지지 않는다.

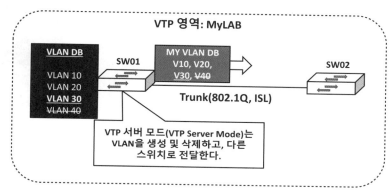

그림 2.43 VTP 서버 모드

클라이언트 모드는 서버 모드와 정반대의 VTP 모드다. 클라이언트 모드의 스위치는 VLAN을 생성할 수도, 삭제할 수도 없다. 또한 다른 스위치로 VTP 정보를 전달할 수도 없다(그림 2.44). 클라이언트 모드의 스위치는 서버 모드 스위치로부터 수신하는 VTP 정보를 수신해 자신의 VLAN 데이터베이스를 업데이트한다. 물론 서버로부터 수신하는 VTP 정보를 다른 스위치로 단순히 중계만 한다. 다시 말해서, 클라이언트 모드의 스위치가 서버 모드 스위치의 VTP 업데이트를 수신하지 못하면, VLAN의 생성, 삭제가 불가능하므로 서버 모드 스위치의 VLAN 정보에 완전하게 의존한다.

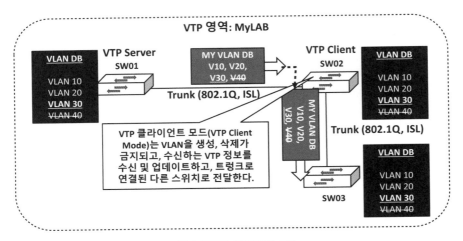

그림 2.44 VTP 클라이언트 모드

트랜스페어런트 모드는 기본적으로 VTP 동기화에 참여하지 않는다. 트랜트페어런트 모드의 스위치는 자신의 VLAN 정보를 다른 스위치로 전달하지 않을 뿐만 아니라 다른 스위치로부터의 VTP 정보를 자신의 VLAN 데이터베이스에 업데이트하지도 않는다. 그러나 다른 스위치로부터의 VTP 정보를 트렁크로 연결된 다른 스위치로 단순 중계 역할만 수행한다. VTP 트랜스페어런트 모드의 스위치는 'Transparent^{투명한}'이라는 말 뜻 그대로 VTP에 참여하는 스위치의 관점으로부터 투명하게 보이지 않는 모드라는 의미로 이해하면 된다. 트랜스페어런트 모드 스위치는 VTP에 참여하지 않고 단순히 중계만 수행하므로 트렁크 링크의 연장선으로 존재한다. 그러나 VTP 버전 1은 VTP 도메인이 다르면 VTP 정보를 중계하지 않는다(그림 2.45).

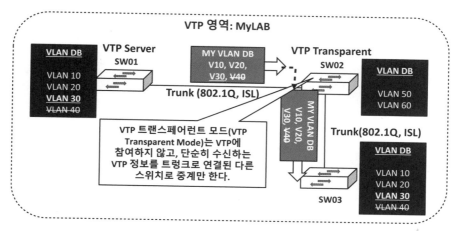

그림 2.45 VTP 트랜스페어런트 모드

오프 모드는 VTP에 참여하지 않을 뿐만 아니라 다른 스위치로부터의 VTP 정보를 중계
조차 하지 않는다. 오프 모드의 스위치는 VTP 동작을 완전히 비활성화한다(그림 2.46).

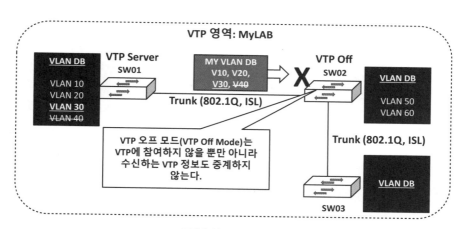

그림 2.46 VTP 오프 모드

실무에서 각 VTP 모드는 스위치의 역할 및 위치에 따라 적용된다. VTP 서버는 일반
적으로 분배 계층 스위치에 적용되는데, 네트워크의 구성에 따라 코어 계층 스위치에
서도 적용된다. 그리고 대부분의 액세스 계층 스위치는 클라이언트 모드로 운용한다.
이와 같은 구성은 분배 계층의 VLAN 생성 및 삭제를 통해 많은 수의 액세스 스위치에
개별적인 VLAN 설정을 피할 수 있다. 또한 트랜스페어런트 모드는 다른 스위치와 트

링크로 연결돼 있으면서 보안적인 요구나 서비스 제한 등의 이유로 해당 스위치만 개별적인 VLAN이 요구되는 특별한 환경에서 사용할 수 있다. 그림 2.47은 실무에서의 VTP 구성 예를 보여준다.

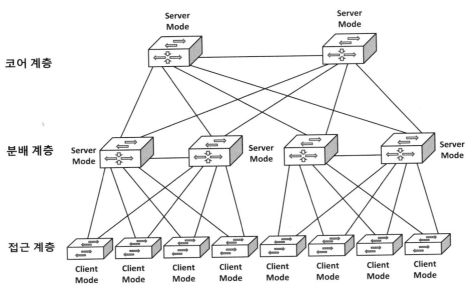

그림 2.47 VTP 구성 예

이제 VTP 동작에 관해 좀 더 깊이 알아보자.

VTP는 VLAN 정보를 트렁크로 연결된 스위치 간에 상호 교환하고 동기화한다. 여기서 VLAN 정보는 VLAN 이름과 VLAN ID, 각 VLAN의 상태 정보를 포함한다. 현재 VTP는 버전 3까지 소개됐다. 가장 기본적으로 동작하는 시스코 IOS 기반의 스위치는 VTPv1이다. 각 버전마다 그 동작이 약간 상이한데, 각 버전의 차이는 아래와 같다.

VTPv1은 최초의 VTP로서 기본적인 동작, 즉 VLAN 정보를 트렁크로 연결된 다른 스위치와의 공유 기능을 제공한다. VTP의 각 모드는 VTPv1에서 정의됐다. 지원하는 VLAN 범위가 VTP 버전에 따라 다른데, VTPv1과 VTPv2는 VLAN 1-1005까지 지원하는 반면, VTPv3은 확장 VLAN 범위를 포함한 VLAN 1-4094까지 지원한다. IOS 기반의 스위치는 기본적으로 VTPv1으로 동작한다.

기본적인 특징은 VTPv1과 VTPv2는 몇 가지를 제외하고 거의 동일하다. VTPv2에서 향상된 점은 아래와 같다.

VTPv2는 이더넷 기반의 VLAN만 지원하는 VTPv1과 달리, 토큰링 계열의 VLAN까지 지원한다. 또한 VTPv2는 각종 타입 및 특정 설정 값 등을 기록하는 TLV^{Type-Length-Value} 기록을 지원하는데, 심지어 TLV 기록을 인지하지 못하더라도 이를 다른 스위치를 위해 그대로 전달한다. VTPv1의 경우에는 스위치가 인지하지 못하는 TLV 정보라면 전달하지 않는다.

또한 VTPv1은 관리자의 설정 또는 SNMP를 통한 업데이트 및 VTP 동작 등의 모든 VLAN 데이터베이스 수정이 발생할 때마다 VLAN 데이터베이스 이상 유무를 검사한다. 그러나 VTPv2는 관리자의 VLAN 설정 및 SNMP를 통한 업데이트에 의해 VLAN 데이터베이스가 수정될 때만 VLAN 데이터베이스 검사를 수행한다. VLAN 데이터베이스 변경이 VTP 업데이트에 의해 이뤄지는 경우에는 VLAN 데이터베이스 검사를 수행하지 않는다. 이는 VTP 업데이트를 수행하는 다른 스위치에서 관리자 설정 또는 SNMP를 통해 VLAN 데이터베이스가 수정되는 경우에 이미 VLAN 데이터베이스 검사가 이뤄졌기 때문에 반복적인 검사로 인해 자원이 낭비되는 것을 방지하기 위해서다.

VTPv1과 VTPv2의 동작을 알아보자.

네트워크의 모든 동적 프로토콜은 장비 간에 특정 메시지를 교환함으로써 이뤄진다. 마찬가지로 VTP의 동작도 스위치 간의 특정 메시지 교환으로 이뤄진다. VTPv1과 VTPv2의 동작은 아래 세 종류의 VTP 메시지를 교환함으로써 동작하는데, 각 메시지의 의미를 통해 VTPv1과 VTPv2의 동작을 살펴본다.

- 요약 광고^{Summary Advertisement} 메시지
- 부분 광고^{Subset Advertisement} 메시지
- 광고 요청^{Advertisement Request} 메시지

요약 광고 메시지는 말 그대로 운용하는 VTP의 요약된 정보를 광고하는 용도로 사용된다. 이 메시지에는 VTP로 교환하는 실제 각 VLAN 정보는 포함되지 않는다. 다만 VTP 버전, VTP 도메인 이름^{VTP Domain Name}, 설정 리비전 번호^{Configuration Revision Number},

업데이트 시간 정보$^{Time\ Stamp}$, VTP 패스워드 정보 및 전달될 부분 광고 메시지의 개수 등 VTP로 전달하는 정보의 전체적인 요약을 전달한다.

요약 광고 메시지는 VLAN을 생성 및 삭제할 수 있는 VTP 서버에 의해 보내지는데, 매 300초마다 스위치 간에 지속적인 현재의 VTP 상태를 전달하는 용도로 사용돼 다른 스위치의 VTP 정보와 동기 상태를 확인하는 데 사용한다. 물론 VLAN의 추가, 삭제 시 실제 VLAN 광고를 위한 부분 광고 메시지를 보낼 때에도 보내진다.

그림 2.48의 요약 광고 메시지 포맷을 보면 어떤 정보를 전달하는지 확인할 수 있다. 메시지의 각 필드를 대강 살펴보면 어떤 정보를 전달하는지 짐작할 수 있으므로 별도의 설명은 하지 않는다. 다만, 필드 'Number of Subset Advertisements to follow'는 뒤에 설명될 부분 광고 메시지에 관한 정보인데, 이는 부분 광고 메시지를 설명을 참고하길 바란다. 또한 VTP 동작에 있어 가장 중요한 정보가 설정 리비전 번호인데, 이는 VTP 전체적인 동작을 살펴볼 때 설명한다.

Version (1byte)	Type (Summary Adv) (1byte)	Number of Subset Advertisements to follow (1byte)	Domain name length (1byte)
Management Domain Name(0 – 32bytes)			
Configuration Revision Number(4bytes)			
Updater Identity(Originating IP address: 4bytes)			
Update Time Stamp(12bytes)			
MD5 Digest hash code(16bytes)			

그림 2.48 VTP 요약 광고 메시지 포맷

부분 광고 메시지는 실제 변경된 VLAN 리스트를 보내기 위한 메시지다. VTP 서버는 VLAN을 생성하거나 삭제 또는 VLAN 활성화 및 비활성화 등을 수행할 수 있다. 그리고 VLAN 이름 등 각종 개별 VLAN의 세부 정보를 변경할 수 있다. 이런 모든 VLAN 관련된 변경이 발생하면 부분 광고 메시지를 통해 다른 스위치에게 전달한다. 앞에서 설명한 요약 광고 메시지가 VTP 동작 자체에 관련된 요약 정보를 보낸다면, 부분 광고 메시지는 실제 개별 VLAN의 변경된 사항을 전달하는 목적으로 사용된다. 그림

2.49의 부분 광고 메시지의 형식을 보면, 각 VLAN은 개별적인 정보로 표현해 전달한다. 그림에서 볼 수 있듯이, 부분 광고 메시지의 필드 'VLAN Info Field'를 통해 개별 VLAN의 정보를 전달한다.

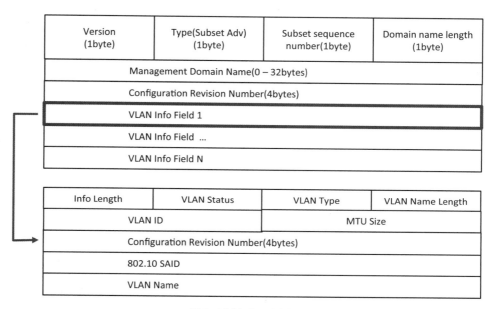

그림 2.49 부분 광고 메시지 형식

한편, 실제 VLAN 업데이트를 위해 부분 광고 메시지를 전달할 때는 항상 요약 광고 메시지와 함께 보낸다. 요약 광고 메시지를 통해 전체 VTP 동작에 관한 정보의 동기화와 동시에, 개별 VLAN 정보를 부분 광고 메시지를 통해 수행한다. 앞의 요약 광고 메시지에서 필드 'Number of Subset Advertisements to follow'가 의미하는 바는 요약 정보 메시지 뒤에 전달되는 관련 부분 광고 메시지의 개수를 나타내는 것이다.

서버 모드의 스위치만 VLAN을 생성 및 삭제, 변경 등을 할 수 있다. 그러므로 클라이언트 모드의 스위치는 서버로부터 VTP 메시지를 통해 VLAN 데이터베이스를 구축할 수 있다. 만약 VTP 서버로부터 수신하는 요약 광고 메시지를 통해 자신의 VLAN 데이터베이스가 최신 상태가 아니라는 것을 인지하면, 이를 요청해야 한다. 이때 사용되는 메시지가 광고 요청^{Advertisement Request} 메시지다.

특정 문제로 인해 클라이언트 스위치를 초기화하거나, VLAN 데이터베이스가 삭제됐거나, VTP 도메인이 변경됐을 경우, 최신 VLAN 데이터베이스를 수신해야 한다. 이때 클라이언트 스위치는 서버 스위치에게 광고 요청 메시지를 전달함으로써 서버로부터 요약 광고 메시지와 부분 광고 메시지를 수신하고, VLAN 데이터베이스를 최신으로 업데이트한다. 그림 2.50은 광고 요청 메시지의 형식을 보여준다.

Version (1byte)	Type(Adv Request) (1byte)	Reserved (1byte)	Domain name length (1byte)
Management Domain Name(0 – 32bytes)			
Starting Advertisement to request			

그림 2.50 VTP 광고 요청 메시지 형식

이제 이 VTP 메시지를 이용해 VTP가 동작하는 과정을 살펴보자. 앞에서 잠깐 언급했지만, VTP 동작에 있어서 가장 중요한 VTP 메시지 정보는 '설정 리비전 번호'다. 설정 리비전 번호를 통해 VTP 도메인 내의 스위치들이 VLAN 데이터베이스가 변경됐다는 사실을 인지한다. 설정 리비전 번호는 0부터 시작해 VLAN 데이터베이스가 변경될 때마다 1씩 증가한다. 쉽게 말하면, VLAN 데이터베이스 변경 버전이라 이해하면 된다. 설정 리비전 번호가 가장 높은 VLAN 데이터베이스는 최신 VLAN 정보일 것이다. 그러므로 낮은 설정 리비전 번호를 가진 스위치가 높은 설정 리비전 번호의 VTP 광고를 수신하면, 자신의 VLAN 데이터베이스가 최신이 아니라는 사실을 인지해 이를 요청함으로써 최신 VLAN 데이터베이스를 구축할 수 있는 것이다(그림 2.51).

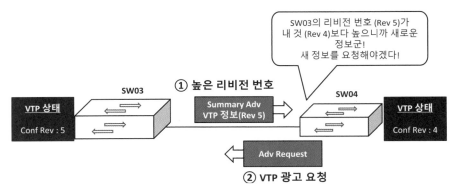

그림 2.51 설정 리비전 번호

136

이와 같이 VTP 요청과 광고는 설정 리비전 번호에 근거해 이뤄진다. 이를 바탕으로 VTP 동작 전체를 메시지 교환 중심으로 알아보자. 그림 2.52를 보면, SW03은 서버 모드, SW04는 클라이언트 모드로 동작한다.

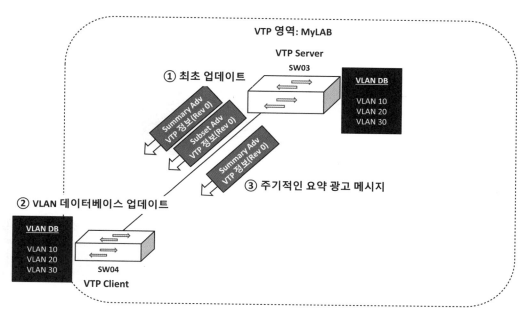

그림 2.52 최초의 VTP 동작

최초 VTP 동작 시 VTP 서버는 이웃 스위치로 자신의 VLAN 데이터베이스를 전달하는데, 최초 VTP의 설정 리비전 번호는 0으로 시작한다. 서버는 트렁크로 연결된 이웃 스위치에게 설정 리비전 번호 0의 요약 광고 메시지와 부분 광고 메시지를 전달하고(①), 이를 수신하는 스위치는 VLAN 데이터베이스를 업데이트한다(②). 물론 서버가 다른 스위치로부터 더 높은 설정 리비전 번호를 가지는 VTP 정보를 수신하면 VTP 요청을 하고 업데이트한다. 이후, VLAN에 변화가 없으면, 서버는 주기적으로 요약 광고 메시지를 송출함으로써 이웃 스위치와 VTP 동기 상태를 확인한다(③).

이 상태에서 서버에 VLAN이 새로 생성되거나 삭제된다고 가정해보자(그림 2.53). 예제는 VLAN 생성을 예로 들었다. 그러나 삭제 및 VLAN 이름 등이 변경되는 경우도 마찬가지다. 서버에 VLAN 40이 새로 생성됐다(④). VLAN 데이터베이스에 변경이 발생했으므로 VTP 광고를 시작하는데, 이때 설정 리비전 번호를 1 증가시켜 광고한다 (⑤). 더 높은 설정 리비전 번호(Rev 1)의 광고를 수신하는 SW04는 자신의 데이터베이스가 최신이 아님을 인지하고 새로운 VTP 광고를 자신의 VLAN 데이터베이스에 반영한다(⑥).

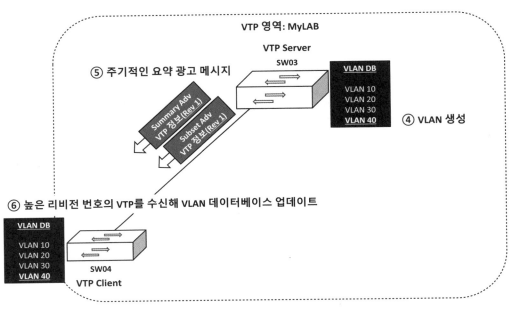

그림 2.53 VLAN 변화에 따른 VTP 동작

이 상태에서 새로운 스위치가 해당 VTP 도메인에 추가됐다고 가정해보자(⑦)(그림 2.54). 기본적으로 초기 상태 스위치의 설정 리비전 번호는 0이다. 네트워크에 연결된 새로운 스위치는 서버의 주기적인 요약 광고 메시지를 수신해 VTP 설정 리비전 번호가 자신의 것보다 높다는 사실을 인지한다. 최신 VTP 정보를 수신하기 위해 VTP 광고 요청 메시지를 보낸다(⑨). 이를 수신한 스위치는 VTP 광고를 새로운 스위치에 보내고 (⑩), 새로운 스위치는 자신의 VLAN 데이터베이스를 업데이트한다(⑪).

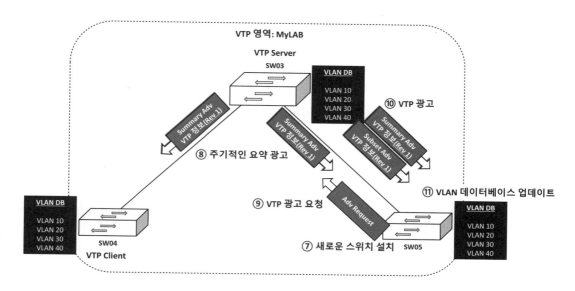

그림 2.54 새로운 스위치 설치에 따른 VTP 동작

새로운 스위치를 기존 VTP 도메인에 새로 연결하는 경우에는 새 스위치의 설정 리비전 번호를 반드시 확인한 후, VTP 도메인에 연결해야 한다. 그렇지 않을 경우, 심각한 네트워크 문제가 발생할 수 있다. 이는 VTP 설정 부분에서 자세히 알아본다.

앞에서 살펴본 것과 같이 VTP 서버만 VLAN을 생성, 삭제, 변경이 가능하다. 그러므로 만약 VTP 서버 역할을 수행하는 스위치가 문제가 발생하면, VLAN 관련 설정이 요구될 때 이를 수행할 수 있는 스위치가 존재하지 않는다. 그러므로 VTP 구성 시 최소한 2개 이상의 VTP 서버 스위치를 운용하는 것이 권장된다.

2.6.2 VTP 설정

VTP는 시스코 전용 프로토콜이다. 그러므로 시스코 스위치에서만 구동되는데, 기본 설정으로 VTPv1을 구동한다. VTP의 기본적인 구동은 그리 어렵지 않다. VTP는 VLAN 정보를 공유하는 VTP 도메인을 기반으로 동작한다.

시스코 스위치의 기본 설정은 VTP 도메인이 공백(Blank : NULL)으로 지정된다. VTP 도메인이 공백이라는 의미는 VTP 도메인이 존재하지 않는다는 의미로 해석된다. 이는 기본적으로 VTP 도메인이 공백인 다른 스위치와의 VTP 정보 교환은 이뤄지지 않는다. 그러나 NULL VTP 도메인은 그 어떤 VTP 도메인에도 참여할 수 있다는 의미를 내포하고 있다. 다시 말해, 트렁크로 연결된 단 하나의 스위치만이라도 VTP 도메인을 가진다면, 그 VTP 도메인을 그대로 받아들인다. 이는 새 제품 상태의 스위치를 기존 VTP 도메인에 연결하면 별도의 VTP 설정 필요없이 트렁크만 존재한다면 그대로 VTP 도메인에 참여한다.

설정 2.30에서 두 스위치의 VTP는 기본 설정 상태다. 그러므로 VTP 도메인도 공백이라는 것을 알 수 있다. 이 상태의 두 스위치는 VTP 도메인이 정의되지 않았기 때문에 VTP 정보 교환이 이뤄지지 않는다. 그러나 SW05가 VTP 도메인 'MYLAB'에 참여하면서 SW06은 VTP 도메인 'MYLAB'의 VTP 광고를 받아들이고, 해당 VTP 도메인에 참여함으로써 VLAN 데이터베이스를 업데이트한다.

이런 특징은 VTP 적용이 간편하게 이뤄지는 편리함을 제공하는 반면, 예기치 않은 문제가 발생할 수 있다. 이로 인한 문제점은 VTP 설정을 진행하면서 알아본다.

설정 2.30 VTP 도메인 NULL은 어떤 VTP 도메인에 즉시 참여한다.

```
SW05#show vtp status
VTP Version capable             : 1 to 3
VTP version running             : 1
VTP Domain Name[10]             :
VTP Pruning Mode                : Disabled
VTP Traps Generation            : Disabled
Device ID                       : aabb.cc00.0700
Configuration last modified by 0.0.0.0 at 0-0-00 00:00:00
Local updater ID is 0.0.0.0(no valid interface found)
 - 생략 -

SW06#show vtp status
VTP Version capable             : 1 to 3
VTP version running             : 1
```

---

10 기본 VTP 도메인은 공백(NULL)이다.

VTP Domain Name[10]   :

VTP Pruning Mode   : Disabled

VTP Traps Generation   : Disabled

Device ID   : aabb.cc00.0b00

Configuration last modified by 0.0.0.0 at 0-0-00 00:00:00

Local updater ID is 0.0.0.0(no valid interface found)

– 생략 –

SW05(config)#vtp domain MYLAB

SW05#show vtp status

VTP Version capable   : 1 to 3

VTP version running   : 1

VTP Domain Name   : **MYLAB**

VTP Pruning Mode   : Disabled

VTP Traps Generation   : Disabled

Device ID   : aabb.cc00.0700

Configuration last modified by 0.0.0.0 at 0-0-00 00:00:00

Local updater ID is 0.0.0.0(no valid interface found)

– 생략 –

===

SW06#show vtp status

VTP Version capable   : 1 to 3

VTP version running   : 1

VTP Domain Name[11]   : **MYLAB**

VTP Pruning Mode   : Disabled

VTP Traps Generation   : Disabled

Device ID   : aabb.cc00.0b00

Configuration last modified by 0.0.0.0 at 0-0-00 00:00:00

Local updater ID is 0.0.0.0(no valid interface found)

– 생략 –

---

11 특정 VTP 도메인으로부터의 VTP 업데이트를 수신하면 해당 VTP 도메인에 참여한다.

기본 설정 상태의 VTP 상태를 알아봤다. 이제 본격적으로 VTP 설정을 알아보자. 그림 2.55는 VTP 설정을 위한 예제 구성도를 보여준다. VTP가 트렁크를 통해 동작하므로 각 스위치 간의 링크는 모두 트렁크라는 것을 전제한다. 그리고 SW01에 이미 VLAN 10, VLAN 20, VLAN 30, VLAN 40이 구동하고 있다는 것을 전제로 한다.

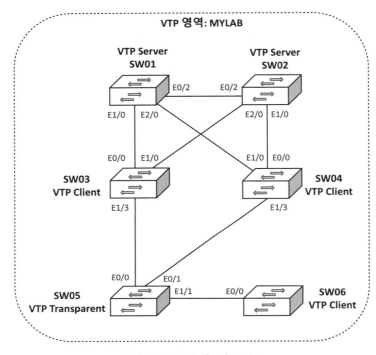

그림 2.55 VTP 설정을 위한 구성도

설정을 위한 예제 구성도를 보면, SW01과 SW02는 서버 모드로 동작한다. 그리고 SW03, SW04, SW06은 클라이언트 모드, SW05는 트랜스페어런트 모드로 동작한다. 이 조건을 만족할 수 있도록 VTP 설정을 한다. 기본적인 VTP 설정은 아래와 같은 명령어로 적용할 수 있다.

```
(config)# vtp version [ 1 | 2 | 3 ]
(config)# vtp domain domain-name
(config)# vtp mode { server | client | transparent | off }
```

VTP를 설정할 때 가장 먼저 VTP 버전을 결정한다. 앞에서도 언급했지만, VTP 기본 설정은 VTPv1으로 동작한다. 자칫 VTP 버전이 달라도 VTP가 정상적으로 동작한다고 생각할 수 있다. 실제로 VTPv1과 VTPv2 간의 동작은 이뤄지지만, 버전 간에 완전한 호환이 이뤄지지 않기 때문에 VTP 도메인 내 모든 스위치의 VTP 버전을 일치시키는 것을 권장한다.

VTP 버전을 설정한 후에는 VTP 도메인을 정의한다. VTP 도메인은 VTP 정보가 교환되는 영역을 의미하므로 VTP 동작에 참여하는 모든 스위치는 동일한 VTP 도메인에 속해야 한다. 예제는 VTP 도메인 'MYLAB'으로 정의한다.

초기 설정 상태 스위치의 VTP 도메인은 공백이다. 그러므로 SW01에서 VTP 도메인을 정의하면, 다른 모든 스위치는 이를 즉시 VTP 정보로 수신하므로 별도의 설정 없이 해당 VTP 도메인에 참여하게 된다. 그러나 만약 기존에 사용하던 VTP 설정이 이미 존재하면 반드시 동일한 VTP 도메인으로 설정해야 한다.

설정 2.31은 각 스위치의 VTP 버전과 도메인 설정을 보여준다.

설정 2.31 VTP 버전 및 도메인 설정

```
SW01(config)#vtp version 2
SW01(config)#vtp domain MYLAB
===============================================================
SW02(config)#vtp version 2
SW02(config)#vtp domain MYLAB
===============================================================
SW03(config)#vtp version 2
SW03(config)#vtp domain MYLAB
===============================================================
SW04(config)#vtp version 2
SW04(config)#vtp domain MYLAB
===============================================================
SW05(config)#vtp version 2
SW05(config)#vtp domain MYLAB
===============================================================
SW06(config)#vtp version 2
```

```
SW06(config)#vtp domain MYLAB
```

다음 단계는 각 스위치의 VTP 역할 설정을 수행한다. VTP 역할은 서버 모드와 클라이
언트 모드, 트랜스페어런트 모드로 지정한다. 각 스위치의 VTP 모드를 실습 구성도에
제시한 대로 설정해보자. 설정 2.32는 VTP 모드 설정을 보여준다. 특히 SW05를 트랜
스페어런트 모드로 설정하는 것에 주의하기 바란다.

설정 2.32 VTP 모드 설정

```
SW01(config)#vtp mode server
Device mode already VTP Server for VLANS.12
====================================================================
SW02(config)#vtp mode server
Device mode already VTP Server for VLANS.
====================================================================
SW03(config)#vtp mode client
Setting device to VTP Client mode for VLANS.
====================================================================
SW04(config)#vtp mode client
Setting device to VTP Transparent mode for VLANS.
====================================================================
SW05(config)#vtp mode transparent13
Setting device to VTP Client mode for VLANS.
====================================================================
SW06(config)#vtp mode client
Setting device to VTP Client mode for VLANS.
```

기본적인 VTP 설정이 이뤄졌다. 각 스위치의 VTP 상태를 확인해보자. 서버 스위치
인 SW01과 SW06의 VTP 상태를 예로 들어보자. 설정 2.33에서 확인할 수 있듯이,
SW01과 SW06의 VLAN 데이터베이스가 동일한 것을 알 수 있다. 또한 각 스위치의

---

12 기본 VTP 모드는 서버 모드다.

13 SW05는 트랜스페어런트 모드로 설정한다.

VTP 설정 리비전 번호가 동일한 것으로 확인된다. 이는 VTP 도메인 내의 모든 스위치에서 동일하게 확인될 것이다.

설정 2.33 모든 스위치의 VLAN 정보가 동일하게 업데이트됐다.

```
SW01# show vlan brief

VLAN  Name                 Status        Ports
----  -------------------  ------------  --------------------
1     default              active        Et0/0, Et0/1, Et0/3, Et1/1
                                         Et1/2, Et1/3, Et2/1, Et2/2
                                         Et2/3, Et3/0, Et3/1, Et3/2
                                         Et3/3
10    Net_10.1.10.0        active
20    Net_10.1.20.0        active
30    Net_10.1.30.0        active
40    Net_10.1.40.0        active
1002  fddi-default         act/unsup
1003  trcrf-default        act/unsup
1004  fddinet-default      act/unsup
1005  trbrf-default        act/unsup


SW01# show vtp status
VTP Version capable            : 1 to 3
VTP version running            : 2
VTP Domain Name                : MYLAB
VTP Pruning Mode               : Disabled
VTP Traps Generation           : Disabled
Device ID                      : aabb.cc00.0400
Configuration last modified by 0.0.0.0 at 1-24-17 09:14:49
Local updater ID is 0.0.0.0(no valid interface found)


Feature VLAN:
--------------

VTP Operating Mode             : Server
Maximum VLANs supported locally : 1005
Number of existing VLANs       : 9
```

```
Configuration Revision        : 0
MD5 digest                     : 0x3C 0xE1 0x5C 0x23 0x6C 0x7F 0x50 0x7D
                                 0x07 0x51 0xA1 0x7F 0xC4 0xBB 0x70 0xC1

===================================================================
SW06# show vlan brief


VLAN  Name                  Status        Ports
----  ------------------    ---------     --------------------
1     default               active        Et0/1, Et0/2, Et0/3, Et1/0
                                           Et1/1, Et1/2, Et1/3, Et2/0
                                           Et2/1, Et2/2, Et2/3, Et3/0
                                           Et3/1, Et3/2, Et3/3

10    Net_10.1.10.0         active
20    Net_10.1.20.0         active
30    Net_10.1.30.0         active
40    Net_10.1.40.0         active
1002  fddi-default          act/unsup
1003  trcrf-default         act/unsup
1004  fddinet-default       act/unsup
1005  trbrf-default         act/unsup


SW06# show vtp status
VTP Version capable            : 1 to 3
VTP version running            : 2
VTP Domain Name                : MYLAB
VTP Pruning Mode               : Disabled
VTP Traps Generation           : Disabled
Device ID                      : aabb.cc00.0b00
Configuration last modified by 0.0.0.0 at 1-24-17 09:14:49


Feature VLAN:
--------------

VTP Operating Mode             : Client
Maximum VLANs supported locally : 1005
Number of existing VLANs       : 9
Configuration Revision         : 0
MD5 digest                     : 0x3C 0xE1 0x5C 0x23 0x6C 0x7F 0x50 0x7D
```

이제 VTP 도메인 내의 스위치는 서버 스위치의 VLAN 정보에 의해 VLAN 데이터베이스를 구축한다. 서버 스위치에서 VLAN이 생성되거나 삭제 및 변경되면 변경된 VLAN 데이터베이스는 즉시 광고가 이뤄지고, 이웃 스위치는 리비전 번호를 확인한 후, 새로운 VTP 광고라는 것을 인지하고, VLAN 데이터베이스를 업데이트한다(설정 2.34).

설정 2.34 서버 스위치에서 VLAN 변경이 발생하면 즉시 VTP 광고를 한다.

```
SW01(config)#vlan 50
SW01(config-vlan)#name Net_10.1.50.0

SW01#show vlan brief

VLAN  Name              Status        Ports
----  ----------------  ----------    -------------------------
1     default           active        Et0/0, Et0/1, Et0/3, Et1/1
                                      Et1/2, Et1/3, Et2/1, Et2/2
                                      Et2/3, Et3/0, Et3/1, Et3/2
                                      Et3/3
10    Net_10.1.10.0     active
20    Net_10.1.20.0     active
30    Net_10.1.30.0     active
40    Net_10.1.40.0     active
50    Net_10.1.50.0     active
1002  fddi-default      act/unsup
1003  trcrf-default     act/unsup
1004  fddinet-default   act/unsup
1005  trbrf-default     act/unsup
=================================================================
SW03#show vlan brief

VLAN  Name              Status        Ports
----  ----------------  ----------    -------------------------
1     default           active        Et0/1, Et0/2, Et0/3, Et1/1
                                      Et1/2, Et2/0, Et2/1, Et2/2
```

10	Net_10.1.10.0	active
20	Net_10.1.20.0	active
30	Net_10.1.30.0	active
40	Net_10.1.40.0	active
50	**Net_10.1.50.0**	**active**
1002	fddi-default	act/unsup
1003	trcrf-default	act/unsup
1004	fddinet-default	act/unsup
1005	trbrf-default	act/unsup

그러나 클라이언트 스위치는 VLAN을 생성, 삭제 및 변경할 수 없다. SW03은 클라이언트 모드다. 따라서 VLAN의 생성, 삭제 및 변경이 금지된다. 설정 2.35를 보면, 클라이언트 스위치인 SW03에서 VLAN을 생성하거나 삭제 시도 시에 클라이언트 모드에서 VLAN 설정이 허용되지 않는다는 메시지를 보여준다.

설정 2.35 클라이언트 스위치는 VLAN 설정이 허용되지 않는다.

```
SW03# show vtp status
VTP Version capable              : 1 to 3
VTP version running              : 2
VTP Domain Name                  : MYLAB
VTP Pruning Mode                 : Disabled
VTP Traps Generation             : Disabled
Device ID                        : aabb.cc00.0300
Configuration last modified by 0.0.0.0 at 1-24-17 04:59:49


Feature VLAN:
--------------
VTP Operating Mode               : Client
Maximum VLANs supported locally  : 1005
Number of existing VLANs         : 10
Configuration Revision           : 2
MD5 digest                       : 0x90 0xC1 0x7B 0x0F 0xE3 0x8B 0x06 0xF4
```

```
                              0xE6 0x1C 0xCD 0xA5 0x4C 0xE7 0x47 0x0F

SW03(config)# vlan 100
VTP VLAN configuration not allowed when device is in CLIENT mode.


SW03(config)# no vlan 10
VTP VLAN configuration not allowed when device is in CLIENT mode.
```

한편, SW05는 트랜스페어런트 모드 스위치다. 그러므로 SW05는 자체의 독립된 VLAN 데이터베이스를 구축할 수 있다. 설정 2.36을 보면, 트랜스페어런트 모드 스위치인 SW05는 VLAN을 삭제 및 생성함으로써 자체 독립된 VLAN 데이터베이스를 구축한다. 트랜스페어런트 스위치의 VLAN 데이터베이스는 VTP로 전달되지 않는다. 트랜스페어런트 스위치는 다른 스위치로부터의 VTP 광고를 자신의 VLAN 데이터베이스로 업데이트하지 않고 단순 중계만 수행한다.

설정 2.36 트랜스페어런트 스위치는 자체 독립된 VLAN 데이터베이스를 구축한다.

```
SW05# show vtp status
VTP Version capable            : 1 to 3
VTP version running            : 2
VTP Domain Name                : MYLAB
VTP Pruning Mode               : Disabled
VTP Traps Generation           : Disabled
Device ID                      : aabb.cc00.0700
Configuration last modified by 0.0.0.0 at 1-24-17 04:59:49


Feature VLAN:
--------------

VTP Operating Mode             : Transparent
Maximum VLANs supported locally : 1005
Number of existing VLANs       : 10
Configuration Revision         : 0
MD5 digest                     : 0x90 0xC1 0x7B 0x0F 0xE3 0x8B 0x06 0xF4
                                 0xE6 0x1C 0xCD 0xA5 0x4C 0xE7 0x47 0x0F
```

```
SW05(config)# no vlan 10
SW05(config)# no vlan 20
SW05(config)# no vlan 30
SW05(config)# vlan 501
SW05(config-vlan)# name Net_192.168.1.0
SW05(config)# vlan 502
SW05(config-vlan)# name Net_192.168.2.0


SW05# show vlan brief

VLAN  Name                  Status        Ports
----  ------------------    ----------    --------------------
1     default               active        Et0/2, Et0/3, Et1/0, Et1/2
                                          Et1/3, Et2/0, Et2/1, Et2/2
                                          Et2/3

40    Net_10.1.40.0         active
501   Net_192.168.1.0       active
502   Net_192.168.2.0       active
1002  fddi-default          act/unsup
1003  trcrf-default         act/unsup
1004  fddinet-default       act/unsup
1005  trbrf-default         act/unsup
```

이제 VTP 광고를 통해 도메인 내 모든 스위치의 VLAN 데이터베이스가 자동 업데이트된다. 관리자의 VLAN 관리 업무는 간편해졌다. VLAN 추가 및 삭제 등 각종 변경 설정이 요구될 때 하나의 서버 스위치만 설정해도 VTP 도메인 내의 모든 스위치가 자동 업데이트된다.

그러나 이런 편리함은 항상 보안의 허점이 발생할 수 있다. VLAN 데이터베이스는 매우 중요한 정보다. VLAN 데이터베이스에 문제가 발생하면 L2 네트워크 전반에 영향을 미치므로 심각한 장애로 연결될 수 있다. 예를 들어, 비인가 스위치가 네트워크에 연결돼 악의적인 VTP 정보를 송출하면, 운용 중인 모든 VLAN 정보를 삭제할 수 있다. 그러므로 비인가 스위치가 VTP에 참여하는 것을 방지하기 위해 VTP 정보에 관한 패스워드를 적용해 VTP 정보 교환에 보안을 강화할 수 있다. VTP 패스워드는 아래와 같은 명령어로 설정할 수 있다.

(config)# **vtp password** *password* [**hidden** | **secret**]

예제 구성도에 VTP 패스워드를 설정하자. 예제는 VTP 패스워드를 'mylab123'으로
지정한다. VTP 패스워드를 설정한 후, 스위치의 VTP 상태를 알아보기 위해 SW03과
SW04를 제외한 나머지 스위치에 VTP 패스워드를 설정한다. 설정 2.37은 이를 위한
설정을 보여준다.

설정 2.37 VTP 패스워드 설정

```
SW01(config)#vtp password mylab123
================================================================
SW02(config)#vtp password mylab123
================================================================
SW05(config)#vtp password mylab123
================================================================
SW06(config)#vtp password mylab123
================================================================
SW01#show vtp status
VTP Version capable            : 1 to 3
VTP version running            : 2
VTP Domain Name                : MYLAB
VTP Pruning Mode               : Disabled
VTP Traps Generation           : Disabled
Device ID                      : aabb.cc00.0100
Configuration last modified by 0.0.0.0 at 1-24-17 23:28:17
Local updater ID is 0.0.0.0(no valid interface found)


Feature VLAN:
---------------
VTP Operating Mode             : Server
Maximum VLANs supported locally : 1005
Number of existing VLANs       : 9
Configuration Revision         : 3
MD5 digest                     : 0xC3 0xC1 0x71 0x84 0x34 0x05 0x70 0x4B
                                 0x40 0x76 0xBF 0x7C 0x6A 0x42 0x98 0x30
```

```
*** MD5 digest checksum mismatch on trunk: Et2/0 ***
```

설정에서 확인할 수 있듯이, SW04와 SW05의 VTP 패스워드가 다르기 때문에 이들
이 연결된 트렁크 포트에 관한 MD5 정보가 일치하지 않는다는 에러 메시지를 확인
할 수 있다.

이제 서버 스위치에서 VLAN을 변경해보자. VTP 정보를 업데이트하기 위해 SW01에
서 VLAN 50을 삭제한다. 설정 2.38에서 볼 수 있듯이, SW01은 VTP 설정 리비전 번
호(7)를 증가시키고, 이를 다른 스위치로 전달한다. 그러나 VTP 패스워드가 다르거나
설정되지 않은 스위치는 VTP 광고를 이해하지 못하기 때문에 VLAN 데이터베이스
를 업데이트하지 못한다. SW04의 설정 리비전 번호(6)를 확인하면 새로운 VTP 광고
를 업데이트하지 못한 것을 알 수 있다. 실제 VLAN 데이터베이스를 확인하면 SW04
의 VLAN 데이터베이스에는 VLAN 50이 여전히 존재한다는 것을 알 수 있다. 그러나
SW06은 VTP 광고를 정상적으로 수신하고, VLAN 데이터베이스가 업데이트된 것을
알 수 있다.

설정 2.38 VTP 패스워드가 다르면 VTP 광고 메시지를 이해하지 못한다.

```
SW01(config)# no vlan 50

SW01#show vtp status
- 중략 -
Feature VLAN:
----------------
VTP Operating Mode            : Server
Maximum VLANs supported locally : 1005
Number of existing VLANs      : 9
Configuration Revision        : 7
MD5 digest                    : 0x96 0x98 0x8E 0x2A 0x95 0xC4 0x0B 0x0A
                                0x88 0xF7 0xCF 0x67 0x3D 0x44 0x57 0xD3
=====================================================================
SW04#show vtp status
- 중략 -
Feature VLAN:
```

```
--------------
VTP Operating Mode                    : Client
Maximum VLANs supported locally  : 1005
Number of existing VLANs         : 10
Configuration Revision           : 6
MD5 digest                       : 0x47 0xDD 0xB1 0xBB 0x98 0xA6 0xBE 0x35
                                   0xCB 0xA0 0xA9 0xE1 0xB3 0xE1 0xD5 0xCB
==================================================================
SW06#show vtp status
- 중략 -
Feature VLAN:
--------------
VTP Operating Mode                    : Client
Maximum VLANs supported locally  : 1005
Number of existing VLANs         : 9
Configuration Revision           : 7
MD5 digest                       : 0x96 0x98 0x8E 0x2A 0x95 0xC4 0x0B 0x0A
                                   0x88 0xF7 0xCF 0x67 0x3D 0x44 0x57 0xD3
```

기본적으로 SW04와 같이 VTP 패스워드가 다르면, VTP 광고를 무시하고 다른 스위치로 전달하지 않는다. 그러나 SW05는 트랜스페어런트 모드 스위치다. 트랜스페어런트 모드는 VTP에 참여하지 않지만, 수신하는 VTP 광고는 다른 스위치로 중계한다. 그러므로 비록 VTP 패스워드가 다르더라도 트랜스페어런트 모드인 SW05는 자신이 SW03으로부터 수신한 VTP 광고를 그대로 SW06에게 중계한다. 그러므로 SW06은 VLAN 데이터베이스를 업데이트할 수 있다.

이제 다음 설정을 위해 SW04와 SW05에도 VTP 패스워드를 일치되도록 설정한다(설정 2.39). 참고로, VTP 설정 정보는 VLAN 데이터베이스에 저장되므로 스위치 설정 정보(startup-config와 running-config)로 확인되지 않는다. show vtp password를 이용하면 현재의 VTP 패스워드를 확인할 수 있다.

설정 2.39 SW04와 SW05의 VTP 패스워드 설정 및 확인

```
SW04(config)#vtp password mylab123
```

```
SW04#show vtp password
VTP Password: mylab123
============================================================
SW05(config)#vtp password mylab123
```

참고로, VTP 구성 시 가장 중요한 사항은 설정 리비전 번호다. 새로 추가하는 스위치의 리비전 번호가 운용 중인 스위치의 그것보다 높으면, 잘못된 VTP 광고로 인해 심각한 장애로 이어질 위험을 항상 내포하고 있다. 그러므로 새로 추가할 스위치의 리비전 번호를 네트워크에 연결하기 전에 반드시 0으로 리셋하는 것이 중요하다.

VTP 설정 리비전 번호 리셋은 단순히 VTP 도메인 또는 VTP 모드를 변경하면 된다. 실무에서 가장 많이 사용되고 권장되는 방법은 VTP 모드를 트랜스페어런트로 변경해 리비전 번호를 0으로 리셋한 후, 네트워크에 연결해 필요한 VTP 설정을 계속하는 것이다. 설정 2.40은 리비전 번호를 리셋하는 과정을 보여준다.

설정 2.40 VTP 모드 변경을 통해 리비전 번호를 리셋한다.

```
SW02# show vtp status
 - 중략 -
Feature VLAN:
---------------
VTP Operating Mode            : Server
Maximum VLANs supported locally : 1005
Number of existing VLANs      : 11
Configuration Revision        : 9
MD5 digest                    : 0xD2 0xA4 0x42 0xE5 0xB7 0x3F 0x0F 0xCE
                                0x3F 0x33 0x79 0xF8 0x49 0x7E 0x56 0x2D


SW02(config)# vtp mode transparent

SW02# show vtp status
 - 중략 -
Feature VLAN:
---------------
```

```
VTP Operating Mode               : Transparent
Maximum VLANs supported locally  : 1005
Number of existing VLANs         : 11
Configuration Revision           : 0
MD5 digest                       : 0xD2 0xA4 0x42 0xE5 0xB7 0x3F 0x0F 0xCE
                                   0x3F 0x33 0x79 0xF8 0x49 0x7E 0x56 0x2D
```

지금까지 VTP 설정에 관해 알아봤다. VTP 설정은 간단하게 구현할 수 있다. 그러나 VTP 구성은 VTP 도메인 내의 모든 스위치에 관한 VLAN 데이터베이스를 다루는 프로토콜이므로 VTP 변경 시 항상 신중해야 한다.

2.6.3 VTP 프루닝

VTP는 VLAN 정보를 트렁크 포트를 통해 다른 스위치와 공유하기 위한 프로토콜이다. 앞 절에서 살펴봤지만, VTP의 적용은 그다지 어렵지 않았을 것이다. 그러나 많은 네트워크 입문자가 다소 어려움을 느끼는 부분이 VTP 프루닝VTP Pruning일 것이다.

VTP 프루닝은 모든 VLAN 트래픽이 전송되는 트렁크 포트를 효과적으로 사용함으로써 트렁크의 대역폭이나 스위치 자원의 불필요한 사용을 방지하기 위한 기능이다. VTP 프루닝은 'Prune'의 뜻을 알면 쉽게 이해할 수 있다. 프룬은 '(나무 가지를) 치다, 자르다'의 뜻을 가진다. 그럼 'VTP 가지를 자른다'는 무엇을 의미하는가?

스위치는 L2 주소 정보를 기반으로 프레임을 포워딩한다. 스위치는 프레임을 수신하면 포워딩 테이블 또는 MAC 테이블MAC Table을 참조해 목적지 호스트가 연결된 스위치 포트로 포워딩한다. 그러나 제1장에서 이미 학습했듯이, 프레임의 목적지가 포워딩 테이블에 존재하지 않을 경우에는 모든 스위치 포트로 포워딩한다. 또한 목적지가 특정 하나의 호스트가 아닌, 모든 호스트나 특정 호스트 그룹을 의미하는 브로드캐스트 트래픽이나 멀티캐스트 트래픽의 경우도 모든 스위치 포트로 트래픽을 포워딩한다(그림 2.56).

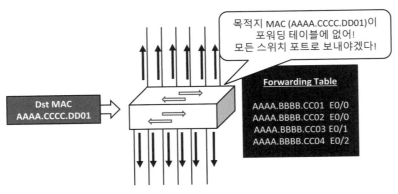

그림 2.56 포워딩 테이블에 존재하지 않는 호스트나 브로드캐스트,
멀티캐스트 트래픽은 모든 스위치 포트로 포워딩된다.

이를 엄격하게 말하면, 동일한 VLAN의 모든 스위치 포트로 보낸다고 해야 한다. 그런데 해당 VLAN을 포함하는 트렁크 포트가 스위치에 존재하면, 해당 트렁크로도 포워딩된다. 그 이유는 VLAN의 관점에서 볼 때, 트렁크도 해당 VLAN 트래픽을 전달하므로 VLAN에 속하는 하나의 스위치 포트일 뿐이기 때문이다. 다시 말해, 특정 VLAN에서 발생하는 알려지지 않은 목적지 호스트로 향하는 트래픽, 또는 브로드캐스트/멀티캐스트 트래픽은 트렁크를 포함한 해당 VLAN에 속하는 모든 스위치 포트로 포워딩된다.

이런 사실을 전제로 해 트렁크 포트의 관점에서 살펴보자.

기본적으로 트렁크 포트는 허용된 VLAN의 모든 트래픽을 전달한다. 그러나 트렁크로 연결된 스위치에 특정 VLAN에 속하는 호스트가 존재하지 않으면, 트래픽은 불필요하게 트렁크 링크를 경유해 전달된 후, 폐기될 것이다.

그림 2.57을 보면, SW02의 VLAN 10으로부터 브로드캐스트 트래픽이 발생됐다. 이를 수신한 SW01은 VLAN 10에 속하는 모든 스위치 포트로 포워드한다. 이때 VLAN 10이 허용되는 모든 트렁크 포트로도 포워드한다.

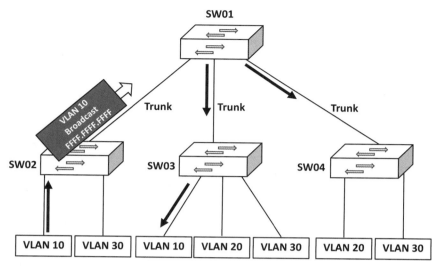

그림 2.57 VLAN 트래픽이 모든 트렁크로 포워드된다.

그러나 SW04를 주의깊게 살펴보자. SW01과 SW04 간의 트렁크에서는 VLAN 10 트래픽을 허용하지만, SW04에는 VLAN 10에 속하는 호스트가 존재하지 않는다. 그러므로 SW04는 트렁크로 수신되는 VLAN 10트래픽을 모두 폐기한다. SW04에 존재하지 않는 VLAN 10트래픽은 트렁크의 대역폭을 점유할 뿐만 아니라 SW04가 이를 다시 폐기함으로써 불필요한 자원을 소비하게 된다.

VTP 프루닝은 특정 VLAN의 호스트가 존재하지 않는 스위치로의 트렁크로 해당 VLAN 트래픽을 차단한다. 그림 2.58은 VTP 프루닝이 동작하는 경우의 트래픽 흐름을 보여준다. SW04에 VLAN 10의 호스트가 존재하지 않으므로 SW01은 SW04로의 트렁크로 VLAN 10 트래픽을 차단한다.

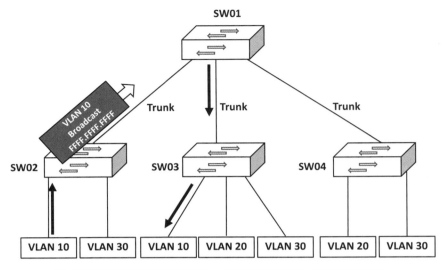

그림 2.58 특정 VLAN 호스트가 존재하는 스위치로만 해당 VLAN 트래픽을 포워드한다.

앞에서 언급했지만, 프루닝이란, '나뭇가지를 자르다'의 의미를 가진다. 트렁크로 연결된 스위치 네트워크라는 나무에서 각 VLAN 호스트의 존재에 의해 스위치 네트워크의 나뭇가지를 자른다는 의미로 지어진 이름이다. 그림 2.59를 보면 원래의 L2 네트워크가 각 VLAN에 관한 프루닝에 의한 각 VLAN의 네트워크를 표현한다.

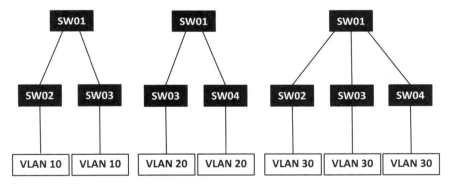

그림 2.59 VTP 프루닝에 의한 각 VLAN의 네트워크

그림 2.60의 예제 구성도를 통해 VTP 프루닝을 예제 네트워크에 적용해보자.

VTP 프루닝의 설정 명령어는 아래와 같다.

158

```
(config)# vtp pruning
(config-if)# switchport trunk pruning vlan {{{add | except | remove} vlan-
list} | none}
```

VTP 프루닝 명령은 VTP 서버 모드 스위치에서만 설정 가능하다. 클라이언트 모드의
스위치는 설정이 불가능하다. VTP 서버 스위치에 설정하면 이 설정 정보는 VTP 광고
에 의해 다른 스위치로 전달돼 적용된다.

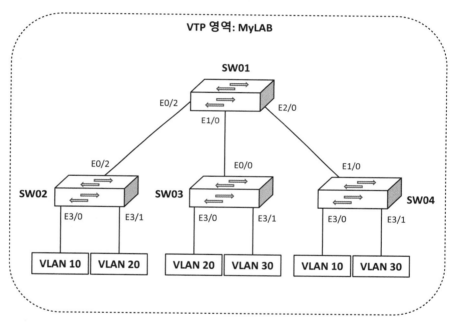

그림 2.60 VTP 프루닝 실습 구성도

VTP 프루닝 실습을 위해 각 스위치 포트 설정을 준비한다. VLAN 트래픽을 발생시
키기 위해 VLAN 인터페이스를 생성해 VTP 프루닝 동작을 확인한다. 설정 2.41은
VLAN 인터페이스 설정을 위한 과정을 보여준다.

설정 2.41 VLAN 트래픽 발생을 위해 VLAN 인터페이스를 생성한다.

```
SW01(config)#vlan 10
SW01(config)#vlan 20
SW01(config)#vlan 30
```

```
SW01(config)#vlan 40
SW01(config)# interface vlan 10
SW01(config-if)# ip address 10.1.10.1 255.255.255.0
SW01(config)# interface vlan 20
SW01(config-if)# ip address 10.1.20.1 255.255.255.0
SW01(config)# interface vlan 30
SW01(config-if)# ip address 10.1.30.1 255.255.255.0
SW01(config)# interface vlan 40
SW01(config-if)# ip address 10.1.40.1 255.255.255.0
```

기본적으로 시스코 스위치에서 VTP 프루닝은 비활성화 상태다. VTP 프루닝을 활성화
하기 위해 vtp pruning 명령어를 입력한다. 이 명령어는 VTP 프루닝을 활성화하는데,
기본적으로 VLAN 2-1001의 모든 VLAN에 관해 VTP 프루닝을 활성화한다. VTP 서
버 스위치에서 VTP 프루닝을 활성화하면 VTP 도메인 내의 모든 스위치로 광고되므로
모든 스위치에 설정할 필요가 없다. 설정 2.42는 VTP 활성화를 보여준다.

설정 2.42 VTP 활성화

```
SW01(config)#vtp pruning
Pruning switched on


SW01#show vtp status
VTP Version capable          : 1 to 3
VTP version running          : 2
VTP Domain Name              : MYLAB
VTP Pruning Mode             : Enabled
VTP Traps Generation         : Disabled
Device ID                    : aabb.cc00.0100
Configuration last modified by 0.0.0.0 at 1-26-17 01:07:30
Local updater ID is 0.0.0.0(no valid interface found)
- 생략 -
====================================================================
SW02#show vtp status
VTP Version capable          : 1 to 3
VTP version running          : 2
VTP Domain Name              : MYLAB
```

```
VTP Pruning Mode                   : Enabled
VTP Traps Generation               : Disabled
Device ID                          : aabb.cc00.0200
Configuration last modified by 0.0.0.0 at 1-26-17 01:07:30
Local updater ID is 0.0.0.0(no valid interface found)
- 생략 -
```

설정은 SW01에 VTP 프루닝을 활성화한 것을 보여준다. SW01과 SW02의 VTP 상태를 보면, SW02도 VTP 프루닝이 활성화된 것을 확인할 수 있다. 이는 서버 모드인 SW01의 VTP 활성화가 VTP 광고를 통해 전달돼 SW02에 VTP가 활성화됐다. vtp pruning 명령어는 모든 VLAN에 관한 프루닝이 이뤄진다. 설정 2.43은 SW01의 각 트렁크 정보를 보여준다.

설정 2.43 VTP 프루닝 확인

```
SW01# show interfaces trunk

Port    Mode        Encapsulation    Status      Native vlan
Et0/2   on          802.1q           trunking    1
Et1/0   on          802.1q           trunking    1
Et2/0   on          802.1q           trunking    1


Port        Vlans allowed on trunk
Et0/2       1-4094
Et1/0       1-4094
Et2/0       1-4094


Port        Vlans allowed and active in management domain
Et0/2       1,10,20,30,40
Et1/0       1,10,20,30,40
Et2/0       1,10,20,30,40


Port        Vlans in spanning tree forwarding state and not pruned
Et0/2       1,10,20
Et1/0       1,20,30
Et2/0       1,10,30
```

SW01의 E0/2는 SW02로 연결된다. SW02는 VLAN 10과 VLAN 20의 호스트만 존재하고, VLAN 30의 호스트는 존재하지 않는다. SW02의 E1/0과 연결된 SW03에는 VLAN 20과 VLAN 30의 호스트만 존재한다. SW04는 VLAN 10과 VLAN 30의 호스트만 존재한다. SW01의 각 트렁크상에서 프룬되지 않는 VLAN 정보를 보여준다. SW01은 각 트렁크 포트에 나타난 VLAN의 트래픽만 전달하고, 나머지 VLAN에 관한 트래픽은 트렁크 링크로 전달하지 않는다.

위 설정은 모든 스위치 범위, 즉 VLAN 2-1001까지 자동으로 VLAN 프루닝을 적용한다. 만약 특정 VLAN에만 프루닝을 적용하려면, 각 트렁크 포트에 프루닝을 적용할 VLAN을 지정하면 된다. 예를 들어 SW02와 SW04에 관해 VLAN 10과 VLAN 20에만 VTP 프루닝을 적용해보자.

설정 2.44는 VLAN 10과 VLAN 20에만 VTP 프루닝을 적용한 예를 보여준다.

설정 2.44 특정 VLAN만 VTP 프루닝 적용

```
SW01(config)# interface e0/2
SW01(config-if)# switchport trunk pruning vlan 10,20
SW01(config)# interface e2/0
SW01(config-if)# switchport trunk pruning vlan 10,20


SW01#show interfaces e0/2 pruning

Port              Vlans pruned for lack of request by neighbor
Et0/2             none


Port              Vlan traffic requested of neighbor
Et0/2             1,10,20,30,40

SW01#show interfaces e2/0 pruning


Port              Vlans pruned for lack of request by neighbor
Et2/0             20


Port              Vlan traffic requested of neighbor
Et2/0             1,10,20,30,40
```

SW02로의 트렁크(E0/2)는 VLAN 10과 VLAN 20에만 VTP 프루닝을 적용했다. SW02에 VLAN 10과 VLAN 20이 존재하므로 이들 VLAN 트래픽은 포워드된다. 그리고 나머지 모든 VLAN의 트래픽은 프루닝 대상이 아니므로 각 VLAN 호스트 존재 유무와 상관없이 포워드된다. 예제 스위치의 VLAN 데이터베이스에는 VALN 1, VLAN 10, VLAN 20, VLAN 30, VLAN 40이 존재한다. 그러므로 프루닝 대상이 아닌 VLAN 30과 VLAN 40의 트래픽이 포워드되는 것으로 확인된다.

SW04로의 트렁크(E2/0)도 VLAN 10과 VLAN 20에만 VTP 프루닝을 적용했다. 그러나 SW02에는 VLAN 20이 존재하지 않는다. 그러므로 VLAN 20 트래픽은 제거된다.

이들 트렁크 포트에 VLAN 10과 VLAN 20만 VTP 프루닝을 적용했다. 여기에 VLAN 40도 추가로 프루닝을 적용해보자. 이때에는 트렁크 포트 설정 명령어에 add 옵션 명령어를 사용하면 된다. 설정 2.45는 VLAN 40에 관해 프루닝을 추가로 설정하는 것과 확인하는 과정을 보여준다.

설정 2.45 VTP 프루닝 대상 VLAN 추가 설정

```
SW01(config)# interface e0/2
SW01(config-if)# switchport trunk pruning vlan add 40
SW01(config)# interface e2/0
SW01(config-if)# switchport trunk pruning vlan add 40


SW01#show interfaces e0/2 pruning


Port            Vlans pruned for lack of request by neighbor
Et0/2           40


Port            Vlan traffic requested of neighbor
Et0/2           1,10,20,30,40


SW01#show interfaces e2/0 pruning


Port            Vlans pruned for lack of request by neighbor
Et2/0           20,40
```

```
Port              Vlan traffic requested of neighbor
Et2/0             1,10,20,30,40
```

트렁크 포트에 특정 VLAN을 추가했다. 물론 VLAN 추가뿐만 아니라 특정 VLAN만 제
거(옵션 명령어 remove) 또는 제외(옵션 명령어 except)할 수 있다. 또한 특정 트렁크에 관
해 VTP 프루닝을 비활성화할 수도 있다. 설정 2.46은 SW03으로 연결된 트렁크에 관
해 VTP 프루닝을 비활성화하는 예를 보여준다.

설정 2.46 특정 트렁크에 관한 VTP 프루닝 비활성화

```
SW01(config)# interface e1/0
SW01(config-if)# switchport trunk pruning vlan none

SW01#show interfaces e1/0 pruning

Port              Vlans pruned for lack of request by neighbor
Et1/0             none

Port              Vlan traffic requested of neighbor
Et1/0             1,10,20,30,40
```

지금까지 VTP 프루닝을 살펴봤다. VTP 프루닝을 통해 불필요한 트래픽으로 인한 트
렁크 자원의 낭비를 방지할 수 있다.

VLAN과 트렁크, 그리고 VTP의 구성은 모두 상호 관련돼 있다. 실무에서 VLAN과 트
렁크는 거의 필수적으로 사용한다. 그러나 VTP는 대규모 네트워크에서 VLAN을 간
편하게 관리하기 위해 사용된다. 물론 소규모 네트워크에서 잘 사용되지 않는다. 또
한 VTP 프루닝 역시 적용된 스위치 네트워크를 찾아보기가 쉽지 않다. 그러나 이 내
용을 숙지해, L2 네트워크를 설계하고 개선하고자 할 때 유용하게 사용하기 바란다.

2.8 실전 학습

실전 설정을 통해 학습한 내용 중 실무 활용도와 자격증 학습에 대비해보자.

2.8.1 실전 문제

그림 2.61의 구성도를 통해 각 조건을 만족하는 설정을 하라.

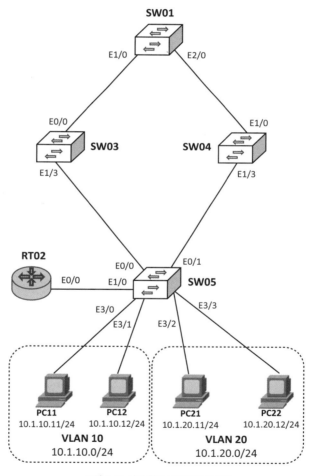

그림 2.61 실전 학습 네트워크 구성도

[조건 1] 관리자는 VLAN 정보를 효과적으로 관리하고자 한다. 이를 통해 각 스위치에 관한 VLAN 설정을 최소화하고자 한다. 아래 조건을 만족할 수 있도록 필요한 설정을 하라.

> 1) 모든 스위치는 SW01로부터 VLAN 정보를 수신해야 한다.
> 2) SW03은 SW01로부터의 VLAN 데이터베이스를 수신 및 전달하지만, 자신의 개별적인 VLAN 데이터베이스를 구축해야 한다.
> 3) 스위치 간의 링크에 관해 불필요한 트래픽을 제거함으로써 대역폭 사용률을 향상시킬 수 있게 하라.
> 4) 관련 설정 후, 아래 VLAN을 생성하라.

VTP 영역: mylab, VTP 버전: Version 2, VTP 패스워드: cisco123		
VLAN 10	NET_10.1.10.0	SW01, SW03
VLAN 20	NET_10.1.20.0	SW01, SW03
VLAN 30	NET_10.1.30.0	SW01
VLAN 40	NET_10.1.40.0	SW01
VALN 50	NET_10.1.50.0	SW01
VLAN 60	NET_10.1.60.0	SW01

[조건 2] SW05의 E3/0 ~ E3/3에 연결된 호스트를 위한 VLAN을 구성하라. 제시된 구성도에 제시된 VLAN을 생성하고 각 스위치 포트에 관한 VLAN을 설정하라. 각 VLAN에 속한 호스트 간의 핑 테스트가 이뤄져야 한다.

[조건 3] SW03 – SW05 간의 링크는 트렁크로 동작해야 한다. 이 링크를 802.1Q 트렁크로 설정하라. 단, SW03은 DTP를 통한 협상을 통해 트렁크 설정이 결정돼야 한다. 그리고 SW05는 수동 설정이 요구된다.

[조건 4] SW04 – SW05 간의 링크를 802.1Q 트렁크로 동작하도록 설정하라. 단 해당 트렁크 링크로는 VLAN 20의 트래픽만 허용되도록 설정하라.

[조건 5] SW05 – RT02 간의 링크를 802.1q 트렁크로 구성하라. 그리고 RT02에 VLAN 10과 VLAN 20에 속하는 논리적인 인터페이스를 할당하고, 각 10.1.10.254/24(VLAN10)

166

과 10.1.20.254/24(VLAN20) IP를 할당하라. 이 트렁크 링크에는 해당 VLAN 이외의 트래픽은 허용되지 않는다. 각 VLAN에 속하는 호스트와의 핑 테스트가 이뤄져야 한다.

2.8.2 문제 해설

조건 1 문제 해설

효과적인 VLAN 정보 관리는 VTP에 의해 이뤄진다. 그러므로 이 문제는 VTP 설정에 관한 문제다.

모든 스위치가 SW01로부터 VLAN 정보를 수신해야 한다는 것은 SW01 이외의 스위치에서 VLAN의 생성 및 변경, 삭제가 가능하지 않다는 것을 의미한다. 그러므로 SW01은 VTP 서버 모드가 돼야 하고, 나머지 스위치는 VTP 클라이언트 모드가 돼야 한다. 단, SW03은 VLAN 정보를 수신하고 전달하지만, 독립적인 VLAN 데이터베이스를 구축해야 하므로 VTP 트랜스페어런트 모드가 돼야 한다.

한편, VTP 프루닝을 통해 트렁크상의 불필요한 트래픽을 제거함으로써 링크 대역폭 사용률을 향상시킬 수 있으므로 VTP 프루닝을 활성화시켜야 한다. 이 설정은 VTP가 활성화됐기 때문에 VTP 서버인 SW01에서만 설정해주면 된다.

1) SW01에 VTP를 구성한다. 주어진 VTP 영역과 버전, 패스워드를 입력한다.

2) SW04와 SW05에 VTP를 구성한다. 주어진 VTP 영역과 버전, 패스워드를 입력하고, VTP 모드를 클라이언트 모드로 설정한다.

3) SW03에 VTP를 구성한다. VTP 모드를 트랜스페어런트 모드로 설정한 후, VTP 영역과 버전, 패스워드를 입력한다.

4) SW01에 VTP 프루닝을 활성화한다.

5) SW01에서 모든 VLAN을 생성하고, SW03에서 VLAN 10과 VLAN 20을 생성한다.

조건 1 권장 설정

```
SW01(config)#vtp domain mylab
SW01(config)#vtp version 2 → 기본 설정
```

```
SW01(config)#vtp password cisco123
SW01(config)#vtp mode server → 기본 설정
SW01(config)#vtp pruning
SW01(config)#vlan 10
SW01(config-vlan)#name NET_10.1.10.0
SW01(config)#vlan 20
SW01(config-vlan)#name NET_10.1.20.0
SW01(config)#vlan 30
SW01(config-vlan)#name NET_10.1.30.0
SW01(config)#vlan 40
SW01(config-vlan)#name NET_10.1.40.0
SW01(config)#vlan 50
SW01(config-vlan)#name NET_10.1.50.0
SW01(config)#vlan 60
SW01(config-vlan)#name NET_10.1.60.0

SW03(config)#vtp domain mylab
SW03(config)#vtp version 2
SW03(config)#vtp password cisco123
SW03(config)#vtp mode transparent
SW03(config)#vlan 10
SW03(config-vlan)#name NET_10.1.10.0
SW03(config)#vlan 20
SW03(config-vlan)#name NET_10.1.20.0

SW04(config)#vtp domain mylab
SW04(config)#vtp version 2
SW04(config)#vtp password cisco123
SW04(config)#vtp mode client

SW05(config)#vtp domain mylab
SW05(config)#vtp version 2
SW05(config)#vtp password cisco123
SW05(config)#vtp mode client
====================================================================
SW01#show vtp status
VTP Version capable            : 1 to 3
```

```
VTP version running             : 2
VTP Domain Name                 : mylab
VTP Pruning Mode                : Enabled
VTP Traps Generation            : Disabled
Device ID                       : aabb.cc00.0100
Configuration last modified by 0.0.0.0 at 6-1-17 00:06:25
Local updater ID is 0.0.0.0(no valid interface found)


Feature VLAN:
--------------

VTP Operating Mode               : Server
Maximum VLANs supported locally  : 1005
Number of existing VLANs         : 11
Configuration Revision           : 7
MD5 digest                       : 0x40 0xB1 0xF6 0x9C 0x55 0x21 0x93 0x7D
                                   0xBC 0x6E 0x68 0x83 0xB4 0xA4 0x38 0xCB


SW01#show vlan brief


VLAN  Name                Status        Ports
----  ----------------    ------------  -----------------------
1     default             active        Et0/0, Et0/1, Et0/2, Et0/3
                                        Et1/2, Et1/3, Et2/2, Et2/3
                                        Et3/0, Et3/1, Et3/2, Et3/3
10    NET_10.1.10.0       active
20    NET_10.1.20.0       active
30    NET_10.1.30.0       active
40    NET_10.1.40.0       active
50    NET_10.1.50.0       active
60    NET_10.1.60.0       active
1002  fddi-default        act/unsup
1003  trcrf-default       act/unsup
1004  fddinet-default     act/unsup
1005  trbrf-default       act/unsup


SW03#show vtp status
VTP Version capable              : 1 to 3
```

```
VTP version running          : 2
VTP Domain Name              : mylab
VTP Pruning Mode             : Disabled → 서버 모드에서만 변경 가능
VTP Traps Generation         : Disabled
Device ID                    : aabb.cc00.0300
Configuration last modified by 0.0.0.0 at 5-31-17 23:50:57


Feature VLAN:
--------------

VTP Operating Mode              : Transparent
Maximum VLANs supported locally : 1005
Number of existing VLANs        : 7
Configuration Revision          : 0
MD5 digest                      : 0x23 0x20 0xC5 0x4A 0x9A 0x67 0xAF 0xBE
                                  0xB2 0xF0 0xF3 0xE8 0x90 0x31 0xD9 0x40


SW03#show vlan brief

VLAN  Name              Status        Ports
----  ---------------   -----------   -------------------------
1     default           active        Et0/2, Et0/3, Et1/0, Et1/1
                                      Et1/2, Et2/0, Et2/1, Et2/2
                                      Et2/3, Et3/0, Et3/1, Et3/2
                                      Et3/3

10    NET_10.1.10.0     active
20    NET_10.1.20.0     active
1002  fddi-default      act/unsup
1003  trcrf-default     act/unsup
1004  fddinet-default   act/unsup
1005  trbrf-default     act/unsup

SW05#show vtp status
VTP Version capable     : 1 to 3
VTP version running     : 2
VTP Domain Name         : mylab
VTP Pruning Mode        : Enabled
VTP Traps Generation    : Disabled
```

```
Device ID                                  : aabb.cc00.0500
Configuration last modified by 0.0.0.0 at 6-1-17 00:06:25


Feature VLAN:
--------------

VTP Operating Mode                         : Client
Maximum VLANs supported locally : 1005
Number of existing VLANs                   : 11
Configuration Revision                     : 7
MD5 digest                                 : 0x40 0xB1 0xF6 0x9C 0x55 0x21 0x93 0x7D
                                             0xBC 0x6E 0x68 0x83 0xB4 0xA4 0x38 0xCB


SW05#show vlan brief

VLAN  Name              Status        Ports
----  ----------------  -----------   -------------------------
1     default           active        Et0/2, Et0/3, Et1/1, Et1/2
                                       Et1/3, Et2/0, Et2/1, Et2/2
                                       Et2/3, Et3/0, Et3/1, Et3/2
                                       Et3/3

10    NET_10.1.10.0     active
20    NET_10.1.20.0     active
30    NET_10.1.30.0     active
40    NET_10.1.40.0     active
50    NET_10.1.50.0     active
60    NET_10.1.60.0     active
1002  fddi-default      act/unsup
1003  trcrf-default     act/unsup
1004  fddinet-default   act/unsup
1005  trbrf-default     act/unsup
```

조건 2 문제 해설

사용자 포트에 관한 기본적인 VLAN 설정에 관한 문제다. 어렵지 않게 설정할 수 있을
것이다. 개별 스위치 포트를 설정할 수 있고, 여러 스위치 포트를 일괄 설정할 수 있다.

1) 개별 스위치 포트 설정을 위해 SW05의 E3/0과 E3/1을 액세스 모드로 지정하고, VLAN 10에 지정한다.

2) E3/2와 E3/3의 일괄 설정을 위해 interface range로 액세스 모드와 VLAN 20에 지정한다.

조건 2 권장 설정

```
SW05(config)#interface e3/0
SW05(config-if)#switchport mode access
SW05(config-if)#switchport access vlan 10
SW05(config)#interface e3/1
SW05(config-if)#switchport mode access
SW05(config-if)#switchport access vlan 10
SW05(config)#interface range e3/2-3
SW05(config-if-range)#switchport mode access
SW05(config-if-range)#switchport access vlan 20
=================================================================
SW05#show vlan brief

VLAN  Name              Status        Ports
----  --------------    ------------  ---------------------------
1     default           active        Et0/1, Et0/2, Et0/3, Et1/0
                                      Et1/1, Et1/2, Et1/3, Et2/0
                                      Et2/1, Et2/2, Et2/3
10    VLAN0010          active        Et3/0, Et3/1
20    VLAN0020          active        Et3/2, Et3/3
1000  VLAN1000          active
1002  fddi-default      act/unsup
1003  token-ring-default act/unsup
1004  fddinet-default   act/unsup
1005  trnet-default     act/unsup

=================================================================
PC11> ping 10.1.10.12
84 bytes from 10.1.10.12 icmp_seq=1 ttl=64 time=0.000 ms
84 bytes from 10.1.10.12 icmp_seq=2 ttl=64 time=1.000 ms
84 bytes from 10.1.10.12 icmp_seq=3 ttl=64 time=1.000 ms
84 bytes from 10.1.10.12 icmp_seq=4 ttl=64 time=1.000 ms
```

```
84 bytes from 10.1.10.12 icmp_seq=5 ttl=64 time=1.000 ms

PC21〉ping 10.1.20.12
84 bytes from 10.1.20.12 icmp_seq=1 ttl=64 time=20.002 ms
84 bytes from 10.1.20.12 icmp_seq=2 ttl=64 time=5.001 ms
84 bytes from 10.1.20.12 icmp_seq=3 ttl=64 time=1.000 ms
84 bytes from 10.1.20.12 icmp_seq=4 ttl=64 time=0.000 ms
84 bytes from 10.1.20.12 icmp_seq=5 ttl=64 time=2.000 ms
```

조건 3 문제 해설

트렁크 설정 문제다. 여기서 SW03 – SW05 간의 트렁크는 IEEE 표준 프로토콜의 트렁크로 구성돼야 한다. 이는 IEEE의 802.1Q 프로토콜로 설정돼야 한다는 것을 의미한다. 참고로 자격증 시험에서 802.1Q트렁크 관련 문제가 '4바이트 VLAN 태그를 사용하는 트렁크 프로토콜로 구성하라'는 형식으로 제시되곤 한다. 802.1Q 트렁크 이론 설명 부분의 그림을 살펴보면, 4바이트의 VLAN 태그 필드를 사용한다는 것을 알수 있다.

그리고 SW03은 DTP 협상에 의해 트렁크돼야 한다는 조건이 있다. 시스코 스위치는 기본적으로 DTP가 활성화돼 있으므로 SW03의 설정은 요구되지 않는다. 만약 SW03의 스위치 포트에 ISL로 기설정된 상태라면 'switchport mode dynamic desirable' 명령어를 입력하면 된다.

SW05는 트렁크 프로토콜을 802.1Q로 적용한 후, 스위치 포트 모드를 트렁크로 설정해야 한다.

이 조건대로 설정한 후, 트렁크 상태를 확인하면, SW03은 협상을 통해 트렁크 프로토콜이 적용됐다는 의미의 'n-802.1q'로 보여준다. 그리고 SW05는 수동 설정을 통해 적용됐으므로 '802.1q'로 확인된다는 것을 알 수 있다.

조건 3 권장 설정

```
SW05(config)#interface e0/0
SW05(config-if)#switchport trunk encapsulation dot1q
```

```
SW05(config-if)#switchport mode trunk
=====================================================================
SW03#show interfaces e1/3 trunk


Port            Mode            Encapsulation    Status       Native vlan
Et1/3           desirablen-     802.1q           trunking     1


Port            Vlans allowed on trunk
Et1/3           1-4094


Port            Vlans allowed and active in management domain
Et1/3           1


Port            Vlans in spanning tree forwarding state and not pruned
Et1/3           none


SW05#show interfaces e0/0 trunk


Port            Mode            Encapsulation    Status       Native vlan
Et0/0           on              802.1q           trunking     1


Port            Vlans allowed on trunk
Et0/0           1-4094


Port            Vlans allowed and active in management domain
Et0/0           1,10,20,1000


Port            Vlans in spanning tree forwarding state and not pruned
Et0/0           1,10,20,1000
```

조건 4 문제 해설

조건 3과 마찬가지로 트렁크 설정 문제다. 조건은 SW04 − SW05 간의 링크를 수동으로 802.1Q트렁크 설정이다. 그리고 해당 트렁크 링크에 VLAN 20의 트래픽만 허용해야 하므로 VLAN 20만 허용하도록 설정하면 된다.

1) SW04의 E1/3의 트렁크 프로토콜을 802.1Q로 지정하고, 스위치 포트 모드를 트렁크로 설정한다.

2) SW05의 E0/1의 트렁크 프로토콜을 802.1Q로 지정하고, 스위치 포트 모드를 트렁크로 설정한다.

3) SW04의 E1/3과 SW05의 E0/1에 VLAN 20을 허용한다.

조건 4 권장 설정

```
SW04(config)#interface e1/3
SW04(config-if)#switchport trunk encapsulation dot1q
SW04(config-if)#switchport mode trunk
SW04(config-if)#switchport trunk allowed vlan 20


SW05(config)#interface e0/1
SW05(config-if)#switchport trunk encapsulation dot1q
SW05(config-if)#switchport mode trunk
SW05(config-if)#switchport trunk allowed vlan 20
=================================================================
SW04#show interfaces e1/3 trunk


Port        Mode        Encapsulation    Status      Native vlan
Et1/3       on          802.1q           trunking    1


Port        Vlans allowed on trunk
Et1/3       20


Port        Vlans allowed and active in management domain
Et1/3       none


Port        Vlans in spanning tree forwarding state and not pruned
```

```
Et1/3          none

SW05#show interfaces e0/1 trunk

Port           Mode           Encapsulation     Status        Native vlan
Et0/1          on             802.1q            trunking      1


Port           Vlans allowed on trunk
Et0/1          20


Port           Vlans allowed and active in management domain
Et0/1          20


Port           Vlans in spanning tree forwarding state and not pruned
Et0/1          20
```

조건 5 문제 해설

스위치의 트렁크 링크는 라우터로도 연결할 수 있다. 이는 라우터 인터페이스도 트렁크로 동작할 수 있다. 라우터 인터페이스의 트렁크는 표준 트렁크 프로토콜인 802.1Q 트렁크만 지원한다. 물리적 인터페이스를 바탕으로, 개별적인 논리 하위 인터페이스를 생성해 특정 VLAN에 참여시키면 된다. 그리고 해당 하위 인터페이스에 IP 주소를 설정하면 된다.

한편, 여기서 VLAN 10의 트래픽에 관한 VLAN 태깅이 이뤄지지 않아야 하므로 해당 트렁크 링크에 관해 VLAN 10이 네이티브 VLAN으로 설정돼야 한다. 또한 라우터에 VLAN 10과 VLAN 20만 설정돼 있으므로 다른 VLAN의 트래픽은 전혀 허용되지 않는다. 그러므로 SW05의 트렁크에서만 VLAN 10과 VLAN 20만 허용시키면 된다.

1) SW05의 E1/0에 트렁크 프로토콜 802.1Q로 지정하고, 스위치 포트 모드를 트렁크로 설정한다.
2) SW05의 E1/0에 VLAN 10과 VLAN 20을 허용하는 설정을 한다.
3) RT01의 E0/0을 활성화한다.

4) RT01에서 VLAN 10을 위한 하위 인터페이스 E0/0.10을 생성한다.

5) RT01의 E0/0.10에 트렁크 프로토콜을 802.1Q로 적용하고, IP 주소를 설정한다.

6) RT01에서 VLAN 20을 위한 하위 인터페이스 E0/0.20을 생성한다.

7) RT01의 E0/0.20에 트렁크 프로토콜을 802.1Q로 적용하고, IP 주소를 설정한다.

조건 5 권장 설정

```
SW05(config)#interface e1/0
SW05(config-if)#switchport trunk encapsulation dot1q
SW05(config-if)#switchport mode trunk
SW05(config-if)#switchport trunk allowed vlan 10,20

RT02(config)#interface e0/0
RT02(config-if)#no shutdown
RT02(config)#interface e0/0.10
RT02(config-subif)#encapsulation dot1Q 10
RT02(config-subif)#ip address 10.1.10.254 255.255.255.0
RT02(config)#interface e0/0.20
RT02(config-subif)#encapsulation dot1Q 20
RT02(config-subif)#ip address 10.1.20.254 255.255.255.0
==================================================================
SW05#show interfaces e1/0 trunk


Port        Mode            Encapsulation   Status      Native vlan
Et1/0       on              802.1q          trunking    10


Port        Vlans allowed on trunk
Et1/0       10,20


Port        Vlans allowed and active in management domain
Et1/0       10,20


Port        Vlans in spanning tree forwarding state and not pruned
Et1/0       10,20
```

```
RT02#ping 10.1.10.11
Type escape sequence to abort.
Sending 5, 100-byte ICMP Echos to 10.1.10.11, timeout is 2 seconds:
!!!!!
Success rate is 100 percent(5/5), round-trip min/avg/max = 1/3/9 ms
RT02#ping 10.1.20.11
Type escape sequence to abort.
Sending 5, 100-byte ICMP Echos to 10.1.20.11, timeout is 2 seconds:
!!!!!
Success rate is 100 percent(5/5), round-trip min/avg/max = 2/4/6 ms
```

03

스패닝 트리 프로토콜

모든 네트워크 장비는 항상 서비스가 가능한 상태여야 한다. 그러나 실제 망에서 네트워크 장비의 물리적인 문제 또는 회선 문제로 인한 장애 상황에서 항상 자유로울 수는 없다. 그런 이유로 네트워크를 설계할 때 장비 이중화나 회선 이중화를 통해 예측할 수 없는 장애 상황에도 서비스가 지속적으로 이뤄지도록 한다. 이중화는 장애 상황에 대처할 수 있을 뿐만 아니라 이중화 장비 또는 회선을 통해서도 서비스를 제공할 수 있으므로 부하분산의 효과도 동시에 취할 수 있다.

그러나 2계층의 스위치 장비에서는 다른 네트워크 장비와 달리, 부하분산의 효과는 취할 수 없다. 그 이유는 2계층의 특수성 때문인데, 스위치의 이중화는 제한적으로 이뤄진다. 이 장에서는 스위치 이중화 상황에서 반드시 동작돼야 하는 스패닝 트리 프로토콜에 관해 알아본다.

3.1 스위치 이중화의 배경

네트워크 장비의 이중화는 지속적인 서비스를 위해 권장되고 있고, 대규모 네트워크에서 필수적인 요소로 받아들여진다. 그러나 스위치 이전의 브리지를 사용하던 시절에 브리지 이중화 과정에서 많은 문제가 발생했다. 이 절에서는 초기 브리지 네트워크에서의 이중화 과정에 어떤 문제가 발생하는지 알아본다.

기본적으로 브리지와 스위치는 각 프레임 헤더에 위치하는 L2 주소를 근거로 포워딩이 이뤄진다. 목적지 L2 주소와 해당 포트 정보를 테이블화해 메모리에 저장하고 프레임을 수신한 후, 목적지로 전달하기 위해 포워딩 테이블을 검색해 해당 포트로 포워딩한다.

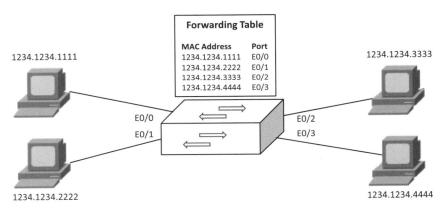

그림 3.1 브리지와 스위치는 포워딩 테이블을 근거로 프레임을 전달한다.

기본편에서 설명한 바와 같이 포워딩 테이블은 호스트로부터 수신되는 최초 프레임의 출발지 주소와 해당 프레임이 수신되는 포트 정보를 기록함으로써 구축된다. 이렇게 구축된 포워딩 테이블은 프레임을 전달할 때 목적지 주소와 포트 정보를 검색해 해당 목적지 호스트가 연결된 포트로만 프레임을 전달할 수 있게 한다.

그러나 포워딩 테이블은 일대일 통신을 의미하는 유니캐스트Unicast 통신에 사용된다. 네트워크상의 모든 호스트를 호출하기 위한 브로드캐스트 통신은 그 동작이 다르다. 마치 스위치가 포워딩 테이블에 존재하지 않는 목적지로 향하는 프레임을 수신할 때 모든 포트로 포워딩하는 것과 같이 브로드캐스트 프레임을 수신하면 수신 포트를 제외한 모든 포트로 포워딩한다.

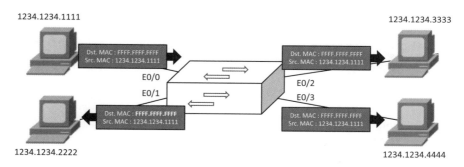

그림 3.2 브로드캐스트 프레임은 모든 포트로 포워딩된다.

스위치의 이중화 문제는 여기서 발생한다. 브로드캐스트를 수신하는 스위치는 수신 포트를 제외한 모든 포트로 브로드캐스트를 포워딩한다. 이는 포워딩 테이블과 무관하게 이뤄진다. 네트워크에 스위치가 1대만 존재하는 경우에는 그 어떤 문제도 발생하지 않는다. 그러나 그림 3.3과 같이 2대 이상의 스위치가 상호 연결돼 있는 형태로 이뤄진 경우 심각한 문제가 발생한다.

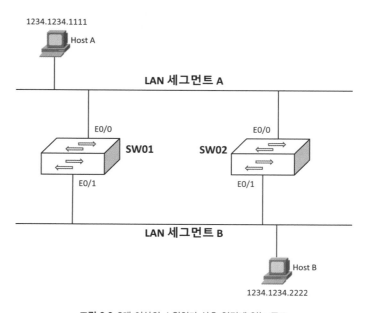

그림 3.3 2대 이상의 스위치가 상호 연결돼 있는 구조

위와 같은 형태는 LAN 세그먼트 A와 LAN 세그먼트 B 간의 연결성을 높이기 위해 쉽게 이중화를 구현하기 위한 구성이다. 현재로서는 아무런 문제가 없어 보인다. 각 스위치는 자신의 포워딩 테이블을 근거로 프레임을 처리할 것이다. 다만, 호스트 A가 호스트 B로 프레임을 송신하는 경우, SW01과 SW02 모두 프레임을 전달하므로 호스트 B가 중복된 프레임을 수신하는 문제만 발생한다. 이 경우 호스트 B에는 중복 프레임으로 인한 속도 및 성능 저하 등의 문제가 발생할 수 있지만, 이는 특정 호스트에 해당하는 문제이므로 네트워크 전체에 영향을 주는 심각한 문제는 아닐 것이다(그림 3.4).

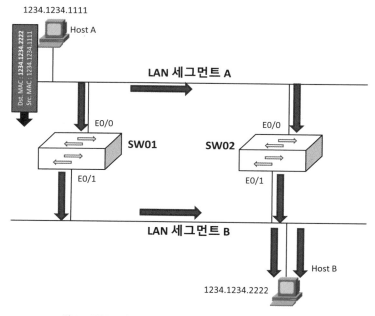

그림 3.4 중복 프레임의 문제는 네트워크 전체에 영향을 주지 않는다.

그러나 만약 호스트 A가 브로드캐스트를 발생시킨다면, 얘기는 달라진다. 호스트 A가 브로드캐스트를 발생시키면 SW01과 SW02는 각각 포트 E0/0을 통해 이를 수신한다. 브로드캐스트를 수신한 각 스위치는 이를 수신하는 포트인 E0/0을 제외한 모든 포트로 브로드캐스트를 송출한다.

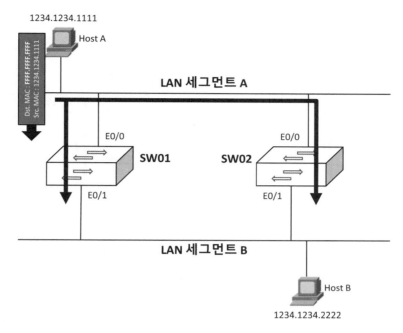

그림 3.5 브로드캐스트를 수신하면 수신 포트를 제외한 모든 포트로 포워딩한다.

그림에서는 LAN 세그먼트 A로부터 수신되는 브로드캐스트를 LAN 세그먼트 B로 송출한다. 이렇게 LAN 세그먼트 B로 송출된 브로드캐스트는 호스트 B로도 전달되지만, 세그먼트에 같이 연결된 상대 스위치로도 전달된다. LAN 세그먼트 B로부터 브로드캐스트를 수신한 각 스위치는 동일한 브로드캐스트 프레임과 마찬가지로 이를 수신한 포트를 제외한 나머지 모든 포트로 포워딩한다. 그러므로 SW01의 E0/1로 송출된 브로드캐스트는 SW02의 E0/1로 전달된다. 마찬가지로 SW02의 E0/1로 송출된 브로드캐스트는 SW01의 E0/1로 전달된다(그림 3.6).

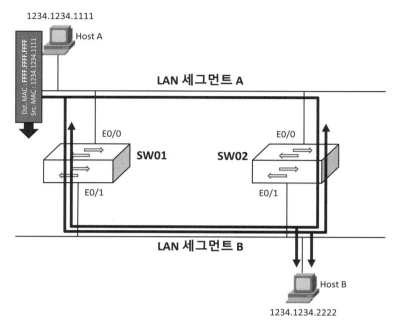

1234.1234.1111

Host A

Dst. MAC : FFFF.FFFF.FFFF
Src. MAC : 1234.1234.1111

LAN 세그먼트 A

E0/0   E0/0

SW01   SW02

E0/1   E0/1

LAN 세그먼트 B

Host B

1234.1234.2222

그림 3.6 LAN 세그먼트 B로 전달된 브로드캐스트는 LAN 세그먼트 A로 다시 보내진다.

마찬가지로 LAN 세그먼트 A로 유입된 브로드캐스트는 세그먼트를 따라 상대 스위치로 다시 전달되고, 이는 수신되는 포트 E0/0을 제외한 나머지 모든 포트로 포워딩된다. 여기서 알 수 있듯이, 브로드캐스트는 그 특성상 무한으로 각 세그먼트를 반복해 계속 전달된다. 결국은 브로드캐스트 트래픽이 계속 순회함으로써 결국 모든 대역폭Bandwidth을 점유하고 모든 서비스가 불가능한 상태에 들어간다. 이를 브로드캐스트가 폭풍처럼 몰려든다는 의미로 브로드캐스트 스톰Broadcast Storm이라 하고, 포괄적으로 브리징 루프라고 한다(그림 3.7).

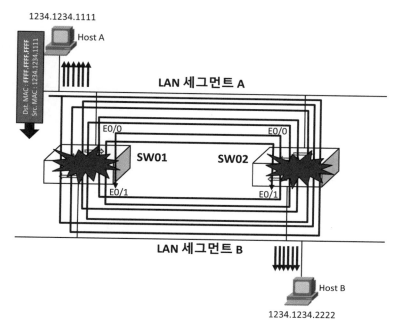

1234.1234.1111

Host A

Dst. MAC : FFFF.FFFF.FFFF
Src. MAC : 1234.1234.1111

LAN 세그먼트 A

E0/0   E0/0

SW01   SW02

E0/1   E0/1

LAN 세그먼트 B

Host B

1234.1234.2222

그림 3.7 브로드캐스트 스톰 또는 브리징 루프

이와 같은 현상은 스위치가 가용 상태에 있는 한 멈추지 않고 계속된다. 그럼 어떻게 이와 같은 현상을 멈추게 할 수 있을까? 그 답은 단순하게 하나의 스위치를 네트워크에서 제거하거나 세그먼트에 연결된 하나의 링크를 제거하면, 브로드캐스트를 중단시킬 수 있다(그림 3.8).

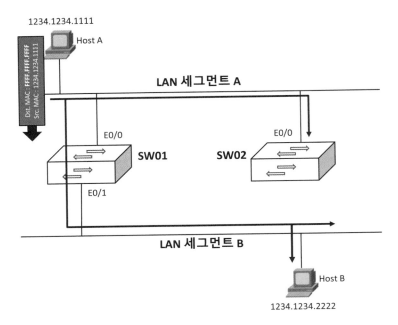

1234.1234.1111

Host A

Dst. MAC : FFFF.FFFF.FFFF
Src. MAC : 1234.1234.1111

LAN 세그먼트 A

E0/0

E0/0

SW01

SW02

E0/1

LAN 세그먼트 B

Host B

1234.1234.2222

그림 3.8 브리징 루프는 하나의 스위치나 링크를 제거하면 멈추게 할 수 있다.

이와 같이 LAN 세그먼트에 단 하나의 링크만 존재한다면, 브로드캐스트 스톰을 방지할 수 있다. 그러면 위의 그림과 같이 항상 예비 링크를 제거한 상태로 둬야 하는가? SW01에 문제가 발생하거나 주링크에 문제가 발생했을 경우에 예비 링크를 손수 연결해야 하는 번거로움을 감당해야 하는 것인가?

스패닝 트리 프로토은 이런 번거로움을 없애고, 자동으로 예비 링크를 활성화시키기 위해 제공됐다. 스패닝 트리 프로토콜은 다음 절에서 알아본다.

3.2 스패닝 트리 프로토콜의 이해

스위치 네트워크 이중화를 위해 반드시 요구되는 것이 스패닝 트리 프로토콜이다. 스패닝 트리 프로토콜은 LAN 세그먼트에 단 하나의 링크만 활성화함으로써 브로드캐스트 트래픽이 지속적으로 순환하는 것을 방지해준다. 스패닝 트리 프로토콜은 IEEE의 802.1D로 정의돼 있는데, 이 절에서는 스패닝 트리의 의미와 그 동작을 알아본다.

스패닝 트리 프로토콜은 그 용어 자체부터 이해하기가 어렵다. 도대체 스패닝 트리Spanning Tree의 의미가 무엇인가? 이를 이해하기 위해 우선적으로 트리Tree의 개념부터 이해하자.

네트워크에서는 OSPF의 SPF 트리Shortest Path First Tree, 멀티캐스트 분배 트리Multicast Distribution Tree 등 트리라는 용어가 자주 사용된다. 왜 네트워크에서 나무를 의미하는 트리가 자주 언급될까?

우리 네트워크를 그림으로 표현해보자. 스위치 네트워크이든, 라우터 네트워크이든 네트워크는 네트워크 장비가 거미줄처럼 얽혀 있는 형태로 연결돼 있다(그림 3.9). 이런 형태의 네트워크는 특정 출발지부터 목적지까지의 최선의 경로는 물론, 예비 경로Secondary Path까지 모두 나타낸다.

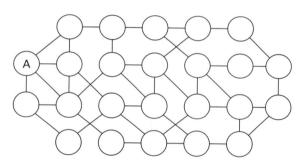

그림 3.9 네트워크는 거미줄처럼 장비 상호간에 얽혀 있다.

이와 같은 형태의 네트워크를 특정 지점을 기준으로 해 다른 모든 장비로 향하는 경로에서 예비 경로를 제거해 최선의 경로Best Path만을 표현해보자. 그림에서 A를 기준점으로 해 다른 지점까지 도달하는 최선의 경로를 제외한 나머지 경로를 제거하면 그림 3.10과 같이 나타난다.

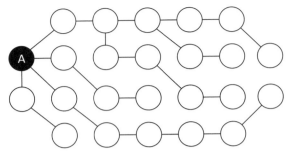

그림 3.10 최선의 경로만 남기고 모두 제거한다.

이와 같이 특정 지점으로부터 각 지점까지 도달하기 위한 최선의 경로만 남기면 트래픽이 순환Loop되는 문제가 발생하지 않는다. 위의 그림은 A 지점의 기준에서 표현한 그림이다. 물론 다른 지점을 기준으로 할 경우 그 형태는 달라질 것이다. 그러므로 A 지점을 기준으로 표현했기 때문에 A 지점부터 차례로 정렬하면 그림 3.11과 같은 형태로 보인다. 그림에서 확인할 수 있듯이, A를 뿌리Root로 하는 하나의 나무 형태로 보인다.

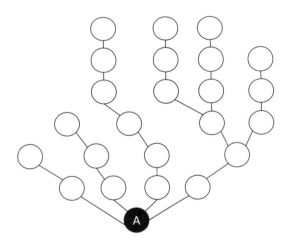

그림 3.11 A를 뿌리로 하는 나무 형태로 표현된다.

이와 같이 네트워크에서 특정 지점으로부터 모든 목적지까지의 최선의 경로만을 표현하면 특정 지점을 뿌리로 하는 나무 형태의 모습으로 보인다. 여기서 트리라는 개념이 탄생된 것이다. 다시 말하면, 네트워크에서 트리로 표현되는 모든 개념은 예비 경로를 제거하고 최선의 경로만을 표현한 것이라 이해하면 된다. 스패닝 트리도 이와 마찬가지다. 스패닝의 의미는 어떤 지점과 지점에 걸쳐 연결되는 것이라는 의미로, 스위치와 스위치에 걸쳐 연결한다는 의미다. 여기에 트리 개념을 도입시켜, 스패닝 트리를 스위치와 스위치 간에 단 하나의 최선의 경로를 통해 연결한다는 의미로 이해하면 된다.

우리는 앞 절을 통해 브로드캐스트 스톰과 같은 브리징 루프가 발생하는 환경에 관해 알아봤다. 브리징 루프를 방지하려면, 각 LAN 세그먼트에 단 하나의 링크만 연결돼 있으면 된다는 것을 알았다. 여기서 세그먼트에 연결되는 단 하나의 링크가 바로 최선의 경로를 의미한다.

스패닝 트리 프로토콜은 스위치 네트워크에 브리징 루프가 발생하는 것을 방지하기 위해 각 LAN 세그먼트에 단 하나의 링크만 사용함으로써 나무 형태의 네트워크를 구성하게 하는 프로토콜이다. 그러므로 스위치 네트워크상의 모든 스위치는 나무의 출발지점인 뿌리 역할을 수행할 스위치를 선출한다. 이를 루트 브리지^{Root Bridge} 또는 루트 스위치^{Root Switch}라고 하는데, 일단 루트가 선출되면 각 스위치에서 최선의 경로를 제외한 나머지 경로를 제거해 나무 형태의 네트워크를 형성한다.

그림 3.12는 스위치 네트워크의 예를 보여준다. 모든 스위치는 이중화 구성을 위해 여러 개의 링크로 연결돼 있다.

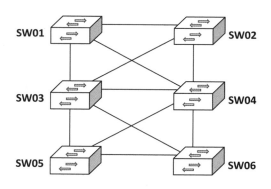

그림 3.12 스위치 네트워크의 예

만약 이 네트워크에서 SW01이 루트 스위치로 선출됐다고 가정해보자. SW01에 연결된 SW02와 SW03, SW04는 루트 스위치로 향하는 경로 중에서 최선의 경로를 선택한다. 만약 이들 스위치가 루트 스위치인 SW01과 직접 연결된 링크를 최선의 경로로 선택한다면, 나머지 링크를 제거한다. 그리고 SW05와 SW06도 루트 스위치로 향하는 최선의 경로를 선택하고 나머지 링크를 제거한다. 그림 3.13은 루트 스위치로의 최선의 경로를 제외한 나머지 링크가 제거된 네트워크를 보여준다.

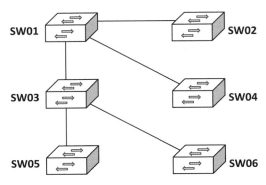

그림 3.13 루트 스위치로 향하는 최선의 경로를 제외한 나머지 링크는 제거된다.

이와 같이 최선의 경로를 제외한 나머지 경로를 제거하면 나무 형태의 네트워크로 표현되고, 이로써 브리징 루프와 같은 트래픽 무한 순환으로 인한 문제로부터 자유로워진다. 앞의 그림과 같이 스패닝 트리 프로토콜은 스위치 네트워크를 순환 형태의 네트워크로부터 나무 형태의 네트워크로 만들기 위해 루트 스위치를 선출하고, 루트 스위치로 향하는 최선의 경로를 선택하기 위한 메커니즘 등을 정의한 프로토콜이다.

이제 스패닝 트리 프로토콜이 무엇이고, 무엇을 위한 것인지 이해했을 것이다. 다음 절에서는 스패닝 트리 프로토콜의 실제 동작에 관해 알아본다.

3.3 스패닝 트리 프로토콜의 동작

스패닝 트리 프로토콜은 이중화 구성으로 인해 순환 구조로 된 네트워크를 나무 형태의 구조로 동작하게 해 브리징 루프의 발생을 방지하기 위한 것이다. 또한 이중화는 그대로 지원해야 하므로 주링크에 문제가 발생할 경우, 예비 링크를 통해 서비스를 지속시키는 역할을 수행한다.

앞 절의 이중화로 구성된 스위치 네트워크에서 최선의 경로만 남겨두고 나머지 차선의 경로는 모두 제거했다. 이와 같은 동작은 운용자에 의해 수동으로 이뤄지는 것이 아니라 스패닝 트리 프로토콜에 의해 자동으로 이뤄진다. 이 절에서 스패닝 트리 프로토콜의 실제 동작에 관해 자세히 알아본다.

3.3.1 BPDU

스위치 네트워크는 항상 나무와 같은 형태를 유지해야 브리징 루프의 문제를 방지할 수 있다. 순환 구조의 네트워크를 관리자에 의해 손수 나무 형태로 바꿔 사용하기란 여간 힘들지 않을 수 없다. 그러므로 이런 동작이 스위치 간의 대화로 자동으로 이뤄져야 한다. 이런 스위치 간의 대화를 위해 사용되는 것이 BPDU^{Bridge Protocol Data Unit}이다.

이 절은 스위치 간의 스패닝 트리를 위한 대화에 필수적인 BPDU가 무엇인지 알아보고, 이를 통해 스패닝 트리의 기술적인 동작을 이해하는 기본 지식을 학습한다.

BPDU는 스패닝 트리 프로토콜의 동작을 위해 요구되는 메시지인데, 브리지 또는 스위치 간에 사용하는 STP 정보를 포함하는 하나의 통신 프로토콜 매개체라 할 수 있다. 스위치 간의 프로토콜 정보란, 로컬 장비의 이름과 스위치 네트워크의 뿌리 역할을 하는 스위치가 누구인지, 그리고 그 스위치까지 도달하는 데 요구되는 비용은 얼마인지 등 많은 정보를 포함한다. 또한 BPDU는 인접한 스위치 간에 주고받는 헬로 메시지^{Hello Message}로도 사용된다. 헬로 메시지란, 인접한 스위치와 지속적으로 특정 프레임을 교환함으로써 상호간 네트워크에 존재하는지 확인하기 위한 것이다. 이는 우리 일상생활에서 안부 전화와 같은 개념으로 보면 쉽게 이해할 수 있을 것이다.

비록 BPDU가 스위치 간의 헬로 메시지로서 사용된다고 하더라도 이는 네트워크에 아무런 변화가 없는 경우에만 한정된다. 만약 네트워크에 변화가 감지되면 BPDU를 통해 새로운 네트워크 정보를 획득하는 용도로 사용된다. 이런 이유로 BPDU는 크게 두 가지로 분류할 수 있다.

- Configuration BPDU설정 BPDU

- TCN BPDU Topology Change Notification BPDU: 토폴로지 변경 통보 BPDU

BPDU	Configuration BPDU (설정 BPDU)	STP 네트워크 형성 헬로 메시지 역할
	TC BPDU (토폴로지 변경 BPDU)	TCN BPDU(토폴로지 변경 통보 BPDU)
		TCA BPDU(Topology Change Acknowledgement BPDU: 토폴로지 변경 확인 BPDU)

설정 BPDU는 일반적인 BPDU인데, 보통 STP에서 BPDU라고 말하면 설정 BPDU를 의미한다. 설정 BPDU는 L2 네트워크상에서 STP가 동작하는 데 필요한 정보를 전달함으로써 다른 스위치들이 STP를 설정할 수 있게 한다는 의미에서 붙여진 이름이다. 설정 BPDU를 바탕으로 각 스위치는 루트 스위치를 선정하고, STP에 참여하는 각 인터페이스, 즉 포트에 관한 동작 등을 정의할 수 있다. 또한 설정 BPDU는 매 2초마다 주기적으로 보내지므로 STP 동작에서 헬로 메시지 역할을 수행한다.

설정 BPDU는 루트 스위치에 의해 생성되고 보내지는데, 이를 수신한 일반 스위치는 이를 다른 스위치로 전달해야 하는 의무를 가진다. 다시 말해서 루트 스위치를 제외한 나머지 모든 일반 스위치는 설정 BPDU를 생성하지 않고, 단지 루트 스위치가 보낸 BPDU를 전달하는 역할만 수행한다(그림 3.14).

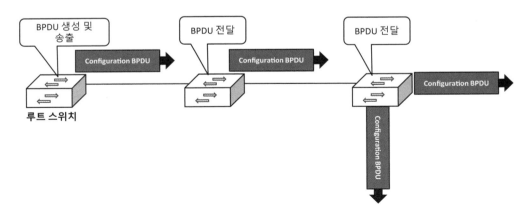

그림 3.14 BPDU는 루트 스위치에 의해 생성 및 전달된다. 일반 스위치는 전달 역할을 수행한다.

한편, TCN BPDU는 토폴로지 변경을 알리는 데 사용되는데, TCN BPDU를 수신한 스위치가 해당 BPDU의 수신 확인을 위해 사용하는 BPDU를 TCA BPDU^{Topology Change Acknowledgement BPDU}라고 한다. TCN BPDU는 토폴로지 변경을 통보하기 위한 BPDU이므로 모든 스위치가 송출할 수 있다(그림 3.15).

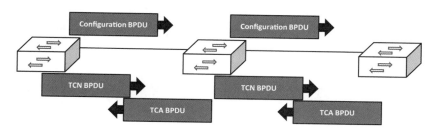

그림 3.15 TCN BPDU는 STP 토폴로지 변경 통보를 위해 모든 스위치에 의해 생성 및 전달된다.

이 두 가지 BPDU를 인접한 스위치와 교환함으로써 스패닝 트리 프로토콜이 동작한다. 그럼 BPDU에는 어떤 정보가 포함됐는지를 간략하게 살펴봄으로써 그 동작을 유추해보자.

그림 3.16은 BPDU의 프레임 형태를 보여준다.

Protocol Identifier (2bytes)	Version (1byte)	Message Type (1byte)	Flags (1byte)	Root ID (8bytes)	Root Path Cost (4bytes)	Bridge ID (8bytes)	Port ID (2bytes)	Message Age (2bytes)	Maximum Age (2bytes)	Hello Time (2bytes)	Forward Delay (2bytes)

그림 3.16 BPDU 프레임 형태

BPDU의 프레임 형태를 암기할 필요는 없다. 우리의 목적은 BPDU의 이해를 통해 스패닝 트리 프로토콜의 동작을 개략적으로 이해하기 위함이기 때문이다.

BPDU의 각 필드에 많은 정보가 포함돼 있다는 것을 알 수 있다. 프로토콜 구별자^{Protocol Identifier}, 버전 정보^{Version}, 그리고 메시지 타입^{Message Type} 등을 볼 수 있다. 이들 필드는 기본적으로 0으로 표현된다.

BPDU의 종류는 플래그^{Flags} 필드를 통해 구분되는데, 1바이트, 즉 8비트 중에는 토폴로지 변화를 나타내는 TC^{Topology Change} 비트가 존재하고, 토폴로지 변화 통보를 수신 확인하는 TCA^{Topology Change Acknowledge} 비트가 존재한다. 즉, 플래그 필드의 TC 비트가 설정됐다면, 해당 BPDU는 토폴로지 변화 통보를 위한 TCN BPDU가 된다. 또한 플래그 필드의 TCA 비트, 즉 토폴로지 변화 수신 확인 비트인 TCA 비트가 설정됐다면, 해당 BPDU는 TCA BPDU가 된다(그림 3.17).

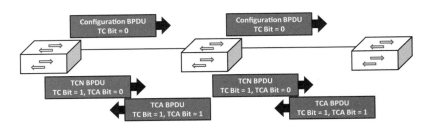

그림 3.17 BPDU의 플래그 필드의 TC 비트 설정에 의해 BPDU가 구분된다.

루트 ID^{Root ID} 필드를 통해 현재의 루트 스위치가 누구인지를 알리고, 루트 경로 비용^{Root Path Cost} 필드를 통해 루트 스위치까지 도달하는 데 요구되는 비용을 표시한다. 그리고 브리지 ID^{Bridge ID} 필드를 통해 자신이 누구인지 알리는데, 만약 루트 ID와 브리지 ID가 동일하다면, 이는 자신이 루트 스위치라고 알리는 것이다. 참고로 브리지 ID는 MAC 주소를 사용한다(그림 3.18).

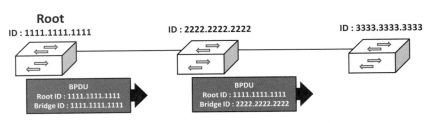

그림 3.18 BPDU는 루트 ID와 자신의 브리지 ID를 포함한다.

마지막으로 포트 ID 필드는 자신의 어떤 포트를 통해 전달되는 BPDU인지 알린다.

이들 각 BPDU 필드의 정보를 통해 각 스위치는 인접한 스위치와 스패닝 트리를 위한 대화를 수행하고, 네트워크의 중심이 되는 루트 스위치를 선출한다. 다음 절에서는 BPDU를 이용해 어떻게 루트 스위치를 선출해 토폴로지가 관리되는지 살펴본다.

3.3.2 브리지 ID

우리가 일상생활을 하면서 가장 많이 사용하는 것이 자신의 이름일 것이다. 우리 이름은 우리가 세상에 태어나면서 우리 자신을 지칭하기 위한 수단으로 존재한다. 이 이름은 남들로부터 우리 자신을 구별할 수 있는 식별자로 사용된다.

이렇듯 네트워크상의 모든 장비는 자신만의 고유한 이름을 가진다. 각 라우팅 프로토콜마다 각 장비를 나타내는 이름이 존재하는데, 이를 라우터 ID$^{Router\ ID}$라고 한다. 스위치 또는 브리지로 이뤄진 L2 네트워크에서도 각 스위치/브리지를 식별하기 위한 이름이 존재하는데, 이를 브리지 ID$^{Bridge\ ID}$라고 한다.

라우팅 프로토콜을 학습한 독자가 있다면, OSPF나 BGP 등에서 사용하는 라우터 ID를 기억할 것이다. 라우터 ID는 OSPF나 BGP 도메인에서 라우터의 식별자로서 존재한다. 그러므로 식별자^{identifier}로서의 라우터 ID는 해당 도메인 내에서 유일무이해야 한다. 우리의 이름이 다른 누군가와 중복된다면, 다른 이와 혼동될 것이다. 그나마 사람은 지능이 있기 때문에 다른 방법으로 중복된 이름을 확인할 수 있다. 그러나 시스템은 그러하지 못하다. 그러므로 일반적인 이름으로 도메인 내에서 유일무이한 ID를 사용하기란 경우에 따라 매우 어려울 수 있다. 이런 이유로 시스템 네트워크에서 ID는 해당 시스템의 주소 정보를 사용한다. L3 라우팅 프로토콜에서 IP 주소가 라우터 ID로 사용되는 것과 같은 이유다.

기본적으로 브리지 ID는 L2 주소 정보, 즉 MAC 주소를 기본으로 한다. 브리지 ID를 자세히 살펴보면 MAC 주소 외에 2바이트의 선호도 정보가 사용된다. 그림 3.19는 브리지 ID의 형태를 보여준다.

브리지 ID

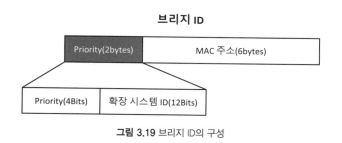

그림 3.19 브리지 ID의 구성

그림에서 확인할 수 있듯이, 2바이트(16비트)의 선호도 필드는 4비트의 선호도 필드와 12비트의 확장 시스템 ID 필드로 구분된다. 브리지 ID의 형태는 그리 복잡해 보이지는 않는다. 그러나 선호도 필드가 2개의 하위 필드로 다시 나눠지기 때문에 선호도를 설정할 때 조금 혼동이 올 수 있다.

브리지 선호도는 총 2바이트, 즉 16비트로 표현되므로 그 값의 범위는 0 ~ 65535로 사용될 수 있다. 16비트의 선호도 필드는 세부적으로 선호도 하위 필드^{Priority Sub-field}와 시스템 ID 확장 하위 필드^{System ID Extension Sub-field}로 나눠진다.

확장 시스템 ID 하위 필드는 해당 브리지가 참여하는 VLAN 정보를 표현한다. 그러므로 확장 시스템 ID 필드의 범위는 가장 기본적인 VLAN인 VLAN 1부터 12비트로 표현할 수 있는 가장 큰 값인 4095까지로 나타난다. 그림 3.20은 확장 시스템 ID의 범위를 설명한다.

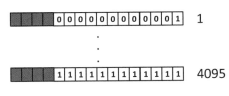

그림 3.20 확장 시스템 ID의 범위

모든 12비트의 정보가 0이라면 십진수 정보도 0이지만, VLAN 번호의 최솟값이 1이므로 0은 존재하지 않는다. 그러므로 시스템 ID 확장 필드의 범위는 1 ~ 4095로 나타난다. 시스템 ID 확장 필드의 값은 스위치가 속하는 VLAN에 따라 자동 설정되므로 관리자가 변경할 수 없다.

이제 선호도로 사용되는 첫 번째 4비트를 알아보자. 선호도 필드는 관리자가 특정 스위치를 루트 스위치로 만들기 위해 사용될 수 있다. 실제 우리가 설정하는 선호도 값을 의미하는 것이 바로 이것이다. 선호도는 최상위 4비트 정보를 사용한다. 그러므로 그림 3.21에서 확인할 수 있듯이, 선호도 값은 0부터 61440까지 가능하다.

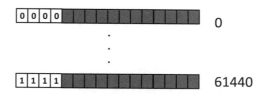

그림 3.21 선호도 범위

만약 선호도 값의 범위가 이해되지 않으면 그림 3.22를 살펴보자. 선호도는 16비트 중 최상위 4비트를 사용한다. 그러므로 최상위 4비트의 십진수 값은 그림과 같이 나타난다.

32768	16384	8192	4096	2048	1024	512	256	128	64	32	16	8	4	2	1

그림 3.22 선호도 값의 십진수 표현

브리지 선호도 필드에서 관리자가 설정할 수 있는 비트는 첫 번째 4비트인 선호도 비트다. 이런 이유로 선호도의 변경은 4096의 배수로 설정 가능하다. 아래 확장 시스템 ID 비트가 모두 0이라는 가정하에 첫 번째 4비트의 증가값만 살펴보자.

그림 3.23에서 보듯이, 첫 번째 4비트가 모두 0이면 십진수도 0이다. 첫 번째 4비트가 0001이라면 십진수는 4096이다. 그 이유는 네 번째 비트의 자리가 십진수로 4096이기 때문이다. 네 번째 비트가 하나씩 증가한다는 의미는 십진수로 4096만큼 증가하는 것이기 때문이다.

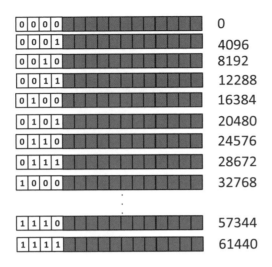

					0
					4096
					8192
					12288
					16384
					20480
					24576
					28672
					32768
					57344
					61440

그림 3.23 설정 가능한 선호도 값

그러므로 선호도는 0, 4096, 8192, 12288, 16384... 32868 ... 61440 등으로 설정돼야 한다(설정 3.1). 선호도 0은 해당 스위치를 루트 스위치가 될 수 있게 하기 위한 값이다. 그러나 해당 스위치의 선호도가 0이라 하더라도 반드시 루트 스위치가 된다는 보장은 할 수 없는데, 그 이유는 MAC 주소 때문이다. 이는 나중에 알아본다.

설정 3.1 선호도 값은 4096 단위로 증가한다.

```
Switch(config)# spanning-tree vlan 1 priority ?
<0-61440>bridge priority in increments of 4096
```

선호도의 기본값은 32768이다. 이는 선호도 4비트 중 첫 번째 비트만 사용함으로써 표현된다(그림 3.24).

 32768

그림 3.24 기본 선호도 값은 첫 번째 비트로 표현된다.

선호도 필드의 총 16비트는 선호도 비트와 확장 시스템 ID 비트로 이뤄진다고 했다. 그러므로 선호도 필드의 값은 설정된 선호도 값에 확장 시스템 ID 값을 더한 것으로 표현된다. 그 예로 기본 선호도 값을 살펴보면 32769가 확인된다(설정 3.2).

설정 3.2 선호도의 기본값은 32768에 VLAN ID를 더한 값이다.

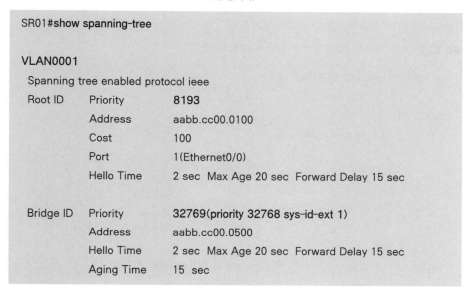

```
SR01#show spanning-tree


VLAN0001
  Spanning tree enabled protocol ieee
  Root ID    Priority      8193
             Address       aabb.cc00.0100
             Cost          100
             Port          1(Ethernet0/0)
             Hello Time    2 sec  Max Age 20 sec  Forward Delay 15 sec


  Bridge ID  Priority      32769(priority 32768 sys-id-ext 1)
             Address       aabb.cc00.0500
             Hello Time    2 sec  Max Age 20 sec  Forward Delay 15 sec
             Aging Time    15  sec
```

이는 기본 선호도 값인 32768에 VLAN 1에 해당하는 확장 시스템 ID 값인 1을 더해 32769가 되는 것이다. 그림 3.25는 기본 선호도 필드의 16비트 이진수를 보여준다.

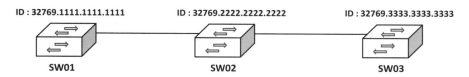

$$1\;0\;0\;0\;0\;0\;0\;0\;0\;0\;0\;0\;0\;0\;0\;1 \qquad 32768 + 1 = 32769$$

그림 3.25 VLAN에 관한 선호도 값은 설정 선호도 값에 VLAN ID를 더한 값이다.

브리지 ID는 선호도 필드의 값에 MAC 주소를 추가한 형태로 제공된다. 그러므로 그림 3.26과 같이 기본적인 브리지 ID는 32769.MAC 주소 형태로 제공된다.

ID : 32769.1111.1111.1111   ID : 32769.2222.2222.2222   ID : 32769.3333.3333.3333

SW01   SW02   SW03

그림 3.26 브리지 ID는 선호도와 MAC 주소를 함께 사용한다.

한편, 만약 VLAN 100에 관한 기본 선호도 필드의 값은 선호도의 기본값인 32768에 VLAN 100에 관한 확장 시스템 ID 값을 더해 32768 + 100 = 32868이 될 것이다(설정 3.3).

설정 3.3 VLAN 100의 기본 선호도 값은 32768 + 100으로 328680이다.

```
SW01#show spanning-tree vlan 100


VLAN0100
  Spanning tree enabled protocol ieee
  Root ID    Priority      32868
             Address       aabb.cc00.0100
             Cost          100
             Port          1(Ethernet0/0)
             Hello Time    2 sec  Max Age 20 sec  Forward Delay 15 sec


  Bridge ID  Priority      32868(priority 32768 sys-id-ext 100)
             Address       aabb.cc00.0500
             Hello Time    2 sec  Max Age 20 sec  Forward Delay 15 sec
             Aging Time    300 sec
  - 생략 -
```

지금까지 L2 네트워크에서 스위치/브리지의 유일무이한 이름으로 사용되는 브리지 ID에 관해 알아봤다. 다음 절을 통해 브리지 ID를 이용한 루트 스위치 선출 과정과 그 설정법을 알아본다.

3.3.3 루트 브리지/스위치

스위치 네트워크에서 순환 구조를 하는 네트워크는 항상 브리징 루프의 위험을 내재하고 있다. 그러므로 순환 구조 토폴로지를 나무 구조 토폴로지로의 변경을 통해 브리징 루프를 방지하기 위해 반드시 필요한 것이 루트 스위치^{Root Switch}다. 나무에서 가장 중요한 것이 뿌리이듯, 스패닝 트리에서도 가장 중요한 것이 루트 브리지다.

루트 스위치는 L2 네트워크의 중심 역할을 수행하는데, 이는 L2 네트워크 내의 관문 역할을 수행한다. 다시 말해, 모든 스위치는 루트 스위치로 도달하는 단 하나의 경로만을 선택하고 나머지 경로는 사용하지 않는다. 즉, 루트 스위치를 뿌리로 하는 나무 형태의 네트워크를 구성한다.

스패닝 트리의 루트 스위치는 로컬 L2 네트워크 전체에 관한 중심으로 존재하므로 루트로 향하는 경로상에 위치하는 스위치를 제외한 나머지 모든 스위치로 향하는 트래픽은 반드시 루트 스위치를 경유하게 된다. 그러므로 L2 네트워크상에서 중심 역할을 수행하는 스위치가 루트 스위치의 역할을 수행해야 한다는 점을 명심하길 바란다.

루트 스위치의 선출은 각 스위치가 광고하는 BPDU를 통해 이뤄진다.

네트워크상의 모든 스위치는 최초의 상태에서 자기 자신이 루트 스위치라고 전제하고 BPDU를 모든 인터페이스로 송출한다. 그러므로 최초 상태에서 각 스위치는 자신의 BPDU를 다른 스위치로 보냄과 동시에, 다른 스위치로부터의 BPDU도 수신한다 (그림 3.27).

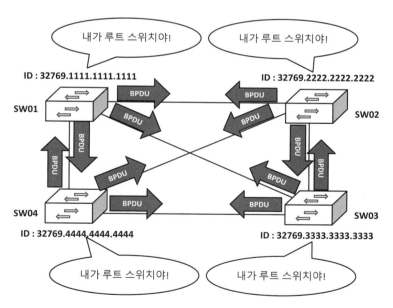

그림 3.27 STP 최초 상태에서 모든 스위치가 BPDU를 송출한다.

기본적으로 루트 스위치는 BPDU를 송출하는 스위치의 브리지 ID로 결정된다. 앞 절에서 학습한 BPDU의 각 필드를 기억할 것이다. 브리지 ID 필드는 BPDU를 송출하는 스위치의 ID를 알리는 데 사용된다. 기본적으로 브리지 ID가 가장 낮은 스위치가 루트 스위치가 된다(그림 3.28).

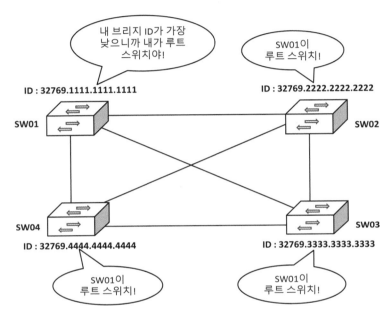

그림 3.28 브리지 ID가 가장 낮은 스위치가 루트 스위치가 된다.

그렇다면, 관리자가 원하는 스위치를 루트 스위치로 선출할 수는 없는가? 당연히 관리자가 원하는 스위치를 루트 스위치로 만들 수 있다.

앞 절의 BPDU 필드 그림을 자세히 살펴보면, 루트 브리지 ID와 브리지 ID 필드가 총 8바이트로 돼 있다는 것을 확인할 수 있다. 그런데 브리지 ID로 사용되는 MAC 주소는 총 6바이트로 이뤄져 있다. 나머지 2바이트는 선호도 필드로 이뤄진다고 했다.

앞 절의 내용을 다시 언급하면, 브리지 ID에서 사용하는 선호도와 MAC 주소를 동시에 표현함으로써 이뤄진다. 2바이트의 선호도와 8바이트는 6바이트의 MAC 주소로 이뤄져 있다. 2바이트의 선호도는 십진수로 0부터 최대 65535로 표현된다. 그러므로 기본 선호도 값은 32768에 해당 VLAN의 확장 시스템 ID를 더한 값으로 표현되므로 기본 VLAN인 VLAN 1에 관한 기본 선호도 값은 32769가 된다고 했다. 그러므로 그림 3.29에서 루트 스위치로 선출된 SW01의 브리지 ID는 32769.1111.1111.1111로 표현된다.

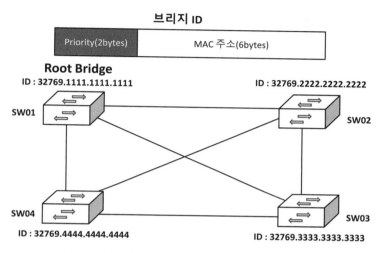

그림 3.29 VLAN에 관한 기본 선호도 값은 32768에 VLAN ID를 더한 값이다.

일반적으로 거의 모든 책에서 루트 스위치 선정은 기본 선호도 환경하에서는 가장 낮은 MAC 주소로 결정되고, 선호도가 설정된 경우에는 가장 낮은 선호도^{Lowest Priority}를 통해 결정된다고 설명한다. 여기서 입문자들의 혼동을 야기시키곤 한다. 왜냐하면 다른 모든 프로토콜에서의 선호도는 높은 값이 더 우선시되기 때문이다. 선호도를 의미 그대로 이해하면 더 높은 선호도^{Higher Priority} 값이 우선돼야 한다는 것은 당연한 말로 받아들여진다. 그러므로 스패닝 트리에서는 예외적으로 가장 낮은 선호도가 우선된다고 설명한다. 그러나 우리는 이렇게 이해하지 말자.

앞에서 언급했듯이, 가장 낮은 브리지 ID를 가지는 스위치가 루트 스위치가 된다고 했다. 그러므로 선호도가 기본값(32768)보다 낮게 주어진다면, 자연스럽게 브리지 ID 역시 더 낮은 브리지 ID가 된다. 가장 낮은 브리지 ID를 가진다면, 루트 스위치로 선정된다. 간단하다. 다른 프로토콜의 선호도와 헷갈리지도 않는다.

예를 들어, 앞의 그림에서 SW02는 32769.2222.2222.2222의 브리지 ID를 가진다. 현재 루트 스위치인 SW01은 32769.1111.1111.1111로 가장 낮은 브리지 ID를 가진다. 만약 더 낮은 브리지 ID의 구분이 쉽지 않은 독자가 있다면, 정확하지는 않지만 아래와 같은 방법으로 간단하게 비교할 수 있다.

실제 이진수를 십진수로 변경한다면, 그 값은 다르겠지만, 간단하게 브리지 ID의 도트 (점: .)이 없다고 가정하고 브리지 ID를 살펴보자.

SW01의 브리지 ID는 32769111111111111이 되고, SW02의 브리지 ID는 327692222 22222222가 된다. 이제 확실히 SW01의 브리지 ID가 SW02의 브리지 ID보다 작은 값을 가진다는 것이 확인될 것이다. 그렇다면, SW02의 선호도가 4096으로 설정했다면, 어떻게 될까?

```
SW01 : 32769111111111111
SW02 : 32769222222222222
```

SW01의 브리지 ID는 32769111111111111(32769.1111.1111.1111)이고 SW02의 브리지 ID는 4096222222222222(4096.2222.2222.2222)가 된다. 확실히 SW02의 브리지 ID가 더 작다는 것이 확인되는가? 그러므로 이 경우에는 SW02가 루트 스위치로 선출된다.

```
SW01 : 32769111111111111
SW02 : 4096222222222222
```

이제 실제 스위치 설정을 통해 루트 스위치를 확인하고 변경해보자. 그림 3.30은 루트 스위치를 설정하기 위한 네트워크 구성도다.

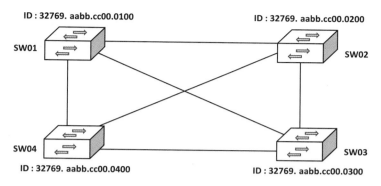

ID : 32769. aabb.cc00.0100   ID : 32769. aabb.cc00.0200

SW01   SW02

SW04   SW03

ID : 32769. aabb.cc00.0400   ID : 32769. aabb.cc00.0300

그림 3.30 루트 스위치를 설정하기 위한 네트워크 구성도

기본 상태에서 어떤 스위치가 루트 스위치가 되는지 알 수 있는가? 브리지 ID가 가장 낮은 스위치가 루트 스위치가 될 것이다. 각 스위치의 브리지 ID를 살펴보면, 일단 동일한 선호도 값을 가진다는 것을 알 수 있다. 32769이므로 VLAN 1에 관한 기본 선호도 값이라는 것을 짐작할 수 있다. 그러므로 가장 낮은 MAC 주소를 가지는 스위치가 루트 스위치가 될 것이다. SW01의 브리지 ID가 32769.aabb.cc00.0100으로써 가장 낮은 브리지 ID다. 당연히 SW01이 루트 스위치가 될 것이고, 명령어를 통해 확인할 수 있다(설정 3.4).

설정 3.4 루트 스위치 확인

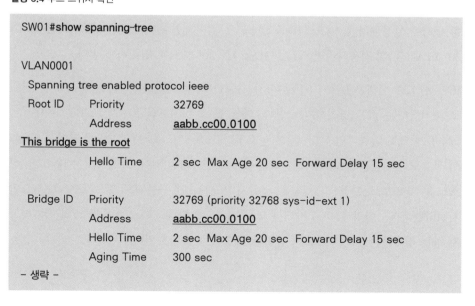

```
SW01#show spanning-tree


VLAN0001
  Spanning tree enabled protocol ieee
  Root ID     Priority      32769
              Address       aabb.cc00.0100
  This bridge is the root
              Hello Time    2 sec  Max Age 20 sec  Forward Delay 15 sec

  Bridge ID   Priority      32769 (priority 32768 sys-id-ext 1)
              Address       aabb.cc00.0100
              Hello Time    2 sec  Max Age 20 sec  Forward Delay 15 sec
              Aging Time    300 sec
  - 생략 -
```

앞에서 언급했듯이, 루트 스위치는 네트워크의 중심이 되는 스위치다. 그러므로 루트 스위치의 성능 및 물리적인 위치 또한 중요하다. 네트워크 관리 측면에서 볼 때, 그 어떤 프로토콜을 막론하고 중심 역할을 수행하는 시스템을 자동 선출하는 것을 권장하지 않는다. 그 이유는 자동 선출은 시스템의 성능이나 위치 등을 고려하지 않고, 대부분 오직 ID만으로 이뤄지기 때문에 원하지 않는 시스템이 중심 시스템으로 선출될 수 있기 때문이다.

스위치 네트워크에서도 마찬가지다. 루트 스위치의 역할이 중요하므로 원하지 않는 스위치가 루트 스위치가 되는 것을 피하고, 관리자가 원하는 스위치를 루트 스위치가 될 수 있도록 해야 한다.

관리자는 그림의 SW02가 루트 스위치가 되기를 원한다고 가정해보자. 그러나 기본 설정하에서 SW02는 SW01보다 브리지 ID가 높기 때문에 루트 스위치가 될 수 없다. 그러므로 선호도 변경을 통해 SW02가 더 낮은 브리지 ID를 가지게 해 루트 스위치로 선출되게 할 수 있다. 선호도는 아래와 같은 명령어로 설정할 수 있다.

(config)# **spanning-tree vlan** *vlan-id* **priority** *priority_value*

선호도 설정은 각 VLAN별로 이뤄진다. 그러나 VLAN 범위를 지정할 수 있으므로 많은 VLAN에 관해 간단하게 적용할 수 있다. 예를 들어, VLAN 10부터 VLAN 15까지를 동시에 설정하려면, VLAN ID를 10-15로 입력하면 된다. 또한 VLAN 10과 VLAN 20, VLAN 30에 적용하려면, VLAN ID를 10, 20, 30으로 입력하면 된다.

또한 선호도 설정은 0부터 61440까지 가능한데, 앞 절에서 언급했듯이 4096 단위로 증가한다는 점을 명심하기 바란다. 예를 들어, 0, 4096, 8192, 12288, 16384 … 61440 등으로 입력하면 된다. 기본 선호도가 32768이므로 예제 네트워크에서 SW02의 선호도를 기본값인 32768보다 작은 값으로 설정하면 된다. 예제에서는 SW02의 선호도를 4096으로 설정한다(설정 3.5). 현재 VLAN 1만 구동되고 있으므로 VLAN 1만 지정하면 된다. 만약 향후 추가되는 모든 VLAN에 관해 SW02를 루트 스위치로 하고자 하는 경우에는 모든 VLAN의 범위를 지정해 설정하면 된다.

설정 3.5 루트 스위치 지정을 위한 선호도 설정

```
SW02(config)#spanning-tree vlan 1 priority 4096[1]

SW02(config)#spanning-tree vlan 1-4094 priority 4096[2]
```

이제 SW02의 선호도가 네트워크 내의 다른 스위치의 선호도보다 낮다. 그러므로 SW02는 가장 낮은 브리지 ID를 가지게 되므로 루트 스위치가 된다. 설정 3.6은 SW02가 루트 스위치로 선출됐다는 것을 확인한다.

설정 3.6 선호도에 의해 루트 스위치가 결정됐다.

```
SW01# show spanning-tree

VLAN0001
  Spanning tree enabled protocol ieee
  Root ID     Priority        4097
  Address     aabb.cc00.0200
              Cost            100
              Port            1(Ethernet0/0)
              Hello Time      2 sec  Max Age 20 sec  Forward Delay 15 sec

  Bridge ID   Priority        32769 (priority 32768 sys-id-ext 1)
              Address         aabb.cc00.0100
              Hello Time      2 sec  Max Age 20 sec  Forward Delay 15 sec
              Aging Time      300 sec
  - 생략 -


=================================================================

SW02# show spanning-tree
```

---

1 VLAN 1에 관한 선호도 설정
2 모든 VLAN에 관한 선호도 설정

```
VLAN0001
  Spanning tree enabled protocol ieee
  Root ID     Priority          4097
  Address     aabb.cc00.0200
  This bridge is the root
              Hello Time        2 sec  Max Age 20 sec  Forward Delay 15 sec

  Bridge ID   Priority          4097  (priority 4096 sys-id-ext 1)
  Address     aabb.cc00.0200
              Hello Time        2 sec  Max Age 20 sec  Forward Delay 15 sec
              Aging Time        300 sec
  - 생략 -
```

이와 같이 관리자는 네트워크 내의 원하는 스위치가 루트 스위치가 되도록 설정할 수 있는데, 이는 효율적인 트래픽 전달과 관리를 위해 강력하게 권장된다.

한편, 선호도의 설정은 0부터 61440까지 4096 단위로 설정할 수 있다고 했다. 따라서 선호도 값 0은 가장 낮은 값이므로 가장 선호되는 값을 의미한다. 또한 61440은 가장 높은 값이므로 가장 선호하지 않는 값을 의미한다. 그러나 선호도 0이 가장 좋은 선호도를 의미하고, 선호도 61440이 가장 나쁜 선호도를 의미한다고 해서 반드시 루트 스위치가 되고, 루트 스위치가 안 된다고 장담할 수 없다. 그 이유를 짐작할 수 있는가?

그 이유는 루트 브리지 ID가 선호도만으로 이뤄지는 것이 아니기 때문이다. 비록 가장 좋은 선호도를 의미하는 선호도 0을 가진다고 하더라도 다른 스위치가 동일한 선호도 0과 더 낮은 MAC 주소를 가진다면, 해당 스위치가 루트 스위치가 될 것이다. 또한 루트 스위치가 되지 않도록 가장 나쁜 선호도 값인 61440을 설정한다고 해도, 다른 스위치가 동일한 선호도 61440을 가지고 MAC 주소가 더 높다면, 해당 스위치가 루트 스위치가 된다. 설정 3.7에서, SW02에 선호도 0을 설정한다고 하더라도 SW01이 선호도 0을 가진다면, 더 낮은 MAC 주소를 가지는 SW01이 루트 스위치가 된다는 것을 보여준다.

설정 3.7 선호도 0 설정으로 반드시 루트 스위치를 지정할 수 있는 것은 아니다.

```
SW02(config)# spanning-tree vlan 1 priority 0
=================================================================
SW01(config)#spanning-tree vlan 1 priority 0
=================================================================
SW02#show spanning-tree


VLAN0001
  Spanning tree enabled protocol ieee
  Root ID    Priority      1
             Address       aabb.cc00.0100
             Cost          100
             Port          1(Ethernet0/0)
             Hello Time    2 sec  Max Age 20 sec  Forward Delay 15 sec

  Bridge ID  Priority      1    (priority 0 sys-id-ext 1)
             Address       aabb.cc00.0200
             Hello Time    2 sec  Max Age 20 sec  Forward Delay 15 sec
             Aging Time    15  sec
```

이런 이유로 선호도 값 0과 61440의 의미는 가장 좋은, 그리고 가장 나쁜 선호도 값이라는 것 이외에 강제성이 전혀 없다. 루트 스위치는 네트워크에 위치하는 모든 스위치의 선호도 값 설정과 MAC 주소에 의해 결정된다는 점을 꼭 기억하기 바란다. 이런 이유로 실무에서 선호도 값을 0과 61440으로 설정하는 일은 거의 없다고 봐도 무방하다. 일반적으로 4096과 8192를 사용한다.

한편, 루트 스위치 설정을 직접적인 선호도 설정을 통하는 것이 아니라 기존 루트 스위치의 상태를 확인함으로써 유연하게 루트 스위치가 되도록 설정할 수도 있다. 이는 아래와 같은 명령어로 이뤄진다.

(config)# **spanning-tree vlan** *vlan-id* **root** [**primary** | **secondary**]

이 명령어에서 primary로 설정하면, 기존 루트 스위치의 브리지 ID 등을 참고해 더 좋은 브리지 ID를 유연하게 설정함으로써 루트 스위치가 되도록 할 수 있다. 그러나 실

무에서는 항상 특정 스위치가 루트 스위치로 동작하는 것을 권장하므로 직접적인 선호
도 설정을 통해 루트 스위치를 지정하는 방식을 더 많이 사용한다.

지금까지 루트 스위치의 선출과 그를 위한 선호도 설정에 관해 알아봤다. 루트 스위치
는 스위치 네트워크의 중심이 되는 스위치를 의미한다. 다시 말해, 스위치 네트워크라
는 나무의 뿌리 역할을 수행하므로 적절한 위치와 성능을 가진 스위치가 루트 스위치
로 선출되도록 해야 한다는 점을 기억하길 바란다.

3.3.4 루트 포트

스패닝 트리 프로토콜에 의해 루트 스위치가 선정되면, 주어진 L2 네트워크상의 중심
점이 정해진다. 그러므로 네트워크상의 모든 스위치는 루트 스위치로 도달하기 위한
경로를 선택하는데, 이때 루트 스위치로 도달할 수 있는 모든 경로 중에서 최선의 경로
Best Path를 결정한다. 최선의 경로에 연결된 스위치 포트를 루트 포트Root Port라고 부른
다. 다시 말해, 루트 포트는 루트 스위치로 향하는 가장 좋은 경로의 포트다(그림 3.31).

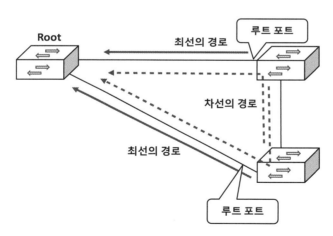

그림 3.31 루트 포트는 루트 스위치로의 가장 좋은 경로를 제공하는 포트다.

루트 포트는 루트 스위치로 향하는 가장 좋은 경로이므로 해당 포트를 통해 트래픽이
전달돼야 한다는 것은 당연한 일이다. 그러므로 루트 포트는 포워딩 상태를 유지한다.

여기서 스패닝 트리 프로토콜의 목적을 다시 상기해보자. 스패닝 트리 프로토콜은 브리징 루프가 발생할 수 있는 순환 구조의 네트워크를 나무 모양의 트리 구조로 만들기 위한 프로토콜이다. 그러므로 나무의 뿌리인 루트 스위치로 향하는 경로가 단 하나만 존재해야 한다. 뿌리인 루트 스위치로 향하는 최선의 경로를 제공하는 포트가 루트 포트이므로 루트 포트는 당연히 포워딩 상태여야 한다. 그러나 루트 포트를 제외한 나머지 루트 스위치를 향하는 포트로는 루트 스위치로 트래픽을 전달할 수 없는 상태여야 한다. 즉, 차단 상태Blocking State여야 한다는 것이다. 그림 3.32와 같이 순환 구조의 네트워크를 나무 모양으로 만들기 위해 가지치기를 해야 한다는 것이다.

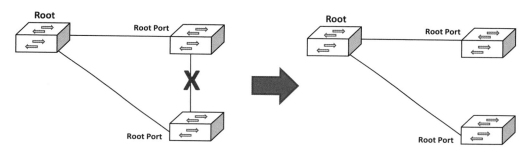

그림 3.32 최선의 경로만 사용함으로써 트리 형태의 네트워크 형태를 구성한다.

정리하면, 루트 포트는 각 스위치에서 루트 스위치로 트래픽을 포워딩할 수 있는 유일한 포트라는 점을 명심하기 바란다. 스패닝 트리 프로토콜의 동작상으로 설명하면, BPDU가 수신되는 포트 중 가장 우월한 BPDU가 수신되는 포트를 루트 포트라고 한다. BPDU는 루트 스위치만 생성하고 전달한다고 했다. 그러므로 가장 좋은 BPDU가 수신되는 포트는 루트 스위치로의 가장 좋은 경로를 가진다고 볼 수 있고, 해당 포트만 루트 포트로서 포워딩 상태로 동작하고 나머지 BPDU를 수신하는 포트들은 모두 차단 상태Blocking State가 된다. 여기서 주의할 점은 BPDU가 수신되지 않는 일반 포트는 포워딩 상태를 유지한다는 것이다(그림 3.33).

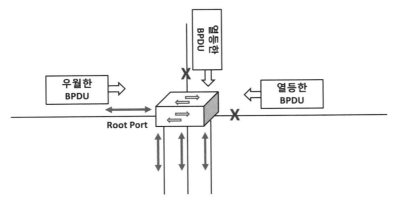

그림 3.33 열등한 BPDU를 수신하는 포트는 모두 차단한다.

루트 포트는 루트 스위치로 향하는 최선의 경로의 출발점이다. 모든 스위치로부터 루트 스위치로의 최선의 경로는 반드시 하나만 존재한다. 그러므로 루트 포트 역시 각 스위치에서 반드시 하나만 존재한다는 것은 당연한 말이다. 그럼 각 스위치는 루트 스위치로의 최선의 경로를 어떤 방식으로 결정하는가?(그림 3.34)

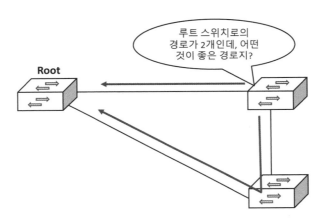

그림 3.34 루트 스위치로의 최선의 경로 결정

루트 포트는 각 포트로 수신되는 BPDU를 근거로 결정한다. 루트 포트를 결정하는 데는 몇 가지 순서가 있다.

스위치는 루트 포트를 결정하기 위해 아래 정보의 순서를 바탕으로 진행한다.

1. 루트 브리지 ID^{RBID: Root Bridge ID}
2. 루트 경로 비용^{RPC: Root Path Cost}
3. 송신 브리지 ID^{SBID: Sender Bridge ID}
4. 송신 포트 ID^{SPID: Sender Port ID}
5. 수신 포트 ID^{RPID: Receiver Port ID}

스위치가 다수의 포트를 통해 루트 스위치가 생성한 BPDU를 수신하면, 단 하나의 포트만을 선정해 루트 포트로 지정하고, 해당 포트를 포워딩 상태로 만든다. 위의 다섯 가지 정보 중 마지막의 수신 포트 ID를 제외한 모든 정보는 루트 스위치로부터 전달되는 BPDU에 존재하므로 BPDU 정보를 확인함으로써 루트 포트를 결정한다고 보면 된다.

가장 먼저 우선되는 정보는 루트 브리지 ID^{RBID}다. 다시 말해, 루트 브리지 혹은 루트 스위치 ID가 낮은 BPDU를 수신하는 포트가 루트 포트가 된다. 어떤 독자는 약간 의아해할 수도 있다. 그 이유는 루트 스위치는 네트워크상에 단 하나만 존재하기 때문에 다른 루트 브리지 ID가 존재할 수 없다고 생각하기 때문이다. 물론 맞는 말이다. 그러나 최초의 스패닝 트리 프로토콜의 동작이나 새로운 스위치가 연결되는 경우에는 충분히 일어날 수 있는 일이다. 이때는 낮은 브리지 ID를 가진 스위치가 루트 스위치가 되므로 당연히 낮은 루트 브리지 ID의 BPDU가 수신되는 포트가 루트 포트가 된다(그림 3.35).

Protocol Identifier (2bytes)	Version (1byte)	Message Type (1byte)	Flags (1byte)	Root ID (8bytes)	Root Path Cost (4bytes)	Bridge ID (8bytes)	Port ID (2bytes)	Message Age (2bytes)	Maximum Age (2bytes)	Hello Time (2bytes)	Forward Delay (2bytes)

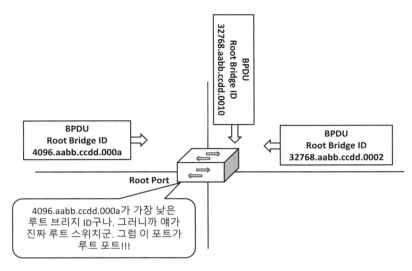

그림 3.35 가장 낮은 루트 ID를 가지는 BPDU가 수신되는 포트가 최선의 경로다.

일단 루트 스위치가 결정되면, 루트 브리지 ID는 모두 동일할 것이다. 그런 경우에는 루트 스위치로 향하는 경로의 비용이 가장 작은 포트가 루트 포트로 결정된다. 루트 경로 비용은 루트 스위치까지 도달하는 데 요구되는 비용^{Cost} 또는 메트릭^{Metric}을 의미 한다. 여기서 루트 경로 비용은 루트 경로 비용의 작은 값을 가진 BPDU가 수신되는 포트가 루트 포트가 된다(그림 3.36). 루트 경로 비용은 다음 절에서 자세히 살펴본다.

Protocol Identifier (2bytes)	Version (1byte)	Message Type (1byte)	Flags (1byte)	Root ID (8bytes)	Root Path Cost (4bytes)	Bridge ID (8bytes)	Port ID (2bytes)	Message Age (2bytes)	Maximum Age (2bytes)	Hello Time (2bytes)	Forward Delay (2bytes)

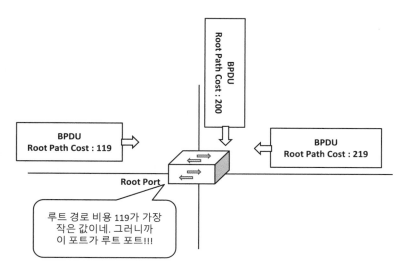

그림 3.36 루트 ID가 동일하다면, 루트 경로 비용이 적은 경로가 최선의 경로다.

실무에서 네트워크는 대칭형 네트워크가 많이 존재할 것이다. 만약 네트워크 구조가 대칭형이라면, 루트 경로 비용이 동일한 경우가 많을 것이다. 만약 루트 경로 비용이 동일하다면, 해당 BPDU를 보내는 스위치의 브리지 ID를 검색하고, 더 낮은 브리지 ID를 가지는 BPDU가 수신되는 포트가 루트 포트가 된다(그림 3.37).

Protocol Identifier (2bytes)	Version (1byte)	Message Type (1byte)	Flags (1byte)	Root ID (8bytes)	Root Path Cost (4bytes)	**Bridge ID (8bytes)**	Port ID (2bytes)	Message Age (2bytes)	Maximum Age (2bytes)	Hello Time (2bytes)	Forward Delay (2bytes)

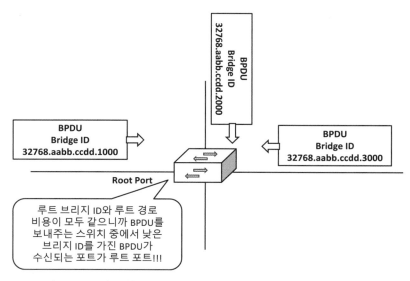

그림 3.37 루트 경로 비용도 동일하다면, BPDU 전달 스위치의 브리지 ID로 판단한다.

만약 스위치가 동일한 스위치에 다중 연결돼 있다면, 수신되는 BPDU의 송신 브리지 ID 역시 모두 동일할 것이다. 이 경우에도 마찬가지로 단 하나의 포트만 포워딩 상태에 두고 나머지 모든 포트는 차단돼야 한다. 앞에서 나열한 모든 정보의 값이 동일하다면, 마지막 결정은 포트 ID로 결정된다. 가장 낮은 송신 포트 ID의 BPDU가 수신되는 포트가 루트 포트가 된다(그림 3.38).

Protocol Identifier (2bytes)	Version (1byte)	Message Type (1byte)	Flags (1byte)	Root ID (8bytes)	Root Path Cost (4bytes)	Bridge ID (8bytes)	**Port ID (2bytes)**	Message Age (2bytes)	Maximum Age (2bytes)	Hello Time (2bytes)	Forward Delay (2bytes)

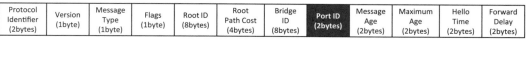
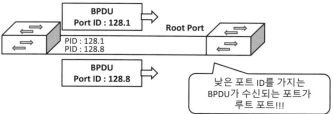

그림 3.38 브리지 ID가 동일하다면, 포트 ID로 최선의 경로를 판단한다.

참고로, BPDU에 나타나는 브리지 ID와 포트 ID는 BPDU를 보내는 스위치, 즉 송신 스위치의 정보다.

마지막으로, BPDU의 포트 ID까지 동일하다면, 로컬 스위치의 수신 포트 ID로 판단한다. 낮은 포트 ID를 가지는 포트로 수신되는 BPDU를 우월한 것으로 판단해 해당 포트를 루트 포트로 선정한다. 일반적으로 수신 포트 ID로 루트 포트를 결정하는 상황은 그리 많지 않다. 이 경우는 송신 스위치와 로컬 스위치가 더미 허브에 연결돼 있는 경우와 같이 한정된 경우에만 일어난다. 그렇기 때문에 오늘날의 네트워크에서는 크게 신경 쓰지 않아도 된다.

이와 같은 순서로 루트 포트를 결정한다. 루트 포트는 루트 스위치가 아닌 모든 스위치에서 루트 스위치로 트래픽을 포워딩할 수 있는 유일한 포트이므로 매우 중요한 역할을 수행하는 포트다. 관리자는 자신이 원하는 포트가 루트 포트로 선정됐는지, 만약 그렇지 않다면, 적절한 설정을 통해 원하는 포트가 루트 포트가 되도록 해야 한다.

참고로, 앞에서 포트 ID를 다루었는데, 이에 관해 간단하게 살펴보고 이 절을 마치겠다.

포트 ID란, 스위치 내의 각 포트에 주어진 식별자로서 각 포트의 논리적인 번호라고 생각하면 된다. 각 스위치는 많은 포트를 가진다. 우리가 알고 있듯이, 모든 스위치 포트는 각각 번호로 식별된다. 그러나 포트 ID는 우리가 흔히 사용하는 Fa0/0 또는 Gi1/1과 같은 모듈 번호와 포트 번호로 이뤄진 것이 아니다. 포트 ID는 스위치가 내부 프로세스용으로 자체적으로 ID를 부여한 것을 의미하는데, 각 포트의 미디어 타입, 즉 패스트 이더넷^{FastEthernet}, 일반 이더넷, 기가 이더넷^{GigaEthernet} 등과 상관없이 중복되지 않게 유일하게 부여한 포트 번호로 나타난다.

포트 ID는 총 16비트로 이뤄져 있는데, 선호도(4비트)와 일련번호(12비트)로 나눌 수 있다. 선호도^{Pirority}는 관리자에 의해 변경 가능할 수 있도록 하기 위해 제공됐고, 기본값은 128이다(그림 3.39). 일련번호는 시스템 자체적으로 미리 할당한 번호다. 일반적으로 물리적인 포트 번호의 순서대로 일련번호가 할당되지만, 실탈장식 모듈의 경우에는 그렇지 않다는 것을 염두에 두기 바란다.

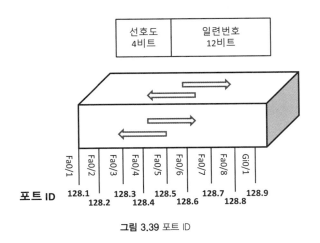

	선호도 4비트	일련번호 12비트

포트 ID	128.1	128.3	128.5		128.7	128.9
	128.2	128.4	128.6		128.8	

그림 3.39 포트 ID

3.3.5 루트 경로 비용 / 포트 비용

루트 스위치로 향하는 경로가 여러 개인 경우 어떤 방식으로 스위치는 최선의 경로를 선정할까? 단순히 라우팅 프로토콜 RIP과 유사한 방식으로 루트 스위치까지의 L2 스위치 홉^{Hop}의 수로 결정되는 것인가? 그렇지 않다.

루트 스위치로의 최선의 경로는 루트 스위치가 송출하는 BPDU에 해답이 있다. 이제 우리는 루트 스위치가 BPDU를 생성하고, 각 스위치는 이를 다른 스위치로 전달한다는 것을 알고 있다. 앞에서 잠깐 살펴본 BPDU 프레임 포맷을 다시 떠올려보자 (그림 3.40).

Protocol Identifier (2bytes)	Version (1byte)	Message Type (1byte)	Flags (1byte)	Root ID (8bytes)	**Root Path Cost (4bytes)**	Bridge ID (8bytes)	Port ID (2bytes)	Message Age (2bytes)	Maximum Age (2bytes)	Hello Time (2bytes)	Forward Delay (2bytes)

그림 3.40 BPDU 프레임 포맷

BPDU 프레임에서 루트 경로 비용$^{Root Path Cost}$을 표현하는 필드가 보인다. 이 필드를 통해 루트 스위치로 향하는 경로의 메트릭, 즉 비용을 표현한다. 이는 BPDU를 수신하는 스위치로부터 루트 스위치까지의 비용을 의미한다. 앞 절에서 BPDU을 설명할 때, BPDU는 루트 스위치가 생성하고 나머지 스위치는 루트 스위치로부터 수신한 BPDU를 다른 스위치로 전달한다고 했다. 이때 BPDU를 수신하는 스위치는 루트 경로 비용을 업데이트해 자신이 루트 스위치로 향하는 경로를 결정할 때 사용한다. 그림 3.41을 보면, 스위치가 BPDU를 수신해 루트 경로 비용을 업데이트하는 과정을 보여준다.

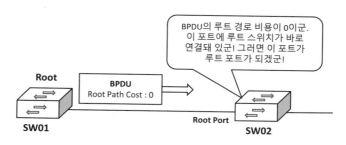

그림 3.41 루트 경로 비용 업데이트 1

그림에서 보면, SW01이 루트 스위치다. 그림에서 확인할 수 있듯이, 루트 스위치 SW01은 자기 자신이 루트 스위치이므로 루트 스위치까지 도달하는 경로 비용은 0으로 세팅한다. 이 BPDU를 수신하는 SW02는 이를 바탕으로 해 루트 포트를 결정한다. SW02는 BPDU의 루트 경로 비용이 0이므로 해당 BPDU를 수신하는 포트를 루트 포트로 결정한다.

한편, SW02는 루트 스위치로부터 수신된 BPDU를 연결된 다른 스위치에게 전달하는데, 이때 해당 BPDU가 수신되는 포트의 포트 비용Port Cost을 확인하고, 이를 수신하는 BPDU의 루트 경로 비용에 더한다. 그러므로 루트 스위치로부터 수신하는 루트 경로 비용 0에 자신의 포트에 관한 비용 100을 더해, BPDU의 루트 경로 비용을 100으로 업데이트한다. 이를 통해 다른 스위치에게 자신으로부터 루트 스위치까지의 경로 비용이 100이라는 사실을 알리게 된다(그림 3.42).

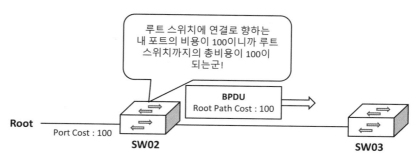

그림 3.42 루트 경로 비용 업데이트 2

SW02로부터 BPDU를 수신하는 SW03 역시, 수신하는 BPDU를 바탕으로 루트 스위치로 향하는 루트 포트를 결정한다. 만약 다른 포트를 통해 수신되는 BPDU가 있다면, 루트 경로 비용을 비교해 작은 루트 경로 비용을 가지는 BPDU가 수신되는 포트를 루트 포트로 결정한다(그림 3.43).

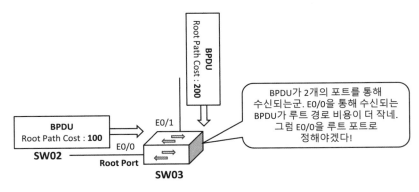

그림 3.43 복수의 BPDU를 수신하면, 루트 경로 비용이 적은 경로를 선택한다.

SW03이 루트 포트를 결정하면, 루트 포트를 통해 수신되는 BPDU를 다른 스위치로 전달한다. 이때 SW03 역시, 수신되는 BPDU의 루트 경로 비용에 자신의 포트 비용을 더한 값으로 업데이트하고, 이를 다른 스위치에게 전달한다(그림 3.44).

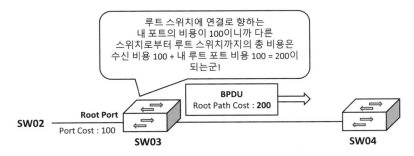

그림 3.44 수신 BPDU의 루트 경로 비용에 자신의 경로 비용을 더한 값으로 업데이트한다.

SW04도 SW03과 같은 방식으로 루트 포트를 결정하고, 해당 BPDU에 자신의 포트 비용을 더한 값으로 BPDU를 업데이트해 연결된 다른 스위치로 전달한다.

이와 같이 루트 경로 비용은 루트 스위치로 향하는 단 하나의 활성화된 포트인 루트 포트를 결정하는 데 매우 중요한 역할을 한다. 루트 경로 비용은 각 스위치의 포트에 관한 비용, 즉 포트 비용을 합한 것으로 결정된다. 그러므로 각 포트에 관한 비용은 어떻게 결정되는지 알아보자.

포트 비용은 스위치 포트의 대역폭에 의해 결정된다. 과거의 전통적인 STP에 의해 정의된 포트 비용은 과거의 대역폭을 기준으로 정의됐기 때문에 더 이상 사용되지 않는다. 그 대신, IEEE는 오늘날의 대역폭을 바탕으로 하는 새로운 포트 비용을 정의했는데, 각 대역폭별 포트 비용은 표 3.1과 같다.

표 3.1 대역폭별 포트 비용

링크 대역폭	포트 비용
4Mbps	250
10Mbps	**100**
16Mbps	62
45Mbps	39
100Mbps	**19**
155Mbps	14
622Mbps	6
1Gbps	**4**
10Gbps	**2**

표에 제시된 대역폭에서 10Mbps와 100Mbps, 1Gbps, 10Gbps가 실제 네트워크에서 가장 빈번하게 확인되는 대역폭이므로 참고하길 바란다. 여기에 제시된 포트 비용은 시스코 스위치의 각 포트에 설정된 대역폭에 자동으로 적용된다. 다시 말해, 스위치의 포트가 FastEthernet이라면, 해당 포트의 대역폭은 100,000Kbps로 자동 적용되고, 이에 따라 포트 비용도 19로 적용된다. 만약 show interface 명령어로 확인되는 대역폭이 실제 대역폭과 상이하다면, bandwidth 명령으로 수정할 수 있다(설정 3.8). 포트 대역폭을 수정할 경우에는 바로 자동으로 포트 비용이 설정한 대역폭에 비례해 변경된다.

참고로, 표에 제시된 것외의 대역폭을 설정하면, 시스코 스위치는 대역폭과 포트 비용을 재계산해 자동으로 적용된다.

설정 3.8 스위치 포트의 대역폭 설정을 통해 포트 비용을 재적용할 수 있다.

```
SW01#show interfaces e1/3 | in BW
MTU 1500 bytes, BW 10000 Kbit/sec, DLY 1000 usec,

SW01#show spanning-tree interface e1/3


Vlan             Role Sts Cost        Prio.Nbr Type
-------------    ---- ---- ---        --------------------------------
VLAN0001         Desg FWD 100         128.8   Shr


SW01(config)#interface e1/3
SW01(config-if)#bandwidth 2000
SW01#show spanning-tree interface e1/3


Vlan             Role Sts Cost        Prio.Nbr Type
-------------    ---- ---- ---        --------------------------------
VLAN0001         Desg FWD 500         128.8   Shr


SW01(config)#interface e1/3
SW01(config-if)#bandwidth 20000
SW01#show spanning-tree interface e1/3


Vlan             Role Sts Cost        Prio.Nbr Type
-------------    ---- ---- ---        --------------------------------
VLAN0001         Desg FWD 56          128.8   Shr


SW01(config)#interface e1/3
SW01(config-if)#bandwidth 100000
SW01#show spanning-tree interface e1/3


Vlan             Role Sts Cost        Prio.Nbr Type
-------------    ---- ---- ---        --------------------------------
VLAN0001         Desg FWD 19          128.8   Shr
```

한편, 스위치 포트 비용은 직접적인 설정을 통해서도 변경할 수 있다. 아래 명령어를 통해 포트 대역폭과 무관하게 포트 비용을 변경할 수 있다(설정 3.9). 그러나 포트 비용은 루트 포트를 결정하는 데 중요한 역할을 하므로 설정 시 주의해야 한다.

(config-if)# **spanning-tree cost** *cost*

설정 3.9 비용 설정을 통한 포트 비용 결정

```
SW01(config)#interface e1/3
SW01(config-if)#spanning-tree cost 1

SW01#show spanning-tree interface e1/3


Vlan              Role  Sts  Cost      Prio.Nbr Type
--------------    ----  ---  --------  ------   ----------------------
VLAN0001          Desg  FWD  1         128.8    Shr
```

3.3.6 지정 포트

LAN 세그먼트란 하나의 충돌 도메인으로 이해하면 된다. 과거 브리지와 같이 하나의 LAN 세그먼트에는 여러 호스트가 동시에 연결돼 있다. 그림 3.45에서 SW02의 FA0/1은 루트 스위치로의 최선의 경로를 제공하는 루트 포트다. 그리고 FA1/1은 LAN 세그먼트 A의 호스트를 위해 트래픽을 전달해야 한다. 이와 같이 특정 LAN 세그먼트의 통신을 위해 지정된 포트를 지정 포트[Designated Port]라고 한다.

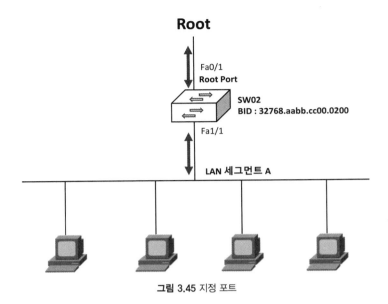

그림 3.45 지정 포트

그런데 만약 하나의 세그먼트에 2개 이상의 스위치(브리지)가 존재한다면, 어떻게 되는가? 그림 3.46을 보면, 하나의 LAN 세그먼트에 2대의 스위치가 존재한다. 하나의 LAN 세그먼트에 2대 이상의 스위치가 존재하면 순환 구조의 네트워크가 형성돼 브리징 루프가 발생한다. 그러므로 단 하나의 지정 포트를 제외한 다른 스위치 포트는 반드시 차단돼야 한다. 그럼 그림에서 어떤 스위치 포트가 지정 포트가 되고, 또 어떤 스위치 포트가 차단될까?

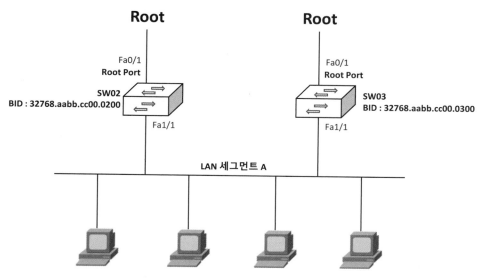

그림 3.46 LAN 세그먼트에 복수의 포트가 존재하는 경우

루트 포트와 마찬가지로, 기본적으로 지정 포트 지정도 각 스위치가 전달하는 BPDU 의 루트 경로 비용을 바탕으로 이뤄진다.

스위치가 특정 LAN 세그먼트를 통해 BPDU를 수신해 루트 경로 비용을 살펴본다. 이 때 이웃하는 스위치의 루트 경로 비용이 로컬 스위치의 것보다 낮다면, 로컬 스위치는 해당 포트를 루트 스위치로 향하는 최선의 경로라고 생각하고 이를 루트 포트로 선정 한다. 반면, 이웃하는 스위치는 자신의 포트가 해당 LAN 세그먼트의 트래픽을 전달해 야 하는 역할을 수행해야 하므로 해당 포트를 지정 포트로 지정한다.

그림 3.47에서, SW02의 루트 경로 비용이 더 낮으므로 SW02의 포트가 지정 포트가 되고, SW03은 루트 포트로 지정한다.

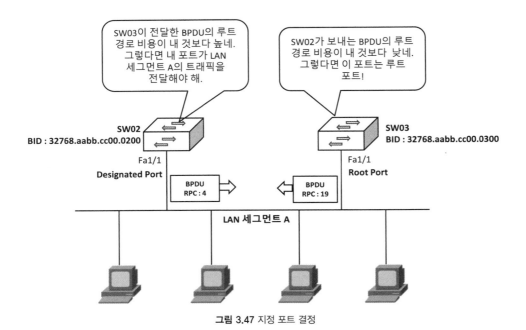

그림 3.47 지정 포트 결정

만약 수신하는 BPDU의 루트 경로 비용이 자신의 것과 동일하다면, 어떻게 될까? 그림 3.48을 보면, SW02와 SW03은 모두 루트 경로 비용이 4인 BPDU를 전달한다. 이 경우에는 각 스위치 모두 수신되는 BPDU보다 높은 BPDU를 가질 수 있으므로 루트 포트는 각각 이미 선정했을 것이다. 그림에서 각 스위치는 Fa0/1을 루트 포트로 선정했다. 이 경우 각 스위치의 Fa1/1은 지정 포트 또는 차단돼야 할 것이다. 그럼 어떤 스위치 포트가 지정 포트가 되고, 어떤 포트가 차단될까?

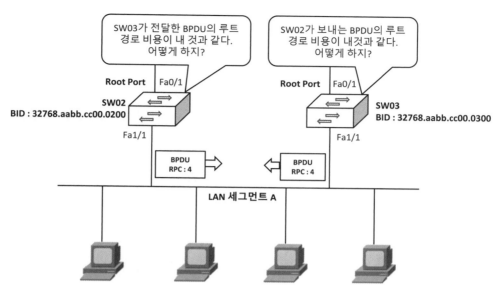
그림 3.48 루트 경로 비용이 동일한 경우의 지정 포트 결정

이런 경우에는 우선하는 포트를 지정하기 위한 기준이 요구된다. 아래 순서를 기반으로 각 LAN 세그먼트의 지정 포트Designated Port를 선정한다.

1. 가장 낮은 루트 브리지 IDLowest Root Bridge ID
2. 가장 낮은 루트 경로 비용Lowest Root Path Cost Bridge
3. 가장 낮은 송신 브리지 IDLowest Sender Bridge ID
4. 가장 낮은 송신 포트 IDLowest Sender Port ID

이 기준에 의해 지정 포트를 선정하는데, 이미 우리는 1)과 2)에 관한 경우는 알아봤다. 2)번의 루트 경로 비용까지 동일하다면, 가장 낮은 송신 브리지 ID를 가지는 BPDU를 송신하는 스위치 포트가 지정 포트가 된다. 그림 3.49의 예로 들면, SW02와 SW03은 모두 동일한 루트 경로 비용을 가진다. SW02(32768.aabb.cc00.0200)가 SW03(32768. aabb.cc00.0300)보다 낮은 브리지 ID를 가진다. 그러므로 가장 낮은 송신 브리지 ID를 가지는 SW02의 Fa1/1이 지정 포트가 되고, SW03의 Fa1/1은 차단된다.

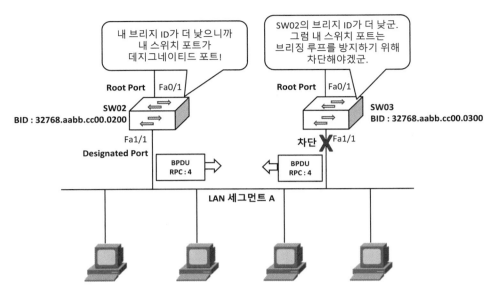

그림 3.49 지정 포트 결정에 브리지 ID도 사용될 수 있다.

한편, 만약 스위치가 허브와 같이 동일한 세그먼트의 연결을 제공하는 장비에 복수의 포트가 연결돼 있다고 가정해보자. 물론 오늘날에는 이런 구성을 실제 망에서 찾기 어렵겠지만(물론 그런 구성이 있어도 안 되지만), 만약 그런 경우의 지정 포트의 선정은 어떻게 될까? 그림 3.50을 살펴보자.

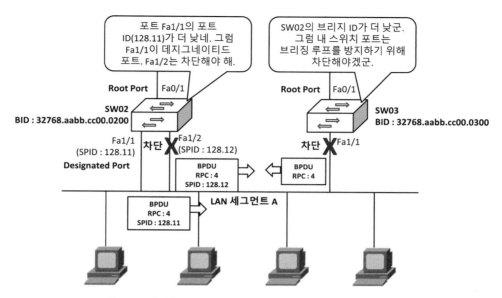

그림 3.50 스위치가 복수의 스위치 포트가 동일한 LAN 세그먼트에 연결된 경우

그림에서 보듯이, SW02와 SW03은 동일한 루트 경로 비용을 가지는 BPDU를 송출한다. 따라서 SW02가 더 낮은 브리지 ID를 가지므로 해당 LAN 세그먼트의 트래픽을 전달하기 위해 지정된다. 반면, SW03의 스위치 포트는 브리징 루프를 방지하기 위해 차단한다. 여기서 SW02가 해당 LAN 세그먼트에 2개의 링크가 연결돼 있다. 브리징 루프를 방지하기 위한 조건은 단 하나의 포트만이 특정 LAN 세그먼트의 트래픽을 전달할 수 있다. 그러므로 SW02의 2개의 포트 중 하나는 지정 포트가 되고, 나머지는 차단된다. 이때 더 낮은 포트 ID를 가지는 스위치 포트가 지정 포트가 되고, 다른 하나는 차단된다. 이로써 LAN 세그먼트 A에는 단 하나의 지정 포트가 제공된다.

참고

네트워킹에서 항상 낮은 주소, 낮은 포트를 우선한다는 말을 많이 접할 수 있다. 왜 항상 낮은 값을 선호하는 것일까?

간단하다. 우리가 실무에서 장비를 설치하거나 연결할 때, 항상 메인 시스템에 먼저 번호 또는 주소를 부여한다. 그러므로 메인 시스템의 주소는 거의 대부분 가장 작은 값을 가진다. 이런 이유로 작은 값을 우선하는 것으로 사용되기 때문이다.

앞에서 알아본 포트 선정에 관련된 예는 허브와 같이 동일한 LAN 세그먼트에 여러 호스트를 연결하는 형태의 구성에서 알아봤다. 이것과 실제 스위치의 구성과의 차이점에서 약간 혼동하는 독자가 있을 것 같아 잠깐 정리하고 이 절을 마치겠다.

스위치 포트는 단 하나의 호스트와의 LAN 세그먼트로 구성된다. 다시 말해, 각 스위치 포트는 하나의 LAN 세그먼트로 연결되며, 해당 LAN 세그먼트에는 단 하나의 호스트만이 연결된다. 이는 포인트-투-포인트Point-to-Point 링크와 유사한 형태로 구성되지만, 이는 분명히 하나의 LAN 세그먼트다. 그러므로 스위치 구성의 네트워크에서는 하나의 LAN 세그먼트에 2개의 호스트가 직접 연결된다. 스위치 자신과 하나의 호스트 형태로 구성된다(그림 3.51).

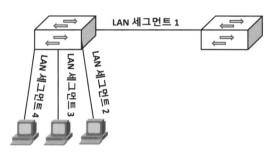

그림 3.51 스위치에서의 LAN 세그먼트

그림에서 보듯이, 각 포트는 서로 다른 LAN 세그먼트로 연결된다. 그리고 각 LAN 세그먼트에 호스트가 단 하나만 존재한다. 그러므로 아래와 같은 경우의 수가 존재한다(그림 3.52).

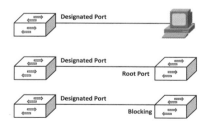

그림 3.52 지정 포트와 연결되는 포트 상태의 경우 수

스위치가 아닌 다른 장비, 즉 라우터, 서버, 일반 PC 등 호스트가 연결돼 있을 경우에는 스위치 포트는 해당 LAN 세그먼트를 위해 트래픽을 포워딩해야 하므로 지정 포트가 된다.

그러나 스위치가 연결돼 있는 경우에는 상황에 따라 지정 포트가 될 수도 있고, 루트 포트가 될 수도 있고, 해당 포트가 차단될 수도 있다. 이는 앞에서 설명한 스패닝 트리 상황에 따라 다를 수 있는데, 여기서 확실하게 알 수 있는 점은 어떤 경우에도 각 LAN 세그먼트에는 단 하나의 지정 포트만 존재한다는 점을 반드시 기억하기 바란다.

3.3.7 스패닝 트리 프로토콜의 동작

스패닝 트리 프로토콜은 순환 구조의 네트워크에서 발생하는 브리징 루프를 방지하기 위한 프로토콜이다. 앞의 여러 절을 통해 루트 스위치가 선출 시 요구되는 정보와 선출 과정을 살펴봤다. 이 절에서는 순환 구조의 네트워크가 루트 스위치를 중심으로 트리 형태의 구조로 변경되는 과정을 살펴볼 것이다.

루트 스위치는 네트워크의 중심이 되는 스위치라 했다. 나무에서 가장 중요하고 중심이 되는 부분이 뿌리다. 마찬가지로 네트워크에서 루트 스위치는 네트워크의 중심이 된다. 순환 구조의 네트워크에서 루트 스위치를 중심으로 트리 형태의 네트워크로 변경되는 과정에서 각 스위치는 루트 스위치로 향하는 최선의 경로 하나만의 남기고 나머지 경로를 모두 차단한다. 이 과정은 가지치기를 통해 완전한 나무 형태의 네트워크를 구성하는 것을 보여준다.

가지치기를 통해 나무 형태의 네트워크를 구성하기 위한 기준이 바로 루트 스위치다. 네트워크상의 모든 스위치는 루트 스위치로 향하는 경로를 검색하고, 최선의 경로를 제외한 나머지 경로는 차단한다. 그림을 통해 자세히 알아보자.

그림 3.53에서, SW01이 루트 스위치로 선정됐다고 가정해보자. 각 스위치는 루트 스위치로 향하는 경로가 다양하게 존재한다. 예를 들어, SW02는 SW01과 직접 연결된 경로 이외에 SW03과 SW04를 경유하는 수많은 경로가 존재한다. 만약 이렇듯 네트워크가 순환 구조를 하기 때문에 이들 경로를 모두 사용한다면, 브리징 루프의 발생이

불가피하다. 그러므로 SW02는 루트 스위치로 향하는 최선의 경로 하나를 제외한 나머지 모든 경로를 차단해야 브리징 루프를 방지할 수 있다. 이는 SW03과 SW04의 경우도 마찬가지다.

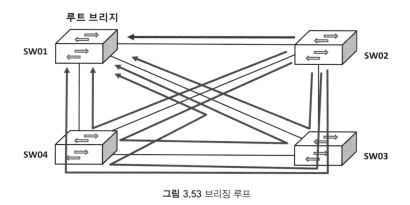

그림 3.53 브리징 루프

순환 구조의 네트워크를 트리 형태의 네트워크 구조로 변경하기 위해 최선의 경로를 제외한 나머지 경로를 모두 차단한다. 모든 스위치에서 루트 스위치와 직접 연결된 경로를 최선의 경로라고 가정한다면, 루트 스위치로의 포트를 제외한 나머지 모든 포트는 차단되는데, 그림 3.54와 같이 나타날 것이다.

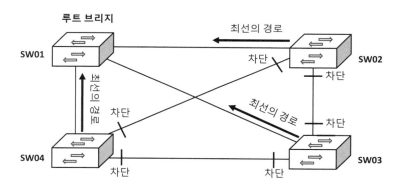

그림 3.54 루트 스위치로의 경로 결정

232

각 스위치에서 차단된 경로는 현재의 최선 경로가 이상이 없을 경우 더 이상 사용되지 않기 때문에 네트워크상에 존재하지 않는 경로와 마찬가지로 다뤄진다. 그러므로 앞의 순환 구조의 네트워크는 그림 3.55와 같이 브리징 루프가 존재하지 않는 트리 형태의 구조로 표현할 수 있다.

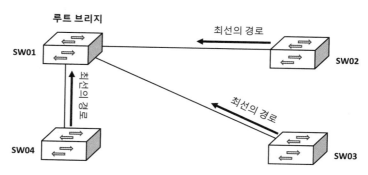

그림 3.55 L2 네트워크의 트리 형태로 표현

지금까지 대강의 스패닝 트리 프로토콜의 동작을 알아봤다. 그럼 이제 좀 더 상세하게 STP의 동작을 단계별로 알아보자.

최초의 상태에서 모든 스위치는 자기 자신이 루트 스위치라 믿고 있다. 자신이 루트 스위치라고 생각하기 때문에 모든 인터페이스로 BPDU를 송출한다. 앞에서 BPDU는 루트 스위치에 의해 생성되고 전파된다고 했다. 모든 스위치가 자신이 루트 스위치라고 믿고 있기 때문에 BPDU를 생성하고 전파한다(그림 3.56).

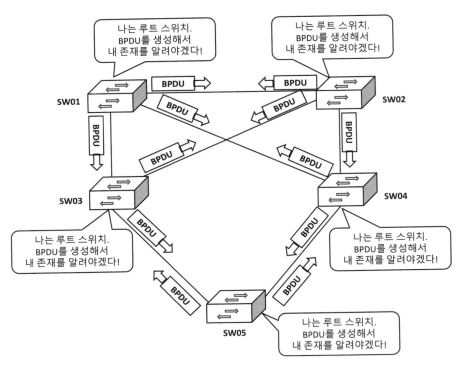

그림 3.56 STP 최초의 상태에서 모든 스위치는 BPDU를 송출한다.

이제 각 스위치는 자신의 BPDU를 전파함과 동시에, 인접하는 스위치의 BPDU를 수신한다. 수신하는 BPDU의 루트 브리지 ID를 검색해 자신의 브리지 ID와 비교해 루트 스위치를 결정한다. 그림 3.57에서는 SW01과 SW02의 관점에서 수신되는 BPDU만 표시했다.

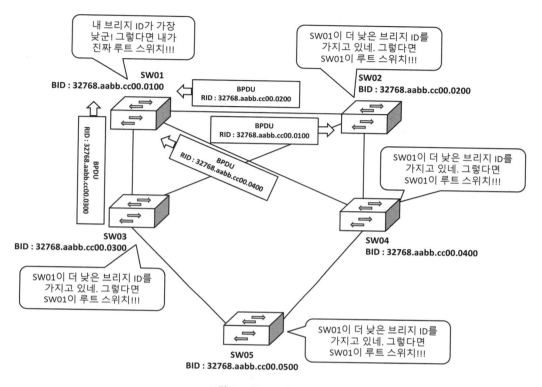

그림 3.57 루트 스위치 결정

네트워크상의 모든 스위치의 BPDU 상호 교환으로 루트 스위치가 정해졌다. 루트 스위치가 정해지면, 각 스위치는 루트 스위치에 도달할 수 있는 최선의 경로를 선택한다. 루트 스위치로 도달할 수 있는 최선의 경로를 루트 포트라고 했다. 루트 포트는 수신되는 BPDU의 정보로 결정되는데, 가장 먼저 사용되는 것이 루트 경로 비용RPC: Root Path Cost이다. 그림 3.57에서 SW02를 예로 들어보자.

SW02는 루트 스위치인 SW01로부터 BPDU를 수신한다. 또한 SW03이 루트 스위치로부터 수신한 BPDU를 전달하므로 이 역시 수신한다. SW04로부터도 BPDU를 수신한다. 이렇게 수신된 모든 BPDU의 루트 경로 비용을 비교해 가장 낮은 루트 경로 비용을 가지는 BPDU가 수신되는 포트를 루트 포트로 선택한다. 그러므로 SW02는 SW01로부터 수신되는 BPDU의 루트 경로 비용이 0이므로 이 포트를 루트 포트로 선택한다. SW03과 SW04의 경우도 SW02와 동일하게 루트 포트를 결정한다(그림 3.58).

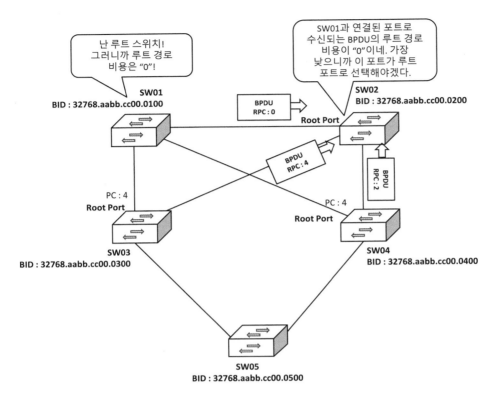

그림 3.58 루트 포트 결정

루트 스위치가 결정됐고, 루트 스위치로 도달할 수 있는 최선의 경로도 결정됐다. 그렇다면, 루트 포트를 제외한 나머지 모든 포트를 차단해야 하나? 그렇지 않다. 루트 포트는 루트 스위치로 향하는 최선의 경로이므로 당연히 트래픽을 포워딩해야 한다. 그러나 루트 포트가 아닌 나머지 포트 중에서도 각 LAN 세그먼트로 트래픽을 전달해야 하는 역할을 수행해야 하므로 트래픽을 포워딩해야 한다. 각 LAN 세그먼트에서의 트래픽 전달은 지정 포트에 의해 수행된다.

지정 포트는 해당 LAN 세그먼트에 관한 트래픽 전달을 담당하기 위해 지정됐으므로 모든 LAN 세그먼트에는 단 하나의 지정 포트가 존재한다. 참고로, 지정 포트는 LAN 세그먼트당 단 하나만 존재한다. 그렇지 않을 경우, 브리징 루프가 발생하기 때문이다.

이제 각 포트의 상태가 어떻게 진행되는지 살펴보자.

먼저 SW01의 포트를 살펴보자. SW01은 루트 스위치다. 루트 스위치란 L2 네트워크의 중심 역할을 제공한다. 그러므로 모든 포트로 트래픽을 전달할 수 있어야 한다. 이말은 모든 LAN 세그먼트로 트래픽을 전달할 수 있어야 하므로 루트 스위치의 모든 포트는 해당 LAN 세그먼트로 트래픽을 전달하기 위해 지정된다. 그러므로 루트 스위치의 모든 포트는 지정 포트다.

그러나 루트 스위치가 아닌 SW02와 SW03, SW04에는 루트 스위치와 직접 연결된 포트가 존재한다. 이들 포트를 통해 루트 스위치가 보낸 루트 경로 비용 0의 BPDU를 수신하므로 루트 스위치와 연결된 포트는 루트 포트가 된다(그림 3.59).

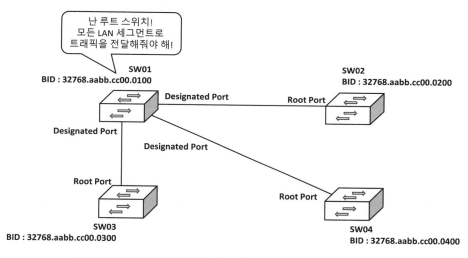

그림 3.59 루트 스위치와 직접 연결된 스위치 포트가 루트 포트(Root Port)가 된다.

이제 SW02로 가보자. SW02는 루트 스위치로 향하는 루트 포트 외에 SW03과 SW04로 연결되는 포트가 있다. 다른 스위치로부터 수신되는 모든 BPDU보다 자신의 것이 우월하므로 루트 포트에 관한 변함은 없다. 그러면 각 스위치로 가는 포트는 지정 포트가 될 수 있을까?

모든 스위치의 링크 속도가 동일하다는 전제하에 SW02와 SW03, SW04는 동일한 루트 경로 비용을 가진다. 그러므로 가장 낮은 브리지 ID를 가지는 스위치의 포트가 지정 포트가 된다. 예제에서 SW02의 브리지 ID가 SW03의 것보다 낮으므로 SW02-SW03

LAN 세그먼트에서 SW02의 포트가 지정 포트가 된다. SW02-SW04 LAN 세그먼트도 마찬가지로, SW02의 브리지 ID가 더 낮으므로 SW02의 포트가 지정 포트가 된다. 반면, SW03과 SW04는 루트 포트가 존재하므로 해당 포트는 브리징 루프를 방지하기 위해 차단된다(그림 3.60).

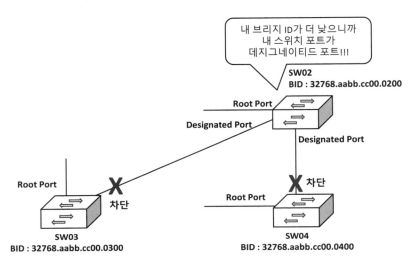

그림 3.60 루트 경로 비용이 동일하다면, 브리지 ID가 낮은 스위치의 포트가 지정 포트로 선정된다.

이제 SW03을 살펴보자. SW03은 SW01-SW03 LAN 세그먼트에 관해 루트 포트를 가지고, SW02-SW03 LAN 세그먼트의 포트는 차단됐다. 그럼 SW03-SW05 LAN 세그먼트에 연결되는 포트는 어떻게 될까?

그림에서 SW03은 SW05로 연결되는 포트로 BPDU를 전달한다. 또한 SW05 역시 SW04로부터 수신한 BPDU를 SW03으로 전달한다. 이때 두 스위치는 서로의 BPDU를 비교해 루트 스위치에 더 가까운 스위치 포트를 해당 LAN 세그먼트의 지정 포트로 지정한다. 예제 그림에서 보는 것과 같이 SW03은 루트 경로 비용 4를 가지는 BPDU, SW05는 루트 경로 비용 8을 가지는 BPDU를 전달한다. 그 결과 SW03이 더 우월한 BPDU를 가지므로 SW03의 포트가 SW03-SW05 LAN 세그먼트의 지정 포트로 선정된다(그림 3.61).

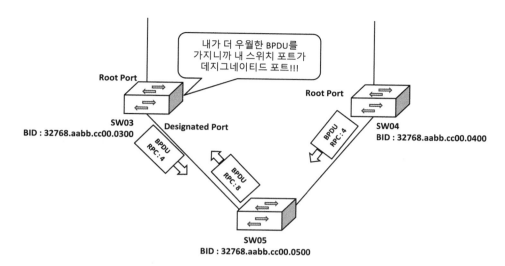

그림 3.61 우월한 BPDU의 스위치 포트가 지정 포트가 된다.

SW04의 경우는 SW03과 동일하다. 같은 상황이므로 SW04의 포트가 SW04-SW05 LAN 세그먼트의 지정 포트가 된다(그림 3.62).

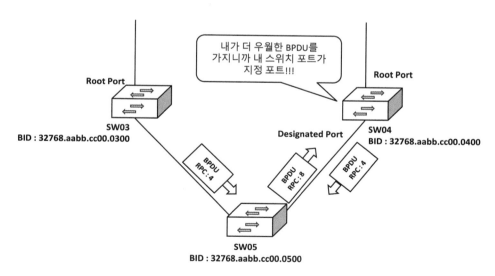

그림 3.62 우월한 BPDU의 스위치 포트가 지정 포트가 된다.

이제 SW05를 살펴보자. SW05는 SW03, SW04와 연결돼 있고, 루트 스위치와 직접 연결된 포트가 존재하지 않는다. 그러므로 SW05는 루트 스위치에 도달할 수 있는 최선의 경로를 검색한다. SW03과 SW04가 같은 링크 속도를 가지므로 모두 동일한 루트 경로 비용을 가지는 BPDU를 전달한다. 따라서 SW05는 가장 낮은 송신 브리지 ID를 가지는 BPDU가 수신되는 포트를 루트 포트로 선정한다. 예제에서 SW03이 SW04보다 낮은 브리지 ID를 가지므로 SW05는 SW03으로 연결되는 포트를 루트 포트로 선정한다(그림 3.63).

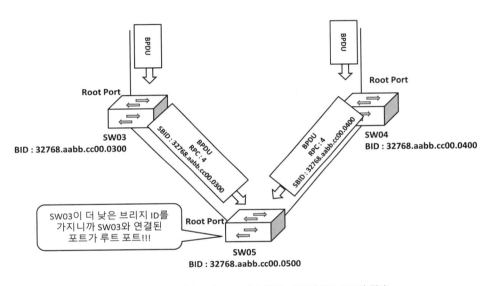

그림 3.63 낮은 브리지 ID의 BPDU가 수신되는 포트가 루트 포트가 된다.

이제 SW05는 루트 스위치로 갈 수 있는 루트 포트를 선정했다. 그럼 SW04-SW05 LAN 세그먼트의 포트는 어떻게 될까? SW04-SW05 LAN 세그먼트에서 SW04의 포트가 이미 지정 포트로 선정됐다. 그러므로 SW05의 포트는 브리징 루프를 방지하기 위해 차단돼야 한다(그림 3.64).

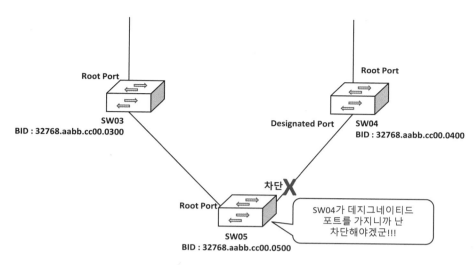

그림 3.64 열등한 BPDU의 스위치 포트는 차단된다.

이로써 브리징 루프를 방지하는 스패닝 트리의 동작으로 순환 구조의 네트워크가 나무 형태의 네트워크 구조로 바뀌었다. 이제 이 네트워크에서 브리징 루프로 인한 문제는 더 이상 발생하지 않을 것이다. 예제 네트워크는 그림 3.65와 같은 나무(트리) 형태의 네트워크 구조로 변경됐다.

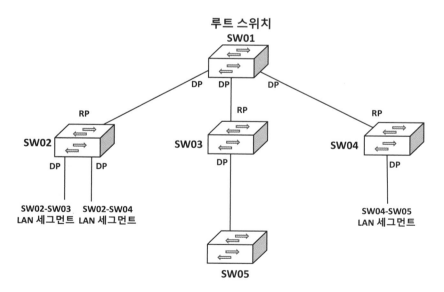

그림 3.65 STP에 의해 네트워크가 트리 형태의 네트워크로 변경됐다.

원래의 순환 구조 네트워크의 모양(그림 3.56)과 사뭇 다른 모습이다. 여기서 SW02-SW03 LAN 세그먼트와 SW02-SW04 LAN 세그먼트, SW04-SW05 LAN 세그먼트는 각각 SW02와 SW04에만 연결돼 있는 것으로 보인다. 그 이유는 각 세그먼트의 지정 포트와 루트 포트만 트래픽을 전달할 수 있고, 나머지 모든 포트는 트래픽이 차단되므로 논리적으로 연결되지 않은 것과 동일하기 때문이다.

이렇게 만들어진 나무 구조의 네트워크는 루트 스위치로부터 주기적으로 생성되는 BPDU를 수신 및 전달함으로써 유지된다는 점을 잊지 않기 바란다. 루트 스위치의 BPDU는 각 스위치의 루트 포트를 통해 수신되고, 지정 포트를 통해 전달된다. 그림 3.66은 루트 스위치의 BPDU를 통해 나무 구조의 네트워크가 유지되는 것을 보여준다.

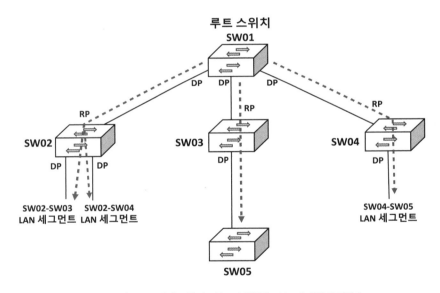

그림 3.66 나무 구조의 네트워크는 루트 스위치의 BPDU에 의해 유지된다.

지금까지 스패닝 트리 프로토콜의 동작과 그 결과로 만들어진 트리 구조의 네트워크를 알아봤다. 스패닝 트리 프로토콜의 개념은 말 그대로 브리징 루프가 존재하지 않는 트리 형태의 네트워크 구조를 만들기 위함이라는 사실과 루트 스위치라는 L2 네트워크의 중심으로 어떻게 도달하는지에 관한 결과라는 사실만 염두에 두면 그리 어렵지 않을 것이다.

3.3.8 스패닝 트리 포트 상태

스패닝 트리 프로토콜은 순환 구조 네트워크를 트리 구조의 네트워크로 만들기 위한 프로토콜이다. 순환 구조 네트워크로부터 트리 구조 네트워크로 변하는 과정에서 특정 포트는 트래픽을 전달할 수 있는 상태가 되고, 어떤 포트는 트래픽이 차단돼 전달할 수 없는 상태가 된다. 그러나 스위치 포트가 차단된 상태로부터 트래픽을 전달할 수 있는 상태가 될 때 즉각적으로 이뤄지는 것이 아니라 특정 단계를 거쳐 트래픽을 전달할 수 있는 상태가 된다. 이 절에서는 스패닝 트리 포트의 상태와 그 전이 과정을 알아본다.

스패닝 트리 프로토콜이 동작하는 스위치 포트는 각 단계별로 상태를 전이해 트래픽을 전달할 수 있는 포워딩 상태^{Forwarding Status}가 된다. 이때 각 단계별로 특정 시간 동안 머물러 해당 단계에서 수행해야 하는 사전 준비를 수행한다. 그러므로 스위치 포트가 최초 활성화될 때는 물론, 차단된 스위치 포트가 트래픽을 전달해야 하는 경우에도 정해진 포트 전이 과정을 거치는데, 이때 트래픽을 전달하지 않고 대기하는 시간을 포워딩 지연^{Forwarding Delay}이라고 한다. 포워딩 지연으로 인해 일정 시간이 지난 후에 STP 포트 상태가 전이된다. STP 동작에 의한 포트 상태를 살펴보면 아래와 같다.

1. 비활성화^{Disabled} 상태
2. 차단^{Blocking} 상태
3. 리스닝^{Listening} 상태
4. 러닝^{Learning} 상태
5. 포워딩^{Forwarding} 상태

비활성화 상태

비활성화^{Disabled} 상태는 포트 자체가 활성화되지 않아서 스패닝 트리 프로토콜이 동작하지 않는 상태를 의미한다. 쉽게 말해서, 스위치 포트 자체가 관리적으로 비활성화^{Shutdown}한 상태를 의미한다. 시스코 라우터와 달리, 시스코 스위치는 그 특성상 기본적으로 모든 포트가 활성화돼 있다. 그러므로 포트가 비활성화돼 있다는 말은 관리자가 의도적으로 shutdown 명령어를 통해 비활성화시켰다는 것을 의미한다. 참고로, 비활

성화 상태는 STP의 원래 포트 전이 과정이 아니라 시스코 스위치의 포트가 비활성화돼 있는 상태에서의 STP 포트를 표현하기 위한 STP 포트 상태다.

차단 상태

차단Blocking 상태는 포트가 STP 동작에 의해 트래픽의 전달이 금지돼 있는 상태다. 특정 포트의 트래픽 차단은 발생할 수 있는 브리징 루프를 원천적으로 방지하기 위해 해당 LAN 세그먼트에 단 하나의 지정 포트를 제외한 나머지 스위치 포트는 차단 상태를 유지한다. 그러므로 차단 상태에서 해당 포트는 그 어떤 데이터도 송수신할 수 없으며 스위치의 포워딩 테이블 또는 MAC 테이블MAC Table에 MAC 주소를 업데이트할 수 없다. 다시 말해, 모든 사용자 또는 호스트 트래픽은 차단된다(그림 3.67).

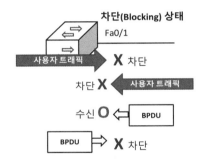

그림 3.67 차단 상태의 포트는 BPUD 수신만 하고, 그 외의 트래픽은 차단한다.

그러나 이웃하는 다른 스위치로부터의 BPDU는 수신하는데, 이는 해당 포트에 연결된 이웃 스위치를 인지하고 STP 동작을 모니터링하기 위함이다. 만약 기존의 루트 포트에 문제가 발생하거나 현재의 BPDU보다 우월한 BPDU가 이웃 스위치로부터 수신된다면, 해당 포트를 루트 포트로 선정하고 포워딩 상태로 전이돼 트래픽 전달을 수행해야 하기 때문이다.

설정 3.10 차단 상태의 STP 포트

```
SW04# show spanning-tree
```

```
VLAN0001
  Spanning tree enabled protocol ieee
  Root ID      Priority        32769
               Address         aabb.cc00.0100
               Cost            100
               Port            5(Ethernet0/0)
               Hello Time      2 sec  Max Age 20 sec  Forward Delay 15 sec

  Bridge ID    Priority        32769 (priority 32768 sys-id-ext 1)
               Address         aabb.cc00.0400
               Hello Time      2 sec  Max Age 20 sec  Forward Delay 15 sec
               Aging Time      15  sec


Interface          Role Sts  Cost      Prio.Nbr Type
----------         --- ---  ------     ------  ----------------
Et0/0              Root FWD 100         128.1   Shr
Et0/1              Altn BLK 100         128.2   Shr
```

리스닝 상태

스위치 포트가 차단 상태에서 해제되면 곧바로 트래픽을 전달할 수 있는 것이 아니라 트래픽 전달의 준비 단계인 리스닝Listening 상태가 된다. 리스닝 상태에서도 여전히 사용자 트래픽의 송수신은 금지되지만, BPDU의 송수신이 이뤄진다. 이웃 스위치로부터의 BPDU를 수신함과 동시에, 이웃 스위치로 BPDU를 전달한다. 이 말은 리스닝 상태의 포트는 본격적인 STP 동작에 참여한다는 것을 의미한다. 'Listening듣기'라는 말 그대로, 리스닝 상태에서 스위치는 이웃 스위치로부터의 정보(BPDU의 정보)를 관심 있게 확인한다.

해당 포트로 BPDU를 전달한다는 의미는 상황에 따라 해당 포트가 LAN 세그먼트의 트래픽을 전달할 수 있는 루트 포트나 지정 포트가 될 수 있다는 것을 의미한다.

리스닝 상태는 STP의 목적인 브리징 루프의 방지를 위해 사용자 트래픽은 차단한 채, 해당 LAN 세그먼트의 루트 포트 또는 지정 포트의 확인과 재선정을 위한 과정이라 이해하면 된다. 리스닝 상태에서 포워딩 지연이 발생하는데, 기본적으로 해당 포트는 15초간 리스닝 상태에 머물면서 이웃 스위치와 STP 협상을 진행한다(그림 3.68).

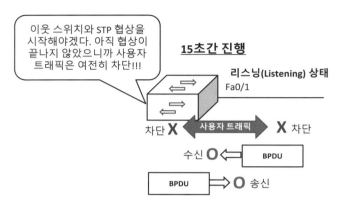

그림 3.68 리스닝 상태는 BPDU 송수신만 이뤄진다.

설정 3.11 리스닝 상태의 STP 포트

```
SW04# show spanning-tree

VLAN0001
  Spanning tree enabled protocol ieee
  Root ID    Priority    32769
             Address     aabb.cc00.0100
             Cost        100
             Port        5(Ethernet0/0)
             Hello Time  2 sec  Max Age 20 sec  Forward Delay 15 sec

  Bridge ID  Priority    32769 (priority 32768 sys-id-ext 1)
             Address     aabb.cc00.0400
             Hello Time  2 sec  Max Age 20 sec  Forward Delay 15 sec
             Aging Time  300  sec

Interface        Role Sts Cost     Prio.Nbr Type
----------       ---- --- ------   -------- ----------------
Et0/0            Root FWD 100      128.1    Shr
Et0/1            Desg LIS 100      128.2    Shr
```

러닝 상태

15초간의 리스닝 상태가 끝나면, 해당 포트는 러닝Learning 상태가 된다. 러닝 상태는 본격적인 사용자 트래픽을 전달하기 위해 준비하는 과정이다. 브리지나 스위치와 같은 2계층 장비는 트래픽을 전달하기 위해 포워딩 테이블 또는 MAC 테이블을 사용한다. 러닝 상태에서 스위치는 해당 포트를 통해 수신되는 새로운 MAC 주소를 배우고 (Learing), 즉 확인하고 포워딩 테이블을 업데이트한다. 이는 스위치가 새로운 포트로 수신되는 최소한의 주소 정보를 확보하기 위한 과정이다. Learing학습이라는 말은 해당 포트로 수신되는 새로운 주소 정보를 얻는(학습) 과정이라는 의미에서 사용됐다.

리스닝 상태와 마찬가지로, 러닝 상태에서도 포워딩 지연이 발생하는데, 리스닝 상태와 동일하게 15초간 러닝 상태에서 머물면서 새로운 주소 정보를 확보한다. 러닝 상태 역시 사용자 트래픽의 전달은 수행하지 않는다. 그러나 BPDU의 송수신은 이뤄지며, 리스닝 상태와 다른 점은 포워딩 테이블의 업데이트가 이뤄진다는 점이다(그림 3.69).

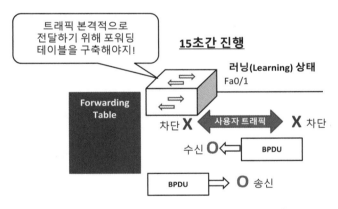

그림 3.69 러닝 상태는 포워딩 테이블을 구축하는 과정이다.

설정 3.12 러닝 상태의 STP 포트

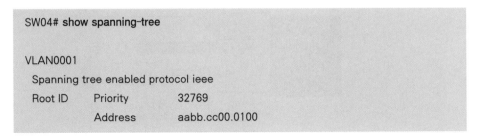

```
SW04# show spanning-tree


VLAN0001
  Spanning tree enabled protocol ieee
  Root ID    Priority      32769
             Address       aabb.cc00.0100
```

```
                Cost               100
                Port               5(Ethernet0/0)
                Hello Time         2 sec  Max Age 20 sec  Forward Delay 15 sec

    Bridge ID   Priority           32769 (priority 32768 sys-id-ext 1)
                Address            aabb.cc00.0400
                Hello Time         2 sec  Max Age 20 sec  Forward Delay 15 sec
                Aging Time         300  sec


    Interface   Role Sts  Cost        Prio.Nbr Type
    ---------   ---  ---  -------      ------   ----------------
    Et0/0       Root FWD  100          128.1    Shr
    Et0/1       Desg LRN  100          128.2    Shr
```

포워딩 상태

15초 동안의 러닝 상태가 끝나면 마침내 포트는 포워딩 상태가 된다. 포워딩 상태는
스위치 포트가 트래픽을 전달하기 위한 최종 상태다. 포워딩 상태는 일반적인 스위치
포트와 같이 모든 트래픽을 송수신할 수 있는 상태다. 다시 말해, 스패닝 트리의 동작
에 있어서 완전한 기능을 제공하는 포트 상태다. BPDU의 송수신은 물론, 사용자 트
래픽을 모두 송수신할 수 있다. 또한 포워딩 테이블에 MAC 주소 업데이트도 수행한
다(그림 3.70).

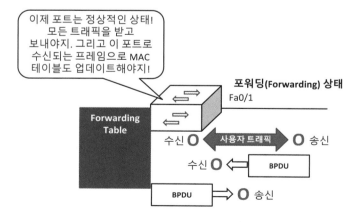

그림 3.70 포워딩 상태에서 정상적인 트래픽 송수신이 이뤄진다.

설정 3.13 포워딩 상태의 STP 포트

```
SW04# show spanning-tree

VLAN0001
  Spanning tree enabled protocol ieee
  Root ID    Priority    32769
             Address     aabb.cc00.0100
             Cost        100
             Port        5(Ethernet0/0)
             Hello Time  2 sec  Max Age 20 sec  Forward Delay 15 sec

  Bridge ID  Priority    32769 (priority 32768 sys-id-ext 1)
             Address     aabb.cc00.0400
             Hello Time  2 sec  Max Age 20 sec  Forward Delay 15 sec
             Aging Time  300 sec


Interface      Role Sts  Cost       Prio.Nbr Type
---------      ---- ---  ------     -------- ----------------
Et0/0          Root FWD  100        128.1    Shr
Et0/1          Desg FWD  100        128.2    Shr
```

STP가 동작하는 모든 스위치 포트는 정상적인 동작을 위해 앞에서 설명한 4단계의 상태를 거친다. 차단 상태에서 리스닝 상태, 그리고 러닝 상태를 거쳐야 비로소 포워딩 상태가 돼 정상적으로 트래픽을 전달할 수 있다. 여기서 알 수 있는 것은 비록 해당 포트가 활성화된다고 하더라도 곧 바로 사용할 수 있는 가용 상태, 즉 포워딩 상태가 되지 않는다는 것이다. 포트가 활성화되면 기본적으로 리스닝 상태에서 머무르는 15초와 러닝 상태에서 15초의 포워딩 지연이 발생한다.

리스닝 상태와 러닝 상태에서 요구되는 포워딩 지연뿐만 아니라 루트 스위치로부터 수신된 기존 BPDU에도 생존 시간이 존재한다. 이를 BPDU의 최대 생존 시간^{Max Age Timer}이라고 한다. BPDU의 최대 생존 시간은 20초로 정해져 있는데, 이 시간 내에 새로운 BPDU의 업데이트가 이뤄지지 않으면 해당 BPDU는 삭제된다. 앞에서 BPDU는 헬로 메시지의 역할을 동시에 수행하는데, 루트 스위치는 매 2초마다 새로운 BPDU를 송출한다. 만약 루트 스위치가 변경되거나 기존의 루트 포트가 비활성화되는 경우, 스위치는 기존의 BPDU의 생존 시간인 20초가 경과되기를 기다린 후에 새로운 루트 포트를 선출한다(그림 3.71).

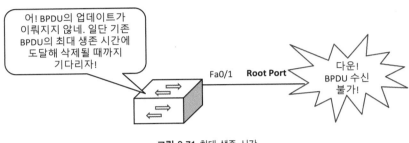

그림 3.71 최대 생존 시간

그러므로 기존의 루트 포트의 비활성화로 인해 새로운 루트 포트가 사용 가능한 상태가 되려면, 최대 50초의 시간이 요구된다. BPDU의 최대 생존 시간 20초를 기다리고, 리스닝 상태에서 15초, 그리고 러닝 상태에서 15초, 최대 총 50초를 기다린 후에 비로소 포워딩 상태가 돼 가용 상태가 된다(그림 3.72).

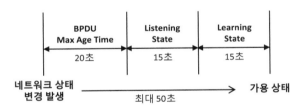

그림 3.72 STP 포트 상태 전이 시간

여기서 알 수 있는 것은 네트워크 링크를 이중화하고 스위치를 이중화한다 하더라도 일정 시간(최대 50초)의 네트워크 비활성화 상태를 피할 수 없다는 것이다. '뭐 그까짓 50초 정도야'라고 할지 모르지만, 50초 정도의 네트워크 비활성화 상태는 경우에 따라 심각한 장애로 받아들여질 수 있다. 이런 이유로 네트워크 변경으로 인한 포트 비활성화 시간을 조금이나마 줄이는 것이 요구된다. 포워딩 딜레이 시간을 줄임으로써 포트 활성화를 조금이나마 빨리 이루기 위한 기술을 RSTP^{Rapid Spanning Tree Protocol}라고 한다. RSTP는 뒤에서 자세히 설명한다.

3.4 향상된 STP 네트워크 관리

STP는 스위치 네트워크에서 예비 링크를 제공하기 위해 필수적으로 동작해야 하는 프로토콜이다. 그러나 앞에서 살펴본 것과 같이 안정적인 예비 링크를 동작시키기 위해 요구되는 조건이 적지 않다는 것을 느낄 수 있을 것이다. STP의 안정적인 동작을 위해 예비 링크를 활성화되기까지 적지 않은 시간(최대 50초)의 시간을 기다려야 한다. 그리고 이는 다중 링크로 연결되지 않은 세그먼트에 연결된 포트에까지 영향을 미친다. 그래서 이런 단점들을 극복하기 위해 제공되는 기술들이 있는데, 이 절에서는 그 기술들을 알아본다.

3.4.1 포트 패스트

STP를 구동하면 STP에 참여하는 모든 스위치 포트의 상태가 변화할 때마다 STP 포트 상태가 전이된다는 것을 확인할 수 있다. 이는 브리지 루프를 방지하기 위해 필수적인 것이라고 학습했다. 그러나 STP 포트 상태 전이로 인해 최대 50초의 포워딩 지연이 발생한다. 이는 사용자 PC가 연결된 포트, 즉 일반적인 사용자 포트에도 동일하게 적용된다.

그림 3.73을 보면, SW03의 포트 e1/0은 사용자 PC에 연결돼 있다. 사용자 PC가 연결된 사용자 포트의 상태는 사용자에 의해 빈번하게 변할 수 있다. 사용자가 PC에 연결된 랜 케이블을 제거한다거나 PC의 전원을 끄는 등의 네트워크 변화가 빈번하게 발생한다. 이때 사용자 포트의 네트워크 변화로 인해 STP의 포트 상태 전이가 발생해 포워딩 지연이 발생한다(설정 3.14).

그림 3.73 포트 패스트는 호스트 연결 스위치 포트에 설정해야 한다.

설정 3.14 사용자 포트가 STP 포트 상태 전이로 인해 포워딩 지연이 발생한다.

```
SW03#show spanning-tree

VLAN0001
  Spanning tree enabled protocol ieee
  Root ID    Priority    8193
             Address     aabb.cc00.0500
             Cost        100
             Port        1(Ethernet0/0)
             Hello Time  2 sec  Max Age 20 sec  Forward Delay 15 sec

  Bridge ID  Priority    32769 (priority 32768 sys-id-ext 1)
             Address     aabb.cc00.0200
             Hello Time  2 sec  Max Age 20 sec  Forward Delay 15 sec
             Aging Time  15  sec


Interface     Role Sts  Cost      Prio.Nbr  Type
---------     ---- ---  ------    --------  ----------------
Et0/0         Root FWD  100       128.1     Shr
Et0/1         Altn BLK  100       128.2     Shr
Et0/2         Desg FWD  100       128.3     Shr
Et0/3         Desg FWD  100       128.4     Shr
Et1/0         Desg LIS  100       128.5     Shr
Et1/1         Desg FWD  100       128.6     Shr
Et1/2         Desg FWD  100       128.7     Shr
-생략 -
```

이때 사용자는 최대 50초간 네트워크에 접속할 수 없는 상태가 된다. 여기서 한 가지 짚고 넘어가자.

STP가 필요한 이유는 스위치 간의 다중 링크가 존재하는 경우에 발생하는 브리징 루프를 원천적으로 방지하기 위해 운용된다. 그러나 사용자 포트와 같이 사용자 장비가 연결되는 포트는 네트워크의 마지막 부분에 속하는 종단 지점이다. 그러므로 종단 포트상에서 브리징 루프가 발생할 가능성은 존재하지 않는다. 그럼에도 불구하고 사용자 포트에도 동일하게 포워딩 지연 시간이 존재하기 때문에 사용자는 그런 불편함을 감수해야 한다. 그러나 만약 사용자가 자신의 노트북을 들고 각종 회의로 인해 자주 이동해야 한다면, 그 심각성은 더욱 심해지고, 결국 사용자는 이런 상황을 용납하지 못할 것이다. 그러므로 브리징 루프가 발생하지 않는 사용자 포트를 STP의 포워딩 지연으로부터 자유롭게 해야 할 필요가 있다. 이런 사용자 포트를 자유롭게 하기 위해 소개된 것이 포트 패스트PortFast인데, 오늘날 스위치 설정 시의 필수 설정 중 하나로 간주된다.

포트 패스트는 사용자 포트로 사용되는 포트에 한해 STP의 포워딩 지연을 제거할 수 있다. 이런 이유로 포트 패스트에서 새로운 STP 포트 타입이 정의되는데, 엣지 포트Edge Port가 그것이다. 사용자 PC는 네트워크의 종단 지점, 즉 가장 끝에 위치한다. 그러므로 사용자 PC나 서버와 같은 호스트가 연결되는 스위치 포트는 스위치 네트워크(L2 네트워크)의 종단에 위치하므로 다른 스위치와의 연결로 인한 브리징 루프가 발생할 가능성이 거의 존재하지 않는다.

사용자 포트에 포트 패스트를 활성화하면, 스위치는 해당 포트의 STP 상태 전이 과정을 비활성화 상태에서 바로 포워딩 상태로 변경한다. 그러므로 리스닝 상태와 러닝 상태를 제거하므로 포워딩 지연이 발생하지 않는다.

포트 패스트의 설정은 특정 개별 포트에 관해 이뤄질 수 있고, 스위치의 모든 포트에 일괄적으로 적용할 수 있다. 각 설정은 아래와 같은 명령어로 이뤄진다.

```
(config)# spanning-tree portfast default

(config-if)# spanning-tree portfast
```

'spanning-tree portfast default' 명령어는 모든 스위치 포트에 관해 일괄적으로 포트 패스트를 활성화시키는 명령어다. 이 명령어는 일반 사용자 연결을 위한 스위치, 즉 액세스 스위치에 포트 패스트를 활성화하는 데 효과적이다. 그러나 모든 스위치 포트에 일괄적으로 포트 패스트를 활성화하는 경우에는 다른 스위치와 연결되는 포트의 존재 유무를 확인하는 등의 주의를 요한다. 그 이유는 이 명령어는 스위치의 모든 포트에 관해 포트 패스트를 활성화하기 때문이다. 스위치 포트가 사용자 PC와 같은 호스트에 연결된 경우라면 아무런 상관이 없지만, 다른 스위치로 연결되는 경우에는 브리징 루프가 발생할 가능성이 존재하기 때문이다.

설정 3.15는 모든 스위치 포트에 포트 패스트를 활성화한 예를 보여준다. 여기서 확인할 수 있듯이, 명령어를 입력하면 허브나 스위치, 그리고 브리지에 연결된 포트에 관해 포트 패스트를 비활성화해야 한다는 경고 메시지가 출력된다.

설정 3.15 모든 스위치 포트에 포트 패스트 활성화

```
SW05(config)# spanning-tree portfast default
%Warning: this command enables portfast by default on all interfaces. You
 should now disable portfast explicitly on switched ports leading to hubs,
switches and bridges as they may create temporary bridging loops.
```

그러므로 다른 스위치와 연결되는 스위치 포트에 관해서 포트 패스트를 우선적으로 비활성화할 것을 권장한다. 특정 스위치 포트에 관한 포트 패스트 비활성화는 아래와 같은 명령어로 이뤄진다.

(config-if)# **spanning-tree portfast disable**

예제에서 스위치 포트 e0/0과 e0/1은 다른 스위치와 연결되는 포트다. 그러므로 이들 포트에 관해 포트 패스트를 비활성화한다(설정 3.16).

설정 3.16 특정 인터페이스에 관한 포트 패스트 비활성화

```
SW05(config)# interface range e0/0-1
SW05(config-if-range)# spanning-tree portfast disable
```

이제 스위치 포트 e0/0과 e0/1을 제외한 나머지 모든 포트에 포트 패스트를 활성화했다. 포트 패스트가 활성화됐다는 것을 확인해보자. 포트 패스트 활성화는 show spanning-tree 명령어로 확인할 수 있다(설정 3.17).

설정 3.17 포트 패스트 활성화 확인

```
SW05#show spanning-tree

VLAN0001
  Spanning tree enabled protocol ieee
  Root ID      Priority       8193
               Address        aabb.cc00.0600
               Cost           200
               Port           2(Ethernet0/1)
               Hello Time     2 sec  Max Age 20 sec  Forward Delay 15 sec

  Bridge ID    Priority       32769 (priority 32768 sys-id-ext 1)
               Address        aabb.cc00.0200
               Hello Time     2 sec  Max Age 20 sec  Forward Delay 15 sec
               Aging Time     300 sec

Interface      Role Sts Cost      Prio.Nbr Type
---------      ---- --- ------     ------ ----------------
Et0/0          Altn BLK 100        128.1  Shr
Et0/1          Root FWD 100        128.2  Shr
Et0/2          Desg FWD 100        128.3  Shr Edge
Et0/3          Desg FWD 100        128.4  Shr Edge
Et1/0          Desg FWD 100        128.5  Shr Edge
Et1/1          Desg FWD 100        128.6  Shr Edge
Et1/2          Desg FWD 100        128.7  Shr Edge
Et1/3          Desg FWD 100        128.8  Shr Edge
```

show spanning-tree의 출력에서 각 포트 타입에 'Edge'로 표현되는 부분을 확인할 수 있다. Edge는 '끝부분'을 뜻한다. 포트 패스트는 스위치 네트워크의 끝부분에 위치하는 호스트와 연결되는 스위치 포트에 한해 활성화한다. 그러므로 해당 스위치 포트가 Edge라고 표현된다는 것은 스위치 네트워크의 종단에 연결되는 포트이므로 포트패스트가 활성화됐다는 것을 의미하고 STP로 인한 포워딩 지연이 발생하지 않는다는 것을 의미한다.

각 스위치 포트의 자세한 내용은 show spanning-tree interface detail로 확인할 수 있다. 설정 3.18을 보면, 스위치 포트 e1/3이 일괄적인 설정을 통해 포트 패스트가 활성화됐다는 것을 알려준다.

설정 3.18 일괄 설정으로 포트 패스트가 활성화됐다.

```
SW05#show spanning-tree interface e1/3 detail
 Port 8(Ethernet1/3) of VLAN0001 is designated forwarding
  Port path cost 100, Port priority 128, Port Identifier 128.8.
  Designated root has priority 8193, address aabb.cc00.0600
  Designated bridge has priority 32769, address aabb.cc00.0200
  Designated port id is 128.8, designated path cost 200
  Timers: message age 0, forward delay 0, hold 0
  Number of transitions to forwarding state: 1
  The port is in the portfast mode by default
  Link type is shared by default
  BPDU: sent 89, received 0
```

만약 코어 스위치^{Core Switch}나 분배 스위치^{Distributed Switch}의 특정 스위치 포트에 포트 패스트를 활성화할 필요가 있다면, 해당 스위치 포트에 관해서만 spanning-tree portfast 명령을 사용하면 된다. 설정 3.19를 보면, 해당 포트에 포트 패스트 명령어를 입력하면 '브리징 루프가 발생할 수 있으니 주의를 요한다'는 내용의 경고문이 출력된다. 그러므로 포트 패스트는 스위치나 허브 등으로 연결되는 스위치 포트에 설정하는 것을 금지한다.

설정 3.19 개별 스위치 포트에 관한 포트 패스트 활성화

```
SW01(config)#interface e2/0
SW01(config-if)#spanning-tree portfast
%Warning: portfast should only be enabled on ports connected to a single
host. Connecting hubs, concentrators, switches, bridges, etc... to this
interface  when portfast is enabled, can cause temporary bridging loops.
 Use with CAUTION
```

```
%Portfast has been configured on Ethernet2/0 but will only
have effect when the interface is in a non-trunking mode.
```

개별 스위치 포트에 관한 포트 패스트를 활성화한 이후, show spanning-tree 명령어를 통해 포트 패스트가 활성화된 것을 확인해보자. 마찬가지로 포트 패스트가 활성화된 스위치 포트 e2/0이 Edge로 표현된 것을 확인할 수 있다(설정 3.20).

설정 3.20 포트 패스트가 활성화된 스위치 포트는 엣지 포트가 된다.

```
SW01#show spanning-tree

VLAN0001
  Spanning tree enabled protocol ieee
  Root ID    Priority      8193
             Address       aabb.cc00.0600
             This bridge is the root
             Hello Time    2 sec  Max Age 20 sec  Forward Delay 15 sec

  Bridge ID  Priority      8193  (priority 8192 sys-id-ext 1)
             Address       aabb.cc00.0600
             Hello Time    2 sec  Max Age 20 sec  Forward Delay 15 sec
             Aging Time    300 sec

Interface        Role Sts Cost      Prio.Nbr Type
--------         --- --- ------     ------   ----------------
Et0/0            Desg FWD 100       128.1    Shr
Et0/1            Desg FWD 100       128.2    Shr
Et0/2            Desg FWD 100       128.3    Shr
Et0/3            Desg FWD 100       128.4    Shr
Et1/0            Desg FWD 100       128.5    Shr
Et1/1            Desg FWD 100       128.6    Shr
Et1/2            Desg FWD 100       128.7    Shr
Et1/3            Desg FWD 100       128.8    Shr
Et2/0            Desg FWD 100       128.9    Shr Edge
Et2/1            Desg FWD 100       128.10   Shr
Et2/2            Desg FWD 100       128.11   Shr
```

포트 패스트가 활성화된 스위치 포트는 STP 동작으로 인한 포워딩 지연이 전혀 발생하지 않는다고 했다. 그러므로 특정 스위치 포트의 상태가 변하더라도 가용 상태가 되는 즉시 STP 포워딩 지연 없이 포워딩 상태가 돼 사용자 트래픽을 송수신할 수 있다 (설정 3.21).

설정 3.21 포트 패스트 활성화 포트는 포워딩 지연이 발생하지 않는다.

```
SW05(config)# interface e1/0
SW05(config-if)# shutdown
*Apr 28 00:47:04.962: %LINK-5-CHANGED: Interface Ethernet1/0, changed state to
administratively down
*Apr 28 00:47:05.968: %LINEPROTO-5-UPDOWN: Line protocol on Interface
Ethernet1/0, changed state to down
SW05(config-if)# no shutdown
*Apr 28 00:47:16.806: %LINK-3-UPDOWN: Interface Ethernet1/0, changed state to up
*Apr 28 00:47:18.814: %LINEPROTO-5-UPDOWN: Line protocol on Interface
Ethernet1/0, changed state to up

SW05# show spanning-tree

VLAN0001
  Spanning tree enabled protocol ieee
  Root ID    Priority      8193
             Address       aabb.cc00.0600
             Cost          200
             Port          2(Ethernet0/1)
             Hello Time    2 sec  Max Age 20 sec  Forward Delay 15 sec

  Bridge ID  Priority      32769 (priority 32768 sys-id-ext 1)
             Address       aabb.cc00.0200
             Hello Time    2 sec  Max Age 20 sec  Forward Delay 15 sec
             Aging Time    300 sec

Interface    Role Sts Cost      Prio.Nbr Type
---------    --- --- -------    ------ ----------------
Et0/0        Altn BLK 100       128.1  Shr
```

Et0/1	Root FWD 100		128.2	Shr
Et0/2	Desg FWD 100		128.3	Shr Edge
Et0/3	Desg FWD 100		128.4	Shr Edge
Et1/0	**Desg FWD 100**		**128.5**	**Shr Edge**
Et1/1	Desg FWD 100		128.6	Shr Edge
Et1/2	Desg FWD 100		128.7	Shr Edge

참고로, 전형적인 802.1D STP에서 제공되는 업링크 패스트UplinkFast와 백본 패스트BackboneFast는 Rapid STP와 MST에서 그 특성상 기본적으로 구현된다. 이런 이유에서 현재의 시스코 자격증 시험 항목에서도 제외됐다. 그러므로 이 책에서 이에 관한 설명은 생략하기로 한다.

3.4.2 루트 스위치 보호

나무 형태로 네트워크를 표현할 때 가장 중요한 지점이 그 기준점 역할을 수행하는 루트다. 그러므로 기준점인 루트가 변경된다면, 네트워크의 모양 자체도 완전히 다른 형태로 변경된다. STP도 마찬가지로, 루트 스위치의 안정적인 운영이 스위치 네트워크의 안정화에 큰 영향을 미친다. 관리자가 원하지 않는 스위치가 루트 스위치가 되는 경우를 방지하기 위해 선호도를 부여해 수동으로 루트 스위치를 지정하는 등의 설정을 했다.

그러나 스위치 네트워크에 새로운 스위치나 인가되지 않은 사용자 소유의 스위치 등이 연결되는 경우, 심각한 문제를 초래할 수 있다. 특히 다른 스위치로 연결되는 스위치 포트가 아닌, 일반 사용자 포트로 사용되는 스위치 포트를 통해 BPDU가 유입되는 경우, 심각한 문제가 발생할 수 있다. 일반 사용자 포트는 사용자 PC나 서버 등의 호스트가 연결된다. 그러므로 STP에 참여하는 스위치가 송출하는 BPDU가 수신되는 것을 기대할 수 없다. 그럼에도 불구하고 사용자 포트를 통해 BPDU가 유입되면, 이는 인가되지 않은 스위치로부터 송출되는 BPDU라 단정할 수 있고, 이 BPDU를 차단해야 할 필요성이 있다. 이런 문제를 사전에 차단하고자 루트 스위치를 보호하기 위한 루트 가드와 BPDU 가드를 제공한다.

3.4.2.1 루트 가드

STP가 동작하는 스위치 네트워크에서 가장 중심이 되는 루트 스위치는 스위치 상호간에 자신의 선호도를 포함한 브리지 ID를 기록한 BPDU를 교환함으로써 선출된다. 이렇게 선출된 루트 스위치는 L2 네트워크의 중심점 역할을 제공한다. 만약 루트 스위치가 예상치 않게 변경된다면, 네트워크에 심각한 문제를 초래할 수 있다. 특히 인가되지 않은 스위치가 네트워크에 연결돼 기존의 루트 스위치보다 우월한 BPDU를 송출할 때 루트 스위치가 변경되면 심각한 문제가 발생한다.

루트 가드는 기존의 루트 스위치보다 우월한 BPDU를 가지는 스위치, 즉 관리자가 원하지 않는 스위치가 루트 스위치가 되는 것을 방지하기 위한 기능이다. 특히 루트 가드는 사용자에 의해 연결된 개인 용도의 스위치가 루트 스위치가 되는 것을 방지하는데 사용된다.

루트 가드의 동작을 알아보기 전에 먼저 루트 가드가 왜 필요한지부터 알아보자. 그림 3.74를 보면, SW05는 SW03, SW04와 연결돼 있다.

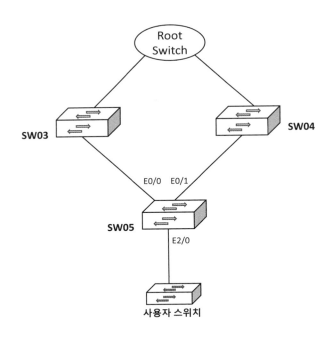

그림 3.74 루트 가드가 요구되는 상황

여기서 SW05의 e0/0과 e0/1은 업링크 스위치에 연결돼 있다. 이들 포트는 STP로 인해 하나는 루트 포트로서 포워딩 상태가 되고, 다른 하나는 차단 상태^{Blocking State}가 될 것이다. 설정 3.22에서 보는 것과 같이 현재 e0/0은 루트 포트로서 사용자 트래픽을 루트 스위치로 사용자 트래픽을 송수신할 수 있는 포워딩 상태에 있다. 만약 e0/0 루트 스위치로의 경로상에 문제가 발생하면, e0/1이 루트 포트가 돼 트래픽을 전달하는 포워딩 상태가 될 것이다.

설정 3.22 현재 E0/0이 루트 포트다.

```
SW05#show spanning-tree


VLAN0001
  Spanning tree enabled protocol ieee
  Root ID    Priority     8193
             Address      aabb.cc00.0600
             Cost         200
             Port         1(Ethernet0/0)
             Hello Time   2 sec  Max Age 20 sec  Forward Delay 15 sec

  Bridge ID  Priority     32769 (priority 32768 sys-id-ext 1)
             Address      aabb.cc00.0400
             Hello Time   2 sec  Max Age 20 sec  Forward Delay 15 sec
             Aging Time   300 sec


Interface    Role Sts Cost      Prio.Nbr Type
---------    --- --- ------     -------- ----------------
Et0/0        Root FWD 100       128.1    Shr
Et0/1        Altn BLK  100      128.2    Shr
Et0/2        Desg FWD 100       128.3    Shr Edge
Et0/3        Desg FWD 100       128.4    Shr Edge
Et1/0        Desg FWD 100       128.5    Shr Edge
Et1/1        Desg FWD 100       128.6    Shr Edge
Et1/2        Desg FWD 100       128.7    Shr Edge
```

```
Interface       Role  Sts  Cost      Prio.Nbr  Type
---------       ----  ---  ------     ------   ----------------


Et1/3           Desg  FWD  100        128.8     Shr Edge
Et2/0           Desg  FWD  100        128.9     Shr Edge
```

SW05는 e0/0과 e0/1을 제외한 나머지 모든 스위치 포트는 사용자 포트로 사용된다. 즉, 업링크 포트를 제외한 나머지 모든 스위치 포트에서 스위치 네트워크는 종단된다. 그런데 이때 e2/0을 사용하는 사용자가 임의로 자신의 스위치를 연결했다고 가정해 보자.

이런 상황은 실제 네트워크에서 얼마든지 발생할 수 있다. 일반적으로 스위치 포트로부터 연결되는 케이블은 패치 패널Patch Pannel을 통해 각 사용자의 책상으로 제공된다. 일반적으로 각 사용자는 단 하나의 스위치 포트로만 연결된다. 만약 사용자가 추가로 자신의 노트북 등 각종 시스템을 네트워크에 연결하기 위해 저가형 스위치를 구입해 네트워크에 연결했다고 가정해보자.

저가형 스위치라도 STP는 당연히 지원할 것이다. 이때 사용자 스위치가 가장 좋은 선호도를 가지도록 설정돼 기존의 루트 스위치보다 우월한 BPDU를 송출한다면, 어떤 일이 일어날까?

SW05가 기존 루트 스위치의 BPDU보다 우월한 BPDU를 e2/0을 통해 수신하면, 네트워크상의 모든 스위치는 더 우월한 BPDU를 가지는 사용자 스위치를 새로운 루트 스위치로 선정해, 부적절한 스위치가 루트 스위치가 됨으로써 네트워크의 비효율성이 발생한다. 또한 가장 위험한 상황은 관리자의 제어 밖에 위치하는 인가되지 않은 스위치가 새로운 루트 스위치가 됨으로써 네트워크상의 스위치에서 새로운 루트 포트를 활성화하기 위해 STP 상태 전이가 시작돼 네트워크의 단절이 발생한다. 사용자 스위치의 상태는 사용자에 의해 빈번하게 변할 수 있는데, 그때마다 STP 상태 전이가 발생함으로써 스위치 네트워크의 비가용 상태가 발생할 수 있는 것이다(설정 3.23).

설정 3.23 루트 스위치가 된 사용자 스위치

```
SW05#show spanning-tree


VLAN0001
  Spanning tree enabled protocol ieee
  Root ID      Priority        4097
               Address         aabb.cc00.0900
               Cost            100
               Port            9(Ethernet2/0)
               Hello Time      2 sec  Max Age 20 sec  Forward Delay 15 sec

  Bridge ID    Priority        32769 (priority 32768 sys-id-ext 1)
               Address         aabb.cc00.0500
               Hello Time      2 sec  Max Age 20 sec  Forward Delay 15 sec
               Aging Time      300 sec


Interface       Role Sts  Cost       Prio.Nbr Type
--------        --- ----  ------     ------ ----------------
Et0/0           Desg FWD 100         128.1    Shr
Et0/1           Desg FWD 100         128.2    Shr
Et0/2           Desg FWD 100         128.3    Shr Edge
Et0/3           Desg FWD 100         128.4    Shr Edge
Et1/0           Desg FWD 100         128.5    Shr Edge
Et1/1           Desg FWD 100         128.6    Shr Edge
Et1/2           Desg FWD 100         128.7    Shr Edge


Interface       Role Sts  Cost       Prio.Nbr Type
--------        --- ----  ------     ------ ----------------


Et1/3           Desg FWD 100         128.8    Shr Edge
Et2/0           Root FWD 100         128.9    Shr
=================================================================
User_Switch#show spanning-tree


VLAN0001
  Spanning tree enabled protocol ieee
```

```
Root ID      Priority         4097
             Address          aabb.cc00.0900
This bridge is the root
             Hello Time       2 sec  Max Age 20 sec  Forward Delay 15 sec

Bridge ID    Priority         4097  (priority 4096 sys-id-ext 1)
             Address          aabb.cc00.0900
             Hello Time       2 sec  Max Age 20 sec  Forward Delay 15 sec
             Aging Time  300 sec


Interface      Role Sts  Cost        Prio.Nbr  Type
---------      ---  ---- ------       ------    ----------------
Et0/0          Desg FWD  100          128.1     Shr
Et0/1          Desg FWD  100          128.2     Shr
Et0/2          Desg FWD  100          128.3     Shr
Et0/3          Desg FWD  100          128.4     Shr
Et1/0          Desg FWD  100          128.5     Shr
Et1/1          Desg FWD  100          128.6     Shr
Et1/2          Desg FWD  100          128.7     Shr
Et1/3          Desg FWD  100          128.8     Shr
```

기존의 루트 스위치를 보호하기 위해 사용되는 기술 중의 하나가 루트 가드^{Root Guard}
다. 루트 가드가 활성화된 스위치 포트에서 기존의 루트 스위치의 BPDU보다 우월한
BPDU가 유입되면 해당 스위치 포트는 error disabled 상태가 돼 스위치 포트는 비활
성화된다. 루트 가드는 특정 스위치 포트로 유입되는 우월한 BPDU^{Superior BPDU}로 인
해 원하지 않는 스위치가 루트 스위치로 선정되는 것을 방지해, 기존의 루트 스위치를
보호할 수 있게 한다.

루트 가드는 스위치의 모든 포트에 일괄적으로 적용하지 못하고, 개별 스위치 포트 단
위로 설정 가능하다. 그 설정은 아래와 같은 명령어로 이뤄진다.

   (config-if)# **spanning-tree guard root**

루트 가드가 활성화된 스위치 포트로는 그 어떤 우월한 BPDU가 유입될 수 없다. 이
말은 해당 스위치 포트는 절대 루트 포트가 될 수 없다는 것을 의미한다. 그러므로 이

미 루트 포트로 선정된 SW05의 E2/0에 해당 명령어를 입력하면, 입력 즉시 해당 포트는 err-disabled 상태가 돼 비활성화된다(설정 3.24).

설정 3.24 해당 포트가 루트 포트이면 입력 즉시 비활성화된다.

```
SW05(config)#interface e2/0
SW05(config-if)#spanning-tree guard root
SW05(config-if)#
*May  9 05:43:28.667: %SPANTREE-2-ROOTGUARD_CONFIG_CHANGE: Root
guard enabled on port Ethernet2/0.
*May  9 05:43:28.674: %SPANTREE-2-ROOTGUARD_BLOCK: Root guard
blocking port Ethernet2/0 on VLAN0001.
```

포트 상태를 확인하면, 기존의 스위치가 루트 스위치가 되고, E0/0이 루트 포트로 선정된 것을 확인할 수 있다. 또한 E2/0은 루트 가드로 인해 차단됐다는 것을 알 수 있다(설정 3.25).

설정 3.25 루트 가드로 인해 차단됐다.

```
SW05#show spanning-tree

VLAN0001
  Spanning tree enabled protocol ieee
  Root ID    Priority    8193
             Address     aabb.cc00.0600
             Cost        200
             Port        1(Ethernet0/0)
             Hello Time  2 sec  Max Age 20 sec  Forward Delay 15 sec

  Bridge ID  Priority    32769 (priority 32768 sys-id-ext 1)
             Address     aabb.cc00.0400
             Hello Time  2 sec  Max Age 20 sec  Forward Delay 15 sec
             Aging Time  15  sec

Interface     Role Sts  Cost      Prio.Nbr Type
--------      --- ----  ------    ------ ----------------
```

```
Et0/0      Root FWD 100      128.1   Shr
Et0/1      Altn BLK  100      128.2   Shr
Et0/2      Desg FWD 100      128.3   Shr Edge
Et0/3      Desg FWD 100      128.4   Shr Edge
Et1/0      Desg FWD 100      128.5   Shr Edge
Et1/1      Desg FWD 100      128.6   Shr Edge
Et1/2      Desg FWD 100      128.7   Shr Edge


Interface  Role Sts  Cost     Prio.Nbr Type
---------  ---- ---- ------    ------- ----------------


Et1/3      Desg FWD 100      128.8   Shr Edge
Et2/0      Desg BKN*100      128.9   Shr *ROOT_Inc
```

이제 사용자 포트의 선호도를 좋지 않게 변경하고, SW05에서 e2/0의 err-disabled
상태를 해제하기 위해 shutdown한 후, no shutdown을 입력해보자. 이제 사용자 스
위치가 기존 루트 스위치보다 열등한 BPDU를 가지기 때문에 E2/0은 가용 상태가 됐
다(설정 3.26).

설정 3.26 열등한 BPDU를 가지는 사용자 스위치로의 포트가 활성화됐다.

```
User_Switch(config)#spanning-tree vlan 1-1024 priority 61440
================================================================

SW05(config)#interface e2/0
SW05(config-if)#shutdown
SW05(config-if)#no shutdown
*May  9 05:50:52.968: %LINK-5-CHANGED: Interface Ethernet2/0, changed state
to administratively down
*May  9 05:50:53.970: %LINEPROTO-5-UPDOWN: Line protocol on Interface
Ethernet2/0, changed state to down
SW05(config-if)#no shutdown
SW05(config-if)#
SW05#
*May  9 05:50:56.833: %LINK-3-UPDOWN: Interface Ethernet2/0, changed state
to up
```

```
*May  9 05:50:57.834: %LINEPROTO-5-UPDOWN: Line protocol on Interface
Ethernet2/0, changed state to up

SW05#show spanning-tree

VLAN0001
  Spanning tree enabled protocol ieee
  Root ID    Priority    8193
             Address     aabb.cc00.0600
             Cost        200
             Port        1(Ethernet0/0)
             Hello Time  2 sec  Max Age 20 sec  Forward Delay 15 sec

  Bridge ID  Priority    32769 (priority 32768 sys-id-ext 1)
             Address     aabb.cc00.0400
             Hello Time  2 sec  Max Age 20 sec  Forward Delay 15 sec
             Aging Time  300 sec

Interface        Role Sts  Cost      Prio.Nbr Type
---------        ---- ---- ------     ------- ---------------
Et0/0            Root FWD  100        128.1    Shr
Et0/1            Altn BLK  100        128.2    Shr
Et0/2            Desg FWD  100        128.3    Shr Edge
Et0/3            Desg FWD  100        128.4    Shr Edge
Et1/0            Desg FWD  100        128.5    Shr Edge
Et1/1            Desg FWD  100        128.6    Shr Edge
Et1/2            Desg FWD  100        128.7    Shr Edge

Interface        Role Sts  Cost      Prio.Nbr Type
---------        ---- ---- ------     ------- ---------------

Et1/3            Desg FWD  100        128.8    Shr Edge
Et2/0            Desg FWD  100        128.9    Shr
```

루트 가드는 모든 사용자 포트에 설정하는 것을 권장한다. 그 이유는 앞에서 언급했듯
이, 인가되지 않은 사용자 스위치의 연결로 인해 스위치 네트워크의 잦은 비활성화가

발생할 수 있기 때문이다. 물론 사용자 스위치가 열등한 BPDU를 가진다면, 큰 문제는 발생하지 않을 것이라는 반문을 할 수 있을 것이다. 이 경우에도 사용자 포트에 포트 패스트 설정으로 인해 브리징 루프의 위험을 항상 내포하기 때문이다.

3.4.2.2 BPUD 가드

앞 절에서 언급했듯이, 인가되지 않은 사용자 스위치는 네트워크 관리자에 의해 일일이 관리되지 않기 때문에 스위치 네트워크에서 항상 위험을 내포하고 있다. 앞 절에서 설명한 루트 가드의 설정을 통해 무분별한 사용자 스위치의 루트 스위치화를 방지할 수 있지만, 사용자 포트에 관한 포트 패스트 설정으로 인해 브리징 루프의 가능성은 항상 내포하고 있다. 그러므로 사용자 포트에 무분별한 스위치 연결을 사전에 차단할 필요가 있다.

포트 패스트 기능은 스위치 네트워크의 종단 지점인 사용자 포트에 관한 STP 상태의 전이 과정을 최소화해 사용자 포트의 가용성을 최대한 확보함으로써 사용자에게 편의를 제공하기 위함이다. 포트 패스트가 설정된 포트는 STP 상태 전이를 하지 않고, 연결 즉시 포워딩 상태가 돼 사용자가 STP 전이 과정으로 인한 포워딩 지연 없이 스위치 네트워크에 바로 접속되도록 한다. 이런 포트 패스트의 지원은 기본적으로 '사용자 포트에는 스위치가 연결되지 않기 때문에 브리징 루프가 없다'는 전제에서 제공된다. 물론 포트 패스트가 활성화된 포트에도 STP가 동작하고 브리징 루프를 감지할 수 있지만, 매우 제한된 시간에 한하기 때문에 그 위험성을 여전히 내포하고 있다.

이렇게 포트 패스트가 활성화된 사용자 포트에 사용자가 임의로 자신의 스위치를 연결하거나, 새로운 스위치 연결 시 관리자가 잘못된 스위치 포트에 연결하는 경우에 브리징 루프가 발생할 위험이 있다. 그러므로 그 어떤 이유에서든 어떤 스위치가 사용자 포트에 연결되는 경우에 발생할 수 있는 가능성이 적은 위험을 방지하기 위해 추가로 마련된 것이 BPDU 가드^{BPDU Guard}다.

포트 패스트 설정은 모든 스위치 포트를 일괄적으로 적용할 수도 있고, 개별 인터페이스에 관해 적용할 수도 있다. 기본적으로 BPDU 가드는 포트 패스트가 활성화된 사용자 포트를 대상으로 설정하는 것을 원칙으로 하며 권장된다. 그러므로 모든 스위치 포

트에 일괄적으로 적용하는 명령어는 포트 패스트가 적용된 스위치 포트에 한해 일괄적
용된다. 그 설정 명령어는 아래와 같다.

(config)# spanning-tree portfast bpduguard default

한편, 개별 인터페이스에 한해 적용하려면, 아래 명령어를 사용하면 된다. 이 인터페이
스 명령어는 해당 인터페이스의 포트 패스트 적용 유무와 상관없이 적용된다.

(config-if)# spanning-tree bpduguard enable

만약 모든 스위치 포트에 관해 BPDU 가드를 일괄 적용했다면, 이웃 스위치와 연결된
스위치 포트에는 BPDU 가드를 비활성화해야 한다. BPDU 가드가 활성화되고 이웃하
는 스위치로부터 BPDU가 수신되면 해당 포트가 비활성화되기 때문에 반드시 BPDU
가드를 비활성화해야 한다. BPDU 가드 비활성화는 아래와 같은 명령어로 이뤄진다.

(config-if)# spanning-tree bpduguard disable

SW05는 사용자가 직접 연결되는 액세스 스위치다. 그러므로 다른 스위치로 연결되는
포트인 E0/0과 E0/1을 제외한 나머지 모든 사용자 포트에 BPDU 가드를 활성화해야
한다. 모든 사용자 포트에 BPDU 가드를 적용하기 전에 업링크 포트인 E0/0과 E0/1
에 관해 BPDU 가드 비활성화를 우선적으로 설정해야 한다(설정 3.27).

설정 3.27 업링크에 관한 BPDU 가드 비활성화

```
SW05(config)#interface range e0/0-1
SW05(config-if-range)#spanning-tree bpduguard disable
```

이제 다른 스위치와 연결되는 업링크 포트에 BPDU 가드 비활성화를 명시화했다. 그
러므로 모든 스위치 포트에 관해 BPDU 가드를 적용해도 업링크에는 적용되지 않을
것이다. 이제 모든 포트에 관해 BPDU 가드를 적용해보자. 모든 포트의 BPDU 가드
적용은 포트 패스트 명령을 통해 이뤄진다. 그러나 BPDU 가드는 포트 패스트가 활성
화된 스위치 포트에 적용되므로 포트 패스트를 활성화시킨 후, BPDU 가드를 적용해
야 한다(설정 3.28).

설정 3.28 모든 스위치 포트의 BPDU 가드 설정

```
SW05(config)# spanning-tree portfast default
SW05(config)# spanning-tree portfast bpduguard default

SW05#
*May 11 00:40:11.604: %SPANTREE-2-BLOCK_BPDUGUARD: Received BPDU on
port Et2/0 with BPDU Guard enabled. Disabling port.
SW05#
*May 11 00:40:11.604: %PM-4-ERR_DISABLE: bpduguard error detected on Et2/0,
putting Et2/0 in err-disable state
*May 11 00:40:12.610: %LINEPROTO-5-UPDOWN: Line protocol on Interface
Ethernet2/0, changed state to down
SW05#
*May 11 00:40:13.605: %LINK-3-UPDOWN: Interface Ethernet2/0, changed state to
down
SW05#
```

설정 3.28에서 볼 수 있듯이, BPDU 가드가 적용되는 순간, 사용자 스위치가 연결된 E2/0이 즉시 err-disabled가 돼 비활성화되는 것을 확인할 수 있다. BPDU 가드는 우월한 BPDU의 유입을 차단하는 루트 가드와 달리, 열등한 BPDU라도 유입되는 즉시 해당 포트를 비활성화한다.

참고로, BPDU 가드는 인가되지 않은 그 어떤 사용자 스위치, 그리고 관리자에 의해 다른 스위치와 연결하는 과정이나 올바르지 않은 포트에 연결하는 과정에서 발생할 수 있는 브리징 루프를 차단하기 위함이다. 그러나 여기서 중요한 것은 BPDU 가드는 해당 포트를 통해 유입되는 BPDU를 감지하고 해당 포트를 비활성화하는 기능이다. 그러므로 BPDU를 발생하지 않는 장비인 더미 허브^{Dummy Hub} 연결로 인한 브리징 루프는 방지할 수 없다. 그 이유는 더미 허브는 OSI 2계층 장비가 아닌 1계층 장비기 때문이다. 1계층 장비인 더미 허브는 전기 신호만 다루므로 BPDU를 생성하지 않는다. 그러므로 BPDU 가드는 물론, 브리징 루프가 더미 허브에 의해 발생하는 경우에는 STP 자체로 방지할 수 없다는 점에 유의하기 바란다.

3.4.3 루프 가드

STP를 학습하면서, 스위치 네트워크에서 가장 위험한 것이 브리징 루프라는 것을 알았다. STP를 구동시켜 자동으로 제어함으로써 네트워크상에서 발생할 수 있는 브리징 루프를 방지한다. STP 네트워크는 루트 스위치가 송출하는 BPDU의 수신과 전달 과정을 통해 브리징 루프에 자유로운 네트워크로 유지된다. 그러나 만약 루트 스위치로부터의 BPDU가 스위치 오작동 및 그 어떤 이유에서든 비정상적으로 수신되지 않았을 경우, 새로운 경로를 선택하기 때문에 브리징 루프가 발생할 위험을 내포하고 있다. 비정상적인 BPDU 수신 불가 현상이 일어나는 경우는 매우 드물지만, 작은 가능성의 브리징 루프 발생 확률도 사전에 없애야 할 필요성이 있다. 루프 가드는 이런 경우에도 브리징 루프가 발생하지 않도록 하기 위한 기능이다.

루트 스위치로의 루트 포트를 통한 경로상에 문제가 있어 BPDU가 수신되지 않으면 당연히 차단된 포트를 포워딩 상태로 전이시켜야 한다는 것은 알고 있다. 그러나 루프 가드의 경우는 이 경우와 약간 다르다. 그림 3.75를 보자.

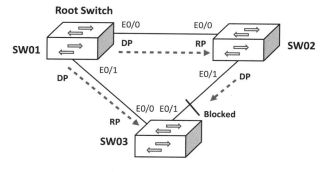

그림 3.75 루프 가드가 필요한 경우

그림 3.75에서 SW01은 루트 스위치다. SW02와 SW03은 각각 SW01로 연결되는 E0/0 포트를 루트 포트로 선정했다. 그러므로 루트 스위치 SW01의 BPDU는 이들 루트 포트를 통해 전달된다.

이 경우에서 SW03의 관점을 예로 들어보자. SW03에서 SW02와 연결된 E0/1은 STP에 의해 차단돼 있다(설정 3.29).

```
SW03#show spanning-tree


VLAN0001
  Spanning tree enabled protocol ieee
  Root ID    Priority        8193
             Address         aabb.cc00.0600
             Cost            100
             Port            1(Ethernet0/0)
             Hello Time      2 sec  Max Age 20 sec  Forward Delay 15 sec


  Bridge ID  Priority        32769 (priority 32768 sys-id-ext 1)
             Address         aabb.cc00.0200
             Hello Time      2 sec  Max Age 20 sec  Forward Delay 15 sec
             Aging Time      300 sec


Interface    Role Sts  Cost       Prio.Nbr  Type
---------    ---- ----  ------     ------    ----------------
Et0/0        Root FWD  100        128.1     Shr
Et0/1        Altn BLK  100        128.2     Shr
Et0/2        Desg FWD  100        128.3     Shr
Et0/3        Desg FWD  100        128.4     Shr
Et1/0        Desg FWD  100        128.5     Shr
Et1/1        Desg FWD  100        128.6     Shr
 - 생략 -
```

이 상태에서 루트 스위치와 연결된 E0/0으로의 경로상에 그 어떤 문제가 발생해 루트 스위치의 BPDU가 수신되지 않았다고 가정해보자. 이 경우 BPDU의 Max Age 타임이 경과하면 SW03은 기존의 루트 포트에 문제가 있다고 판단해 새로운 루트 포트를 선정한다. 그래서 SW02로 연결된 E0/0을 새로운 루트 포트로 선정한다(설정 3.30).

설정 3.30 SW03은 새로운 루트 포트를 선정한다.

```
SW03#show spanning-tree
```

```
VLAN0001
  Spanning tree enabled protocol ieee
  Root ID    Priority      8193
             Address       aabb.cc00.0600
             Cost          200
             Port          2(Ethernet0/1)
             Hello Time    2 sec  Max Age 20 sec  Forward Delay 15 sec

  Bridge ID  Priority      32769 (priority 32768 sys-id-ext 1)
             Address       aabb.cc00.0200
             Hello Time    2 sec  Max Age 20 sec  Forward Delay 15 sec
             Aging Time    15  sec


Interface      Role Sts  Cost      Prio.Nbr Type
---------      ---- ---- ------     ------ ----------------
Et0/0          Desg FWD 100        128.1  Shr
Et0/1          Root FWD 100        128.2  Shr
Et0/3          Desg FWD 100        128.4  Shr
Et1/0          Desg FWD 100        128.5  Shr
 - 생략 -
```

지금까지는 어떻게 생각하면 당연한 사실이다. 기존의 루트 포트에 문제가 발생했기 때문에 당연히 새로운 루트 포트를 선정해 서비스를 제공할 수 있어야 한다.

여기서 우리가 인지해야 할 상황은 SW01과 SW03의 링크가 완전한 다운 상태가 아니라는 점이다. 링크가 완전하게 다운상태가 된다면, 두 스위치 모두 이를 인지하고 새로운 경로를 선정할 수 있을 것이다. 그러나 링크 다운이 아닌 비정상적인 문제로 인해 BPDU의 수신이 이뤄지지 않는 경우에는 다르다. 예를 들어, 두 스위치 간의 링크에 단방향으로 문제가 발생하는 경우가 대표적이다.

통신 케이블은 대부분 송신 회선과 수신 회선을 별도로 사용한다. 광케이블, 이더넷 케이블도 그러하다. 송신 회선이나 수신 회선 중 하나의 회선에 문제가 발생하는 경우, 상호 연결된 스위치가 잘못된 루트 포트 결정을 할 가능성이 있다. 이 예제에서 SW01의 송신 회선, 즉 SW03의 수신 회선에 문제가 발생했다고 가정해보자. 이 경우 SW01

은 자신의 송신 회선에 문제가 발생됐다는 것을 인지하지 못하고 SW03과 연결돼 있다고 인지한다. 또한 SW03은 수신 라인에 문제가 발생했기 때문에 루트 스위치로부터 수신되는 BPDU의 Max Timer가 경과될 때까지 기다리다가 결국은 새로운 루트 포트를 선정한다. 물론 SW03의 기존의 루트 포트가 다운된 상태로 인식된다면, 문제가 되지 않는다. 그러나 기존의 루트 포트가 다운된 상태가 아닌 단순히 BPDU가 수신되지 않았을 경우에는 문제가 심각해진다(그림 3.76).

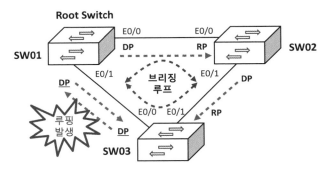

그림 3.76 비정상적인 BPDU 미수신으로 인해 브리징 루프가 발생한다.

예제 시나리오를 구현하기 위해 SW01의 E0/1에서 BPDU 필터를 설정해 강제적으로 SW03으로 BPDU가 전달되지 않도록 해보자(설정 3.31).

설정 3.31 SW03이 BPDU를 수신하지 못하도록 설정한다.

```
SW01(config)#interface e0/1
SW01(config-if)#spanning-tree bpdufilter enable
```

SW03은 자신의 루트 포트인 E0/0으로 BPDU가 수신되지 않기 때문에 SW02로 연결되는 E0/1을 새로운 루트 포트로 선정한다(설정 3.32). 여기서 한 가지 주의 깊게 봐야 할 점은 SW01과 연결된 기존의 루트 포트가 지정 포트가 돼 트래픽이 포워딩되고 있다는 점이다. 그러나 SW01은 SW03에 연결된 E0/1에 문제가 발생한 것을 인지하지 못하고 여전히 해당 포트로 트래픽을 포워딩하고 있다. 즉, 브리징 루프가 발생했다.

설정 3.32 SW03은 새로운 루트 포트를 선정한다.

```
SW03#show spanning-tree

VLAN0001
  Spanning tree enabled protocol ieee
  Root ID    Priority        8193
             Address         aabb.cc00.0600
             Cost            200
             Port            2(Ethernet0/1)
             Hello Time      2 sec  Max Age 20 sec  Forward Delay 15 sec

  Bridge ID  Priority        32769 (priority 32768 sys-id-ext 1)
             Address         aabb.cc00.0400
             Hello Time      2 sec  Max Age 20 sec  Forward Delay 15 sec
             Aging Time      300 sec


Interface      Role Sts  Cost      Prio.Nbr Type
---------      ---- ---- ------     ------ ----------------

Et0/0          Desg FWD 100         128.1    Shr
Et0/1          Root FWD 100         128.2    Shr
Et0/3          Desg FWD 100         128.4    Shr
Et1/0          Desg FWD 100         128.5    Shr
Et1/1          Desg FWD 100         128.6    Shr
Et1/2          Desg FWD 100         128.7    Shr


==================================================================

SW01#show spanning-tree

VLAN0001
  Spanning tree enabled protocol ieee
  Root ID    Priority        8193
             Address         aabb.cc00.0600
             This bridge is the root
             Hello Time      2 sec  Max Age 20 sec  Forward Delay 15 sec
```

```
Bridge ID   Priority       8193  (priority 8192 sys-id-ext 1)
            Address        aabb.cc00.0600
            Hello Time     2 sec  Max Age 20 sec  Forward Delay 15 sec
            Aging Time     300 sec


Interface   Role  Sts  Cost     Prio.Nbr Type
---------   ---- ---- ------     ------ ----------------

Et0/0       Desg FWD  100        128.1    Shr
Et0/1       Desg FWD  100        128.2    Shr
Et0/2       Desg FWD  100        128.3    Shr
Et0/3       Desg FWD  100        128.4    Shr
Et1/0       Desg FWD  100        128.5    Shr
Et1/1       Desg FWD  100        128.6    Shr
Et1/2       Desg FWD  100        128.7    Shr
Et1/3       Desg FWD  100        128.8    Shr
```

일단 실습을 위해 BPDU 필터BPDU Filter를 비활성화해 SW03이 E0/0을 다시 루트 포트로 선정하게 함으로써 발생한 브리징 루프를 해결하자(설정 3.33).

설정 3.33 발생한 브리징 루프를 해결하기 위해 BPDU 필터를 해제한다.

```
SW01(config)#interface e0/1
SW01(config-if)#spanning-tree bpdufilter disable
```

이와 같은 브리징 루프 상황을 방지하기 위해 루프 가드가 소개됐다.

루프 가드는 포워딩 상태에 있는 지정 포트가 아닌 포트에 BPDU가 수신되지 않으면 루프 인컨시스턴트Loop Inconsistent 상태로 전이시킨다. 루프 인컨시스턴트 상태란, 루프로 인해 모순되는Inconsistent 결과로 만들어진 상태의 포트를 의미한다. 루프 인컨시스턴트 상태의 포트는 STP로 인해 차단 상태Blocking State의 포트와 동일한 동작을 한다. 그 어떤 사용자 트래픽의 전달도 허용되지 않는다. 그러므로 루프 가드는 지정 포트가 아닌 모든 포트, 즉 루트 포트와 모든 대체 포트Alternate Port에 설정하는 것을 권장한다.

루프 가드의 설정은 아래와 같은 명령어로 이뤄진다.

(config-if)#spanning-tree guard loop

이제 SW03의 업링크 포트에 루프 가드를 설정해보자. SW01과 SW02로 연결된 포트인 E0/0과 E0/1에 루프 가드를 활성화한다(설정 3.34).

설정 3.34 루프 가드 활성화

```
SW03(config)#interface range e0/0-1
SW03(config-if)#spanning-tree guard loop
```

이제 다시 SW01에서 BPDU를 차단해 브리징 루프가 발생하는 환경을 재현해보자 (설정 3.35).

설정 3.35 SW01의 BPDU 차단과 SW03의 루프 가드 동작 확인

```
SW01(config)# interface e0/1
SW01(config-if)# spanning-tree bpdufilter enable
=====================================================================
SW03#show spanning-tree

VLAN0001
  Spanning tree enabled protocol ieee
  Root ID    Priority    8193
             Address     aabb.cc00.0600
             Cost        200
             Port        2(Ethernet0/1)
             Hello Time  2 sec  Max Age 20 sec  Forward Delay 15 sec

  Bridge ID  Priority    32769 (priority 32768 sys-id-ext 1)
             Address     aabb.cc00.0400
             Hello Time  2 sec  Max Age 20 sec  Forward Delay 15 sec
             Aging Time  300 sec


Interface    Role Sts  Cost      Prio.Nbr Type
--------     ---- ----  ------    -------- ----------------
```

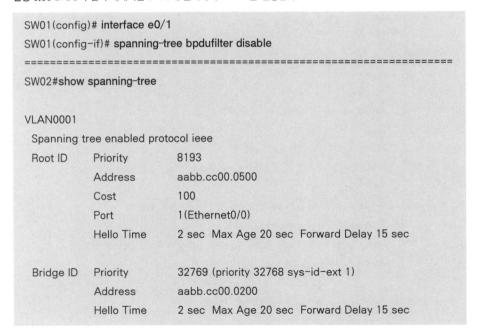

Et0/0	Desg BKN*100	128.1	Shr *LOOP_Inc
Et0/1	Root FWD 100	128.2	Shr
Et0/3	Desg FWD 100	128.4	Shr
Et1/0	Desg FWD 100	128.5	Shr
Et1/1	Desg FWD 100	128.6	Shr
Et1/2	Desg FWD 100	128.7	Shr
Et1/3	Desg FWD 100	128.8	Shr

SW03은 기존 루트 포트를 통해 BPDU가 수신되지 않자, 새로운 루트 포트를 선정하고 기존의 루트 포트를 루프 인컨시스턴트 상태로 전이시켜 트래픽을 차단하는 것을 확인할 수 있다. 즉, 브리징 루프가 발생하지 않는다.

향후, SW03의 E0/0으로 BPDU 수신이 재개되면, 수신하는 BPDU를 근거로 다시 루트 포트를 선정한다. 그래서 루트 경로 비용이 더 좋은 BPDU가 수신되는 E0/0이 루트 포트가 돼 트래픽을 포워딩하고, SW03의 E0/1 또는 SW02의 E0/1은 다시 대체 포트로서 트래픽이 차단된다(설정 3.36).

설정 3.36 BPDU 수신이 재개되면 BPDU에 근거해 루트 포트를 선정한다.

```
SW01(config)# interface e0/1
SW01(config-if)# spanning-tree bpdufilter disable
====================================================================
SW02#show spanning-tree


VLAN0001
  Spanning tree enabled protocol ieee
  Root ID    Priority     8193
             Address      aabb.cc00.0500
             Cost         100
             Port         1(Ethernet0/0)
             Hello Time   2 sec  Max Age 20 sec  Forward Delay 15 sec

  Bridge ID  Priority     32769 (priority 32768 sys-id-ext 1)
             Address      aabb.cc00.0200
             Hello Time   2 sec  Max Age 20 sec  Forward Delay 15 sec
```

```
           Aging Time      300 sec

Interface     Role Sts  Cost      Prio.Nbr Type
--------      --- ---- ------      ------ ---------------
Et0/0         Root FWD 100         128.1  Shr
Et0/1         Altn BLK 100         128.2  Shr
=================================================================
SW03#show spanning-tree


VLAN0001
  Spanning tree enabled protocol ieee
  Root ID    Priority      8193
             Address       aabb.cc00.0500
             Cost          100
             Port          1(Ethernet0/0)
             Hello Time    2 sec  Max Age 20 sec  Forward Delay 15 sec

  Bridge ID  Priority      32769 (priority 32768 sys-id-ext 1)
             Address       aabb.cc00.0100
             Hello Time    2 sec  Max Age 20 sec  Forward Delay 15 sec
             Aging Time    300 sec


Interface     Role Sts  Cost      Prio.Nbr Type
--------      --- ---- ------      ------ ---------------
Et0/0         Root FWD 100         128.1  Shr
Et0/1         Desg FWD 100         128.2  Shr
Et0/3         Desg FWD 100         128.4  Shr
Et1/0         Desg FWD 100         128.5  Shr
Et1/1         Desg FWD 100         128.6  Shr
Et1/2         Desg FWD 100         128.7  Shr
Et1/3         Desg FWD 100         128.8  Shr
```

참고로, 루프 가드는 VLAN 단위로 적용된다. 다시 말해, 여러 VLAN 트래픽을 전달하는 트렁크 포트에서 문제가 발생한 VLAN에 한해 루프 가드를 적용한다는 것이다. 그러므로 문제가 발생한 VLAN에 관해 특정 포트의 상태가 루프 인컨시스턴트로 전이

되고 나머지 VLAN에 관해 변함없이 정상적으로 동작한다는 점을 기억하기 바란다.

3.4.4 단방향 링크 탐지

일반적으로 네트워크 장비는 송수신이 가능한 양방향 통신을 기본으로 한다. 이는 네트워크 장비의 인터페이스 모듈에도 송수신을 위한 회로가 존재하지만, 네트워크 연결을 위한 케이블에도 송수신이 구분돼 있다. 모든 네트워크 장비의 인터페이스의 up/down 확인은 수신 회로 및 수신 케이블에 좌우된다. 수신 케이블을 통해 상대방의 신호가 제대로 수신되고 있다면, 해당 인터페이스는 Up 상태를 유지한다. 이런 경우에 케이블로 연결된 두 장비 중 하나는 링크가 다운됐다고 인지하고, 다른 하나는 여전히 링크에 문제가 없다고 인식한다. 이를 단방향 링크^{Unidirectional Link} 상태라 한다(그림 3.77).

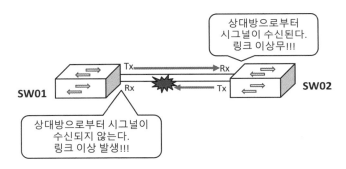

그림 3.77 송수신 페어 중 하나에 문제가 발생하면 장애 인식에 어려움이 발생한다.

이런 형태의 단방향 링크 상태가 발생한 경우, STP 관점에서 볼 때 매우 위험한 상태가 될 수 있다. 단방향 링크는 링크 다운을 감지하지 못하는 스위치가 상대방으로부터 BPDU를 수신하지 못하는 상태가 돼 브리징 루프가 발생할 수 있다.

단방향 링크에 의한 브리징 루프 발생에 관해 좀 더 자세히 알아보자. STP 동작은 BPDU에 의해 이뤄진다. BPDU는 루트 스위치로부터 생성돼 전달된다. 그림 3.78은 일반적인 STP 동작을 보여준다.

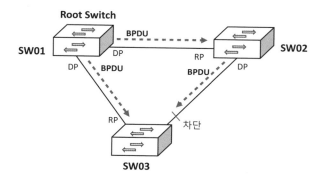

그림 3.78 일반적인 STP 동작

SW01이 루트 스위치다. 그러므로 SW01은 BPDU를 생성해 이웃하는 스위치인 SW02와 SW03으로 전달한다. SW02와 SW03은 수신하는 BPDU가 가장 좋은 BPDU이므로 BPDU를 수신하는 스위치 포트를 루트 포트로 선정한다. 여기서 SW02와 SW03간의 링크에서 STP 계산에 의해 SW03의 스위치 포트는 차단^{Blocking} 상태가 된다. 이 상태에서도 SW02의 스위치 포트는 지정 포트^{DP: Designated Port} 상태이므로 계속적으로 BDPU를 SW03으로 전달한다.

이때 SW02와 SW03 간의 링크에 문제가 발생했다고 가정해보자. SW02의 송신 케이블, 즉 SW03의 수신 케이블에 문제가 발생해 단방향 링크가 됐다. 단방향 링크 장애로 인해 SW02는 SW03으로 트래픽을 전달하지 못하는 상황이 됐다. 그러므로 SW03은 SW02로부터 BPDU를 수신하지 못한다. 이때 SW03은 SW02가 자신의 루트 포트에 문제가 발생해서 BPDU 전달을 하지 못하는 것으로 인지해 차단된 자신의 스위치 포트에 관한 STP 전이를 시작한다. 리스닝 상태, 러닝 상태를 거쳐 포워딩 상태가 돼 트래픽을 전달할 수 있는 상태인 지정 포트가 된다. 그러나 SW02는 자신이 SW02-SW03 간의 랜 세그먼트에 관한 지정 포트라고 믿고 있기 때문에 여전히 포워딩 상태를 유지한다. 이런 상태로 인해 L2 네트워크에 브리징 루프가 발생하는 것이다(그림 3.79).

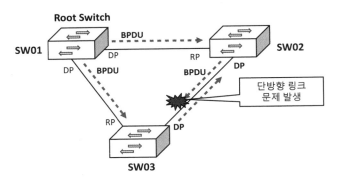

그림 3.79 단방향 링크에 의한 브리징 루프 발생

이런 단방향 링크 문제로 인한 네트워크 장애를 방지하기 위해 소개된 것이 UDLD^Unidirectional Link Detection다. 기본적으로 케이블 및 링크 문제 감지는 OSI 1계층에서 이뤄질 수 있다. 이런 방식은 수신되는 전기 신호 유무를 확인함으로써 링크 문제를 감지한다. 그러나 1계층의 전기 신호 감지로는 2계층에서의 문제점, 즉 연결되는 장비, 그리고 잘못된 링크 연결 등에 관한 문제를 감지하지 못한다. 시스코는 이런 단점을 극복하기 위해 단방향 링크 감지 프로토콜, 즉 UDLD를 소개했다.

UDLD는 2계층에서 동작한다. UDLD가 활성화된 스위치 포트는 상대 장비로 UDLD 패킷을 전달하는데, 이 UDLD 패킷에는 로컬 스위치 ID와 포트 ID, 그리고 상대 스위치 ID와 포트 ID를 포함한다(그림 3.80).

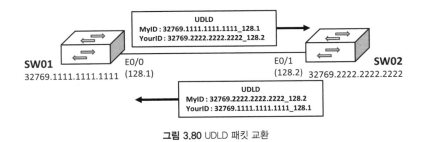

그림 3.80 UDLD 패킷 교환

상호 연결된 두 스위치는 자신의 스위치 ID와 포트 ID를 최초 UDLD 동작에서 상호 교환하고, 이후 두 스위치는 UDLD 패킷을 지속적으로 교환한다. 이때 일정 시간 동안 자신의 스위치 ID와 포트 ID를 포함한 UDLD 패킷을 수신받지 못하면, 스위치는

이를 단방향 링크로 간주하고 해당 스위치 포트를 비활성화시킨다. UDLD에 의해 비활성화된 스위치 포트는 수동으로 재활성화해야 한다.

UDLD 동작에는 일반 모드Normal Mode와 어그레시브 모드Aggressive Mode가 있다. 일반모드는 단방향 링크 상태가 감지됐을 때 해당 스위치 포트의 동작이 계속된다. 다만 해당 스위치 포트를 미확인 상태undetermined state로 표시하고, 로그 메시지를 송출한다. 어그레시브 모드는 단방향 링크 상태가 감지되면 스위치는 링크를 재설정을 위한 시도를 하고, UDLD 메시지를 송출한다. 만약 이 UDLD 메시지에 관한 응답이 수신되지 않으면, 해당 스위치 포트는 err-disable 상태가 돼 비활성화된다.

기본적으로 UDLD는 비활성화돼 있다. UDLD는 아래와 같은 명령어로 스위치 자체를 활성화할 수 있다. 참고로, UDLD는 IOU와 같은 시스코 에뮬레이터를 지원하지 않는다.

(config)# **udld {enable | aggressive | message time** *seconds***}**

이 명령어는 스위치의 모든 광코어 스위치 포트에 관해 UDLD를 활성화한다. 이는 단방향 링크가 광코어 회선에서 발생할 가능성이 매우 높아서 UDLD 활성화가 필요하기 때문이다. UDLD 일반 모드는 단순히 udld enable 명령을 사용함으로써 활성화할 수 있다. 어그레시브 모드는 udld aggressive 명령으로 활성화한다. 마지막으로 udld message time 명령으로 UDLD 메시지의 송출 주기를 지정한다. UDLD 메시지 송출 주기는 1초에서 90까지 설정 가능한데, 기본값은 7초다.

설정 3.37 스위치 자체서 UDLD를 활성화한다.

```
SW01(config)#udld enable
```

참고로, UDLD는 두 스위치 간의 UDLD 메시지 송출 주기가 달라도 정상적으로 동작한다. 각 스위치는 UDLD 메시지를 상대 스위치로부터 수신함과 동시에 반향 UDLD 메시지를 송출하기 때문에 스위치는 양방향 통신을 인지할 수 있으므로 UDLD 메시지 송출 주기가 일치할 필요가 없다.

한편, 광코어 스위치 포트가 아닌, 일반 스위치 포트와 개별 광코어 스위치 포트에 UDLD를 활성화하려면, 인터페이스 설정 모드에서 개별 스위치 포트를 활성화할 수 있다. 설정 명령어는 아래와 같다.

(config-if)# **udldport[aggressive]**

UDLD 인터페이스 설정 모드의 명령어도 일반 모드는 udld enable, 어그레시브 모드는 udld aggressive로 각각 활성화할 수 있다. 또한 스위치 자체에 UDLD를 활성화한 상태에서 특정 광코어 스위치 포트에 관한 UDLD를 비활성화하고자 한다면, udld disable 명령으로 비활성화할 수 있다.

설정 3.38 일반 스위치 포트의 UDLD 활성화 및 확인

```
SW01(config)#interface fa1/0/24
SW01(config-if)#udld port
=================================================================
SW02(config)#interface fa1/0/24
SW02(config-if)#udld port
=================================================================
SW01#show udld fa1/0/24


Interface Fa1/0/24
---
Port enable administrative configuration setting: Enabled
Port enable operational state: Enabled
Current bidirectional state: Bidirectional
Current operational state: Advertisement - Single neighbor detected
Message interval: 7
Time out interval: 5


    Entry 1
    ---
    Expiration time: 41
    Device ID: 1
    Current neighbor state: Unknown
```

```
Device name: CAT1107NJ36
Port ID: Fa1/0/24
Neighbor echo 1 device: CAT0827N36P
Neighbor echo 1 port: Fa1/0/24

Message interval: 15
Time out interval: 5
CDP Device name: SW02
```

만약 UDLD 어그레시브 모드에서 단방향 링크가 감지돼 해당 스위치 포트가 err-disabled 상태라면 단순히 udld reset 명령으로 스위치 포트를 재활성화할 수 있다.

　　# udld reset

다른 err-disabled로 인해 비활성화된 스위치 포트는 shutdown/no shutdown으로 재활성화한다는 것을 이미 알고 있을 것이다. 그러나 UDLD 문제로 비활성화된 스위치 포트는 리셋과 재활성화를 동시에 수행하기 위해 udld reset 명령어를 사용한다.

3.4.5 BPDU 필터

STP는 스위치 네트워크에서 브리징 루프를 방지하기 위해 절대적으로 운용해야 할 필수 프로토콜이다. STP를 통해 스위치 네트워크의 구조를 나무 형태의 트리 구조로 변경함으로써 브리징 루프를 방지한다. STP는 BPDU라는 메시지를 전달함으로써 동작한다. 그러나 BPDU를 전달한다는 것이 반드시 좋은 것만은 아니다. 왜냐하면 STP가 동작하는 스위치는 기본적으로 모든 포트로 BPDU를 전달한다. 그러므로 STP를 구동하지 않는 서버나 사용자 PC 등의 호스트에게 BPDU를 전달한다는 것은 불필요한 프로세싱을 강요하는 것과 같다. 이런 이유로 호스트로 연결되는 포트에 관해 BPDU의 포워딩을 차단하는 것이 좋다.

포트 패스트에서 설명했듯이, 포트 패스트가 활성화됐다고 하더라도 해당 포트에 STP가 비활성화된 것을 의미하는 것은 아니다. 포트 패스트 포트에서도 여전히 BPDU가

전달되는데, 이는 STP가 동작하는 것을 의미한다. BPDU의 송수신을 완전히 차단함
으로써 STP로부터 독립된다. 다시 말해, BPDU를 차단한다는 의미는 해당 포트에 대
해 STP를 비활성화한다는 것을 의미한다.

특정 포트에 BPDU 필터가 활성화되면, 해당 포트는 그 어떤 BPDU도 송출하지 않는
다. 그리고 해당 포트로 수신되는 모든 BPDU는 무시한다. 그러므로 STP 동작에 필
수적인 BPDU에 완전하게 독립되므로 BPDU 차단은 STP 비활성화를 의미하는 것으
로 간주된다(그림 3.81).

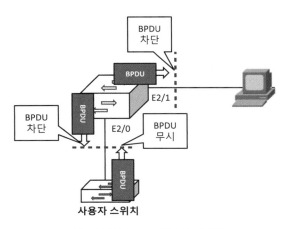

그림 3.81 BPDU 필터(BPDU Filter) 동작

BPDU 필터를 이해하면서 자연스럽게 BPDU 가드와 비교되는 것을 알 수 있다.
BPDU 필터는 특정 스위치 포트에 관해 BPDU를 차단하면서 STP 자체를 비활성화하
는 효과를 가진다. 그러나 BPDU 가드는 특정 포트로 BPDU가 수신되면 해당 포트를
err-disabled 상태로 만들어 사용할 수 없도록 한다. 이는 BPDU 가드는 해당 포트에
관해 STP가 여전히 활성화돼 있다는 것을 의미한다. 또한 BPDU 필터는 해당 포트에
BPDU 송수신 모두 차단시키지만, BPDU 가드는 수신되는 BPDU를 감지하기 때문
에 BPDU 송신은 이뤄질 수 있다.

한편, BPDU 필터는 특정 포트에 관해 STP를 비활성화하는 효과를 가지기 때문에 설
정 시 매우 신중해야 한다. 해당 포트를 통해 순환 구조 네트워크가 형성되지 않는다는

것, 즉 세그먼트에 다중 링크가 연결되지 않는다는 것을 확신한 경우에만 설정하는 것이 요구된다. 그러므로 BPDU 필터의 설정은 반드시 BPDU를 송수신할 수 없는 PC나 서버와 같은 호스트 시스템이 연결된 포트에 한해 설정돼야 한다.

BPDU 필터 설정은 모든 스위치 포트에 관해 일괄적으로 이뤄질 수 있고, 특정 스위치 포트에 관해 개별적으로 적용할 수 있는데, 그 명령어는 아래와 같다.

> (config)#spanning-tree portfast bpdufilter default
> 또는
> (config-if)#spanning-tree bpdufilter {enable | disable}

모든 스위치 포트에 관해 BPDU 필터를 적용해보자.

명령어로 알 수 있듯이, 포트 패스트의 일괄 적용을 통해 BPDU 필터 역시 일괄 적용할 수 있다(설정 3.40).

설정 3.39 포트 패스트와 BPDU 필터의 일괄 적용

```
SW05(config)#spanning-tree portfast bpdufilter default
```

첫 번째 명령어 spanning-tree portfast bpdufilter default는 모든 스위치 포트에 포트 패스트를 적용함과 동시에 BPDU 필터를 적용하기 위한 명령어다. 여기서 BPDU 필터는 포트 패스트와 동시에 적용된다. 브리징 루프의 위험이 없는 사용자 포트만 포트 패스트 설정이 권장되므로 이런 사용자 포트에 BPDU 필터를 동시에 적용할 수 있다. 포트 패스트의 일괄 적용 시 다른 스위치가 연결된 포트에 관해 포트 패스트를 비활성화해야 한다고 했다. 그러나 BPDU 필터의 일괄 적용은 포트 패스트가 활성화된 포트에 한해 적용된다. 만약 포트 패스트가 비활성화된 포트가 존재한다면, 해당 포트에 관한 BPDU 필터 역시 적용되지 않는다는 점을 기억하기 바란다.

설정 3.40을 보면, 일괄 적용을 통해 SW05의 e2/1에 BPDU 필터가 적용된 것을 알 수 있다. 그러나 포트 패스트가 비활성화된 업링크 포트에는 BPDU 필터가 적용되지 않은 것을 알 수 있다.

설정 3.40 BPDU 필터 적용 여부 확인

```
SW05#show spanning-tree interface e2/1 detail
 Port 10(Ethernet2/1) of VLAN0001 is designated forwarding
   Port path cost 100, Port priority 128, Port Identifier 128.10.
   Designated root has priority 8193, address aabb.cc00.0600
   Designated bridge has priority 32769, address aabb.cc00.0400
   Designated port id is 128.10, designated path cost 200
   Timers: message age 0, forward delay 0, hold 0
   Number of transitions to forwarding state: 1
 The port is in the portfast mode by default
   Link type is shared by default
 Bpdu filter is enabled by default
   BPDU: sent 11, received 0


SW05#show spanning-tree interface e0/0 detail
 Port 1(Ethernet0/0) of VLAN0001 is root forwarding
   Port path cost 100, Port priority 128, Port Identifier 128.1.
   Designated root has priority 8193, address aabb.cc00.0600
   Designated bridge has priority 32769, address aabb.cc00.0200
   Designated port id is 128.4, designated path cost 100
   Timers: message age 3, forward delay 0, hold 0
   Number of transitions to forwarding state: 1
   Link type is shared by default
   BPDU: sent 5, received 171
```

마찬가지로, SW05의 e2/1에 관해 포트 패스트를 비활성화하면 해당 포트에 관한 BPDU 필터도 비활성화된다(설정 3.41).

설정 3.41 포트 패스트를 비활성화하면 BPDU 필터도 비활성화된다.

```
SW05(config)# interface e2/1
SW05(config-if)# spanning-tree portfast disable


SW05# show spanning-tree interface e2/1 detail
 Port 10(Ethernet2/1) of VLAN0001 is designated forwarding
   Port path cost 100, Port priority 128, Port Identifier 128.10.
```

```
Designated root has priority 8193, address aabb.cc00.0600
Designated bridge has priority 32769, address aabb.cc00.0400
Designated port id is 128.10, designated path cost 200
Timers: message age 0, forward delay 0, hold 0
Number of transitions to forwarding state: 1
Link type is shared by default
BPDU: sent 21, received 0
```

기본적으로 BPDU 필터의 일괄 적용은 포트 패스트 적용 유무에 달려 있다. 만약 포트 패스트 활성화와 무관하게 BPDU 필터를 적용하고자 하거나 특정 포트에 한해 BPDU 필터를 적용하고자 한다면, 두 번째 명령어인 spanning-tree bpdufilter enable을 사용하면 된다(설정 3.42).

설정 3.42 개별 스위치 포트에 관한 BPDU 필터 적용

```
SW05(config)# interface e2/1
SW05(config-if)# spanning-tree bpdufilter enable

SW05# show spanning-tree vlan 1 interface e2/1 detail
Port 10(Ethernet2/1) of VLAN0001 is designated forwarding
  Port path cost 100, Port priority 128, Port Identifier 128.10.
  Designated root has priority 8193, address aabb.cc00.0600
  Designated bridge has priority 32769, address aabb.cc00.0400
  Designated port id is 128.10, designated path cost 200
  Timers: message age 0, forward delay 0, hold 0
  Number of transitions to forwarding state: 1
  Link type is shared by default
Bpdu filter is enabled
  BPDU: sent 22, received 0
```

BPDU 필터가 적용된 스위치 포트에 관해 BPDU 필터를 비활성화하고자 한다면, 인터페이스 설정 명령어인 spanning-tree bpdufilter disable을 적용하면 된다(설정 3.43).

```
SW05(config)# interface e2/1
SW05(config-if)# spanning-tree bpdufilter disable
```

지금까지 BPDU 필터에 관해 알아봤다. BPDU 필터는 스위치 포트에 관해 BPDU의 송수신을 완전히 차단하기 위함이다. 그러므로 이는 해당 포트에 STP를 비활성화하는 효과를 가진다는 것을 명심하기 바란다.

3.5 포워딩 지연 단축을 위한 기술

우리가 장비 이중화를 구현하는 가장 큰 이유는 단절 없는 서비스 제공을 위해서다. 장비 이중화를 구현했음에도 불구하고 50초간의 서비스 단절은 무시할 수 없는 긴 지연 시간이다. 포워딩 지연 시간을 단축하기 위해, IEEE는 기존의 802.1D의 STP를 향상시킨 버전인 802.1w를 발표하고, 이를 Rapid STP, 즉 RSTP로 명명했다.

3.5.1 RSTP의 개념

RSTP는 기본적으로 기존 802.1D STP와 호환은 되지만, 다른 형태로 동작한다. 가장 먼저 개선된 사항은 빠른 서비스 회복을 위해 STP 상태 전이에 변화가 있다.

802.1D STP에서 다섯 가지의 STP 상태, 즉 비활성화^{Disabled}, 블로킹^{Blocking}, 리스닝^{Listening}, 러닝^{Learning}, 포워딩^{Forwarding} 상태가 존재하는데 반해, RSTP에서는 그림 3.82와 같이 세 가지 상태만 정의한다.

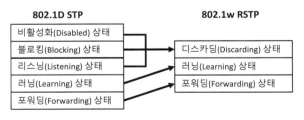

그림 3.82 802.1D와 RSTP(802.1w) 포트 상태 정의

기존 STP의 비활성화 상태, 차단 상태Blocking State와 리스닝 상태는 RSTP에서 디스카딩 상태Discarding State로 통합됐다. 기존 STP의 이들 포트 상태의 공통점은 사용자 트래픽을 포워딩하지 않고 폐기시킨다는 것이다. 그러므로 RSTP에서는 이들을 하나의 포트 상태로 통합하는데, '사용자 트래픽을 포워딩하지 않고 폐기한다Discard'라는 의미의 디스카딩Discarding 상태로 정의한다. 디스카딩 상태의 포트는 사용자 트래픽을 포워딩하지 않을 뿐만 아니라 수신하지도 않고 출발지 MAC 주소 또한 학습하지 않는다. 그러나 디스카딩 상태에서도 BDPU를 보내고, 수신하는 BPUD에 관한 프로세싱은 계속적으로 이뤄진다는 점을 기억하기 바란다. 또한 스위치 간의 시그널링 프로토콜, 즉 VTP나 CDP 등의 송수신도 지속적으로 이뤄진다.

한편, 기존 STP 포트 타입인 루트 포트와 지정 포트 이외에 대체 포트Alternate Port와 백업 포트Backup Port가 추가됐다. 루트 포트와 지정 포트는 기존 STP 포트에서 정의한 것과 동일하게 동작하므로 여기서 다시 설명하지 않겠다.

대체 포트는 현재의 루트 포트가 비가용 상태가 되는 경우, 루트 포트를 대체할 수 있는 포트를 의미한다. 즉, 루트 스위치로의 대체 경로를 제공하는 포트를 의미한다. 여기서 대체 경로는 루트 포트가 제공하는 경로 다음의 차선 경로가 선택된다.

그림 3.83은 루트 포트와 대체 포트가 결정되는 것을 보여준다. 그림에서 E0/0의 경로는 루트 스위치까지 경로값Path Cost이 4이고, E0/1은 10의 경로값을 가진다. 루트 스위치로의 경로값이 가장 적은 E0/1이 루트 포트로 선정된다. 그리고 두 번째로 적은 경로값을 가지는 E0/1이 대체 포트로 선정돼 루트 포트의 백업 역할을 수행한다. 만약 경로 비용이 동일하다면, 포트 ID 등으로 루트 포트와 대체 포트를 결정한다. 대체 포트는 기존 루트 포트가 가용 상태인 경우, 항상 차단 상태를 유지한다.

루트 스위치

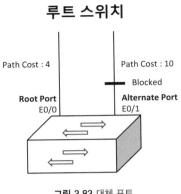

그림 3.83 대체 포트

백업 포트는 하나의 랜 세그먼트에 여러 개의 포트가 동시에 연결되는 경우에 사용되는데, 이는 지정 포트의 백업을 의미한다. 하나의 세그먼트에 단 하나의 지정 포트가 선출된다는 것은 이미 알고 있을 것이다. 만약 허브와 같이 하나의 랜 세그먼트에 여러 개의 포트가 연결되는 환경인 경우, 복수의 포트가 동일한 랜 세그먼트에 연결된다.

기존 802.1D STP 환경에서는 단 하나의 지정 포트만 선정하고 나머지 모든 포트는 차단한다. 백업 포트는 선출된 기존 지정 포트가 비가용 상태가 되는 경우에 새로운 지정 포트의 역할을 즉각적으로 수행하기 위해 사용된다. 백업 포트는 현재의 지정 포트가 가용 상태일 때 항상 차단 상태를 유지한다(그림 3.84).

루트 스위치

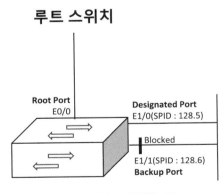

그림 3.84 지정 포트와 백업 포트

292

다시 한 번 정리하면, 대체 포트는 루트 포트의 비가용 상태를 대비한 포트고, 백업 포트는 지정 포트의 비가용 상태를 대비한 포트라는 사실에 유념하기 바란다.

RSTP에서는 각 포트의 유형Type 또한 정의하는데, 포트 유형은 엣지 포트Edge Port, 공유 포트Shared Port, 그리고 점대점 포트Point-to-Point Port로 구분한다.

엣지 포트는 포트 패스트를 통해 이미 알고 있는 포트 유형이다. 이는 네트워크 종단으로 연결되는 포트를 의미하는데, 이는 단말 장비에 연결되는 포트를 의미한다(그림 3.85). 스위치 네트워크 종단으로 연결되는 포트이므로 일반적으로 포트 패스트 설정에 의해 정의된다. 포트 패스트가 활성화된 스위치 포트로 BPDU를 송출하지 않기 때문에 STP 상태 전이는 지연 없이 바로 포워딩 상태로 진행된다. 그러나 만약 엣지 포트를 통해 BPDU가 유입되면 스위치는 즉각적으로 포트 패스트를 비활성화하고, STP 프로세싱을 진행해 해당 포트를 적절한 STP 상태로 전이시킨다.

그림 3.85 엣지 포트

설정 3.44 엣지 포트 설정(포트 패스트 설정)

```
SW04(config)#interface range e3/0-3
SW04(config-if-range)#spanning-tree portfast
%Warning: portfast should only be enabled on ports connected to a single
host. Connecting hubs, concentrators, switches, bridges, etc... to this
interface  when portfast is enabled, can cause temporary bridging loops.
 Use with CAUTION

%Portfast will be configured in 5 interfaces due to the range command
but will only have effect when the interfaces are in a non-trunking mode.
SW04(config-if-range)#
SW04#sh
*Aug  1 06:14:01.437: %SYS-5-CONFIG_I: Configured from console by console
```

```
SW04#show spanning-tree

VLAN0001
  Spanning tree enabled protocol rstp
  Root ID    Priority     4097
             Address      aabb.cc00.0500
             Cost         200
             Port         5(Ethernet1/0)
             Hello Time   2 sec  Max Age 20 sec  Forward Delay 15 sec

  Bridge ID  Priority     32769 (priority 32768 sys-id-ext 1)
             Address      aabb.cc00.0300
             Hello Time   2 sec  Max Age 20 sec  Forward Delay 15 sec
             Aging Time   300 sec


Interface    Role Sts  Cost       Prio.Nbr Type
---------    ---- ---- ------     ------ ----------------
Et0/0        Desg FWD  100        128.1    Shr
- 중략 -
Et2/1        Desg FWD  100        128.10   Shr
Et2/2        Desg FWD  100        128.11   Shr
Et2/3        Desg FWD  100        128.12   Shr
Et3/0        Desg FWD  100        128.13   Shr Edge
Et3/1        Desg FWD  100        128.14   Shr Edge
Et3/2        Desg FWD  100        128.15   Shr Edge
Et3/3        Desg FWD  100        128.16   Shr Edge
```

공유 포트는 RSTP 동작 스위치를 통해 2대 이상의 스위치가 연결될 수 있는 스위치 포트를 의미한다(그림 3.86). 이는 기본적으로 허브[Hub]나 STP를 지원하지 않는 스위치에 연결되는 경우에 나타난다. 공유 포트는 하나의 스위치 포트에 여러 대의 스위치가 연결될 수 있기 때문에 브리징 루프가 발생할 우려가 많다. 그러므로 공유 포트에서는 RSTP 역시 일반적인 STP와 유사하게 각종 타이머에 의한 지연으로 인해 STP 상태 전이가 느려질 수 있다.

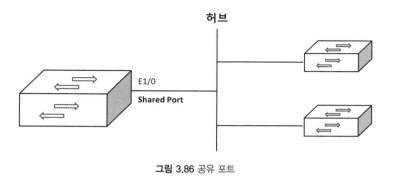

허브

E1/0
Shared Port

그림 3.86 공유 포트

설정 3.45 공유 포트 확인

```
SW01# show spanning-tree


VLAN0001
  Spanning tree enabled protocol rstp
  Root ID    Priority      4097
             Address       aabb.cc00.0500
             This bridge is the root
             Hello Time    2 sec  Max Age 20 sec  Forward Delay 15 sec

  Bridge ID  Priority      4097   (priority 4096 sys-id-ext 1)
             Address       aabb.cc00.0500
             Hello Time    2 sec  Max Age 20 sec  Forward Delay 15 sec
             Aging Time    300 sec


Interface    Role  Sts  Cost     Prio.Nbr  Type
---------    ----  ----  ------    ------    ----------------
Et0/0        Desg  FWD  100      128.1     Shr
Et0/1        Desg  FWD  100      128.2     Shr
Et0/2        Desg  FWD  100      128.3     Shr
Et0/3        Desg  FWD  100      128.4     Shr
Et1/0        Desg  FWD  100      128.5     Shr
Et1/1        Desg  FWD  100      128.6     Shr
Et1/2        Desg  FWD  100      128.7     Shr
Et1/3        Desg  FWD  100      128.8     Shr
```

공유 포트는 일반적인 STP와 유사하게 동작하므로 빠른 STP 전이를 기대하기 어려울 수 있지만, 오늘날의 대부분의 스위치 네트워크에는 허브나 STP를 지원하지 않는 스위치를 사용하지 않는다. 그러므로 거의 모든 스위치 포트는 특정 스위치나 호스트에 일대일로 연결된다. 이와 같이 스위치 포트가 다른 스위치와 일대일로 연결되는 경우, 이 스위치 포트를 점대점 포트로 지정할 수 있다.

점대점 포트는 RSTP 스위치를 통해 단 하나의 스위치와 연결될 수 있는 스위치 포트다. 실제 RSTP의 전이 속도의 이점을 취하는 것은 오직 점대점 포트다. 그러나 스위치가 실제 공유 포트와 점대점 포트를 자동으로 구별할 수 있는 방법은 없다. 그래서 시스코 스위치는 전송 방식을 통해 구별한다. 만약 스위치 포트가 반이중 전송 방식을 사용하면 허브가 연결된 것으로 가정하고 공유 포트로 인지한다. 그리고 전이중 전송 방식을 사용하면 점대점 포트로 인지한다. 시스코 스위치의 기본 설정에 따른 전송 방식은 협상을 통해 결정하는 자동 방식이다. 여하튼 스위치 포트의 전송 방식에 따라 RSTP 스위치 포트의 타입이 결정된다. 그러므로 RSTP 스위치 포트 타입의 기본 설정 역시 전송 방식에 따라 결정된다.

설정 3.46 RSTP 스위치 포트 타입 결정

```
SW01# show interfaces fa1/0/24 status

Port          Name        Status       Vlan      Duplex  Speed Type
Fa1/0/24                  connected    1         a-full  a-100 10/100BaseTX

SW01# show spanning-tree interface fa1/0/24

Vlan          Role Sts  Cost      Prio.Nbr  Type
--------      ---- ---- ------    ------    ---------------

VLAN0001      Desg FWD  19        128.26    P2p

SW01(config)# interface fa1/0/24
SW01(config-if)# duplex half
```

```
SW01# show spanning-tree interface fa1/0/24

Vlan           Role Sts  Cost        Prio.Nbr Type
--------       ---  ---- ------      ------  --------------
VLAN0001       Desg FWD  19          128.26  Shr
```

(참고) IOU 미지원으로 실제 장비에서 확인

그러나 이와 같은 방식의 링크 타입의 결정은 완전하게 확신할 수 없다는 점이다. 보다 확실한 링크 타입 결정을 위해 관리자가 직접 RSTP 스위치 포트의 링크 타입을 강제로 변경할 수 있다. RSTP 링크 타입을 변경하려면, 아래 명령어를 입력하면 된다.

(config-if)# **spanning-tree link-type {point-to-point | shared}**

설정 3.47 STP 링크 타입 변경

```
SW01(config)# interface e0/2
SW01(config-if)# spanning-tree link-type point-to-point

SW01# show spanning-tree interface e0/2

Vlan           Role Sts  Cost        Prio.Nbr Type
--------       ---  ---- ------      ------  --------------
VLAN0001       Desg FWD  100         128.3   P2p
VLAN0010       Desg FWD  100         128.3   P2p
VLAN0020       Desg FWD  100         128.3   P2p
```

3.5.2 RSTP의 BPDU

일반적인 STP는 설정과 통보를 위한 두 종류의 BPDU(Configuration BPDU와 TCN BPDU)로 동작한다. 그러나 RSTP는 단 한 종류의 BPDU를 통해 브리징 루프 없는 네트워크를 형성함과 동시에 네트워크 변화에 따른 통보를 수행한다. 이 말은 RSTP에는 TCN BPDU를 따로 마련하지 않는다는 것을 의미한다.

여기서 802.1D, 즉 일반적인 STP에서 살펴본 BPDU 포맷을 다시 살펴보자. 그림 3.87은 BPDU 포맷을 보여준다.

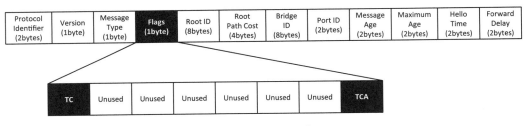

그림 3.87 BPDU 포맷

RSTP의 동작을 이해하기 위해 가장 중요하게 고찰해야 할 정보가 플래그^{Flags} 필드다. 플래그는 1바이트, 즉 8비트로 이뤄진다. 이 중에서 802.1D는 TC와 TCA 비트, 단 2 비트를 사용한다. 이는 802.1D의 설정 BPDU^{Configuration BPDU}와 TCN BPDU를 구별하기 위해 사용된다. 그러나 RSTP(802.1W)는 사용하지 않는 나머지 6비트를 사용해 동작한다.

RSTP의 플래그를 살펴보자. 그림 3.88은 RSTP BPDU에서의 플래그를 보여준다. 그림에서 보듯이, 802.1D에서 사용하지 않는 나머지 6비트까지 사용해 BPDU의 역할을 구분한다. 그러나 마지막 일곱 번째 비트인 TCA 비트는 RSTP에서 사용되지 않는다.

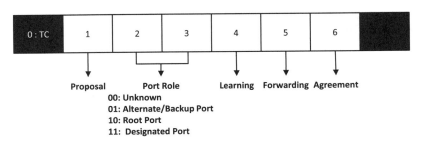

그림 3.88 RSTP의 BPDU 플래그 필드

RSTP는 제안^{Proposal}과 확인^{Agreement}뿐만 아니라 포트 역할^{Port Role}과 러닝^{Learning} 비트와 포워딩^{Forwarding} 비트를 제공한다. 특히 포트 역할 비트를 통해 단방향 링크에 의한 문제를 방지할 수 있다. 단방향 링크에 의한 문제는 앞에서 설명한 내용을 참고하기 바란다.

802.1D는 루트 스위치가 설정 BPDU를 생산하고, 루트가 아닌 모든 스위치는 단순히 루트 스위치로부터 수신되는 BPDU를 지정 포트를 통해 중계한다. 따라서 네트워크에 변화가 발생할 때 BPUD의 최대 생존 시간$^{Max\,Age\,Time}$이 만료될 때까지 기다린 후, 새로운 루트 스위치를 선정한다. 이것이 802.1D의 지연 시간이 길어지는 이유다. 그러나 RSTP에서 모든 스위치는 루트 스위치로부터 수신한 BPDU를 근거로 자신의 BPDU를 생산해 전달한다. 이는 자신의 존재 여부를 알리는 헬로 메시지의 역할을 제공하는 효과가 있다. 그러므로 특정 스위치 포트에 연결된 이웃 스위치가 빠른 시간 안에 문제를 인지할 수 있게 한다. 이때 이웃 스위치는 주기적인 BPDU 시간의 3배되는 시간이 초과되면 해당 링크에 문제가 발생했다고 간주한다(그림 3.89).

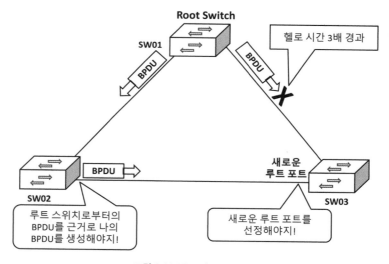

그림 3.89 RSTP의 BPDU 전달

모든 스위치가 자신의 BPDU를 생산해 전달하므로 열등한 BPDU를 수신하면 해당 BPDU를 단순히 무시한다. 그러나 더 좋은 BPDU를 수신하는 즉시 루트 포트를 재선정할 수 있다. 그러므로 RSTP는 일반적인 STP보다 빠르게 네트워크 변화를 감지하고 대처할 수 있다.

이제 스위치가 RSTP에 참여하는 과정을 자세히 알아보자.

기본적으로 RSTP에 참여하는 스위치는 각 스위치 포트의 RSTP 포트 상태를 결정해야 하는데, 엣지 포트가 아닌 모든 스위치 포트Non-Edge Port는 디스카딩 상태로 시작한다. 디스카딩 상태는 사용자 트래픽의 전달은 이뤄지지 않지만, BPDU의 교환은 여전히 가능하다(그림 3.90).

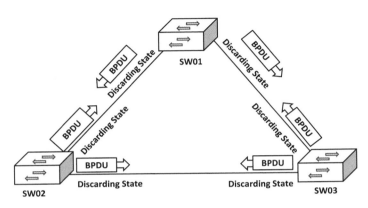

그림 3.90 RSTP 스위치 포트의 상태는 디스카딩 상태로 시작한다.

디스카딩 상태에서 스위치 간의 BPDU의 교환이 이뤄지고, 이를 통해 루트 스위치가 결정된다. 루트가 아닌 모든 스위치는 우월한 BPDU가 수신되는 스위치 포트를 루트 포트로 선정한다.

RSTP 동작은 디스카딩 상태에서 RSTP 스위치가 제안 BPDU Proposal BPDU를 보냄으로써 시작한다. 스위치가 제안 BPDU를 보낸다는 의미는 자신의 스위치 포트가 지정 포트가 되겠다는 의미다(그림 3.91). 한편 이에 관해 동의 BPDU Agreement BPDU를 보내는 스위치는 제안 BPDU를 수신하는 스위치 포트를 루트 포트로 선정하겠다는 것을 나타낸다. 이 말을 풀어보면, 제안 BPDU를 보내는 스위치는 자신이 우월한 BPDU를 가지고 있다는 것을 의미한다. 또한 이에 관한 동의 BPDU를 보내는 스위치는 상대의 우월한 BPDU를 동의한다는 의미다.

그림 3.91 제안 BPDU(Proposal BPDU)와 동의 BPDU(Agreement BPDU)의 의미

한편 그림 3.92에서 보듯이, SW01로부터 제안 BPDU를 수신하는 SW02가 우월한 BPDU를 가진다면, SW01로부터의 BPDU가 우월하다는 것에 동의하지 않을 것이다. 이때 SW02는 자신의 제안 BPDU를 보내어 자신이 우월한 BPDU를 가진다는 것을 알린다. 그리고 SW01은 이에 동의하기 위해 동의 BPDU를 보낸다. 그 결과 SW01의 스위치 포트는 루트 포트로 선정함으로써 SW02 방향에 루트 스위치가 존재한다는 것으로 인지한다.

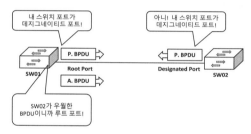

그림 3.92 제안 BPDU)에 관한 다른 제안 BPDU로 응답

이것이 제안 BPDU와 동의 BPDU를 사용한 RSTP 스위치 간의 대화다. 이를 기본 지식으로 네트워크에서 RSTP 스위치의 동작을 살펴보자.

그림 3.93에서 SW01은 SW02로 제안 BPDU를 보낸다. 이때 SW02는 SW01의 제안 BPDU를 살펴본 후 자신의 BPDU보다 우월한 것을 인지하고 이를 받아들이기 위해 동의 BPDU로 응답한다. 이후, SW01의 스위치 포트는 지정 포트가 된다. 그리고 SW02의 스위치 포트는 이를 루트 포트로 지정한다.

그런데 SW01과 SW03의 대화는 이와 사뭇 다르다. SW03이 먼저 제안 BPDU를 보낸다. 그러나 SW01은 자신의 BPDU가 더 우월하다는 사실을 인지하고, 동의 BPDU

대신 제안 BPDU를 역으로 보냄으로써 자신이 더 우월한 BPDU를 가지고 있다는 사실을 알린다. SW03은 이에 동의하는 동의 BPDU를 보내고 해당 스위치 포트를 루트 포트로 선정한다(그림 3.93).

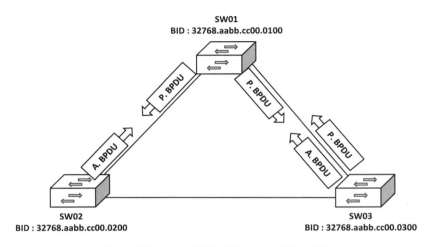

그림 3.93 최초의 RSTP 동작은 제안 BPDU의 전파로 시작한다.

SW03이 SW01에게 제안 BPDU를 보낼 때, 동시에 SW02로도 보낸다. 이를 수신한 SW02는 이미 SW01로부터 수신한 제안 BPDU를 통해 루트 포트를 선정했다. 그러므로 SW02는 SW03으로부터 수신한 제안 BPDU에 응답하지 않는다. 다만 해당 스위치 포트를 러닝 상태를 보낸 후, 대체 포트로 지정한다. 대체 포트는 제안 BPDU를 수신하지만, 동의 BPDU를 보내지는 않는다(그림 3.94).

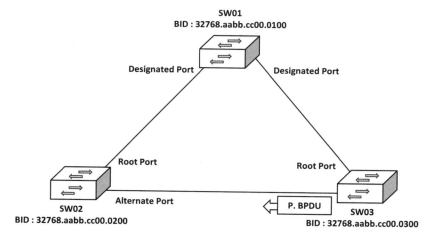

그림 3.94 대체 포트는 제안 BPDU를 수신만 할 뿐,
동의 BPDU를 보내지는 않는다.

한편, 스위치가 제안 BPDU를 수신하면 즉각적으로 모든 비엣지 포트^{Non-Edge Port}를 디스카딩 상태로 전이시킨다. 이는 기존 포워딩 상태에 있는 지정 포트와 새로운 루트 포트가 동시에 포워딩 상태가 됨으로써 발생할 수 있는 브리징 루프를 방지하기 위해서다. 이를 동기^{Sync}라고 하는데, 이 시간 동안 스위치를 네트워크로부터 완전하게 단절시킴으로써 내부적으로 루트 포트 선정을 완료해 만약 발생할 수 있는 브리징 루프를 방지할 수 있다(그림 3.95).

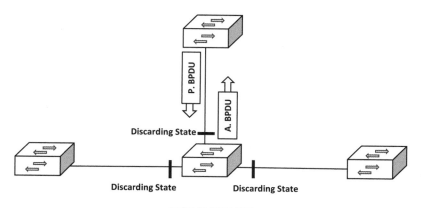

그림 3.95 RSTP 동기

동기를 통해 각 BPDU 선정은 네트워크의 단계별로 선정 완료된다. 스위치 간의 제안/동기 BPDU를 교환함으로써 루트 스위치를 선정하고, 이에 따라 루트 포트와 지정 포트, 대체 포트를 결정한다. 이때 동기 후, 스위치는 루트 포트와 지정 포트가 포워딩 상태가 되고, 지정 포트에 연결된 다른 이웃하는 스위치도 동일한 단계를 거침으로써 각 포트 역할을 결정한다. 그림 3.96은 RSTP 스위치가 제안/동의 BPDU를 통해 브리징 루프 없는 네트워크를 결정하는 과정을 보여준다.

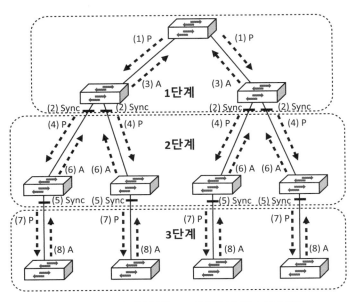

그림 3.96 RSTP의 제안/동의 BPDU를 통한 네트워크 트리 결정

RSTP는 제안/동의 프로세싱을 수행하는 동안 모든 비엣지 포트는 디스카딩 상태가 된다. 그러므로 만약 단말 장비가 비엣지 포트에 연결된다면, 802.1D STP보다 네트워크 단절 시간이 더 길어질 것이다. 그 이유는 단말 장비는 RSTP 동의 BPDU를 보내지 않기 때문에 해당 스위치 포트가 포워딩 상태가 되려면, 포워딩 지연 시간의 두 배를 기다려야 하기 때문이다. 그러므로 단말 장비가 연결된 모든 스위치 포트는 반드시 포트 패스트 설정을 통해 엣지 포트로 지정해야 한다.

3.5.3 RSTP 설정

일반적인 STP 설정 과정에서 살펴봤듯이, 시스코 스위치는 기본적으로 VLAN 기반 STP[PVST+: Per-VLAN Spanning Tree Plus]로 동작한다. 각 VLAN마다 개별적인 802.1D STP를 구동시킨다. 그러므로 RSTP를 동작시키려면, STP 모드를 RSTP로 변경해야 한다.

앞 절에서 이미 언급했듯이, RSTP는 빠른 상태 전이를 통해 네트워크 비가용 시간을 획기적으로 줄일 수 있다. 그러나 RSTP를 운용하지 않는 PC와 같은 일반 단말 장비는 오히려 네트워크 비가용 시간이 더 오래동안 지속될 수 있다고 했다. 그러므로 RSTP 설정 시 가장 먼저 할 것은 단말 장비가 연결되는 스위치 포트에 포트 패스트를 활성화시켜 엣지 포트로 지정해야 하는 과정이 필요하다. 설정 3.48는 SW05의 스위치 포트에 포트 패스트를 활성화하는 과정을 보여준다.

설정 3.48 단말 장비가 연결된 스위치 포트에 포트 패스트 활성화

```
SW05(config)# interface range e3/0-3
SW05(config-if-range)# spanning-tree portfast
%Warning: portfast should only be enabled on ports connected to a single
host. Connecting hubs, concentrators, switches, bridges, etc... to this
interface  when portfast is enabled, can cause temporary bridging loops.
 Use with CAUTION


%Portfast will be configured in 5 interfaces due to the range command
but will only have effect when the interfaces are in a non-trunking mode.
```

참고로, 실무에서는 일반 사용자 포트가 매우 많은 관계로 설정의 편의를 위해 모든 스위치 포트에 포트 패스트를 활성화하고, 다른 스위치와 연결되는 비엣지 포트를 대상으로 포트 패스트 비활성화하는 방식으로 이뤄진다(설정 3.49).

```
(config)# spanning-tree portfast default
(config-if)# no spanning-tree portfast
```

```
SW05(config)# spanning-tree portfast default
%Warning: this command enables portfast by default on all interfaces. You
 should now disable portfast explicitly on switched ports leading to hubs,
switches and bridges as they may create temporary bridging loops.

SW05(config)# interface range e0/0-1
SW05(config-if-range)# no spanning-tree portfast
```

그림 3.97의 스위치 네트워크에 RSTP를 적용해보자.

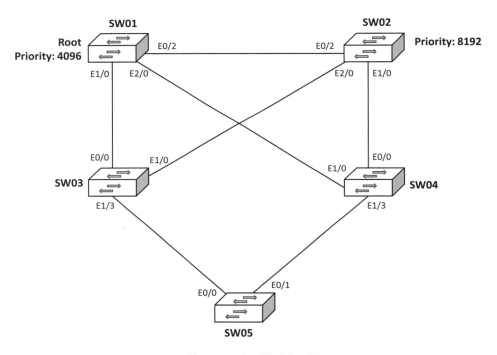

그림 3.97 RSTP를 위한 예제 구성도

앞 절에서 언급듯이, RSTP의 효과를 얻을 수 있는 포트 타입은 점대점 포트다. 그러므로 RSTP 스위치가 연결되는 스위치 포트는 점대점 포트가 돼야 한다. 점대점 포트는 전송 방식에 의해 결정되는데, 전이중 방식인 경우에 점대점 포트가 된다고 했다. 그러나 스위치가 연결되는 스위치 포트에 관해 강제적으로 점대점 포트로 지정하는 것을 권장한다. 점대점 포트 지정은 아래와 같은 명령어로 이뤄지는데, 설정 3.50은 예제 스위치의 점대점 포트 지정을 보여준다.

(config-if)# spanning-tree link-type point-to-point

설정 3.50 스위치 연결 포트를 점대점 포트로 지정

```
SW01(config)# interface range e0/2,e1/0,e2/0
SW01(config-if-range)# spanning-tree link-type point-to-point
=======================================================
SW02(config)# interface range e0/2,e1/0,e2/0
SW02(config-if-range)# spanning-tree link-type point-to-point
=======================================================
SW03(config)# interface range e0/0,e1/0,e1/3
SW03(config-if-range)# spanning-tree link-type point-to-point
=======================================================
SW04(config)# interface range e0/0,e1/0,e1/3
SW04(config-if-range)# spanning-tree link-type point-to-point
=======================================================
SW05(config)# interface range e0/0-1
SW05(config-if-range)# spanning-tree link-type point-to-point
```

RSTP의 설정은 매우 간단하다. STP 자체가 관리자의 설정보다 시스템에서의 구현에 집중되므로 간단한 명령으로 구동시킬 수 있다. RSTP도 일반적인 루트 스위치 지정 또는 선정은 일반적인 STP 802.1D와 동일하다. 그러므로 선호도를 통한 루트 스위치 지정을 우선 시작한다.

예제에서 SW01의 선호도를 4096으로 하고, SW02의 선호도를 8192로 지정한다. 나머지 스위치는 기본값인 32768을 그대로 사용한다. 설정 3.51은 SW01을 루트 스위치로 지정하는 과정을 보여준다.

```
SW01(config)# spanning-tree vlan 1-1024 priority 4096
========================================================================
SW02(config)# spanning-tree vlan 1-1024 priority 8192
```

이제 각 스위치에 RSTP를 구동시킨다. 시스코 스위치는 기본적으로 개별 VLAN별로 STP를 구동하는 PVST+를 구동한다. 그러므로 RSTP 역시 개별 VLAN별로 RSTP를 구동한다. 이를 Rapid PVST+ 또는 RPVST+이라 한다. 설정 명령어는 아래와 같다.

(config)# **spanning-tree mode rapid-pvst**

SW05를 제외한 나머지 모든 스위치에 RSTP를 구동시킨다. 설정 3.52는 RSTP 설정 과정을 보여준다.

설정 3.52 RSTP 활성화 및 확인

```
SW01(config)# spanning-tree mode rapid-pvst
========================================================================
SW02(config)# spanning-tree mode rapid-pvst
========================================================================
SW03(config)# spanning-tree mode rapid-pvst
========================================================================
SW04(config)# spanning-tree mode rapid-pvst
========================================================================
SW01#show spanning-tree vlan 10


VLAN0010
Spanning tree enabled protocol rstp
  Root ID    Priority     4106
             Address      aabb.cc00.0100
             This bridge is the root
             Hello Time   2 sec  Max Age 20 sec  Forward Delay 15 sec


  Bridge ID  Priority     4106  (priority 4096 sys-id-ext 10)
             Address      aabb.cc00.0100
```

```
              Hello Time       2 sec  Max Age 20 sec  Forward Delay 15 sec
              Aging Time       300 sec


Interface        Role  Sts   Cost       Prio.Nbr  Type
--------         ---  ----  ------       ------  ---------------
Et0/2            Desg FWD 100            128.3    P2p
Et1/0            Desg FWD 100            128.5    P2p
Et2/0            Desg FWD 100            128.9    P2p
```

참고로, 실무에서 RSTP를 활성화하는 경우, 스위치에 구동되고 있는 STP 개체가 재구동돼야 한다. 그러므로 아주 잠시 동안이나마 비가용 상태가 되므로 주의하기 바란다.

한편 RSTP가 활성화돼도, 스위치는 여전히 RSTP와 802.1D STP 모두를 지원한다. RSTP를 지원하지 않는 스위치가 네트워크에 존재한다고 하더라도 STP는 정상적으로 동작할 것이다. 현재 예제 네트워크에 SW05는 RSTP를 적용하지 않았다. 그럼에도 불구하고 SW05의 802.1D STP는 정상적으로 동작하고 있다는 것을 확인할 수 있다(설정 3.53).

설정 3.53 RSTP 스위치는 STP와 RSTP 모두 지원한다.

```
SW05# show spanning-tree vlan 10


VLAN0010
Spanning tree enabled protocol ieee
  Root ID    Priority      4106
             Address       aabb.cc00.0100
             Cost          200
             Port          1(Ethernet0/0)
             Hello Time    2 sec  Max Age 20 sec  Forward Delay 15 sec


  Bridge ID  Priority      32778 (priority 32768 sys-id-ext 10)
             Address       aabb.cc00.0700
             Hello Time    2 sec  Max Age 20 sec  Forward Delay 15 sec
             Aging Time    300 sec
```

```
Interface      Role Sts  Cost     Prio.Nbr Type
--------      --- ---- ------    ------ --------------
Et0/0         Root FWD  100      128.1  P2p
Et0/1         Altn BLK  100      128.2  P2p
Et1/1         Desg FWD  100      128.6  Shr
```

이는 STP 정보에서 확인되는데, SW03의 STP 정보를 확인해보자. 설정 3.54에서 볼
수 있듯이, SW03의 E1/3의 링크 타입이 'P2p Peer(STP)'로 나타난다. 스위치 포트
E0/0과 E1/0의 경우와 같이 'P2p'만으로 나타나는 경우는 해당 스위치 포트에 연결
된 스위치가 RSTP 구동 스위치라는 것을 의미한다. 그러나 E1/3의 경우와 같이 'P2p
Peer(STP)'로 보이는 것은 해당 스위치 포트에 연결된 스위치가 802.1D STP를 구동
한다는 것을 의미한다.

설정 3.54 802.1D STP로 운용되는 스위치 포트를 확인할 수 있다.

```
SW03# show spanning-tree vlan 10

VLAN0010
  Spanning tree enabled protocol rstp
  Root ID    Priority      4106
             Address       aabb.cc00.0100
             Cost          100
             Port          1(Ethernet0/0)
             Hello Time    2 sec  Max Age 20 sec  Forward Delay 15 sec

  Bridge ID  Priority      32778 (priority 32768 sys-id-ext 10)
             Address       aabb.cc00.0300
             Hello Time    2 sec  Max Age 20 sec  Forward Delay 15 sec
             Aging Time    300 sec


  Interface      Role Sts  Cost     Prio.Nbr Type
  --------      --- ---- ------    ------ --------------
  Et0/0         Root FWD  100      128.1  P2p
  Et1/0         Altn BLK  100      128.5  P2p
  Et1/3         Desg FWD  100      128.8  P2p Peer(STP)
```

3.6 다중 스패닝 트리 프로토콜

시스코 스위치는 기본적으로 개별 VLAN별로 STP 프로세싱을 수행하는 VLAN 기반 STP를 구동한다. VLAN 기반 STP에 많은 장점이 있는 것은 부인할 수 없지만, 이는 불필요한 자원의 낭비를 발생시킬 수 있다. 이런 단점을 극복하고자 IEEE에 의해 소개된 것이 802.1s인 다중 스패닝 트리MST 프로토콜인데, 이 절에서 MST에 관해 자세히 알아보자.

3.6.1 MST의 개념

스위치는 많은 VLAN을 운용한다. 각 VLAN은 다른 VLAN과 논리적으로 완전하게 분리돼 있다. 그러므로 네트워크의 구성도 개별적인 각 VLAN마다 다르다. 그러므로 STP 동작도 각 VLAN마다 약간씩 다를 것이다.

최초의 STP는 스위치 장비의 CPU 등의 자원의 제약으로 모든 VLAN을 단 하나의 STP 개체STP Instance로 구현했다. 이를 공동 STP 또는 CSTCommon Spannning Tree라고 한다. 하나의 STP 개체로 모든 VLAN을 관리하기 때문에 STP 계산에 의한 시스템 자원 소모가 적다. 그러나 모든 VLAN의 STP 트리가 단일 STP 개체로 결정되므로 VLAN 단위의 부하분산이 불가능하다(그림 3.98). 이런 단점을 극복하기 위해 소개된 STP가 VLAN 기반 STPPVST: Per-VLAN Spanning Tree이다.

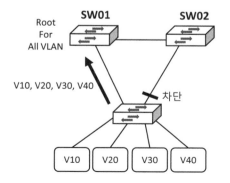

그림 3.98 단일 STP 계체로 VLAN 단위의 부하분산이 불가능하다.

PVST는 각 VLAN에 개별 STP 개체를 제공함으로써 각 VLAN의 특별한 조건 등을 만족시킬 수 있게 했다. 또한 각 VLAN별로 다른 링크를 이용하게 함으로써 VLAN 기반의 부하분산을 구현할 수 있다(그림 3.99). 그러나 각 VLAN별로 개별적인 STP 개체가 구동되기 때문에 시스템의 자원 사용량이 많다. 각 VLAN별로 개별적인 STP 개체를 사용하므로 VLAN이 1,000개를 운용한다면, STP 개체 역시 1,000개가 필요하다. 쉽게 말하면, 1,000개의 VLAN에 해당하는 1,000개의 BPDU를 관리해야 한다. 이와 같이VLAN의 개수가 많아질수록 PVST로 인한 스위치 부하는 더욱 심각해진다. 한편, 현재 시스코 스위치는 기존 PVST의 향상된 형태의 PVST+를 기본적으로 구동하는데, 이는 전신인 PVST와 CST와 호환이 되도록 향상시킨 VLAN 기반 STP다.

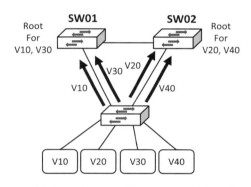

그림 3.99 PVST는 VLAN 단위의 부하분산이 가능하다.

PVST+가 각 VLAN의 개별적인 STP를 구동하게 함으로써 VLAN의 특정 조건을 만족시키게 할 수 있지만, 오늘날의 네트워크 구성을 보면 대부분의 VLAN이 동일한 STP 네트워크를 구성하고 있다. 다시 말해, STP에 의한 브리징 루프가 없는 네트워크 구성의 결과가 거의 동일하다는 것을 의미한다.

그림 3.100에서 보듯이, 오늘날의 스위치 네트워크는 이중화를 기본 원칙으로 해 구성된다. 이중화 구성의 네트워크에서 여러 VLAN은 STP 선호도를 통해 루트 스위치를 다르게 지정함으로써 VLAN 기반의 부하부산을 구현할 수 있다.

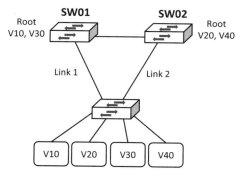

그림 3.100 VLAN별 STP 루트 스위치

그림에서 VLAN 10과 VLAN 30은 SW01을 루트 스위치로 함으로써 링크 1을 이용한
다. 그리고 VLAN 20과 VLAN 40은 SW02를 루트 스위치로 지정함으로써 링크 2를
주링크로 사용한다. 이때 VLAN 기반에 의한 STP로 제공되는 각 VLAN의 STP 트리를
살펴보면 그림 3.101과 같이 나타난다.

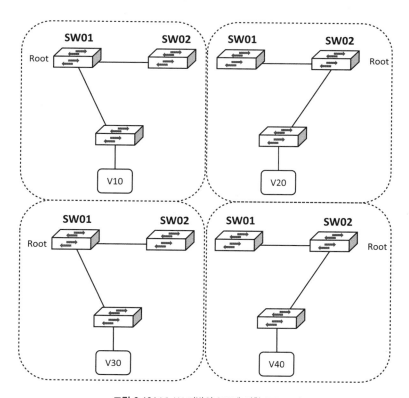

그림 3.101 VLAN 기반의 STP에 의한 STP 트리

그림에서 확인할 수 있듯이, 모든 VLAN은 링크 1과 링크 2를 다르게 사용함으로써 모든 링크를 사용할 수 있는 부하분산을 구현한다. 그러나 VLAN 10과 VLAN 30, 그리고 VLAN 20과 VALN 40은 동일한 STP 트리를 구성한다. 네트워크에 변화가 발생하더라도 각 두 VLAN은 동일한 STP 트리를 형성할 것이다. 동일한 STP 트리를 구성하지만, 모든 VLAN은 개별적 STP 개체의 계산을 하고 STP 트리를 산출한다. 이런 각 VLAN의 중복된 개별 STP 계산은 스위치의 자원을 낭비하게 한다.

이와 같이 MST는 각 VLAN에 관한 개별적인 STP 개체의 계산을 피함으로써 자원 낭비를 방지하고자 소개됐다. 실제 네트워크에서 수많은 VLAN들 중 대부분의 VLAN이 동일한 STP 트리의 경로를 가진다. 그 이유는 실제 네트워크에서 액세스 스위치부터 코어 스위치까지 이중화 구성으로 돼 있지만, 실제 루트 스위치까지의 경로는 단순하다. 다시 말해, 루트 스위치로의 경로에 관한 경우의 수가 많지 않다. 그러므로 대부분의 VLAN은 동일한 경로를 사용한다. 앞의 그림 3.101에서 살펴본 것과 같이 VLAN별로 부하분산을 한다고 하더라도 그리 많은 경로의 경우의 수를 가지지 않는다.

MST는 다수의 VLAN을 하나의 STP 개체에 의해 관리할 수 있다. 앞에서 제시한 예와 같이 동일한 STP 트리를 가지는 VLAN을 하나의 그룹으로 통합해 단일 STP 개체로 관리할 수 있다.

한편, MST 역시 여러 개의 STP 개체를 구동할 수 있다. 그러므로 VLAN을 여러 그룹으로 묶어 그룹별로 STP 개체를 구동한다. 앞에 제시한 예제는 VLAN 10과 VLAN 30이 동일한 STP 트리를 형성하므로 동일 그룹으로 묶을 수 있다. 또한 VLAN 20과 VLAN 40을 다른 그룹을 형성한다. 그러므로 예제 네트워크에서는 2개의 MST를 구동함으로써 시스템 자원을 효과적으로 사용할 수 있다(그림 3.102).

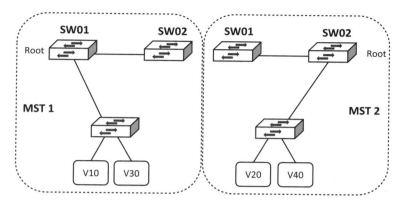

그림 3.102 MST는 VLAN 그룹별로 STP 개체를 구동한다.

MST는 동일한 STP 트리를 형성하는 VLAN을 그룹화해 그룹별로 STP 개체로 운용해야만 단일 STP 개체를 사용하는 CST의 단점을 극복할 수 있다. 그러므로 MST를 적용할 때 각 VLAN이 속할 MST 그룹을 정확히 구분해야 함과 동시에, 요구되는 MST 그룹의 개수도 결정해야 한다.

3.6.2 MST 동작

MST는 VLAN 그룹에 따라 다른 STP 프로세싱을 통해 스위치의 시스템 자원을 효과적으로 사용할 수 있다고 했다. MST 동작은 특별한 개념에서 시작하는데, 그것은 MST 영역이다.

MST 영역은 동일한 MST 속성을 가지는 스위치 그룹을 의미한다. 쉽게 말하면, 동일한 MST 정책을 가지는 스위치 그룹을 말한다. 여기서 동일한 MST 정책이라 함은 MST 이름^{MST Name}, MST 개체와 VLAN 매핑 정보^{MST Instance - VLAN Mapping} 등을 들 수 있다. MST에서 동일한 MST 속성을 가지는 스위치 그룹을 MST 영역^{MST Region}이라 한다. MST 영역 내부에서 동작하는 STP를 IST^{Internal Spanning Tree}라고 한다. 특정 MST 영역은 다른 MST 영역이나 비MST 영역^{Non-MST Region}의 관점에서 보면, 하나의 큰 논리적인 스위치로 보인다. 쉽게 말하면, MST 영역 내부의 스위치들은 MST 영역 외부로부터 보여지지 않는다. 그림 3.103은 MST 영역과 외부의 관점을 보여준다.

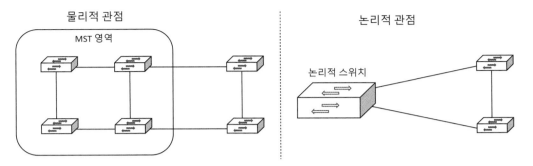

그림 3.103 MST 영역의 실제 네트워크와 논리적인 관점에서의 네트워크

이와 같이 특정 MST 영역 외부에 위치하는 비MST 스위치의 관점에서 볼 때 하나의 거대한 논리적 스위치로 보일 뿐만 아니라 다른 MST 영역의 관점에서도 하나의 논리적 스위치로 보인다. 그림 3.104는 각 MST 영역 외부의 관점으로 보이는 논리적인 네트워크를 보여준다.

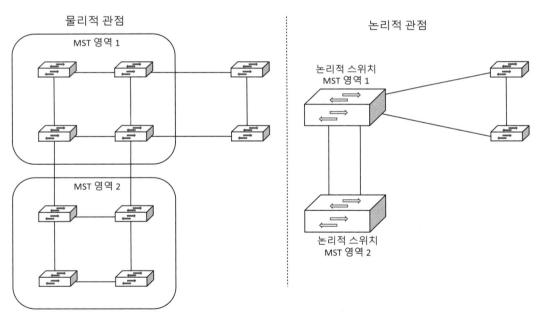

그림 3.104 MST 영역 간의 관점에서도 MST 영역은 하나의 논리적인 스위치로 보인다.

STP의 구동은 각 MST 영역별로 동작한다. 그러나 L2 네트워크 전체의 관점으로 볼 때, STP는 L2 네트워크 전체에 걸쳐 동작해야 한다. 이 말은 전체 L2 네트워크에서 하나의 루트 스위치가 선정돼야 하고, 각 스위치에 하나의 루트 포트가 존재해야 한다는 것을 의미한다. 논리적인 관점의 MST 네트워크를 보면 거대한 논리적 MST 스위치 간과 비MST 스위치 간의 STP가 호환돼 연동돼야 한다. 이렇게 비MST 스위치 간과 MST 영역 간의 STP 구동에서는 하나의 STP로 전체 VLAN을 관리하는 CST가 동작한다.

한편, MST 영역 내부에서도 외부 네트워크와 브리징 루프가 발생하지 않는 네트워크를 형성해야 한다. 이 말은 MST 영역 외부의 CST와 통신해야 하는데, CST는 MST와 다르므로 이들 간의 상호 동작은 불가능하다. 그러므로 CST 관점에서 MST 영역 자체를 하나의 큰 스위치로 보이도록 함으로써 CST에 의한 상호 동작을 꾀하게 된다. 이때 외부 네트워크에 관해 MST 영역을 대표하는 STP 개체가 요구되는데, 이를 IST라고 한다.

MST 구동 네트워크는 MST 영역을 대표하는 STP인 IST와 MST 영역 외부와의 STP인 CST가 동시에 동작하므로 이를 CIST 영역이라 한다. 그림 3.105는 MST의 전체적인 STP 구동을 보여준다.

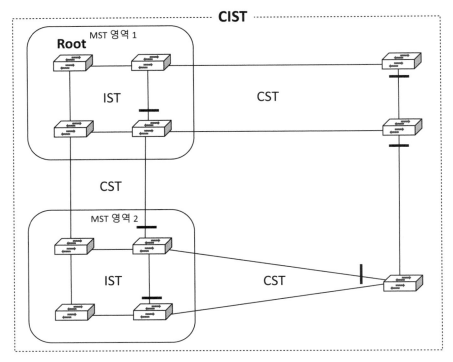

그림 3.105 MST의 STP 구동

앞의 그림 3.105의 네트워크를 CST 관점에서 표현하면 각 MST 영역이 하나의 스위치로 보여지므로 그림 3.106과 같이 표현된다. 그림에서 확인되듯이, MST 영역의 거대한 논리적 스위치를 포함한 스위치 간에 동작하는 STP라는 것을 알 수 있다.

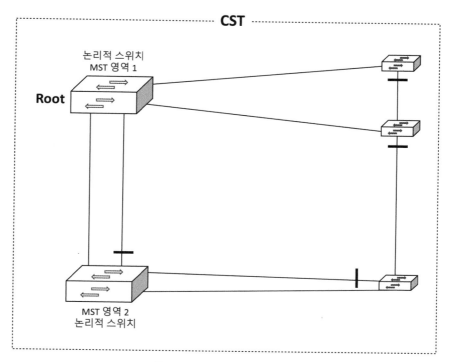

그림 3.106 논리적 관점에서의 MST구동

이런 MST 동작을 정리하면, MST 영역 내부에서 IST에 의해 MST 자체의 STP를 구동해 브리징 루프가 발생하지 않는 트리 형태의 토폴로지를 형성한다. 또한 다른 MST 영역이나 비MST 스위치 간에는 CST를 통해 트리 형태의 토폴로지를 형성함으로써 브리징 루프가 존재하지 않는 스위치 네트워크를 구성한다.

MST의 구동은 동일한 MST 속성을 사용하는 스위치 간에 이뤄진다. 동일한 MST를 구동하는 스위치 그룹은 MST 영역으로 정의된다. 그러므로 동일한 MST 속성을 사용하는 스위치는 동일한 MST 영역에 속한다고 한다. 여기서 동일한 MST 운용 방식이란, 운용하는 동일한 MST 이름과 MST 리비전Revision, VLAN 그룹, MST에 관한 VLAN 매핑 정보 등의 파라미터 정보를 의미한다. 쉽게 말해, MST의 설정 정보가 동일한 스위치의 그룹으로 이해하면 된다. 만약 다른 MST정보를 가지는 스위치라면 동일한 MST 영역에 속하지 않는다.

MST의 동작은 MST의 개체에 의해 이뤄진다. MST 개체는 최대 16개(개체 ID 0~15)를 운용할 수 있는데, MST 개체^{Instance} 0은 스위치에 의해 자동으로 생성되는 STP 개체로서 이는 IST로 표현된다.

IST 개체는 MST 영역 내부에서 MST 개체에 정의되지 않은 모든 VLAN에 관한 STP를 구동해 브리징 루프를 방지하는 역할을 수행한다. 그러나 MST 영역 외부에는 단일 STP를 구동하는 CST로 동작하므로 IST는 MST 영역 전체를 하나의 논리적 스위치로 표현해 모든 VLAN에 관한 STP 동작을 담당한다.

한편, MST의 BPDU는 IST에 의해 생성 및 전달된다. MST 영역 내의 다른 MST 개체는 BPDU를 발생시키지 않고, IST의 BPDU에 의존한다. 따라서 IST의 BPDU는 MST 영역 내의 모든 MST 개체의 정보를 포함한다. 그림 3.107을 보면, IST의 BPDU가 모든 MST 개체의 정보를 포함하고 있다는 것을 알 수 있다. 또한 BPDU에 첫 번째가 IST 개체의 정보를 포함하는데, 이는 MST 영역 외부로 BPDU를 보낼 때, MST 개체의 정보를 모두 제거하고 IST 개체 정보만 전달한다.

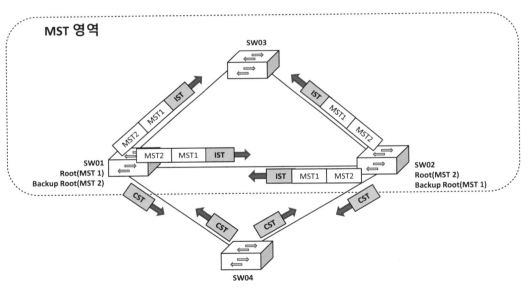

그림 3.107 IST BPDU 교환

아직 MST 동작에 관해 잘 이해되지 않을 수도 있다. 그러나 설정을 통해 MST의 동작, 즉 MST 영역과 IST의 역할 등에 관해 자세히 알아보자.

3.6.3 MST 설정

MST는 그 동작이 기존 STP와 조금 상이하기 때문에 이해하기 어려울 수 있다. 그러나 설정은 비교적 간단하므로 설정을 통해 MST 동작을 자세히 알아보자.

그림 3.108을 통해 MST 설정을 진행한다. 그림에서 SW01, SW02, SW03은 동일한 MST 영역(Region_A)에 속한다. MST Region_A는 2개의 MST 개체 – MST 1과 MST 2를 구동한다. MST 1에는 VLAN 10과 VLAN 30, MST 2에는 VLAN 20과 VLAN 40을 매핑한다. SW01은 MST 1의 루트 스위치, SW02는 MST 2의 루트 스위치다. 그리고 SW04는 MST 영역 외부의 스위치로서, MST 영역 Region_A와 CST를 구동한다.

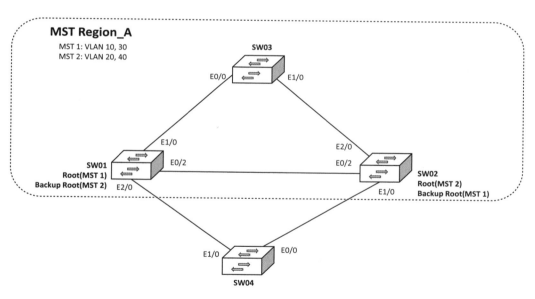

그림 3.108 MST 설정을 위한 네트워크 구성도

MST 설정은 스위치에 MST를 활성화하고, MST 설정 모드에서 MST 영역 이름과 리비전 번호를 정의한다. 그리고 마지막으로 해당 MST 개체에 적용될 VLAN을 매핑

한다. 여기에 필요한 설정은 동일한 MST 영역에 속하는 스위치가 일치해야 하는 정보라는 사실을 알 수 있다.

MST 설정은 아래와 같은 명령어로 이뤄진다.

```
(config)# spanning-tree mode mst
(config)# spanning-tree mst configuration
(config-mst)# name name
(config-mst)# revision version
(config-mst)# instance instance-id vlan vlan-list
```

설정 명령어에서 MST의 리비전 번호는 MST 설정이 변경되는 경우에 관한 MST 설정 버전 정보다. VTP에서 리비전 번호가 다뤄졌는데, MST의 리비전 번호는 VTP와 달리 자동으로 증가하지 않고, 관리자에 의해 변경된다. 한편, instance 명령을 통해 MST 개체에 속할 VLAN을 지정한다. MST 개체는 최대 15개를 운용할 수 있는데, instance-id는 1~15까지 지정할 수 있다. 참고로, instance 0은 IST로 예약돼 있고, 이는 MST를 활성화하면 자동으로 구동된다.

설정 3.55는 동일한 MST 영역(Region_A)에 속하는 스위치에 관한 MST 설정을 보여준다. 이 설정은 MST 영역 Region_A에 속하는 모든 스위치가 동일해야 한다.

설정 3.55 MST 설정

```
SW01(config)# spanning-tree mode mst
SW01(config)# spanning-tree mst configuration
SW01(config-mst)# name Region_A
SW01(config-mst)# revision 1
SW01(config-mst)# instance 1 vlan 10,30
SW01(config-mst)# instance 2 vlan 20,40
==================================================================
SW02(config)# spanning-tree mode mst
SW02(config)# spanning-tree mst configuration
SW02(config-mst)# name Region_A
SW02(config-mst)# revision 1
SW02(config-mst)# instance 1 vlan 10,30
SW02(config-mst)# instance 2 vlan 20,40
```

```
=================================================================
SW03(config)# spanning-tree mode mst
SW03(config)# spanning-tree mst configuration
SW03(config-mst)# name Region_A
SW03(config-mst)# revision 1
SW03(config-mst)# instance 1 vlan 10,30
SW03(config-mst)# instance 2 vlan 20,40
```

MST 활성화 관련 설정을 마친 후, MST 설정을 확인할 수 있다. show spanning-tree mst configuration 명령어는 MST 영역을 결정하는 데 중요한 변수인 MST 영역 이름 과 리비전 번호, VLAN 매핑 정보를 확인하기 위한 것이다. 이들 정보는 각 스위치의 MST 영역을 결정하는 데 중요한 역할을 하므로 MST 설정에 문제가 있는 경우 확인할 수 있다. 동일한 MST 영역에 속하는 모든 스위치는 동일한 설정 정보를 가져야 한다. 설정 3.56을 확인하면, SW01과 SW02가 동일한 정보를 가진다는 것을 확인할 수 있 다. 물론 SW03도 동일한 정보를 가진다.

설정 3.56 MST 설정 확인

```
SW01# show spanning-tree mst configuration
Name        [Region_A]
Revision  1    Instances configured 3

Instance    Vlans mapped
--------    -----------------------------------------------------
0           1-9,11-19,21-29,31-39,41-4094
1           10,30
2           20,40
            -----------------------------------------------------
=================================================================
SW02# show spanning-tree mst configuration
Name        [Region_A]
Revision  1    Instances configured 3

Instance    Vlans mapped
--------    -----------------------------------------------------
```

```
0              1-9,11-19,21-29,31-39,41-4094
1              10,30
2              20,40
-----------------------------------------------------------------
```

이제 MST 영역 내부의 루트 스위치를 지정해보자. MST 영역 내부의 루트 스위치는 MST 개체별로 정해진다. 기본적으로 MST 개체의 루트 스위치는 일반적인 STP와 마찬가지로 브리지 ID로 결정된다. 그러나 스위치를 특정 MST 개체의 루트 스위치로 지정하기 위해 선호도를 설정할 수 있다. 그러나 MST는 기존 STP 선호도 설정과 다른 방식으로 사용된다. 그 이유는 MST 영역 내에서 동작하는 개체에 관한 선호도이기 때문이다.

MST 개체에 관한 루트 스위치 지정은 아래와 같은 명령어로 설정할 수 있다.

(config)# **spanning-tree ms**t *instance-id* **root {primary | secondary}**

primary 명령으로 루트 스위치를 지정하고, secondary 명령으로 백업 루트 스위치로 지정할 수 있다. 설정 3.57은 루트 스위치 설정의 예를 보여준다.

설정 3.57 MST 개체 별 루트 스위치 설정

```
SW01(config)#spanning-tree mst 1 root primary
SW01(config)#spanning-tree mst 2 root secondary
=====================================================================
SW02(config)#spanning-tree mst 1 root secondary
SW02(config)#spanning-tree mst 2 root primary
```

위 명령어는 MST 개체에 관한 루트 스위치를 지정하기 위한 명령어다. 이 명령어에서 선호도 정보는 전혀 보이지 않는다. 이 명령어는 관리자가 루트 스위치 지정을 간편하게 할 수 있도록 제공된다. 그러나 실제 스위치에 적용되는 것은 선호도 값으로 적용된다. 설정 정보를 확인해보면 해당 명령어가 spanning-tree mst priority 명령으로 적용된 것을 확인할 수 있다(설정 3.58).

```
SW01# show run | in spanning-tree mst
spanning-tree mst configuration
spanning-tree mst 1 priority 12288
spanning-tree mst 2 priority 28672
===================================================================
SW02# show run | in spanning-tree mst
spanning-tree mst configuration
spanning-tree mst 1 priority 28672
spanning-tree mst 2 priority 24576
```

물론 spanning-tree mst priority 명령으로 선호도를 직접 설정함으로써도 루트 스위치를 지정할 수 있다. 일반적인 STP 설정과 마찬가지로 낮은 선호도를 가지는 스위치가 루트 스위치가 된다.

이와 같이 MST 선호도를 통해 MST 개체에 관한 루트 스위치를 지정했다. MST 개체에 관한 루트 스위치를 확인해보자. 루트 스위치 확인은 show spanning-tree로 하거나 show spanning-tree mst *instance-id*로 확인할 수 있다. 설정 3.59와 같이 각 MST 개체 확인을 통해 루트 스위치 정보를 볼 수 있다. SW01은 MST 개체[Instance] 1의 루트 스위치, 그리고 SW02는 MST 개체[Instance] 2의 루트 스위치로 지정된 것을 확인할 수 있다.

설정 3.59 MST 개체별 루트 스위치 확인

```
SW01# show spanning-tree mst 1

##### MST1    vlans mapped:   10,30
Bridge        address aabb.cc00.0100  priority      12289(12288 sysid 1)
Root          this switch for MST1


Interface     Role Sts  Cost       Prio.Nbr Type
---------     ---  ----  ------      ------  ----------------
Et0/2         Desg FWD 2000000      128.3    Shr
Et1/0         Desg FWD 2000000      128.5    Shr
```

```
Et2/0          Desg FWD 2000000     128.9    Shr Bound(PVST)
==============================================================
SW02# show spanning-tree mst 2

##### MST2   vlans mapped:  20,40
Bridge       address aabb.cc00.0200  priority      24578(24576 sysid 2)
Root         this switch for MST2


Interface    Role Sts  Cost      Prio.Nbr Type
--------     --- ---- ------     ------ ----------------
Et0/2        Desg FWD 2000000    128.3    Shr
Et1/0        Desg FWD 2000000    128.5    Shr Bound(PVST)
Et2/0        Desg FWD 2000000    128.9    Shr
```

MST 영역 내의 루트 스위치가 정해졌다면, 루트 스위치가 아닌 SW03의 입장에서 MST 상태를 확인해보자. 설정 3.60은 SW03의 MST 상태를 보여준다.

설정 3.60 MST 개체별 STP 상태 확인

```
SW03# show spanning-tree mst

##### MST0   vlans mapped:  1-9,11-19,21-29,31-39,41-4094
Bridge       address aabb.cc00.0300  priority      32768(32768 sysid 0)
Root         address aabb.cc00.0100  priority      32768(32768 sysid 0)
      port   Et0/0        path cost    0
Regional Root address aabb.cc00.0100  priority      32768(32768 sysid 0)
                         internal cost 2000000    rem hops 19
Operational  hello time 2 , forward delay 15, max age 20, txholdcount 6
Configured   hello time 2 , forward delay 15, max age 20, max hops   20


Interface    Role Sts  Cost      Prio.Nbr Type
--------     --- ---- ------     ------ ----------------
Et0/0        Root FWD 2000000    128.1    Shr
Et1/0        Altn BLK 2000000    128.5    Shr
Et1/3        Desg FWD 2000000    128.8    Shr
Et3/0        Desg FWD 2000000    128.13   Shr
```

```
Et3/1          Desg FWD 2000000   128.14  Shr
Et3/2          Desg FWD 2000000   128.15  Shr
Et3/3          Desg FWD 2000000   128.16  Shr


##### MST1    vlans mapped:  10,30
Bridge        address aabb.cc00.0300  priority   32769(32768 sysid 1)
Root          address aabb.cc00.0100  priority   12289(12288 sysid 1)
        port  Et0/0       cost        2000000   rem hops 19


Interface     Role  Sts  Cost       Prio.Nbr  Type
---------     ---   ----  ------     -------  --------------
Et0/0         Root FWD 2000000   128.1   Shr
Et1/0         Altn BLK 2000000   128.5   Shr
Et1/3         Desg FWD 2000000   128.8   Shr
Et3/0         Desg FWD 2000000   128.13  Shr
Et3/2         Desg FWD 2000000   128.15  Shr


##### MST2   vlans mapped:  20,40
Bridge        address aabb.cc00.0300  priority   32770(32768 sysid 2)
Root          address aabb.cc00.0200  priority   24578(24576 sysid 2)
        port  Et1/0       cost        2000000   rem hops 19


Interface     Role  Sts  Cost       Prio.Nbr  Type
---------     ---   ----  ------     -------  --------------
Et0/0         Altn BLK 2000000   128.1   Shr
Et1/0         Root FWD 2000000   128.5   Shr
Et1/3         Desg FWD 2000000   128.8   Shr
Et3/1         Desg FWD 2000000   128.14  Shr
Et3/3         Desg FWD 2000000   128.16  Shr
```

IST 개체인 MST0에 매핑된 VLAN은 다른 MST 개체에 매핑된 VLAN을 제외한 모든 VLAN인 것을 알 수 있다. 앞에서 언급했듯이, IST는 MST 영역 내에서 모든 VLAN에 관한 STP 동작을 담당하기 때문이다.

MST 1과 MST 2는 각각 VLAN 10과 VLAN 30, 그리고 VLAN 20과 VLAN 40이 매핑된 것을 알 수 있다. 그리고 MST 1에 관해 SW01과 연결된 포트(E0/0)가 루트 포트가

되고 포워딩 상태가 됐다. 그리고 SW02로 연결된 포트(E1/0)가 대체 포트로 차단된 것을 알 수 있다. 반면, MST 2는 SW02로 연결된 포트가 루트 포트, SW01로 연결된 포트가 대체 포트가 됐다(그림 3.109).

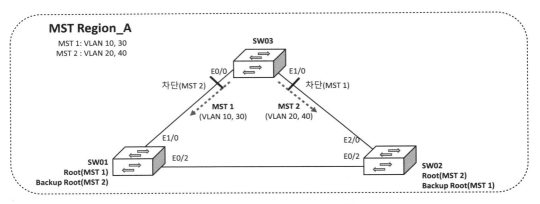

그림 3.109 MST 1과 MST 2의 트래픽 방향

여기서 IST 개체, 즉 MST 0에도 루트 스위치를 지정하자. SW01을 IST 루트 스위치로 지정하고, SW02를 백업 루트 스위치로 지정한다. 여기서 IST 개체의 루트 스위치는 대외적으로 MST 영역을 대신하는 논리적 스위치로 보이므로 개별적인 루트 스위치라 표현하지 않고, IST 마스터[IST Master]라고 표현한다. 설정 3.61은 IST 개체(MST 0)에 관한 선호도 설정의 예를 보여준다.

설정 3.61 IST 선호도 설정

```
SW01(config)# spanning-tree mst 0 priority 8192
======================================================================
SW02(config)# spanning-tree mst 0 priority 12288
```

SW01은 선호도 설정을 통해 가장 낮은 브리지 ID(BID)를 가지는 스위치가 됐으므로 IST 마스터[IST Master]로서 MST 영역 내의 MST 0의 루트 스위치가 된다. 또한 MST 영역 외부 스위치와의 CST의 루트 스위치가 됐다. 설정 3.62에서 확인할 수 있듯이, SW01은 IST와 CST 모두의 루트 스위치라는 의미로 CIST 루트 스위치가 된 것을 확인할 수 있다.

```
SW01# show spanning-tree mst 0

##### MST0    vlans mapped:   1-9,11-19,21-29,31-39,41-4094
Bridge         address aabb.cc00.0100  priority     8192 (8192 sysid 0)
Root           this switch for the CIST
Operational    hello time 2 , forward delay 15, max age 20, txholdcount 6
Configured     hello time 2 , forward delay 15, max age 20, max hops    20


Interface     Role Sts  Cost      Prio.Nbr  Type
---------     --- ---- -------    ------- ---------------

Et0/2         Desg FWD 2000000    128.3    Shr
Et1/0         Desg FWD 2000000    128.5    Shr
Et2/0         Desg FWD 2000000    128.9    Shr Bound(PVST)
```

MST 영역의 외부 네트워크 관점으로 볼 때, IST에 의해 MST 영역이 하나의 거대한 논리적 스위치로 보여지므로 SW04의 관점에서는 그림 3.110과 같이 보인다.

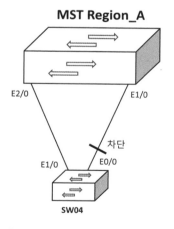

그림 3.110 SW04의 관점에서의 예제 구성도

SW01이 루트 스위치이기 때문에 모든 VLAN에 관해, MST 영역 외부의 스위치인 SW04에서 SW01에 연결된 포트(E1/0)가 루트 포트가 되고, SW02로의 포트(E0/0)는 대체 포트로 지정됨으로써 차단된다는 것을 알 수 있다(설정 3.63).

```
SW04# show spanning-tree vlan 10


VLAN0010
  Spanning tree enabled protocol ieee
  Root ID      Priority      8192
               Address       aabb.cc00.0100
               Cost          100
               Port          5(Ethernet1/0)
               Hello Time    2 sec  Max Age 20 sec  Forward Delay 15 sec


  Bridge ID    Priority      32778 (priority 32768 sys-id-ext 10)
               Address       aabb.cc00.0400
               Hello Time    2 sec  Max Age 20 sec  Forward Delay 15 sec
               Aging Time    300 sec


Interface      Role  Sts  Cost     Prio.Nbr  Type
---------      ----  ---- ------    -------   ----------------
Et0/0          Altn  BLK  100       128.1     Shr
Et1/0          Root  FWD  100       128.5     Shr
Et1/3          Desg  FWD  100       128.8     Shr
Et3/0          Desg  FWD  100       128.13    Shr

SW04#show spanning-tree vlan 20


VLAN0020
  Spanning tree enabled protocol ieee
  Root ID      Priority      8192
               Address       aabb.cc00.0100
               Cost          100
               Port          5(Ethernet1/0)
               Hello Time    2 sec  Max Age 20 sec  Forward Delay 15 sec


  Bridge ID    Priority      32788 (priority 32768 sys-id-ext 20)
               Address       aabb.cc00.0400
               Hello Time    2 sec  Max Age 20 sec  Forward Delay 15 sec
```

```
              Aging Time      300 sec

Interface      Role Sts  Cost      Prio.Nbr Type
--------       --- ---- ------      ------ ----------------
Et0/0          Altn BLK  100        128.1   Shr
Et1/0          Root FWD  100        128.5   Shr
Et1/3          Desg FWD  100        128.8   Shr
Et3/1          Desg FWD  100        128.14  Shr


SW04# show spanning-tree vlan 50


VLAN0050
  Spanning tree enabled protocol ieee
  Root ID    Priority      8192
             Address       aabb.cc00.0100
             Cost          100
             Port          5(Ethernet1/0)
             Hello Time    2 sec  Max Age 20 sec  Forward Delay 15 sec

  Bridge ID  Priority      32818 (priority 32768 sys-id-ext 50)
             Address       aabb.cc00.0400
             Hello Time    2 sec  Max Age 20 sec  Forward Delay 15 sec
             Aging Time    15  sec

Interface      Role Sts  Cost      Prio.Nbr Type
--------       --- ---- ------      ------ ----------------
Et0/0          Altn BLK  100        128.1   Shr
Et1/0          Root FWD  100        128.5   Shr
Et1/3          Desg FWD  100        128.8   Shr
Et2/3          Desg FWD  100        128.12  Shr
```

3.6.4 MST와 PVST+ 네트워크 연동의 문제

MST는 MST 영역 외부와 네트워크와 모든 VLAN에 관해 단 하나의 STP 개체를 운용하는 CST로 동작한다. 그러나 MST 영역 외부의 PVST+를 구동하는 스위치는 각 VLAN에 관한 STP를 개별적으로 구동하므로 각 VLAN에 관한 BPDU를 송출한다. 기본적으로 PVST+ 구동 스위치는 MST의 BPDU를 이해하지 못하기 때문에 이로 인한 통신 불능이 발생할 수 있다. 이 절에서는 MST와 PVST+ 네트워크 간의 연동에서 발생할 수 있는 문제점에 관해 알아본다.

대부분의 실제 네트워크는 단일 MST 영역만으로 MST를 구동한다. 그러나 종종 특별한 이유로 인해 MST 영역이 PVST+ 또는 Rapid−PVST+를 구동하는 외부 영역과 연결하는 경우가 있을 수 있다. 일반적인 BPDU를 사용하는 PVST+ 구동 스위치는 특별한 형태의 BPDU인 MST BPDU의 정보를 이해하지 못한다. 이런 이유로 MST 영역과 비MST 영역 간의 상호 동작이 자연스럽게 호환돼야 하는 것은 필수적이다.

앞 절의 MST 설정 예제를 위한 네트워크 구성도를 다시 살펴보자. 그림 3.111의 구성도에서 SW01, SW02, SW03은 동일한 MST 영역에 속한다. 그러나 SW04는 MST 영역 외부에서 PVST+를 구동하는 비MST 스위치다.

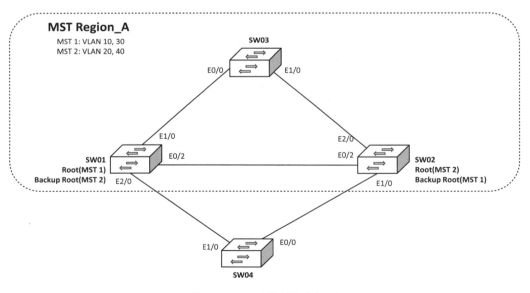

그림 3.111 MST 구성을 위한 예제 구성도

MST 영역과 PVST+와 같이 비MST 영역이 연동되는 경우, 이들 간의 통신이 항상 가능한 것은 아니다. MST 영역과 비MST 영역 간의 CIST의 루트 스위치 위치에 따라 통신이 불가능한 경우가 존재하는데, 이들 간의 통신이 가능하려면, 아래의 규칙을 만족해야 한다.

첫 번째는 비MST 영역에 CIST의 루트 스위치가 존재하는 경우, 비MST 영역의 VLAN 1을 제외한 모든 VLAN에 관한 스패닝 트리의 선호도가 CIST 루트 스위치보다 좋은 선호도, 즉 더 낮은 선호도 값을 가져야 한다.

두 번째는 MST 영역 내에 CIST 루트 스위치가 존재한다면, 비MST 도메인 내의 VLAN 1을 제외한 모든 VLAN은 CIST 루트 스위치보다 좋지 않은 선호도, 즉 더 높은 선호도 값을 가져야 한다.

이는 MST 영역과 비MST 영역을 연동하는 경우에 반드시 만족해야 하는 조건이다. 루트 스위치가 어디에 위치하는가, 즉 MST 영역 내에 위치하는가, 아니면 비MST 영역에 위치하는가에 따른 조건이다. 이 조건을 만족하지 않을 경우에는, PVST 시뮬레이션 실패PVST simulation failure라는 에러에 의해 MST 영역과 비MST 영역 간의 통신이 이뤄지지 않는다.

조건을 자세히 살펴보면, VLAN 1을 제외한 모든 VLAN을 언급한다. 이는 MST 영역과 비MST 영역 간의 동작은 하나의 STP 개체를 사용하는 CST로 이뤄지기 때문이다. CST와 IST, 즉 CIST는 모든 VLAN에 관한 STP 동작을 단 하나의 STP 개체로 사용하는데, 이때 VLAN 1을 통해 이뤄지기 때문이다.

아직은 각 조건의 의미가 확실하게 이해가 되지 않을 것이다. 예제를 통해 이 조건에 관해 알아보자.

앞 절에서 우리는 아무런 문제 없이 MST 영역과 비MST 스위치 간의 연동을 성공적으로 설정했다. 그럼 과연 앞 절의 예제는 이 조건을 만족했는지에 관한 답부터 알아보자.

설정 3.64는 앞 절의 최종 STP 상태 정보를 보여준다. 여기서 MST 영역 내부에 위치하는 SW01이 CIST 루트 스위치로 선정된 것을 확인할 수 있다.

```
SW01# show spanning-tree mst 0

##### MST0   vlans mapped:  1-9,11-19,21-29,31-39,41-4094
Bridge       address aabb.cc00.0100  priority    8192 (8192 sysid 0)
Root         this switch for the CIST
Operational  hello time 2 , forward delay 15, max age 20, txholdcount 6
Configured   hello time 2 , forward delay 15, max age 20, max hops   20


Interface    Role  Sts   Cost      Prio.Nbr  Type
---------    ---   ----  ------    ------    ----------------

Et0/2        Desg  FWD   2000000   128.3     Shr
Et1/0        Desg  FWD   2000000   128.5     Shr
Et2/0        Desg  FWD   2000000   128.9     Shr Bound(PVST)

==================================================================
SW04# show spanning-tree


VLAN0001
  Spanning tree enabled protocol ieee
  Root ID      Priority        8192
               Address         aabb.cc00.0100
               Cost            100
               Port            5(Ethernet1/0)
               Hello Time      2 sec  Max Age 20 sec  Forward Delay 15 sec


  Bridge ID    Priority        32769 (priority 32768 sys-id-ext 1)
               Address         aabb.cc00.0400
               Hello Time      2 sec  Max Age 20 sec  Forward Delay 15 sec
               Aging Time      300 sec


Interface    Role  Sts  Cost     Prio.Nbr  Type
---------    ---   ---- ------   ------    ----------------

Et0/0        Altn  BLK  100      128.1     Shr
Et1/0        Root  FWD  100      128.5     Shr
Et1/3        Desg  FWD  100      128.8     Shr
```

```
VLAN0010
  Spanning tree enabled protocol ieee
Root ID      Priority        8192
             Address         aabb.cc00.0100
             Cost            100
             Port            5(Ethernet1/0)
             Hello Time      2 sec  Max Age 20 sec  Forward Delay 15 sec

Bridge ID    Priority        32778(priority 32768 sys-id-ext 10)
             Address         aabb.cc00.0400
             Hello Time      2 sec  Max Age 20 sec  Forward Delay 15 sec
             Aging Time      300 sec


Interface    Role Sts  Cost       Prio.Nbr Type
---------    ---- ---- ------      ------- ----------------

Et0/0        Altn BLK  100         128.1    Shr
Et1/0        Root FWD  100         128.5    Shr
Et1/3        Desg FWD  100         128.8    Shr
Et3/0        Desg FWD  100         128.13   Shr
```

CIST 루트 스위치가 MST 영역 내부에 위치하므로 비MST 영역의 VLAN 1을 제외한 모든 VLAN은 CIST 루트 스위치의 선호도보다 나쁜 선호도를 가져야 하는 조건이 있다. 비MST 영역의 스위치인 SW04의 VLAN 10의 경우를 확인하면, 루트 스위치의 선호도(8192)보다 나쁜 선호도(32778)를 가진다는 것을 확인할 수 있다. 이런 조건을 만족하기 때문에 비MST 영역과의 연동이 정상적으로 동작하는 것이다.

이제 영역 간의 연동이 실패하는 경우를 재현해보자.

비MST 영역의 SW04의 VLAN 1을 제외한 모든 VLAN에 관한 선호도를 CIST 루트 스위치보다 좋은 선호도로 설정해보자. 실제 VLAN 1을 제외한 모든 VLAN에 관한 선호도를 변경할 필요는 없다. PVST+를 구동하는 SW04와 MST 영역에 연결되는 루트 포트에 허용되는 VLAN에 관한 선호도 설정만 하면 된다. 그러나 간편한 설정을 위해 VLAN 1을 제외한 모든 VLAN에 관해 선호도를 변경한다. 설정 3.65는 SW04에서 VLAN 2 이상의 모든 VLAN에 관해 CIST 루트 스위치의 선호도 '8192'보다 좋은 '4096'으로 설정하는 과정을 보여준다.

설정 3.65 PVST+ 스위치인 SW04의 선호도를 변경한다.

```
SW04(config)# spanning-tree vlan 2-4094 priority 4096
```

SW04에서 VLAN 2 이상의 모든 VLAN에 관한 선호도를 CIST 루트 스위치(SW01)의 선호도보다 좋은 값을 설정하자마자 SW01과 SW02에서 PVSTSIM_FAIL이라는 에러 메시지가 출력되고 해당 포트가 차단되는 것을 확인할 수 있다.

설정 3.66 PVST 시뮬레이션 실패에 의한 포트 차단

```
SW01#
*Apr 14 07:53:24.314: %SPANTREE-2-PVSTSIM_FAIL: Blocking designated
port Et2/0: Inconsitent superior PVST BPDU received on VLAN 10, claiming root
4106:aabb.cc00.0400

SW01# show spanning-tree mst 0

##### MST0    vlans mapped:  1-9,11-19,21-29,31-39,41-4094
Bridge        address aabb.cc00.0100  priority       8192 (8192 sysid 0)
Root          this switch for the CIST
Operational   hello time 2 , forward delay 15, max age 20, txholdcount 6
Configured    hello time 2 , forward delay 15, max age 20, max hops   20


Interface    Role Sts  Cost      Prio.Nbr Type
--------     --- ---- ------     ------ ---------------
Et0/2        Desg FWD 2000000    128.3    Shr
Et1/0        Desg FWD 2000000    128.5    Shr
Et2/0        Desg BKN*2000000    128.9    Shr Bound(PVST) *PVST_Inc
==================================================================
SW02#
*Apr 14 07:53:24.313: %SPANTREE-2-PVSTSIM_FAIL: Blocking designated
port Et1/0: Inconsitent superior PVST BPDU received on VLAN 10, claiming root
```

```
4106:aabb.cc00.0400


SW02# show spanning-tree mst 0


##### MST0    vlans mapped:  1-9,11-19,21-29,31-39,41-4094
Bridge          address aabb.cc00.0200  priority      12288(12288 sysid 0)
Root            address aabb.cc00.0100  priority      8192 (8192 sysid 0)
            port  Et0/2        path cost     0
Regional Root address aabb.cc00.0100  priority     8192 (8192 sysid 0)
                      internal cost 2000000   rem hops 19
Operational  hello time 2 , forward delay 15, max age 20, txholdcount 6
Configured   hello time 2 , forward delay 15, max age 20, max hops   20


Interface       Role Sts   Cost       Prio.Nbr Type
--------        --- ---- ------       ------ --------------------------
Et0/2          Root FWD 2000000      128.3    Shr
Et1/0          Desg BKN*2000000      128.5    Shr Bound(PVST) *PVST_Inc
Et2/0          Desg FWD 2000000      128.9    Shr
```

비MST 영역으로의 모든 포트가 차단됐으므로 MST 영역과 비MST 영역 간의 통신은 이뤄지지 않는다.

왜 이런 상황이 발생할까? 우린 VLAN 1의 BPDU를 통해 CST 동작이 이뤄진다는 사실을 알고 있다. MST 영역은 다른 VLAN의 BPDU는 전혀 사용하지 않는다. 실제 SW01과 SW02의 STP 포트 상태를 확인해보면, 여전히 지정 포트 상태를 유지하고 있다. 물론, BKN[Broken] 상태가 돼 트래픽을 차단하는 상태이긴 하지만 말이다.

MST 영역의 스위치는 PVST+ 스위치와 달리, MST 개체에 매핑된 VLAN에 관해 개별 BPDU를 사용하지 않는다. 단, 하나의 IST BPDU를 통해 STP 동작이 이뤄진다. 그러나 PVST+는 모든 VLAN에 관한 개별 BPDU를 사용한다. 그러므로 PVST+ 스위치로 연결된 포트는 이에 관한 제어가 요구된다. 그림 3.112는 MST 스위치와 PVST+ 스위치 간의 BPDU 교환을 그림으로 표현한 것이다.

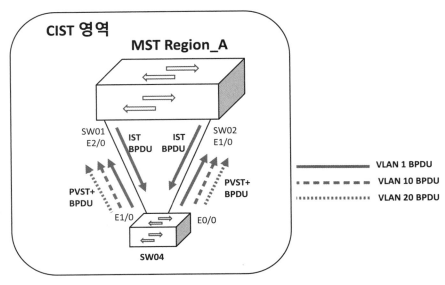

그림 3.112 MST 스위치와 PVST+ 스위치 간의 BPDU 교환

여기서 MST 스위치는 PVST+ 스위치로 IST 개체에 의해 발생하는 IST BPDU만 전달한다. 그러나 PVST+ 스위치는 모든 VLAN에 관한 개별 BPDU를 생성하고 전달한다. PVST+ 스위치로부터 수신되는 BPDU 중에서 VLAN 1의 BPDU만이 CIST 동작에 사용되고, 나머지 BPDU는 이에 전혀 관여하지 않는다.

SW01이 전달하는 IST BPDU의 선호도와 SW04가 전달하는 VLAN 1의 BPDU 선호도를 비교해 더 낮은 값을 가지는 SW01이 CIST 루트 스위치로 선정됐다. 나머지 다른 VLAN의 BPDU는 이런 CST 프로세싱에 전혀 관여하지 않는다. 오직 IST BPDU와 VLAN 1 BPDU로 STP 프로세싱이 이뤄져 예제에서 MST 영역의 SW01이 더 낮은 선호도 값을 가지기 때문에 루트 스위치가 됐다. 그러므로 SW01의 E2/0은 SW04로의 세그먼트에 관한 지정 포트가 됐다. SW02의 E1/0도 마찬가지로 지정 포트가 돼 포워딩 상태가 됐다. 이런 결정은 SW01이 E2/0으로 수신되는 SW04의 VLAN 1 BPDU가 자신의 IST BPDU보다 열등한 BPDU로 인지했기 때문에 해당 포트를 지정 포트로 선정했다(그림 3.113).

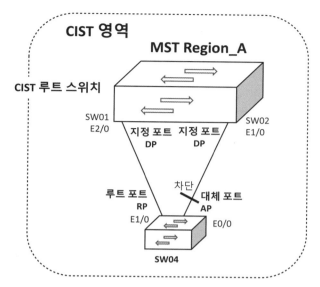

그림 3.113 CIST 루트 스위치와 지정 포트로 선정됐다.

이 상태에서 만약 MST 영역의 스위치가 PVST+ 스위치로부터 VLAN 1이 아닌 특정 VLAN에 관한 선호도가 더 좋은 BPDU를 수신한다면, 어떤 일이 일어날까?

이 경우 SW01과 SW02와 같은 MST 영역의 스위치는 이미 모든 VLAN에 관한 STP 프로세싱을 PVST+의 VLAN 1 BPDU를 통해 완전히 이뤄진 상태다. 그런데 PVST+ 스위치로부터 특정 VLAN에 관한 우월한 BPDU가 수신된다면, MST 영역의 스위치는 무척 혼란스러울 것이다(그림 3.114). 그 이유는 MST 영역의 SW01은 자신이 더 좋은 선호도의 BPDU를 가지고 있기 때문에 자신의 BPDU가 더 우월한 것을 알고, 이로 인해 자신이 CIST의 루트 스위치로 선정됐다. 또한 PVST+ 스위치로의 포트는 해당 세그먼트의 지정 포트로 선정됐다. 특정 포트가 우월한 BPDU를 수신하는 경우, 지정 포트의 상태를 유지할 수 없다는 것은 STP 학습을 통해 이미 알고 있을 것이다.

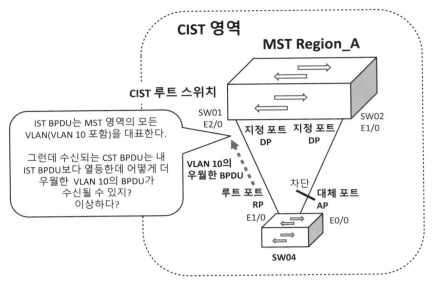

그림 3.114 지정 포트로 더 우월한 BPDU가 수신된다.

IST는 MST 영역 외부로는 영역 내의 모든 VLAN을 대표한다. 그러므로 영역 내의 VLAN 10을 대표한다. 비록 CIST 루트 스위치 선정과 지정 포트 선정은 수신되는 PVST+ 스위치인 SW01의 VLAN 1의 BPDU를 통해 이뤄졌지만, 이는 MST 영역 내의 모든 VLAN에 해당된다. 그 이유는 MST 개체는 IST 개체의 STP 프로세싱에 완전하게 의존하기 때문이다. 그러므로 결정된 STP 결과와 달리, 선호도가 더 좋은 VLAN 10의 BPDU를 수신하기 때문에 STP 프로세싱의 결과가 일관성이 없는 것으로 여기고, 해당 포트를 차단한다. 쉽게 말하면, 실제 진행된 CIST 결과와 다른 결과값의 BPDU가 수신되면 이를 일관성이 없는 결과값으로 신뢰하지 않기 때문에 해당 포트를 차단한다.

이런 이유로 PVST+ 스위치인 SW04의 VLAN 1 BPDU가 MST 영역 내의 CIST 루트 스위치인 SW01의 것보다 열등하기 때문에 다른 VLAN의 BPDU 역시 CIST 루트 스위치의 BPDU보다 열등해야 한다. 그래서 VLAN 1을 제외한 나머지 모든 VLAN의 선호도가 CIST 루트 스위치보다 나빠야 한다는 조건을 만족해야 하는 것이다.

예제를 계속 진행하면, 현재 MST 영역의 IST 선호도가 PVST+의 VLAN 1 선호도보다 좋기 때문에 SW01이 CIST 루트 스위치가 됐다. 그러나 VLAN 1 이외의 VLAN의 우월한 BPDU를 PVST+의 SW04로부터 수신하기 때문에 일관성 체크에 실패했다. 이를 바로잡기 위해, SW04에서 VLAN 1을 제외한 모든 VLAN의 선호도를 CIST 루트 스위치인 SW01의 것보다 나쁜 선호도 값을 설정하면 된다. .

설정 3.67에서, CIST 루트 스위치의 선호도 8192보다 좋지 않은 선호도인 12288을 설정함으로써 문제가 해결되는 것을 확인할 수 있다. 예제에서 모든 VLAN이 아닌, 현재 사용 중인 VLAN이 VLAN 1000 이내에 존재하므로 VLAN 2부터 VLAN 1000까지만 열등한 선호도를 설정했다. 물론 관리자가 이에 상관없이 모든 VLAN에 관해 열등한 선호도를 설정하고자 한다면, 스위치가 지원하는 모든 VLAN 범위를 지정하면 된다.

설정 3.67 VLAN 1 BPDU와 마찬가지로, 열등한 BPDU를 일관되게 유지한다.

```
SW04(config)# spanning-tree vlan 2-1000 priority 12288
====================================================================

SW01#
*Apr 14 13:00:19.136: %SPANTREE-2-PVSTSIM_OK: PVST Simulation
inconsistency cleared on port Ethernet2/0.

SW01# show spanning-tree mst 0

##### MST0    vlans mapped:   1-9,11-19,21-29,31-39,41-4094
Bridge        address aabb.cc00.0100  priority      8192 (8192 sysid 0)
Root          this switch for the CIST
Operational   hello time 2 , forward delay 15, max age 20, txholdcount 6
Configured    hello time 2 , forward delay 15, max age 20, max hops   20


Interface     Role Sts  Cost       Prio.Nbr Type
--------      ---- ---- -------    ------- ---------------

Et0/2         Desg FWD 2000000     128.3   Shr
Et1/0         Desg FWD 2000000     128.5   Shr
Et2/0         Desg FWD 2000000     128.9   Shr Bound(PVST)
====================================================================
SW02#
*Apr 14 13:00:19.442: %SPANTREE-2-PVSTSIM_OK: PVST Simulation
```

```
inconsistency cleared on port Ethernet1/0.

SW02# show spanning-tree mst 0

##### MST0    vlans mapped:  1-9,11-19,21-29,31-39,41-4094
Bridge        address aabb.cc00.0200  priority      12288(12288 sysid 0)
Root          address aabb.cc00.0100  priority       8192 (8192 sysid 0)
        port   Et0/2        path cost      0
Regional Root address aabb.cc00.0100  priority       8192 (8192 sysid 0)
                        internal cost 2000000   rem hops 19
Operational   hello time 2 , forward delay 15, max age 20, txholdcount 6
Configured    hello time 2 , forward delay 15, max age 20, max hops   20


Interface    Role Sts  Cost       Prio.Nbr Type
---------    ---  ----  ----       ------   ----------------

Et0/2        Root FWD  2000000    128.3    Shr
Et1/0        Desg FWD  2000000    128.5    Shr Bound(PVST)
Et2/0        Desg FWD  2000000    128.9    Shr
```

그 반대의 경우도 마찬가지다. CIST 루트 스위치가 비MST 영역에 위치한다면, 비MST 영역 스위치의 VLAN 1의 선호도가 더 좋을 것이다. 다시 말해, 비MST 영역의 VLAN 1 BPDU가 더 우월할 것이다. 그러므로 VLAN 1이외의 모든 VLAN 의 PBDU 역시 MST 영역의 스위치보다 우월해야 한다. 그러므로 비MST 영역에 위치하는 BPDU의 선호도보다 좋은 선호도를 가진다면, MST 영역의 IST BPDU보다 우월함을 유지할 수 있기 때문에 일관성을 유지할 수 있다. 그래서 CIST 루트 스위치가 MST 영역 외부에 위치하면, 비MST 영역의 VLAN 1이외의 모든 VLAN에 관한 선호도가 CIST 루트 스위치보다 좋아야 한다는 조건을 만족해야 하는 것이다.

확인하기 위해 선호도 설정을 변경해보자. MST 영역 외부의 PVST+ 스위치인 SW04를 루트 스위치로 변경해보자. SW01의 IST(MST 0)의 선호도를 12288로 설정하고, SW04의 VLAN 1의 선호도를 8192로 변경한다. 반면, VLAN 2부터 VLAN 1000의 선호도를 16384로 변경한다. 변경함과 동시에, SW01에 PVSTSIM_FAIL 에러가 발생하고 해당 포트가 비활성화되는 것을 확인할 수 있다.

설정 3.68 PVST+ 스위치 SW04가 루트 스위치가 된다.

```
SW04(config)# spanning-tree vlan 1 priority 8192
SW04(config)# spanning-tree vlan 2-1000 priority 16384
============================================================
SW01(config)# spanning-tree mst 0 priority 12288
SW01# show spanning-tree mst 0


##### MST0    vlans mapped:  1-9,11-19,21-29,31-39,41-4094
Bridge      address aabb.cc00.0100  priority      12288(12288 sysid 0)
Root        address aabb.cc00.0400  priority       8193 (8192 sysid 1)
            port   Et2/0         path cost    2000000
Regional Root this switch
Operational  hello time 2 , forward delay 15, max age 20, txholdcount 6
Configured   hello time 2 , forward delay 15, max age 20, max hops   20


Interface    Role Sts  Cost     Prio.Nbr Type
---------    --- ---- -------    ------ ---------------

Et0/2        Desg FWD 2000000    128.3    Shr
Et1/0        Desg FWD 2000000    128.5    Shr
Et2/0        Root BKN*2000000    128.9    Shr Bound(PVST) *PVST_Inc
```

이 경우도 마찬가지다. 비록 SW04의 VLAN 1이 더 좋은 선호도로 CIST 루트 스위치가 됐다. 그러나 VLAN 1을 제외한 나머지 VLAN의 선호도가 MST 영역의 IST 의 선호도보다 좋지 못하다. SW01은 VLAN 1 BPDU는 우월한 BPDU를, 나머지 VLAN에 관해서는 열등한 BPDU를 수신하므로 일관성이 없는 것으로 간주하고 해당 포트를 차단시킨다.

이를 해결하기 위해, SW04의 VLAN 2부터 VLAN 1000까지의 선호도를 CIST 루트 스위치보다 좋은 선호도를 설정한다. 예제는 선호도 4096을 설정해보자. VLAN 1 BPDU와 마찬가지로, 나머지 모든 VLAN 역시 우월한 BPDU를 수신하기 때문에 일관성 체크를 통과하고 해당 포트는 포워딩 상태가 된다.

설정 3.69 선호도 설정을 통해 모든 VLAN이 우월한 BPDU가 되도록 한다.

```
SW04(config)# spanning-tree vlan 2-1000 priority 4096
==================================================================
SW01#
*Apr 14 13:24:16.860: %SPANTREE-2-PVSTSIM_OK: PVST Simulation
inconsistency cleared on port Ethernet2/0.
SW01# show spanning-tree mst 0

##### MST0    vlans mapped:  1-9,11-19,21-29,31-39,41-4094
Bridge       address aabb.cc00.0100  priority    12288(12288 sysid 0)
Root         address aabb.cc00.0400  priority    8193 (8192 sysid 1)
             port   Et2/0      path cost   2000000
Regional Root this switch
Operational   hello time 2 , forward delay 15, max age 20, txholdcount 6
Configured    hello time 2 , forward delay 15, max age 20, max hops    20


Interface      Role Sts  Cost       Prio.Nbr Type
--------       ---- ---- ------      ------ ----------------
Et0/2          Desg FWD 2000000      128.3   Shr
Et1/0          Desg FWD 2000000      128.5   Shr
Et2/0          Root FWD 2000000      128.9   Shr Bound(PVST)
```

PVST+ 스위치로부터 수신되는 VLAN 1 BPDU를 제외한 나머지 모든 VLAN의 BPDU는 CIST 프로세싱에 사용되지 않는다고 했다. PVST+ 스위치는 그 특성상 모든 VLAN에 관한 BPDU를 모두 전달해야 하므로 MST 스위치는 이를 받아들이지 않을 방법이 없다. 다만 VLAN 1 BPDU 이외의 모든 다른 VLAN의 BPDU는 일관성 감시 만을 위해 사용된다. 이런 일관성 감시를 MST 스위치의 PVST 시뮬레이션[PVST Simulation] 이라 하는데, PVST 시뮬레이션은 항상 MST 영역과 비MST 영역의 경계에 위치하는 MST 스위치의 포트에서 이뤄진다. 예제에서는 SW01의 E2/0과 SW02의 E1/0이 비 MST 영역(PVST+)으로 연결되는 포트이므로 이들 포트에서 PVST 시뮬레이션이 이뤄 진다는 점을 기억하기 바란다.

지금까지 MST 영역이 PVST+ 영역과 연동할 때 만족해야 하는 조건과 그 이유에 관해 알아봤다. 무척 복잡해 보이지만, 정리해보면 매우 간단한 규칙이라는 것을 알 수 있을 것이다.

PVST+ 영역의 VLAN 1의 선호도가 IST의 것보다 좋으면, 나머지 VLAN의 선호도도 반드시 좋아야 한다. 반면, RSVP+ 영역의 VLAN 1의 선호도가 IST의 것보다 나쁘다면, 나머지 VLAN의 선호도도 반드시 나빠야 한다. 이것만 기억하고 차근차근 앞의 조건과 비교해보면, 쉽게 이해할 수 있을 것이다.

3.7 실전 문제

실전 설정을 통해 학습한 내용 중 실무 활용도와 자격증 학습에 대비해보자.

3.7.1 실전 문제

그림 3.115의 구성도를 이용해 각 조건을 만족하는 설정을 하라.

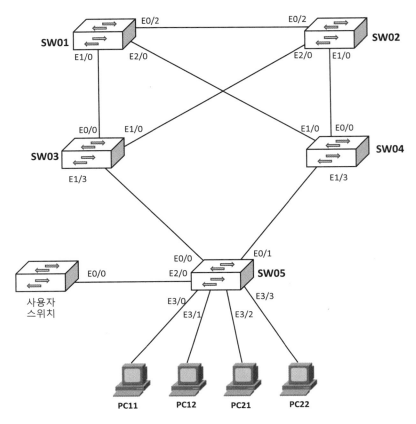

그림 3.115 실전 문제를 위한 네트워크 구성도

[조건 1] SW05는 사용자가 연결되는 액세스 스위치다. 이 스위치의 모든 사용자 스위치 포트가 활성화되면 STP 지연 없이 바로 포워딩 상태가 되도록 설정하라. 또한 이들 스위치 포트를 통해 BPDU가 수신되는 경우에는 자동적으로 비활성화되도록 설정하라. 이 설정은 최소한의 명령어로 이뤄져야 한다.

[조건 2] SW01을 모든 VLAN에 관해 항상 루트 스위치가 되도록 설정하라. 그리고 SW03의 E1/3이 절대 루트 포트가 되지 않도록 설정하라.

[조건 3] SW05의 E2/0은 액세스 포트다. 이 스위치 포트에 비관리 스위치를 연결해야 한다. 그러나 이 스위치 포트에 연결된 비관리 스위치는 스패닝 트리에 참여해서는 안 된다. 이 조건을 만족할 수 있도록 설정하라.

[조건 4] 시스코 스위치는 기본적으로 각 VLAN별로 개별적인 STP 개체를 구동하기 때문에 CPU 부하가 심해질 수 있다. CPU 부하를 최소화함과 동시에 STP를 통한 부하 분산이 요구된다. 아래 조건을 만족할 수 있도록 설정하라.

1) VLAN을 생성하라. SW01과 SW02를 제외한 모든 스위치는 자체적으로 VLAN을 생성하지 못한다. VTP 설정에 필요한 정보는 임의로 지정할 수 있다.

2) 2개의 STP 개체를 구동하도록 STP를 구동하라. 설정 시 요구되는 관련 정보는 임의로 사용해도 무방하다.

3) SW01을 VLAN 10, VLAN 30, VLAN 50에 관해 루트 스위치가 되게 하고, SW02를 VLAN 20, VLAN 40, VLAN 60에 관한 루트 스위치가 되게 하라. 또한 SW01과 SW02는 상호 백업 루트 스위치로 동작할 수 있도록 설정하라.

3.7.2 문제 해설

조건 1 문제 해설

사용자 스위치 포트에 관해 STP 지연 없이 포워딩 상태가 된다는 의미는 리스닝 상태 Listening State와 러닝 상태Learning State를 생략하는 포트 패스트 기능이 활성화돼야 한다는 것이다. 그리고 포트 패스트가 활성화된 스위치 포트를 통해 BPDU가 수신되면 비활성화돼야 한다는 조건은 이 경우에 해당 스위치 포트가 err-disabled로 비활성화하는 BPDU 가드를 적용함으로써 이뤄진다.

그러나 이런 설정이 최소한의 명령어로 이루어져야 하므로 모든 스위치 포트에 일괄 적용해야 한다. 포트 패스트를 스위치 전체적으로 활성화한 후, BPDU 가드를 일괄 적용하면 된다.

1) SW05에서 스위치 포트 전체에 관해 portfast default를 적용하라.
2) SW05에서 스위치 포트 전체에 관해 portfast bdpuguard default를 적용하라.

조건 1 권장 설정

```
SW05(config)# spanning-tree portfast default
SW05(config)# spanning-tree portfast bpduguard default
===================================================================
SW05# show spanning-tree


VLAN0001
  Spanning tree enabled protocol ieee
  Root ID    Priority    32769
             Address     aabb.cc00.0100
             Cost        200
             Port        1(Ethernet0/0)
             Hello Time  2 sec  Max Age 20 sec  Forward Delay 15 sec

  Bridge ID  Priority    32769 (priority 32768 sys-id-ext 1)
             Address     aabb.cc00.0500
             Hello Time  2 sec  Max Age 20 sec  Forward Delay 15 sec
             Aging Time  300 sec


Interface       Role Sts  Cost      Prio.Nbr Type
--------        ---  ----  ------    ------   ----------------
Et0/0           Desg FWD  100       128.1    Shr
Et0/1           Desg FWD  100       128.2    Shr
Et2/0           Desg FWD  100       128.9    Shr Edge
Et3/0           Desg FWD  100       128.13   Shr Edge
Et3/1           Desg FWD  100       128.14   Shr Edge
Et3/2           Desg FWD  100       128.15   Shr Edge
Et3/3           Desg FWD  100       128.16   Shr Edge


SW05# show spanning-tree interface e3/0 detail
 Port 13(Ethernet3/0) of VLAN0001 is designated forwarding
   Port path cost 100, Port priority 128, Port Identifier 128.13.
   Designated root has priority 32769, address aabb.cc00.0100
   Designated bridge has priority 32769, address aabb.cc00.0500
   Designated port id is 128.13, designated path cost 200
   Timers: message age 0, forward delay 0, hold 0
```

```
    Number of transitions to forwarding state: 1
  The port is in the portfast mode
    Link type is shared by default
  Bpdu guard is enabled
    BPDU: sent 623, received 0
```

조건 2 문제 해설

SW01이 루트 스위치로 선정되도록 설정한다. 실무에서는 직접적인 선호도 설정이 강력하게 권장된다. 그러나 자격증 시험에서는 루트 스위치 선정에 유연함을 제공하는 것을 정답으로 선호하는 경향이 있으므로 특정 선호도 값이 주어지지 않는 경우에는 primary 명령 적용을 통해 루트 스위치가 선정되도록 하는 것이 권장된다.

또한 SW03의 E1/3은 절대 루트 포트가 돼선 안 된다고 했다. E1/3이 루트 포트가 되는 경우는 기존 루트 스위치의 BPDU보다 우월한 BPDU가 해당 스위치 포트를 통해 유입되는 경우를 의미한다. 다시 말해, 해당 스위치 포트 방향에 루트 스위치가 되고자 하는 다른 스위치가 존재할 수 있는 경우를 말한다. 해당 스위치 포트가 루트 포트가 되지 않게 하려면, 해당 스위치 포트로 새로운 루트 스위치로부터 더 우월한 BPDU가 수신되지 않도록 해야 한다. 이는 루트 가드를 활성화함으로써 구현할 수 있다.

1) SW01에서 모든 VLAN(VLAN 1 ~ VLAN 4094)에 관해 루트 스위치로 설정한다 (root primary).
2) SW03의 E1/3에서 루트 가드를 활성화한다.

조건 2 권장 설정

```
SW01(config)# spanning-tree vlan 1-4094 root primary

SW03(config)# interface e1/3
SW03(config-if)# spanning-tree guard root
====================================================================
SW01# show spanning-tree root
```

Vlan	Root ID	Root Cost	Hello Time	Max Age	Fwd Dly	Root	Port
VLAN0001	24577	aabb.cc00.0100	0	2		20	15
VLAN0010	24586	aabb.cc00.0100	0	2		20	15
VLAN0020	24596	aabb.cc00.0100	0	2		20	15

SW01# show spanning-tree vlan 1

VLAN0001
  Spanning tree enabled protocol ieee
  Root ID   Priority   24577
             Address   aabb.cc00.0100
             This bridge is the root
             Hello Time   2 sec Max Age 20 sec Forward Delay 15 sec

  Bridge ID Priority   24577 (priority 24576 sys-id-ext 1)
             Address   aabb.cc00.0100
             Hello Time   2 sec Max Age 20 sec Forward Delay 15 sec
             Aging Time   300 sec

Interface	Role	Sts	Cost	Prio.Nbr	Type
Et0/2	Desg	FWD	100	128.3	Shr
Et1/0	Desg	FWD	100	128.5	Shr
Et2/0	Desg	FWD	100	128.9	Shr

SW05(config)#spanning-tree vlan 1-4094 priority 4096→ SW05를 강제로 루트 스위치가
되도록 설정함

SW03#show spanning-tree

VLAN0001
  Spanning tree enabled protocol ieee
  Root ID   Priority   4097
             Address   aabb.cc00.0500
             Cost   200

```
                Port              7(Ethernet1/2)
                Hello Time        2 sec  Max Age 20 sec  Forward Delay 15 sec

Bridge ID       Priority          32769 (priority 32768 sys-id-ext 1)
                Address           aabb.cc00.0300
                Hello Time        2 sec  Max Age 20 sec  Forward Delay 15 sec
                Aging Time        300 sec


Interface     Role Sts  Cost       Prio.Nbr Type
--------      --- ----  ------      ------ ----------------
Et0/0         Altn BLK  100        128.1   Shr
Et1/2         Root FWD  100        128.7   Shr
Et1/3         Desg BKN* 100        128.8   Shr *ROOT_Inc
```

조건 3 문제 해설

이 문제는 사용자 포트에 연결된 비인가 스위치에 의한 비정상적인 스패닝 트리 동작을 방지하기 위한 설정이 요구된다. 다시 말해, 해당 스위치 포트에 관해 스패닝 트리가 동작해서는 안 된다는 말이다. 이런 조건을 만족시키려면, 해당 스위치 포트에 관해 BPDU 필터를 통해 BPDU 자체를 차단하는 기능이 필요하다. 다만 BPDU를 차단한다는 의미는 해당 스위치 포트에 관한 스패닝 트리 동작 자체를 비활성화하는 것을 의미하므로 브리징 루프 발생 가능성을 반드시 확인한 후, 적용해야 한다는 점을 명심해야 한다.

만약 스위치 전체적으로 포트 패스트가 활성화된 스위치 포트에 BPDU 가드가 적용됐다면, 해당 스위치 포트를 비활성화하고 BPDU 필터를 적용해야 한다. 그렇지 않으면, 스위치 포트가 BPDU 가드로 인해 사용자 스위치로부터 수신되는 BPDU에 의해 err-disabled 상태가 돼 자동 비활성화되기 때문이다.

　　1) SW05의 E2/0에 BPDU 가드를 비활성화한다.
　　2) SW05의 E2/0에 BPDU 필터를 활성화한다.

```
SW05(config)#interface e2/0
SW05(config-if)#spanning-tree bpduguard disable
SW05(config-if)#spanning-tree bpdufilter enable
==================================================================
SW05#show spanning-tree interface e2/0 detail
 Port 9(Ethernet2/0) of VLAN0001 is designated forwarding
  Port path cost 100, Port priority 128, Port Identifier 128.9.
  Designated root has priority 4097, address aabb.cc00.0500
  Designated bridge has priority 4097, address aabb.cc00.0500
  Designated port id is 128.9, designated path cost 0
  Timers: message age 0, forward delay 0, hold 0
  Number of transitions to forwarding state: 1
  The port is in the portfast mode by default
  Link type is shared by default
  Bpdu filter is enabled
  BPDU: sent 2214, received 0
```

조건 4 문제 해설

이는 VLAN 개별적 STP 개체를 구동하는 PVST+ 대신 MST로 스패닝 트리 프로토콜을 동작시키는 문제다. 첫 번째 조건은 VLAN 생성인데, SW01과 SW02를 VTP 서버로 지정해 VLAN 설정을 한다. 두 번째 조건은 MST 설정에 2개의 MST 개체를 생성하는 문제다. 그리고 마지막 조건에서 각 MST 개체에 매핑할 VLAN을 지정하고, 각 MST 개체에 관한 루트 스위치를 지정하는 문제다.

1) 모든 스위치에 VTP를 설정한다. SW01과 SW02는 서버 모드로, SW03과 SW04는 클라이언트 모드로 설정한다.
2) SW01에서 요구하는 VLAN을 생성한다.
3) SW01에 MST를 활성화한다.
4) SW01의 MST 설정에서 MST 영역과 리비전 번호를 입력한다.
5) SW01의 MST 개체 1에 VLAN 10, VLAN 30, VLAN 50을 매핑한다.
6) SW01의 MST 개체 2에 VLAN 20, VLAN 40, VLAN 60을 매핑한다.

7) SW01에서 MST 개체 1에 관해 SW01을 Primary 루트 스위치로 지정한다.

8) SW01에서 MST 개체 2에 관해 SW01을 Secondary 루트 스위치로 지정한다.

9) SW02에서 SW01의 설정 3)부터 6)까지의 동일한 정보를 입력한다.

10) SW02에서 MST 개체 1에 관해 SW02를 Secondary 루트 스위치로 지정한다.

11) SW02에서 MST 개체 2에 관해 SW02를 Primary 루트 스위치로 지정한다.

12) SW03에서 SW01의 설정 3)부터 6)까지의 동일한 정보를 입력한다.

13) SW04에서 SW01의 설정 3)부터 6)까지의 동일한 정보를 입력한다.

조건 4 권장 설정

```
SW01(config)#vtp version 2
SW01(config)#vtp domain mylab
SW01(config)#vtp password cisco123
!
SW01(config)#vlan 10
SW01(config-vlan)#name NET_10.1.10
SW01(config)#vlan 20
SW01(config-vlan)#name NET_10.1.20
SW01(config)#vlan 30
SW01(config-vlan)#name NET_10.1.30
SW01(config)#vlan 40
SW01(config-vlan)#name NET_10.1.40
SW01(config)#vlan 50
SW01(config-vlan)#name NET_10.1.50
SW01(config)#vlan 60
SW01(config-vlan)#name NET_10.1.60
!
SW01(config)#spanning-tree mode mst
SW01(config)#spanning-tree mst configuration
SW01(config-mst)#name mylab
SW01(config-mst)#revision 1
SW01(config-mst)#instance 1 vlan 10,30,50
SW01(config-mst)#instance 2 vlan 20,40,60
SW01(config)#spanning-tree mst 1 root primary
SW01(config)#spanning-tree mst 2 root secondary
```

```
SW02(config)#vtp version 2
SW02(config)# vtp domain mylab
SW02(config)# vtp password cisco123
!
SW02(config)#spanning-tree mode mst
SW02(config)#spanning-tree mst configuration
SW02(config-mst)#name mylab
SW02(config-mst)#revision 1
SW02(config-mst)#instance 1 vlan 10,30,50
SW02(config-mst)#instance 2 vlan 20,40,60
SW02(config)#spanning-tree mst 1 root secondary
SW02(config)#spanning-tree mst 2 root primary


SW03(config)# vtp version 2
SW03(config)# vtp mode client
SW03(config)#vtp domain mylab
SW03(config)# vtp password cisco123
!
SW03(config)#spanning-tree mode mst
SW03(config)#spanning-tree mst configuration
SW03(config-mst)#name mylab
SW03(config-mst)#revision 1
SW03(config-mst)#instance 1 vlan 10,30,50
SW03(config-mst)#instance 2 vlan 20,40,60


SW04(config)#vtp version 2
SW04(config)# vtp mode client
SW04(config)# vtp domain mylab
SW04(config)# vtp password cisco123
!
SW04(config)#spanning-tree mode mst
SW04(config)#spanning-tree mst configuration
SW04(config-mst)#name mylab
SW04(config-mst)#revision 1
SW04(config-mst)#instance 1 vlan 10,30,50
SW04(config-mst)#instance 2 vlan 20,40,60
====================================================================
```

```
SW01#show spanning-tree mst 1


##### MST1    vlans mapped:  10,30,50
Bridge      address aabb.cc00.0100  priority    24577(24576 sysid 1)
Root       this switch for MST1


Interface      Role Sts  Cost        Prio.Nbr  Type
--------       --- ---- ------       ------ ----------------
Et0/2          Desg FWD 2000000       128.3   Shr
Et1/0          Desg FWD 2000000       128.5   Shr
Et2/0          Desg FWD 2000000       128.9   Shr

SW01#show spanning-tree mst 2


##### MST2    vlans mapped:  20,40,60
Bridge      address aabb.cc00.0100  priority    28674(28672 sysid 2)
Root       address aabb.cc00.0200  priority    24578(24576 sysid 2)⇒ SW02
           port  Et0/2      cost     2000000  rem hops 19


Interface      Role Sts  Cost        Prio.Nbr  Type
--------       --- ---- --------     ------ ----------------
Et0/2          Root FWD 2000000       128.3   Shr⇒ SW02
Et1/0          Desg FWD 2000000       128.5   Shr
Et2/0          Desg FWD 2000000       128.9   Shr



SW02#show spanning-tree mst 1


##### MST1    vlans mapped:  10,30,50
Bridge      address aabb.cc00.0200  priority    28673(28672 sysid 1)
Root       address aabb.cc00.0100  priority    24577(24576 sysid 1)⇒ SW01
           port  Et0/2      cost     2000000  rem hops 19


Interface      Role Sts  Cost        Prio.Nbr  Type
--------       --- ---- --------     ------ ----------------
Et0/2          Root FWD 2000000       128.3   Shr⇒ SW01
Et1/0          Desg FWD 2000000       128.5   Shr
```

```
Et2/0        Desg FWD 2000000      128.9    Shr


SW02#show spanning-tree mst 2


##### MST2   vlans mapped:  20,40,60
Bridge      address aabb.cc00.0200  priority    24578(24576 sysid 2)
Root        this switch for MST2


Interface   Role Sts  Cost           Prio.Nbr Type
--------    --- ---- --------        ------ ----------------
Et0/2       Desg FWD 2000000         128.3    Shr
Et1/0       Desg FWD 2000000         128.5    Shr
Et2/0       Desg FWD 2000000         128.9    Shr



SW03#show spanning-tree mst 1


##### MST1   vlans mapped:  10,30,50
Bridge      address aabb.cc00.0300  priority    32769(32768 sysid 1)
Root        address aabb.cc00.0100  priority    24577(24576 sysid 1)⇒ SW01
            port  Et0/0      cost    2000000  rem hops 19


Interface   Role Sts  Cost           Prio.Nbr Type
--------    --- ---- --------        ------ ----------------
Et0/0       Root FWD 2000000         128.1    Shr⇒ SW01
Et1/0       Altn BLK  2000000        128.5    Shr

SW03#show spanning-tree mst 2


##### MST2   vlans mapped:  20,40,60
Bridge      address aabb.cc00.0300  priority    32770(32768 sysid 2)
Root        address aabb.cc00.0200  priority    24578(24576 sysid 2)⇒ SW02
            port  Et1/0      cost    2000000  rem hops 19


Interface   Role Sts  Cost           Prio.Nbr Type
--------    --- ---- --------        ------ ----------------
Et0/0       Altn BLK  2000000         128.1    Shr
```

```
Et1/0          Root FWD 2000000          128.5   Shr⇒ SW02



SW04#show spanning-tree mst 1

##### MST1   vlans mapped:  10,30,50
Bridge      address aabb.cc00.0400 priority    32769(32768 sysid 1)
Root        address aabb.cc00.0100 priority    24577(24576 sysid 1)⇒ SW01
            port  Et1/0      cost     2000000  rem hops 19


Interface      Role Sts  Cost         Prio.Nbr Type
---------      --- ----  --------      ------ ----------------

Et0/0          Altn BLK  2000000       128.1   Shr
Et1/0          Root FWD 2000000        128.5   Shr⇒ SW01

SW04#show spanning-tree mst 2

##### MST2   vlans mapped:  20,40,60
Bridge      address aabb.cc00.0400 priority    32770(32768 sysid 2)
Root        address aabb.cc00.0200 priority    24578(24576 sysid 2)⇒ SW02
            port  Et0/0      cost     2000000  rem hops 19


Interface      Role Sts  Cost         Prio.Nbr Type
---------      --- ----  --------      ------ ----------------

Et0/0          Root FWD 2000000        128.1   Shr⇒ SW02
Et1/0          Altn BLK  2000000       128.5   Shr
```

04

링크 통합

일반적으로 네트워크 장비는 대역폭을 늘리기 위해 부하분산을 지원한다. 부하분산은 대역폭을 증가시키기 위한 가장 간단하면서 효율적인 방법이다. 그러나 이렇게 널리 사용되는 부하분산 기법이 스위치 네트워크에서는 간단하게 구현되지 않는다. 그 이유는 스위치 네트워크에서 발생하는 브리징 루프를 방지하기 위한 스패닝 트리 프로토콜에 의해 단 하나의 링크만 활성화되기 때문이다.

이 장에서 링크 통합Link Aggregation을 통해 복수의 링크를 동시에 사용할 수 있는 부하분산을 어떻게 적용할 수 있는지에 관해 알아본다.

4.1 링크 통합 개요

기본적으로 스위치는 브리징 루프로 인해 여러 링크를 동시에 사용하는 부하분산을 지원하지 않는다. 부하분산은 대역폭 증가를 도모할 수 있을 뿐만 아니라 링크의 이중화를 통해 지속적인 서비스를 가능하게 해준다. 그러나 스위치 네트워크에서 링크 이중화는 브리징 루프를 야기시키는 원인이 되므로 스패닝 트리 프로토콜에 의해 부하분산을 지원하지 않는다. 앞 장에서 브리징 루프의 발생 과정을 살펴봤는데, 간략하게 다시 알아보자.

그림 4.1을 보면 SW1과 SW2는 2개의 링크로 상호 연결돼 있다. 일반적인 개념의 부하분산 개념으로 생각하면, 이들 스위치는 2개의 링크를 통해 링크 이중화^{Redundancy}와 대역폭 증가를 동시에 취할 수 있다고 생각할 수 있다. 그러나 스위치 네트워크에서는 브로드캐스트로 인한 브로드캐스트 스톰 등의 브리징 루프를 방지하기 위해 스패닝 트리 프로토콜을 운용해야 한다. 그 결과 단 하나의 링크를 제외한 나머지 모든 링크를 통한 트래픽 전달이 이뤄지지 않게 함으로써 브리징 루프가 발생하지 않도록 한다.

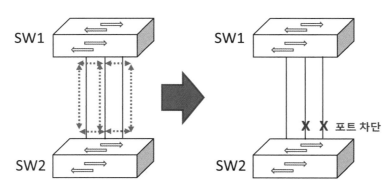

그림 4.1 브리징 루프 방지를 위한 스패닝 트리 프로토콜 동작의 결과

이와 같이 브리징 루프를 방지하기 위해 스패닝 트리 프로토콜의 동작이 필수적으로 요구되기 때문에 스위치 네트워크에서 링크 이중화는 기본적으로 제공되지 않는다. 그러나 링크 이중화와 대역폭 증가라는 필수적인 요구를 부합하기 위해 소개된 것이 바로 링크 통합이다.

링크 통합이란, 물리적인 복수의 링크를 논리적인 하나의 링크로 통합시키는 기술이다. 필자가 네트워크 기술을 설명할 때 항상 언급하는 것이 있다. 물리적으로 불가능한 것도 상상 속의 논리적인 것으로 접근하면 이뤄지지 않는 것이 없다. 링크 통합도 마찬가지다. 여러 개의 물리적인 링크를 가상 링크의 일원으로 존재하게 함으로써 로컬 스위치 자체는 실제의 물리적인 링크를 생각하지 않고 오직 논리적인 가상 링크를 실제 링크로 여기게 하는 것이다. 다만 실제 트래픽의 전달을 위해 하드웨어를 사용할 때 물리적인 링크를 통해 전달하게 하는 것일 뿐이다. 그러므로 링크 통합에 의한 가상 링크로 연결된 두 스위치는 논리적으로 단 하나의 링크로 상호 연결된 것으로 인지하고 이에 상응하는 동작을 수행한다(그림 4.2).

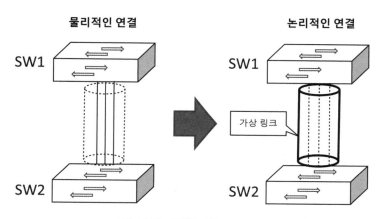

그림 4.2 링크 통합을 통한 가상 링크

두 스위치가 논리적으로 하나의 가상 링크로 연결돼 있고, 이에 상응하는 동작을 수행하므로 두 스위치 간에는 복수 개의 링크로 인한 브리징 루프는 발생하지 않는다. 그러므로 스패닝 트리 프로토콜 역시 이를 단일 링크로 인지해 다른 링크가 존재하지 않는 한 해당 포트를 차단하지 않는다. 이것이 스위치의 링크 통합의 동작 방식이다.

이런 가상 링크 방식을 통해 스위치는 해당 링크의 대역폭을 증가시킬 수 있다. 만약 스위치가 3개의 기가비트 포트를 가진다면, 총 3기가비트의 대역폭을 가진다. 이것이 링크 통합을 통한 부하분산 구현이라 할 수 있다.

한편, 링크 통합은 물리적인 실제 포트를 가상 링크의 일원으로 존재하게 하기 때문에 가상 링크의 일원인 실제 물리적인 포트 중 일부에 문제가 발생하더라도 가상 링크의 일원 중 단 하나의 물리적인 포트만이라도 정상적으로 동작한다면, 가상 링크는 항상 동작하는 것으로 받아들여진다. 가상 링크에 속하는 모든 물리적인 링크가 다운되는 경우에만 가상 링크가 다운되는 것으로 여긴다. 가상 링크의 이런 특징을 통해 링크 이중화를 구현해 지속적인 서비스를 제공할 수 있다.

시스코에서 링크 통합을 이더 채널이라 부르는데, 이더 채널은 최대 8개의 물리적인 링크를 통합할 수 있다. 만약 100Mbps 대역폭을 제공하는 패스트 이더넷 포트를 통합한다면, 최대 800Mbps 대역폭을 제공하는 가상 링크를 생성할 수 있다. 만약 1Gbps 대역폭을 제공하는 기가비트 이더넷^{Gigabit Ethernet} 포트를 통합한다면, 최대 8Gbps의 대역폭을 제공하는 가상 링크를 생성할 수 있다.

> **참고**
>
> 시스코뿐만 아니라 각 제조사에서 제공되는 매뉴얼이나 제품 광고에서는 양방향의 대역폭을 모두 합해 광고한다. 예를 들어, 패스트 이더넷의 경우에는 최대 1600Mbps(1.6Gbps) 대역폭을 제공할 수 있다고 한다. 이는 풀 듀플렉스, 즉 전이중 통신 시 양방향의 대역폭을 모두 합해 나타내기 때문이다.

4.2 링크 통합 설정

오늘날의 거의 모든 스위치는 링크 통합을 지원한다. 심지어 일부 라우터까지도 링크 통합을 지원한다. 이 절에서는 시스코 스위치에서 링크 통합을 구현하는 과정을 살펴보자.

4.2.1 정적 링크 통합

시스코 스위치에서 링크 통합은 이더 채널이라고 불린다. 또한 스위치에 구현된 이더 채널을 포트 채널^{Port-channel}이라 한다. 실무에서 포트 채널이라는 말로 통하는 이유는 시스코 스위치에서 링크 통합은 port-channel이라는 가상의 링크를 생성함으로써 구현되기 때문이다.

그림 4.3의 네트워크 구성도로 링크 통합을 구현해보자.

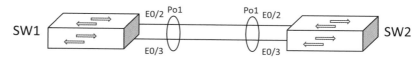

그림 4.3 링크 통합을 위한 구성도

링크 통합은 아래의 명령어로 이뤄진다. 링크 통합으로 생성될 가상 인터페이스Port-Channel Interface에 속하는 모든 물리적인 스위치 포트에 설정한다.

(config-if)# **channel-group** *group-number* **modeon**

명령어는 간단하다. 여기서 mode on은 해당 스위치 포트를 무조건적으로 링크 통합한다는 의미다. 상호 연결된 스위치와 링크 통합을 위한 그 어떤 협상도 진행하지 않고, 상대 스위치의 포트도 링크 통합을 지원한다는 것을 전제로 동작한다. 그래서 이 방식을 정적 링크 통합Static Link Aggregation이라 한다.

정적 링크 통합 방식은 가상의 통합된 링크로 연결된 두 스위치 간에 협상을 위한 어떤 정보도 상호 교환하지 않기 때문에 빠르게 통합된 가상 링크, 즉 통합 채널 포트를 가용화할 수 있다는 장점이 있다. 사실상 실무에서 가장 많이 사용하는 방식이라 할 수 있다.

설정 4.1은 정적 링크 통합 설정 과정을 보여준다. SW01은 개별적으로 각 스위치 포트의 링크 통합 설정을 수행했고, SW02의 interface range 명령어를 통해 모든 스위치 포트를 일괄적으로 적용하는 과정을 보여준다.

설정 4.1 정적 링크 통합 설정

```
SW01(config)#interface e0/2
SW01(config-if)#channel-group 1 mode on
SW01(config)#interface e0/3
SW01(config-if)#channel-group 1 mode on
=================================================================
```

```
SW02(config)#interface range e0/2-3
SW02(config-if-range)#channel-group 1 mode on
```

설정에서 보듯이, SW01의 e0/2와 e0/3을 포트 채널 1에 속하는 멤버로 지정했다. 정적 링크 통합 방식이므로 물리적인 스위치 포트를 포트 채널 1에 지정함과 동시에 SW02의 링크 통합 설정에 관계없이, 포트 채널 1이 가용화된다는 것을 알 수 있다. 이는 정적 링크 통합의 특징을 그대로 보여주는 것이다. 앞에서 언급했듯이, 정적 링크 통합은 상호 연결된 스위치와 그 어떤 협상을 하지 않고, 링크 통합이 상호 약속됐다는 전제하에 사용된다. 그러므로 정적 링크 통합은 협상을 위한 정보를 교환하지 않기 때문에 포트 채널의 가용화가 빠르고, 링크 통합을 위한 불필요한 프로세싱을 진행하지 않는다는 장점을 제공한다(그림 4.4).

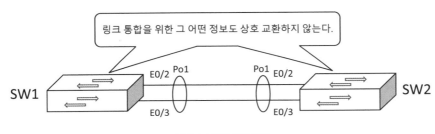

그림 4.4 정적 링크 통합

링크 통합으로 생성된 포트 채널 인터페이스의 상태를 살펴보자. 포트 채널 인터페이스는 가상 인터페이스로서 일반적인 스위치 포트를 확인하는 것과 동일한 명령 show interface로 확인할 수 있다. 설정 4.2에서 확인할 수 있듯이, 포트 채널의 상태가 일반적인 스위치 포트와 동일한 방식으로 확인할 수 있다. 다만 일반적인 스위치 포트와 다른 점은 포트 채널에 속하는 멤버 스위치 포트의 정보를 보여준다는 것이다. 만약 특정 스위치 포트가 비가용Down 상태가 되면 해당 포트 정보는 나타나지 않는다. 이 명령에서 확인할 수 있는 멤버 스위치 포트는 가용 스위치 포트 정보만 보여준다는 것이다. 그러므로 show interface 명령어로 확인할 수 있는 멤버 스위치 포트는 설정과 상관없이 현재 가용되는 스위치 포트만 보여준다.

설정 4.2 포트 채널 상태 확인

```
SW01#show interfaces port-channel 1
Port-channel1 is up, line protocol is up(connected)
  Hardware is Ethernet, address is aabb.cc00.0120(bia aabb.cc00.0120)
  MTU 1500 bytes, BW 10000 Kbit/sec, DLY 1000 usec,
    reliability 255/255, txload 1/255, rxload 1/255
  Encapsulation ARPA, loopback not set
  Keepalive set(10 sec)
  Auto-duplex, Auto-speed, media type is unknown
  input flow-control is off, output flow-control is unsupported
  Members in this channel: Et0/2 Et0/3
  ARP type: ARPA, ARP Timeout 04:00:00
  Last input 00:00:03, output never, output hang never
Last clearing of "show interface" counters never
- 생략 -


SW01(config)#interface e0/2
SW01(config-if)#shutdown
SW01#show interfaces port-channel 1
Port-channel1 is up, line protocol is up(connected)
  Hardware is Ethernet, address is aabb.cc00.0130(bia aabb.cc00.0130)
  MTU 1500 bytes, BW 10000 Kbit/sec, DLY 1000 usec,
    reliability 255/255, txload 1/255, rxload 1/255
  Encapsulation ARPA, loopback not set
  Keepalive set(10 sec)
  Auto-duplex, Auto-speed, media type is unknown
  input flow-control is off, output flow-control is unsupported
  Members in this channel: Et0/3
  ARP type: ARPA, ARP Timeout 04:00:00
  Last input 00:00:02, output never, output hang never
Last clearing of "show interface" counters never
- 생략 -
```

만약 설정을 통해 포트 채널 멤버로 지정한 모든 포트 정보를 확인하려면, show etherchannel 명령어를 사용하면 된다(설정 4.3).

설정 4.3 포트 채널 멤버 확인

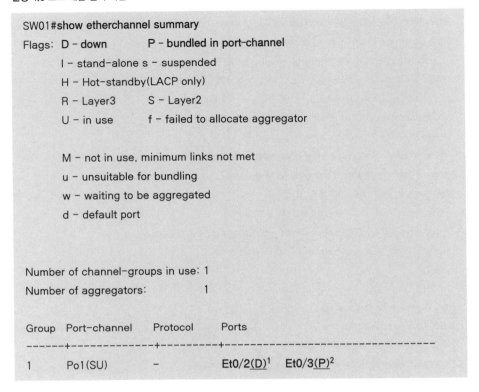

```
SW01#show etherchannel summary
Flags:  D - down          P - bundled in port-channel
        I - stand-alone s - suspended
        H - Hot-standby(LACP only)
        R - Layer3        S - Layer2
        U - in use        f - failed to allocate aggregator

        M - not in use, minimum links not met
        u - unsuitable for bundling
        w - waiting to be aggregated
        d - default port


Number of channel-groups in use: 1
Number of aggregators:           1

Group Port-channel    Protocol     Ports
------+-------------+---------+-----------------------------------
1     Po1(SU)          -            Et0/2(D)¹  Et0/3(P)²
```

4.2.2 LACP

동적 링크 통합Dynamic Link Aggregation은 링크 통합을 수행하는 두 스위치가 링크 통합을 위한 협상Negotiation을 통해 포트 채널의 가용화를 결정한다. 다시 말해, 상호 연결된 두 스위치가 통합 링크인 포트 채널을 즉각적으로 가용화하지 않는다. 우선 두 스위치 간의 물리적인 링크를 통해 링크 통합을 협상하고, 협상이 이뤄지면 해당 스위치 포트를 포트 채널의 멤버의 일원으로 흡수한다. 만약 두 스위치의 스위치 포트를 통해 협상이 이뤄지지 않으면 링크 통합은 이뤄지지 않고, 협상이 이뤄진 단 하나의 물리적인 스위치 포트도 존재하지 않으면 해당 포트 채널은 가용화되지 않는다.

---

1 포트 채널 멤버가 비활성화(down) 상태다.
2 포트 채널 멤버가 정상적으로 동작한다.

동적 링크 통합은 스위치 상호간에 링크 통합을 위한 협상이 이뤄져야 하므로 이를 위해 상호 약속된 그 무엇을 사용해야 한다. 이때 사용되는 것이 링크 통합 프로토콜Link Aggregation Protocol이다. 시스코 스위치에서 사용되는 링크 통합 프로토콜에는 LACP와 PAgP가 존재한다.

LACPLink Aggregation Control Protocol는 표준 링크 통합 프로토콜Standard Link Aggregation Protocol이다. 표준화라는 의미 그대로, LACP는 모든 제조사가 모두 지원하는 링크 통합 프로토콜이다. LACP는 IEEE에 의해 802.3ad로 표준화됐고, 이후, 802.1AX−2008로 발전했다. LACP는 표준화된 프로토콜이기 때문에 다른 제조사 장비 간에 링크 통합을 구현할 때 사용할 수 있는 프로토콜이다.

LACP는 해당 물리적인 스위치 포트를 통해 LACP 패킷을 송출해 자신과 링크 통합을 이루기 위한 LACP 피어Peer, 즉 다른 스위치를 검색한 후, 협상을 통해 링크 통합을 구현한다. LACP에는 LACP 패시브 모드LACP Passive Mode와 LACP 액티브 모드LACP Active Mode가 있다. 말의 의미 그대로, 링크 통합 협상이 능동적(Active)인지, 수동적(Passive)인지를 말한다.

액티브Active 모드는 LACP 패킷을 적극적으로 송출해 LACP 피어를 활발하게(Active) 검색한다. 물론 LACP 패킷 수신도 수행한다. 반면, 패시브Passive 모드는 LACP 패킷을 송출하지 않고 수동적으로(Passive) LACP 패킷이 수신되기를 기다린다. LACP 패킷이 수신되면 비로소 LACP 패킷으로 응답함으로써 협상을 마친 후, 링크 통합이 이뤄진다. 그러므로 두 LACP 스위치 중 최소한 하나의 스위치는 액티브 모드여야 링크 통합이 이뤄진다.

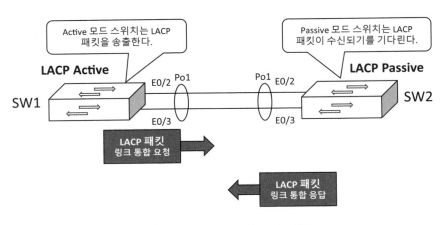

그림 4.5 LACP active 모드와 passive 모드

LACP 링크 통합 설정은 아래와 같은 명령어로 이뤄진다.

```
(config)# lacp system-priority priority
(config-if)# channel-protocol lacp
(config-if)# channel-group group-number mode{active | passive}
(config-if)# lacp port-priority priority
```

LACP 링크 통합 설정은 LACP 시스템 선호도^{LACP System Priority} 설정으로 시작한다. LACP는 두 스위치 간의 협상을 통해 링크 통합이 이뤄진다. 이때 이들 간의 협상을 주도하고, 링크 통합을 결정하는 역할을 맡는 스위치가 필요하다. 이 스위치를 결정하는 데 사용되는 것이 LACP 시스템 선호도다. LACP 시스템 선호도 역시 스패닝 트리 프로토콜의 브리지 ID^{Bridge ID}와 같이 더 낮은 값을 가지는 스위치가 선정된다. 만약 LACP 시스템 선호도가 동일하다면, 더 낮은 MAC 주소를 가지는 스위치가 선정된다.

설정 4.4는 LACP 링크 통합 설정 과정을 보여준다. 설정에서 볼 수 있듯이, SW01에 링크 통합 설정을 완료했음에도 불구하고 채널 포트가 활성화되지 않는 것을 알 수 있다. LACP 피어 스위치에서 LACP가 활성화되지 않아서 물리적인 스위치 포트가 현재 사용 보류된^{suspended} 상태라는 것을 알 수 있다. SW01은 LACP 액티브 모드로 지정했으므로 LACP 패킷을 상대 스위치로 송출하고 있는 상태다.

```
SW01(config)# lacp system-priority 1000
SW01(config)#interface range e0/2-3
SW01(config-if-range)# channel-protocol lacp
SW01(config-if-range)#channel-group 1 mode active
SW01(config-if-range)#
*Nov  3 04:29:02.472: %EC-5-L3DONTBNDL2: Et0/3 suspended: LACP currently not
enabled on the remote port.
*Nov  3 04:29:02.527: %EC-5-L3DONTBNDL2: Et0/2 suspended: LACP currently not
enabled on the remote port.
```

SW02에서 LACP 액티브 모드나 패시브 모드의 설정이 이뤄지면 두 LACP 피어 스위치는 상호간 LACP 협상을 수행한 후, 링크 통합을 수행한다. 설정 4.5에서 SW02는 LACP 패시브 모드로 설정했다. LACP 설정 후, 잠시 동안 해당 스위치 포트가 보류 상태[suspended]가 됐다가 협상이 완료된 후, 채널 포트가 활성화되는 것을 알 수 있다.

설정 4.5 LACP passive 모드 설정

```
SW02(config)#interface range e0/2-3
SW02(config-if-range)# channel-protocol lacp
SW02(config-if-range)#channel-group 1 mode passive
Creating a port-channel interface Port-channel 1

SW02(config-if-range)#
*Nov  3 04:27:49.965: %EC-5-L3DONTBNDL2: Et0/3 suspended: LACP currently not
enabled on the remote port.
*Nov  3 04:27:50.047: %EC-5-L3DONTBNDL2: Et0/2 suspended: LACP currently not
enabled on the remote port.
===============================================================
SW01#
*Nov  3 04:30:54.328: %LINEPROTO-5-UPDOWN: Line protocol on Interface Port-
channel1, changed state to up
===============================================================
SW02#
*Nov  3 04:30:54.332: %LINEPROTO-5-UPDOWN: Line protocol on Interface Port-
channel1, changed state to up
```

LACP 설정을 통해 포트 채널이 생성됐다. 각 포트 채널의 멤버 포트의 상태를 살펴보자. 명령어 show lacp internal을 통해 LACP를 사용한 포트 채널 상태 정보를 확인할 수 있다. 또한 show interface etherchannel로 특정 멤버 포트의 세부적인 상태 정보를 확인할 수 있다. 설정 4.6은 각 스위치의 포트 채널의 상태를 보여준다. 스위치의 링크 통합 프로토콜은 LACP를 사용한다는 것을 보여주고, SW01은 액티브 모드이고, SW02는 패시브 모드라는 것을 보여준다.

설정 4.6 각 스위치의 멤버 포트 상태 확인

```
SW01#show lacp sys-id
1000, aabb.cc00.0100

SW01#show lacp internal
Flags:  S - Device is requesting Slow LACPDUs
        F - Device is requesting Fast LACPDUs
        A - Device is in Active mode      P - Device is in Passive mode


Channel group 1
                            LACP port  Admin  Oper   Port      Port
Port    Flags    State      Priority   Key    Key    Number    State
Et0/2   SA       bndl       32768      0x1    0x1    0x3       0x3D
Et0/3   SA       bndl       32768      0x1    0x1    0x4       0x3D

SW01#show interfaces e0/2 etherchannel
Port state    = Up Mstr Assoc In-Bndl
Channel group = 1Mode = Active        Gcchange = -
Port-channel  = Po1       GC  = -         Pseudo port-channel = Po1
Port index    = 0         Load = 0x00     Protocol  =  LACP

Flags:  S - Device is sending Slow LACPDUs  F - Device is sending fast LACPDUs.
        A - Device is in active mode.        P - Device is in passive mode.

Local information:
                            LACP port  Admin  Oper   Port      Port
Port    Flags    State      Priority   Key    Key    Number    State
Et0/2   SA       bndl       32768      0x1    0x1    0x3       0x3D
```

Partner's information:

Port	Flags	LACP port Priority	Dev ID	Age	Admin key	Oper Key	Port Number	Port State
Et0/2	SP	32768	aabb.cc00.0200	7s	0x0	0x1	0x3	0x3C

Age of the port in the current state: 0d:00h:00m:07s

==

SW02#show lacp sys-id
32768, aabb.cc00.0200

SW02#**show lacp internal**

Flags: S - Device is requesting Slow LACPDUs
       F - Device is requesting Fast LACPDUs
       A - Device is in Active mode   P - Device is in Passive mode

Channel group 1

Port	Flags	State	LACP port Priority	Admin Key	Oper Key	Port Number	Port State
Et0/2	SP	bndl	32768	0x1	0x1	0x3	0x3C
Et0/3	SP	bndl	32768	0x1	0x1	0x4	0x3C

SW02#**show interfaces e0/3 etherchannel**

Port state   = Up Mstr Assoc In-Bndl

Channel group = 1Mode = Passive   Gcchange = -

Port-channel = Po1   GC   = -   Pseudo port-channel = Po1

Port index   = 0   Load = 0x00   **Protocol = LACP**

Flags: S - Device is sending Slow LACPDUs F - Device is sending fast LACPDUs.
       A - Device is in active mode.   P - Device is in passive mode.

Local information:

Port	Flags	State	LACP port Priority	Admin Key	Oper Key	Port Number	Port State
Et0/3	SP	**bndl**	32768	0x1	0x1	0x4	0x3C

```
Partner's information:

              LACP port                     Admin Oper  Port  Port
Port    Flags  Priority  Dev ID            Age   key   Key  Number  State
Et0/3   SA     32768     aabb.cc00.0100    1s    0x0   0x1  0x4     0x3D


Age of the port in the current state: 0d:00h:01m:57s
```

마지막으로 LACP 설정 명령어의 lacp port-priority에 관해 알아보자. 이 명령어는 각 포트에 LACP 멤버 포트 선호도를 적용함으로써 포트 채널의 활성화된 멤버 포트를 지정할 수 있다.

대부분의 시스코 스위치는 특정 포트 채널에 최대 8개의 링크를 포함시킬 수 있다. 그런데 LACP는 8개의 링크를 초과해 적용할 수 있다. 예를 들어, 10개의 스위치 포트를 하나의 포트 채널에 포함시킬 수 있다. 물론 8개의 스위치 포트가 해당 포트 채널의 멤버로서 활동한다. 이때, LACP는 링크 통합을 통한 포트 채널의 포트 멤버 수가 스위치의 허용 개수를 초과할 경우, 그 초과된 개수만큼의 포트 멤버는 예비 링크Standby Link로 사용할 수 있다. 포트 채널의 포트 멤버 중 일부가 비가용 상태가 될 경우 예비 링크의 포트 멤버가 가용 상태가 돼 동작한다. 이때 주링크와 예비 링크를 결정하는 것이 포트 선호도Port-priority이다. 여기서의 선호도 역시 더 낮은 값이 우선된다. 만약 포트 선호도가 동일할 경우에는 더 낮은 포트 ID의 포트가 주링크로 선정된다.

실습을 위해 실제 스위치 장비에 LACP를 설정해보자. 설정 4.7에서 SW01과 SW02 간에 9개의 링크가 연결돼 있고, 이들 스위치 포트를 하나의 포트 채널에 포함시켜보자.

설정 4.7 최대 멤버 포트수를 초과해 포트 채널을 설정한다.

```
SW01(config)# lacp system-priority 1000
SW01(config)# interface range fa1/0/1-9
SW01(config-if-range)# channel-protocol lacp
SW01(config-if-range)# channel-group 1 mode active
================================================================
SW02(config)# interface range fa1/0/1-9
```

```
SW02(config-if-range)# channel-protocol lacp
SW02(config-if-range)# channel-group 1 mode active
```

예제는 9개의 스위치 포트를 하나의 포트 채널에 포함시켰다. 최대 멤버 포트의 개수
가 초과했지만, 설정은 그대로 입력됐다. 그럼 과연 9개의 스위치 포트가 포트 채널에
안전하게 포함됐을까?

설정 4.8에서 보듯이, 9개의 스위치 포트 모두 하나의 포트 채널에 속한다. 그러나 마
지막 스위치 포트인 Fa1/0/9는 해당 포트 채널에 속하기는 하지만, 대기 모드^{hot-sby} 상
태다. 이는 현재 동작 중인 포트 멤버에 문제가 발생해 비가용 상태가 되면 대기 모드
의 멤버 포트를 사용하기 위함이다.

설정 4.8 최대 멤버 포트수의 초과된 멤버 포트는 대기 상태에 머문다.

```
SW01#show lacp internal
Flags:  S - Device is requesting Slow LACPDUs
        F - Device is requesting Fast LACPDUs
        A - Device is in Active mode      P - Device is in Passive mode


Channel group 1
                        LACP port   Admin  Oper   Port     Port
Port     Flags  State   Priority    Key    Key    Number   State
Fa1/0/1  SA     bndl    32768       0x1    0x1    0x104    0x3D
Fa1/0/2  SA     bndl    32768       0x1    0x1    0x105    0x3D
Fa1/0/3  SA     bndl    32768       0x1    0x1    0x106    0x3D
Fa1/0/4  SA     bndl    32768       0x1    0x1    0x107    0x3D
Fa1/0/5  SA     bndl    32768       0x1    0x1    0x108    0x3D
Fa1/0/6  SA     bndl    32768       0x1    0x1    0x109    0x3D
Fa1/0/7  SA     bndl    32768       0x1    0x1    0x10A    0x3D
Fa1/0/8  SA     bndl    32768       0x1    0x1    0x10B    0x3D
Fa1/0/9  SA     hot-sby 32768       0x1    0x1    0x10C    0x5

SW01#show interfaces fa1/0/9 etherchannel
Port state    = Up Mstr Assoc Hot-stdby Not-in-Bndl
Channel group = 1           Mode = Active        Gcchange = -
```

```
Port-channel = null      GC  =  -          Pseudo port-channel = Po1
Port index   = 0         Load = 0x00       Protocol =  LACP


Flags:  S - Device is sending Slow LACPDUs   F - Device is sending fast LACPDUs.
        A - Device is in active mode.        P - Device is in passive mode.


Local information:
                         LACP port  Admin Oper  Port     Port
Port       Flags State   Priority   Key   Key   Number   State
Fa1/0/9  SA     hot-sby  32768      0x1   0x1   0x10C    0x5


Partner's information:

                         LACP port          Admin Oper  Port     Port
Port       Flags State   Priority           Key   Key   Number   State
Fa1/0/9  SP      32768   001a.e3e3.3780 17s 0x0   0x1   0x10C    0x4


Age of the port in the current state: 0d:02h:28m:55s
======================================================================
SW02#show lacp internal
Flags:  S - Device is requesting Slow LACPDUs
        F - Device is requesting Fast LACPDUs
        A - Device is in Active mode    P - Device is in Passive mode


Channel group 1
                         LACP port  Admin Oper  Port     Port
Port       Flags State   Priority   Key   Key   Number   State
Fa1/0/1  SP      bndl    32768      0x1   0x1   0x104    0x3C
Fa1/0/2  SP      bndl    32768      0x1   0x1   0x105    0x3C
Fa1/0/3  SP      bndl    32768      0x1   0x1   0x106    0x3C
Fa1/0/4  SP      bndl    32768      0x1   0x1   0x107    0x3C
Fa1/0/5  SP      bndl    32768      0x1   0x1   0x108    0x3C
Fa1/0/6  SP      bndl    32768      0x1   0x1   0x109    0x3C
Fa1/0/7  SP      bndl    32768      0x1   0x1   0x10A    0x3C
Fa1/0/8  SP      bndl    32768      0x1   0x1   0x10B    0x3C
Fa1/0/9  SP      hot-sby 32768      0x1   0x1   0x10C    0x4
```

이와 같이 포트 채널에 속하는 최대 멤버 포트수가 초과되면 나머지 멤버 포트는 대기 모드 상태가 된다. 그런데 설정 예제에서 최대 멤버 포트수가 8개이므로 마지막 멤버 포트인 Fa1/0/9가 대기 모드 상태가 됐다. 설정에서 확인할 수 있듯이, 모든 멤버 포트의 선호도는 기본값인 32768이다. 선호도는 포트 채널에 실제 사용되는 멤버 포트를 결정하는 데 사용된다. 예제에서 선호도는 모두 동일한데, 이때는 포트 ID에 의해 결정된다. 스패닝 트리 프로토콜과 마찬가지로, 낮은 포트 ID를 가지는 멤버 포트 순서로 결정된다. 그러므로 예제에서 가장 높은 포트 ID를 가지는 Fa1/0/9가 대기 모드 상태가 된다.

관리자가 직접 사용될 멤버 포트를 결정할 수 있는데, 이때 사용되는 것이 선호도다. 선호도 역시 낮은 값이 더 우선된다. 설정 4.9에서 Fa1/0/9의 선호도를 10,000으로 변경했다. 이로서 Fa1/0/9는 다른 멤버 포트보다 높은 선호도를 가지게 됐다. Fa1/0/9는 가장 먼저 채널 그룹에서 사용된다. 그러므로 Fa1/0/9를 제외한 나머지 멤버 포트 중에서 가장 높은 포트 ID를 가지는 Fa1/0/8이 대기 모드 상태가 됐다.

설정 4.9 LACP 포트 선호도 설정과 확인

```
SW01(config)#interface fa1/0/9
SW01(config-if)#lacp port-priority 10000

SW01# show lacp internal
Flags:  S - Device is requesting Slow LACPDUs
        F - Device is requesting Fast LACPDUs
        A - Device is in Active mode      P - Device is in Passive mode


Channel group 1
                            LACP port   Admin  Oper   Port     Port
Port      Flags  State      Priority    Key    Key    Number   State
Fa1/0/1   SA     bndl       32768       0x1    0x1    0x104    0x3D
Fa1/0/2   SA     bndl       32768       0x1    0x1    0x105    0x3D
Fa1/0/3   SA     bndl       32768       0x1    0x1    0x106    0x3D
Fa1/0/4   SA     bndl       32768       0x1    0x1    0x107    0x3D
Fa1/0/5   SA     bndl       32768       0x1    0x1    0x108    0x3D
Fa1/0/6   SA     bndl       32768       0x1    0x1    0x109    0x3D
```

```
Fa1/0/7  SA   bndl      32768      0x1    0x1    0x10A    0x3D
Fa1/0/8  SA   hot-sby   32768      0x1    0x1    0x10B    0x5
Fa1/0/9  SA   bndl      10000      0x1    0x1    0x10C    0x3D
```

이제 포트 채널의 멤버 포트 하나가 비가용 상태Down가 된다고 가정해보자. 하나의 멤버 포트가 비가용 상태가 됐으므로 대기 모드 상태의 Fa1/0/8이 활성화돼 동작하게 된다(설정 4.10).

설정 4.10 대기 모드 상태의 모드가 활성화된다.

```
*Mar  1 02:49:40.489: %LINEPROTO-5-UPDOWN: Line protocol on Interface
FastEthernet1/0/1, changed state to down
*Mar  1 02:49:41.488: %LINK-3-UPDOWN: Interface FastEthernet1/0/1, changed
state to down
SW01#
*Mar  1 02:49:42.394: %LINEPROTO-5-UPDOWN: Line protocol on Interface
FastEthernet1/0/8, changed state to up

SW01# show lacp internal
Flags:  S - Device is requesting Slow LACPDUs
        F - Device is requesting Fast LACPDUs
        A - Device is in Active mode      P - Device is in Passive mode

Channel group 1
                          LACP port  Admin  Oper  Port    Port
Port      Flags  State    Priority   Key    Key   Number  State
Fa1/0/1   SA     down     32768      0x1    0x1   0x104   0x5
Fa1/0/2   SA     bndl     32768      0x1    0x1   0x105   0x3D
Fa1/0/3   SA     bndl     32768      0x1    0x1   0x106   0x3D
Fa1/0/4   SA     bndl     32768      0x1    0x1   0x107   0x3D
Fa1/0/5   SA     bndl     32768      0x1    0x1   0x108   0x3D
Fa1/0/6   SA     bndl     32768      0x1    0x1   0x109   0x3D
Fa1/0/7   SA     bndl     32768      0x1    0x1   0x10A   0x3D
Fa1/0/8   SA     bndl     32768      0x1    0x1   0x10B   0x3D
Fa1/0/9   SA     bndl     10000      0x1    0x1   0x10C   0x3D
```

물론 설정 4.11에서 확인할 수 있듯이, 해당 멤버 포트가 다시 가용 상태가 되면, Fa1/0/8은 다시 대기 모드 상태가 된다. 이와 같이 LACP는 최대 멤버 포트보다 많은 멤버 포트를 포트 채널에 포함시킴으로써 특정 멤버 포트에 문제가 발생하더라도 포트 채널의 동작 멤버 포트수를 그대로 유지함으로써 동일한 포트 채널 대역폭을 제공할 수 있다.

설정 4.11 문제의 멤버 포트가 재가용 상태가 되면 예비 멤버 포트는 다시 대기 모드 상태가 된다.

```
*Mar  1 02:51:32.150: %LINK-3-UPDOWN: Interface FastEthernet1/0/1, changed
state to up
SW01#
*Mar  1 02:51:33.828: %LINEPROTO-5-UPDOWN: Line protocol on Interface
FastEthernet1/0/8, changed state to down
SW01#
*Mar  1 02:51:36.932: %LINEPROTO-5-UPDOWN: Line protocol on Interface
FastEthernet1/0/1, changed state to up

SW01#show lacp inter
Flags:  S - Device is requesting Slow LACPDUs
        F - Device is requesting Fast LACPDUs
        A - Device is in Active mode      P - Device is in Passive mode


Channel group 1
                          LACP port  Admin Oper  Port      Port
Port      Flags  State    Priority   Key   Key   Number    State
Fa1/0/1   SA     bndl     32768      0x1   0x1   0x104     0x3D
Fa1/0/2   SA     bndl     32768      0x1   0x1   0x105     0x3D
Fa1/0/3   SA     bndl     32768      0x1   0x1   0x106     0x3D
Fa1/0/4   SA     bndl     32768      0x1   0x1   0x107     0x3D
Fa1/0/5   SA     bndl     32768      0x1   0x1   0x108     0x3D
Fa1/0/6   SA     bndl     32768      0x1   0x1   0x109     0x3D
Fa1/0/7   SA     bndl     32768      0x1   0x1   0x10A     0x3D
Fa1/0/8   SA     hot-sby  32768      0x1   0x1   0x10B     0x5
Fa1/0/9   SA     bndl     10000      0x1   0x1   0x10C     0x3D
```

4.2.3 PAgP

동적 링크 통합을 위한 다른 링크 통합 프로토콜은 PAgP^{Port Aggregation Protocol}다. PAgP 는 링크 통합을 위해 시스코가 개발한 링크 통합 프로토콜이다. 다시 말해, 시스코 전 용 링크 통합 프로토콜이다. 그러므로 PAgP는 시스코 스위치 간의 링크 통합을 위해 서만 사용할 수 있고, 다른 제조사와의 링크 통합은 지원하지 않는다.

PAgP도 LACP와 마찬가지로 PAgP 패킷을 교환함으로써 링크 통합을 이루는 두 스위 치 간의 협상을 통해 이뤄진다. PAgP도 LACP와 마찬가지로 자동^{Auto} 모드, 디자이어 러블^{Desirable} 모드로 동작한다.

PAgP 자동 모드^{PAgP Auto Mode}는 LACP의 패시브 모드와 동일하게 다른 스위치로부터 협 상을 위한 PAgP 패킷을 기다리는 모드다. 반면, PAgP 디자이어러블 모드^{PAgP Desirable Mode}는 LACP의 액티브 모드와 같이 적극적으로 협상을 시도하는 모드다. 그러므로 PAgP에서 두 스위치가 모두 자동 모드가 된다면, 협상을 적극적으로 시도하지 않기 때문에 링크 통합이 이뤄지지 않는다. 두 스위치 중 단 하나의 스위치라도 디자이어러 블 모드여야 링크 통합이 이뤄진다는 점을 명심하기 바란다.

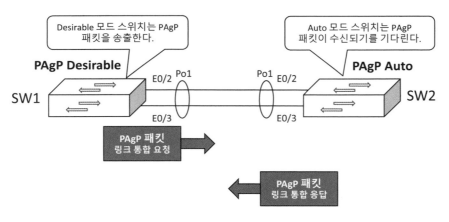

그림 4.6 PAgP 모드의 Desirable 모드와 Auto 모드

PAgP 설정은 아래와 같은 명령어로 구현된다.

```
(config-if)# channel-protocol pagp
```

(config-if)# **channel-group** *group-number* **mode{auto | desirable}**

설정 4.12는 PAgP 구현 과정을 보여준다.

설정 4.12 PAgP 구현

```
SW01(config)#interface range e0/2-3
SW01(config-if-range)# channel-protocol pagp
SW01(config-if-range)#channel-group 1 mode desirable
Creating a port-channel interface Port-channel 1
=================================================================
SW02(config)#interface range e0/2-3
SW02(config-if-range)# channel-protocol pagp
SW02(config-if-range)#channel-group 1 mode auto
Creating a port-channel interface Port-channel 1
```

설정에서 SW01은 PAgP 디자이어러블 모드로 지정해 적극적인 링크 통합을 구현할 수 있도록 설정했다. 그리고 SW02는 자동 모드를 통해 수동적으로 링크 통합이 구현되도록 설정했다. LACP에서 설명했듯이, 두 스위치 중 최소한 하나의 스위치라도 디자이어러블 모드로 지정해 적극적인 링크 통합을 구현할 수 있도록 해야 한다. 그러므로 만약 두 스위치가 모두 자동 모드로 설정된다면, 두 스위치 간의 링크 통합은 이뤄지지 않는다. 그러나 두 스위치 모두 디자이어러블 모드로 지정한다면, 당연히 링크 통합은 이뤄질 것이다.

PAgP는 LACP와 달리 포트 채널의 최대 멤버 포트수를 초과해 포함시킬 수 없다. 설정 4.13을 보면, 가장 낮은 포트 ID의 Fa1/0/9는 최대 멤버 포트수를 초과했다는 메시지와 함께 Fa1/0/9는 명령어가 거부된다.

설정 4.13 PAgP는 최대 멤버 포트수를 초과할 수 없다.

```
SW01(config)#interface range fa1/0/1-9
SW01(config-if-range)#channel-group 1 mode desirable
Command rejected(Port-channel1, Fa1/0/9): Channel group limit reached

% Interface range command failed for FastEthernet1/0/9
```

마지막으로 링크 통합을 설정할 경우의 주의해야 할 점을 알아보자. 링크 통합 설정 시, 잘못된 설정 또는 잘못된 케이블 연결로 인해 브리징 루프가 발생할 수 있다. 이런 브리징 루프를 사전에 방지하기 위해 시스코 스위치는 이더 채널 오류를 방지하는 기능을 기본적으로 동작시킨다.

링크 통합은 여러 개의 물리적인 포트를 하나의 논리적인 포트로 동작시키는 것이라 했다. 그러므로 스패닝 트리 프로토콜의 동작 역시 물리적인 스위치 포트 단위로 동작 하는 것이 아니라 논리적인 포트 채널 인터페이스 단위로 동작한다(설정 4.14).

설정 4.14 링크 통합은 포트 채널 단위로 스패닝 트리 프로토콜이 동작한다.

```
SW01(config)# interface range e0/0-3
SW01(config-if-range)# channel-group 1 mode on
SW01(config)# interface range e1/0-3
SW01(config-if-range)# channel-group 2 mode on
SW01(config)# interface range e2/0-3
SW01(config-if-range)# channel-group 3 mode on
SW01(config)# interface range e3/0-3
SW01(config-if-range)# channel-group 4 mode on


SW01# show spanning-tree


VLAN0001
  Spanning tree enabled protocol ieee
  Root ID    Priority        32769
             Address         aabb.cc00.0200
             This bridge is the root
             Hello Time      2 sec  Max Age 20 sec  Forward Delay 15 sec

  Bridge ID  Priority        32769 (priority 32768 sys-id-ext 1)
             Address         aabb.cc00.0200
             Hello Time      2 sec  Max Age 20 sec  Forward Delay 15 sec
             Aging Time      15  sec


Interface     Role Sts Cost       Prio.Nbr  Type
---------     --- --- -------      -------  ----------------------------
```

Po1	Desg FWD 41	128.65	Shr
Po2	Desg FWD 41	128.66	Shr
Po3	Desg FWD 100	128.67	Shr
Po4	Desg FWD 41	128.68	Shr

각 포트 채널은 하나의 논리적인 스위치 포트로 동작한다. 그러므로 스패닝 트리 프로
토콜의 BPDU를 개별 멤버 포트별로 수신하지 않고, 포트 채널 단위로 하나의 BPDU
만 송수신한다. 그러나 만약 잘못된 포트 채널 설정 또는 케이블 연결로 인해 포트 멤
버를 잘못 지정한 경우에 브리징 루프가 발생할 수 있다. 그러므로 포트 채널의 멤버
포트를 올바르게 지정해야 한다. 그러나 만약에 발생할 수 있는 잘못된 케이블 연결
로 인한 스패닝 트리 프로토콜이 적절히 동작하지 않는 경우를 사전에 차단해야 할 필
요성이 있다.

그림 4.7에서, SW01과 SW02는 3개의 멤버 포트(Fa1/0/1, Fa1/0/2와 Fa1/0/3)를 가지
는 포트 채널로 연결했다.

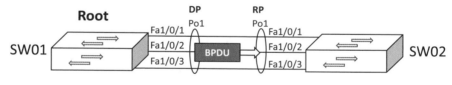

그림 4.7 정상적인 포트 채널에서의 스패닝 트리 동작

이 L2 네트워크는 정상적인 상태에서 SW01과 SW02는 단 하나의 논리적인 링크인
포트 채널로 연결된다. 그러므로 스패닝 트리 프로토콜의 동작에 참여하는 링크도 포
트 채널 중 하나다. 설정 4.15는 정상적인 상태에서의 스패닝 트리 상태를 보여준다.

설정 4.15 예제 네트워크의 스패닝 트리 상태

```
SW01# show spanning-tree vlan 1


VLAN0001
  Spanning tree enabled protocol rstp
  Root ID    Priority         4097
```

```
            Address           0011.92ed.c680
            This bridge is the root
            Hello Time        2 sec  Max Age 20 sec  Forward Delay 15 sec

  Bridge ID  Priority         4097  (priority 4096 sys-id-ext 1)
            Address           0011.92ed.c680
            Hello Time        2 sec  Max Age 20 sec  Forward Delay 15 sec
            Aging Time        300 sec


Interface    Role  Sts  Cost        Prio.Nbr Type
---------    ----  ----  -----       -------- -------- -----------------

Po1          Desg FWD 9             128.488 P2p
================================================================================

SW02# show spanning-tree vlan 1


VLAN0001
  Spanning tree enabled protocol rstp
  Root ID    Priority         4097
            Address           0011.92ed.c680
            Cost              9
            Port              488(Port-channel1)
            Hello Time        2 sec  Max Age 20 sec  Forward Delay 15 sec

  Bridge ID  Priority         4097  (priority 4096 sys-id-ext 1)
            Address           001a.e3e3.3780
            Hello Time        2 sec  Max Age 20 sec  Forward Delay 15 sec
            Aging Time        300 sec


Interface    Role  Sts  Cost        Prio.Nbr    Type
------       ----  ----  ----        --------    ---------------------

Po1          Root FWD 9             128.488  P2p
```

이 상태에서 관리자가 실수로 SW02의 Fa1/0/2와 Fa1/0/3에 설정된 포트 채널 설정을 삭제했다고 가정해보자. 이 경우에는 예기치 못한 브리징 루프가 발생한다(그림 4.8).

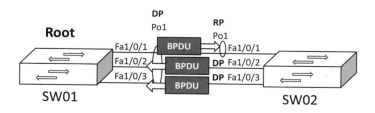

그림 4.8 잘못된 포트 채널 설정은 브리징 루프를 야기한다.

이 경우 SW02는 하나의 멤버 포트(Fa1/0/1)를 여전히 가지기 때문에 포트 채널은 그대로 동작한다. 그러나 두 멤버 포트(Fa1/0/2와 Fa1/0/3)는 잘못된 설정에 의해 더 이상 해당 채널 그룹의 멤버 포트로 동작하지 않고, 개별적인 스위치 포트로 동작한다.

SW01은 루트 스위치이기 때문에 포트 채널을 통해 SW02로 BPDU를 전달한다. 그런데 SW02는 루트 포트인 포트 채널을 통해 BPDU를 수신하지만, 개별 스위치 포트인 Fa1/0/2와 Fa1/0/3으로부터는 어떤 BPDU도 수신하지 않는다. 그러므로 SW02는 이들 개별 스위치 포트를 통해 연결된 세그먼트에 관한 지정 포트로 선정돼 BPDU를 전달한다. 이 상태에서 SW01의 멤버 포트(Fa1/0/2와 Fa1/0/3)가 포워딩 상태가 되고, SW02의 개별 스위치 포트가 된 Fa1/0/2와 Fa1/0/3도 포워딩 상태가 됨으로써 브리징 루프가 발생한다.

설정을 통해 이런 브리징 루프를 재현해보자. SW02의 Fa1/0/2와 Fa1/0/3에 설정된 포트 채널 설정을 삭제한다(설정 4.16). 이들 스위치 포트는 더 이상 포트 채널의 멤버 포트가 아닌 개별 스위치 포트로 동작하고, 포워딩 상태가 된다. 이로써 브리징 루프가 발생했다.

설정 4.16 포트 채널 설정의 오류 발생

```
SW02(config)# interface range fa1/0/2-3
SW02(config-if-range)# no channel-group 1

SW02# show spanning-tree vlan 1

VLAN0001
```

```
Spanning tree enabled protocol rstp
Root ID      Priority      4097
             Address       0011.92ed.c680
             Cost          19
             Port          4(FastEthernet1/0/2)
             Hello Time    2 sec  Max Age 20 sec  Forward Delay 15 sec

Bridge ID    Priority      4097  (priority 4096 sys-id-ext 1)
             Address       001a.e3e3.3780
             Hello Time    2 sec  Max Age 20 sec  Forward Delay 15 sec
             Aging Time    300 sec


Interface     Role Sts  Cost      Prio.Nbr Type
---------     ---- ---- -----     -------- ---------------------------
Fa1/0/2       Root FWD  19        128.4    P2p
Fa1/0/3       Desg FWD  19        128.5    P2p
Po1           Desg FWD  19        128.488  P2p
```

브리징 루프가 발생하는 환경이 조성됐다. 이런 경우를 방지하기 위해 시스코 스위치는 이더 채널 가드^{Ether Channel Guard} 기능을 마련해 브리징 루프를 사전에 차단할 수 있다.

이와 같은 포트 채널 설정에 의한 브리징 루프가 발생하면 이더 채널 가드 기능이 동작한다. 이런 환경에서 SW01의 로그 메시지를 확인해보자. SW01에는 모든 멤버 포트와 포트 채널까지 비활성화됐다는 로그 메시지가 출력된다. 그리고 모든 멤버 포트는 물론, 포트 채널까지 에러 비활성화된 것을 확인할 수 있다(설정 4.17).

설정 4.17 포트 채널 및 멤버 포트가 에러 비활성화됐다.

```
SW01#
*Mar  1 02:52:03.389: %PM-4-ERR_DISABLE: channel-misconfig(STP) error
detected on Fa1/0/1, putting Fa1/0/1 in err-disable state
*Mar  1 02:52:03.398: %PM-4-ERR_DISABLE: channel-misconfig(STP) error
detected on Fa1/0/2, putting Fa1/0/2 in err-disable state
*Mar  1 02:52:03.414: %PM-4-ERR_DISABLE: channel-misconfig(STP) error
detected on Fa1/0/3, putting Fa1/0/3 in err-disable state
*Mar  1 02:52:03.423: %PM-4-ERR_DISABLE: channel-misconfig(STP) error
```

```
detected on Po1, putting Fa1/0/1 in err-disable state
*Mar  1 02:52:03.423: %PM-4-ERR_DISABLE: channel-misconfig(STP) error
detected on Po1, putting Fa1/0/2 in err-disable state
*Mar  1 02:52:03.423: %PM-4-ERR_DISABLE: channel-misconfig(STP) error
detected on Po1, putting Fa1/0/3 in err-disable state
*Mar  1 02:52:03.423: %PM-4-ERR_DISABLE: channel-misconfig(STP) error
detected on Po1, putting Po1 in err-disable state

SW01# show interfaces status err-disabled


Port        Name         Status      Reason           err-disabled Vlans
Fa1/0/1                  err-disabled channel-misconfig(STP)
Fa1/0/2                  err-disabled channel-misconfig(STP)
Fa1/0/3                  err-disabled channel-misconfig(STP)
Po1                      err-disabled channel-misconfig(STP)
```

이더 채널 가드 기능은 멤버 포트를 통해 자신의 BPDU를 다시 수신할 때 포트 채널 설정에 오류가 발생했거나 잘못된 케이블 연결로 간주함으로써 판단한다. 이런 이더 채널 가드 기능은 시스코 스위치에 기본적으로 이미 활성화돼 있는데, 이 기능을 비활성화하지 않을 것을 강력하게 권장한다.

참고로 이더 채널 가드를 활성화하기 위한 명령어는 아래와 같다.

(config)# spanning-tree etherchannel guard misconfig

에러 비활성화된 포트 채널과 멤버 포트의 정상적인 동작을 위해 올바른 포트 채널 설정이 요구된다. 그 후, 해당 포트 채널을 강제적으로 비활성화한 후, 다시 활성화하면 된다(설정 4.18).

설정 4.18 에러 비활성화 포트 채널의 재활성화

```
SW02(config)# interface range fa1/0/2-3
SW02(config-if-range)# channel-group 1 mode on
======================================================================
SW01(config)# interface po1
```

```
SW01(config-if)# shutdown
SW01(config-if)# no shutdown
```

지금까지 링크 통합을 구현하는 과정에 관해 알아봤다. 물론 실무에서 대부분의 링크 통합은 정적 링크 통합을 통해 이뤄진다고 했다. 그러나 오늘날 링크 통합을 지원하는 서버가 늘어남에 따라 스위치와 서버 간에도 링크 통합을 구현하는 경우가 많다는 점을 염두에 두길 바란다.

4.3 포트 채널의 부하분산

포트 채널이란, 링크 통합으로 생성된 가상의 포트를 의미한다. 그러므로 포트 채널이라는 것은 논리적인 의미고, 실제 트래픽은 물리적인 포트를 통해 전달된다. 가상의 포트 채널 안에 여러 개의 물리적인 포트가 존재할 때, 실제 트래픽에 관해 사용되는 물리적인 포트를 어떻게 사용할까를 정의하는 것이 포트 채널의 부하분산이다.

일반적으로 부하분산을 구현할 때 여러 방법이 존재한다. 복수의 링크를 어떤 방식으로 사용할 것인가? 모든 링크를 순차적으로 모두 사용하는 순차 순환 대기 방식Round-Robin으로 할 것인가? 아니면 목적지에 따라 다르게 할 것인가? 아니면 출발지에 따라 다르게 할 것인가?

포트 채널의 물리적인 포트를 사용하는 데에도 이를 정의한다. 기본적으로는 출발지와 목적지 주소 모두를 기반으로 물리적인 포트를 사용하는 것으로 정의된다. 물론 특별한 경우를 제외하고, 실무에서는 기본값을 그대로 사용한다. 포트 채널 내의 물리적인 포트가 동일한 부하량을 가질 필요는 없지만, 부하량이 한 곳으로 너무 많이 편중된다면, 이를 변경할 수도 있다.

시스코 스위치 버전 15.x에서 정의되는 부하분산 방법은 표 4.1과 같다.

표 4.1 포트 채널의 부하분산 방식

부하분산 방식	정의
src-ip	출발지 주소
dst-ip	목적지 IP 주소
src-dst-ip	출발지-목적지 IP 주소
src-mac	출발지 MAC 주소
dst-mac	목적지 MAC 주소
src-dst-mac	출발지-목적지 MAC 주소

포트 채널에 사용되는 부하분산은 표 4.1의 정보를 통해 이뤄진다. 목적지 주소를 사용하거나 출발지 주소 또는 목적지와 출발지의 정보를 근거로 이뤄진다. 스위치가 L2 전용 스위치라면 당연히 출발지 MAC 주소와 목적지 MAC 주소를 근거로 이뤄진다. 만약 포트 채널이 IP 정보를 송수신한다면, 출발지 IP와 목적지 IP 주소를 바탕으로 부하분산을 수행한다.

단일 출발지 또는 목적지 주소를 바탕으로 부하분산을 수행한다면, 각 이진수로 표현된 각 주소의 마지막 비트에 의해 이뤄진다. 예를 들어, 부하분산에 사용되는 정보가 출발지 MAC 주소라 가정해보자. 그림 4.9에서 SW1과 SW2는 2개의 스위치 포트 e0/2와 e0/3이 포트 채널에 속해 있다. e0/2를 포트 채널 멤버 0(Link 0), 그리고 e0/3을 포트 채널 멤버 1(Link 1)로 명명하자.

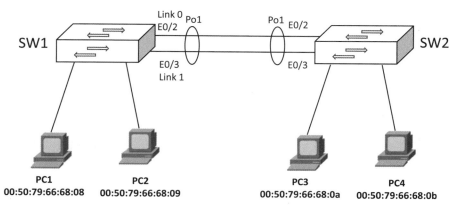

그림 4.9 포트 채널 부하분산

부하분산을 출발지 MAC 주소를 사용할 경우를 예로 살펴보자. 트래픽 방향이 SW1의 호스트로부터 SW2의 호스트로 향한다고 가정해보자. 이때 SW1은 PC1과 PC2가 출발지이므로 이들의 MAC 주소를 살펴본다. 이때 SW1은 출발지 MAC 주소의 이진수의 마지막 비트를 살펴보고 전달할 링크를 결정한다. 만약 마지막 비트가 0으로 끝난다면, 포트 채널 멤버 1(Link 0)을 사용하고, 마지막 비트가 1인 경우에는 포트 채널 멤버 2(Link 1)를 사용한다. 그러므로 PC 1의 경우 포트 채널 멤버 1인 E0/2(Link 0)를 사용하고, PC 2의 경우에는 포트 채널 멤버 2인 E0/3(Link 1)을 사용한다(표 4.2).

표 4.2 출발지 MAC 주소와 사용 링크

호스트	MAC 주소(16진수)	MAC 주소(이진수)	사용 링크
PC1	00:50:79:66:68:08	0000··············1000	멤버 1(Link 0)
PC2	00:50:79:66:68:09	0000··············1001	멤버 2(Link 1)

여기서 이진수로 표시된 주소의 마지막 비트를 근거로 사용할 멤버 링크를 결정한다고 했다. 그러므로 멤버 링크의 수에 따라 근거로 사용하는 마지막 비트의 수도 달라진다. 만약 앞의 예와 같이 포트 채널의 멤버 링크가 2개인 경우에는 마지막 하나의 비트(0과 1)로 결정할 수 있다. 그러나 멤버 링크가 4개인 경우에는 그렇지 못하다. 그러므로 이때는 마지막 2개의 비트로 결정된다(표 4.3).

표 4.3 포트 채널 멤버 수에 따른 사용하는 주소 비트 수

링크 수	참고 비트	마지막 비트 정보
2	마지막 1비트	0, 1
3~4	마지막 2비트	00, 01, 10, 11
5~8	마지막 3비트	000, 001, 010, 011, 100, 101, 110, 111

한편, 부하분산을 목적지 주소를 근거로 하는 경우에도 앞에서 설명한 출발지 주소를 근거로 하는 경우와 동일한 방식으로 이뤄진다. 그러면 출발지 주소와 목적지 주소를 동시에 사용하는 경우에는 어떻게 부하분산이 이뤄지는지 알아보자.

출발지 주소와 목적지 주소를 함께 사용하는 경우에도 마지막 비트가 사용되는데, 이때 출발지 주소의 마지막 비트와 목적지 주소의 마지막 비트를 배타적 논리합 연산을 통해 결과값을 얻은 후, 그 값을 기준으로 부하분산이 이뤄진다. 예를 들어, 목적지 주소의 마지막 비트와 출발지 주소의 마지막 비트의 배타적 논리합의 결과값이 0이면 멤버 1(Link 0)을 사용하고, 그 결과값이 1이면 멤버 2(Link 1)를 사용한다.

여기서 배타적 논리합Exclusive-OR, XOR 연산에 관해 잠시 알아보자. 배타적 논리합이란 두 값 또는 명제 중 하나만 참True인 경우를 추출할 때 사용된다. 만약 두 값이 다를 경우에는 참, 서로 같은 경우에는 거짓False으로 정의된다. 이를 숫자로 표현하면, 0은 거짓과 1은 참으로 나타난다. 이진수 주소값의 마지막 비트가 0과 0인 경우와 1과 1인 경우에는 두 값이 같으므로 그 결과값은 거짓인 0이 된다. 반면, 마지막 비트가 0과 1인 경우에는 두 값이 서로 다르므로 그 결과값은 참인 1이 된다(표 4.4).

표 4.4 배타적 논리합

비트값 1	비트값 2	XOR 결과값
0	0	0
0	1	1
1	0	1
1	1	0

앞의 예제에서 PC1이 PC3으로 트래픽을 보내는 경우와 PC1에서 PC4로 가는 경우, 그리고 PC2에서 PC3, PC2에서 PC4로 향하는 경우를 살펴보자. 표 4.5에서 볼 수 있듯이, PC1에서 PC3으로 향하는 트래픽은 포트 채널 멤버 포트 1(Link 0)을 사용한다. 그 이유는 출발지인 PC1의 MAC 주소가 이진수 0으로 끝나고, 목적지 PC3의 MAC 주소가 이진수 0으로 끝나므로 이 둘을 배타적 논리합으로 하면 0이 되기 때문이다.

반면, PC1에서 PC4로 향하는 경우, PC1의 마지막 비트 0과 PC4의 마지막 비트 1을 배타적 논리합 연산해 1의 결과값을 가지고, 이는 포트 채널 멤버 2(Link 1)를 사용한다. 마찬가지로 PC2로부터 PC3로 가는 경우와 PC2로부터 PC4로 가는 경우도 동일한 방식으로 이뤄진다(표 4.5).

표 4.5 트래픽 방향 경우의 수에 따른 링크 선택

트래픽 방향	출발지 MAC 주소	출발지 이진수	XOR 결과값	사용 링크
	목적지 MAC 주소	목적지 이진수		
PC1 → PC3	00:50:79:66:68:08	0000··············1000	0 XOR 0 = 0	멤버 1 (Link 0)
	00:50:79:66:68:0a	0000··············1010		
PC1 → PC4	00:50:79:66:68:08	0000··············1000	0 XOR 1 = 1	멤버 2 (Link 1)
	00:50:79:66:68:0b	0000··············1011		
PC2 → PC3	00:50:79:66:68:09	0000··············1001	1 XOR 0 = 1	멤버 2 (Link 1)
	00:50:79:66:68:0a	0000··············1010		
PC2 → PC4	00:50:79:66:68:09	0000··············1001	1 XOR 1 = 0	멤버 1 (Link 0)
	00:50:79:66:68:0b	0000··············1011		

이와 같이 출발지와 목적지 주소 정보를 동시에 근거해 부하분산을 수행하는 경우에는 배타적 논리합의 결과값에 의해 가상의 포트 채널에 속하는 실제 물리적인 포트가 결정된다.

기본 포트 채널의 부하분산 모드는 출발지와 목적지 주소의 XOR 연산을 근거로 이뤄지는 방식을 채택하고 있다(Ver 15.x). IP 패킷인 경우에는 출발지 IP 주소와 목적지 IP 주소(src-dst-ip), 그리고 IP 패킷이 아닌 모든 경우에는 출발지 MAC 주소와 목적지 MAC 주소(src-dst-mac)를 모두 사용하는 방식이다(설정 4.19).

설정 4.19 기본 부하분산 방식 확인

```
SW01#show etherchannel load-balance
EtherChannel Load-Balancing Configuration:
src-dst-ip

EtherChannel Load-Balancing Addresses Used Per-Protocol:
Non-IP: Source XOR Destination MAC address
   IPv4: Source XOR Destination IP address
   IPv6: Source XOR Destination IP address
```

포트 채널의 부하분산 모드 변경은 반드시 글로벌 모드에서만 설정할 수 있다. 다시 말해, 스위치 내에 생성된 모든 포트 채널에 관해 일괄적으로만 변경할 수 있고, 개별 포트 채널에 다른 부하분산 모드로 설정할 수 없다는 의미다. 설정 명령어는 아래와 같다.

(config)# **port-channel load-balance {dst-ip | dst-mac | src-dst-ip | src-dst-mac | src-ip | src-mac}**

앞 절의 예제를 통해 생성한 포트 채널 1^{Port-Channel 1}의 부하분산 방식을 변경해보자. 부하분산 방식을 출발지 MAC 주소로 변경해보자(설정 4.20)

설정 4.20 부하분산 방식 변경

```
SW01(config)# port-channel load-balance src-mac

SW01#show etherchannel load-balance
EtherChannel Load-Balancing Configuration:
    src-mac

EtherChannel Load-Balancing Addresses Used Per-Protocol:
Non-IP: Source MAC address
  IPv4: Source MAC address
  IPv6: Source MAC address
```

포트 채널에 관한 부하분산 방식이 출발지 MAC 주소(src-mac)로 변경된 것을 확인할 수 있다. 이와 같이 부하분산 방식을 변경할 수 있지만, 적절하지 못한 부하분산 방식으로 인해 특정 포트 채널에서 트래픽이 특정 멤버 포트에 편중될 수 있으므로 설정 시 주의하기 바란다.

한편, 각 멤버 포트의 사용량은 show etherchannel port-channel 명령어로 확인 및 비교할 수 있다. 설정 4.21에서 각 멤버 포트의 사용량을 Load 부분에서 확인할 수 있다. 예제에서 멤버 포트의 사용량이 각 55와 AA로 확인된다. 이 값은 16진수로 표현되는데, 십진수로 변경해 비교하면 된다. 최댓값은 255다. 이 값을 십진수로 표현하면, Fa1/1은 85, 그리고 Fa1/2는 170으로 확인된다.

설정 4.21 멤버 포트의 사용량 확인

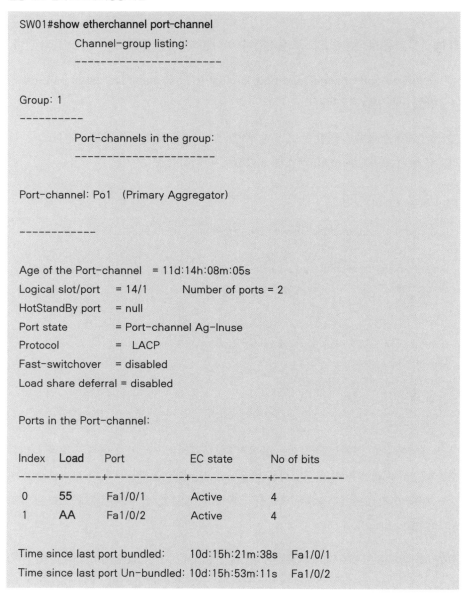

```
SW01#show etherchannel port-channel
          Channel-group listing:
          ----------------------


Group: 1
----------
          Port-channels in the group:
          ----------------------


Port-channel: Po1   (Primary Aggregator)


------------

Age of the Port-channel   = 11d:14h:08m:05s
Logical slot/port     = 14/1         Number of ports = 2
HotStandBy port       = null
Port state            = Port-channel Ag-Inuse
Protocol              =  LACP
Fast-switchover     = disabled
Load share deferral = disabled

Ports in the Port-channel:

Index   Load    Port              EC state         No of bits
------+------+------------+------------+-----------
0       55      Fa1/0/1           Active           4
1       AA      Fa1/0/2           Active           4

Time since last port bundled:      10d:15h:21m:38s   Fa1/0/1
Time since last port Un-bundled: 10d:15h:53m:11s   Fa1/0/2
```

지금까지 포트 채널의 부하분산 방식과 그 설정 및 확인에 관해 알아봤다. 포트 채널의
멤버 포트에 관한 부하량이 특정 포트에 치우친다면, 부하분산 방식을 적절히 변경함
으로써 전체 멤버 포트의 부하량을 골고루 분배할 수 있을 것이다.

4.4 실전 문제

실전 설정을 통해 학습한 내용 중 실무 활용도와 자격증 학습에 대비해보자.

4.4.1 실전 문제

그림 4.10의 구성도를 통해 각 조건을 만족하는 설정을 하라.

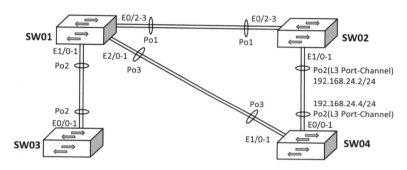

그림 4.10 실전 문제를 위한 구성도

[조건 1] SW01 − SW02 간의 2개의 링크를 하나의 통합 링크로 구성하라. 이때 링크 통합을 위한 협상 프로토콜을 사용하지 않아야 한다.

[조건 2] SW01 − SW03 간의 링크를 표준 프로토콜을 통해 하나의 논리적인 링크로 통합 구성하라. 단, SW01은 링크 통합을 위한 협상에 응답만 하고, SW03이 링크 통합을 위한 협상을 적극적으로 시도한다. 그리고 생성한 채널 그룹에 관해 802.1Q 트렁크로 설정하라.

[조건 3] SW01 − SW04 간의 링크를 시스코 전용 프로토콜을 통해 하나의 논리적인 링크로 통합 구성하라. 단, SW01은 링크 통합을 위한 협상에 응답만 하고, SW04가 링크 통합을 위한 협상을 적극적으로 시도한다.

[조건 4] SW02 − SW04 간에 링크 통합 프로토콜을 사용하지 않고 하나의 논리적인 L3 링크로 통합 구성하여 구성도에 제시한 IP 주소를 설정하라. L3 포트 채널 간의 핑

테스트가 이뤄져야 한다.

4.4.2 문제 해설

조건 1 문제 해설

이 조건은 링크 통합을 위한 협상 프로토콜을 사용하지 않는다. 이 말은 링크 통합을
수동으로 강제 활성화함으로써 적용할 수 있다.

> 1) SW01의 E0/2와 E0/3을 채널 그룹 1에 정적 모드$^{mode\ on}$로 지정한다.
> 2) SW02의 E0/2와 E0/3을 채널 그룹 1에 정적 모드로 지정한다.

조건 1 권장 설정

```
SW01(config)# interface range e0/2-3
SW01(config-if-range)# channel-group 1 mode on

SW02(config)# interface range e0/2-3
SW02(config-if-range)# channel-group 1 mode on
=====================================================================
SW01# show etherchannel summary
Flags:  D – down        P – bundled in port-channel
        I – stand-alone s – suspended
        H – Hot-standby(LACP only)
        R – Layer3      S – Layer2
U – in use      f – failed to allocate aggregator

        M – not in use, minimum links not met
        u – unsuitable for bundling
        w – waiting to be aggregated
        d – default port


Number of channel-groups in use: 1
Number of aggregators:          1

Group   Port-channel   Protocol       Ports
```

```
------+-------------+-----------+-------------------------------
1        Po1(SU)        -              Et0/2(P)   Et0/3(P)
!
SW01# show interfaces po1 switchport
Name: Po1
Switchport: Enabled
Administrative Mode: dynamic desirable
Operational Mode: trunk
Administrative Trunking Encapsulation: negotiate
Operational Trunking Encapsulation: isl
Negotiation of Trunking: On
Access Mode VLAN: 1(default)
Trunking Native Mode VLAN: 1(default)
Administrative Native VLAN tagging: enabled
Voice VLAN: none
- 생략 -
!
SW01#show interfaces po1 trunk

Port       Mode           Encapsulation  Status    Native vlan
Po1        desirable      n-isl                    trunking  1


Port       Vlans allowed on trunk
Po1        1-4094


Port       Vlans allowed and active in management domain
Po1        1,10,20,30,40,50,60


Port       Vlans in spanning tree forwarding state and not pruned
Po1        1



SW02#show etherchannel summary
- 생략 -
Number of channel-groups in use: 1
Number of aggregators:              1


Group    Port-channel    Protocol      Ports
```

```
------+------------+-----------+-------------------------------
1      Po1(SU)           -               Et0/2(P)   Et0/3(P)
!
SW02#show interfaces po1 switchport
Name: Po1
Switchport: Enabled
Administrative Mode: dynamic desirable
Operational Mode: trunk
Administrative Trunking Encapsulation: negotiate
Operational Trunking Encapsulation: isl
Negotiation of Trunking: On
Access Mode VLAN: 1(default)
Trunking Native Mode VLAN: 1(default)
Administrative Native VLAN tagging: enabled
Voice VLAN: none
- 생략 -
!
SW02#show interfaces po1 trunk


Port    Mode        Encapsulation Status     Native vlan
Po1     desirable   n-isl         trunking   1


Port    Vlans allowed on trunk
Po1     1-4094


Port    Vlans allowed and active in management domain
Po1     1,10,20,30,40,50,60


Port    Vlans in spanning tree forwarding state and not pruned
```

조건 2 문제 해설

이 문제는 표준 프로토콜인 LACP를 통한 링크 통합 설정에 관한 것이다. SW01 – SW03 간의 링크를 LACP로 링크 통합 설정을 한다. 이때 SW01은 링크 통합 협상을 시도하지 않고 응답만 수행해야 하므로 패시브 모드로 설정한다. 그러나 SW03은 적극적으로 링크 통합 협상을 시도해야 하므로 액티브 모드로 설정해야 한다.

1) SW01의 E1/0과 E1/1을 채널 그룹 2와 패시브 모드로 설정한다.

2) SW03의 E0/0과 E0/1을 채널 그룹 2와 액티브 모드로 설정한다.

3) SW01과 SW03의 Po2에 관한 트렁크 프로토콜을 802.1Q로 지정하고, 트렁크 모드로 설정한다.

조건 2 권장 설정

```
SW01(config)# interface range e1/0-1
SW01(config-if-range)# channel-group 2 mode passive
!
SW01(config)# interface po2
SW01(config-if)# switchport trunk encapsulation dot1q
SW01(config-if)# switchport mode trunk

SW03(config)# interface range e0/0-1
SW03(config-if-range)# channel-group 2 mode active
!
SW03(config)# interface po2
SW03(config-if)# switchport trunk encapsulation dot1q
SW03(config-if)# switchport mode trunk
====================================================================
SW01# show etherchannel summary
- 생략 -
Number of channel-groups in use: 2
Number of aggregators:          2


Group  Port-channel      Protocol  Ports
------+------------------+--------+------------------------------
1      Po1(SU)           -         Et0/2(P)   Et0/3(P)
2      Po2(SU)           LACP      Et1/0(P)   Et1/1(P)
!
SW01# show interfaces po2 switchport
Name: Po2
Switchport: Enabled
Administrative Mode: dynamic desirable
```

Operational Mode: trunk
Administrative Trunking Encapsulation: dot1q
Operational Trunking Encapsulation: dot1q
Negotiation of Trunking: On
Access Mode VLAN: 1(default)
Trunking Native Mode VLAN: 1(default)
Administrative Native VLAN tagging: enabled
Voice VLAN: none
- 생략 -
!
SW01#show interfaces po2 trunk

Port	Mode	Encapsulation	Status	Native vlan
Po2	on	802.1q	trunking	1

Port	Vlans allowed on trunk
Po2	1-4094

Port	Vlans allowed and active in management domain
Po2	1,10,20,30,40,50,60

Port	Vlans in spanning tree forwarding state and not pruned
Po2	1

SW01# show running-config interface po2
interface Port-channel2
 switchport
 switchport trunk encapsulation dot1q
 switchport mode trunk
!
SW01#show running-config interface e1/0
interface Ethernet1/0
 switchport trunk encapsulation dot1q
 switchport mode trunk
 duplex auto
 channel-group 2 mode passive

```
!
SW01# show running-config interface e1/1
interface Ethernet1/1
 switchport trunk encapsulation dot1q
 switchport mode trunk
 duplex auto
 channel-group 2 mode passive


SW03# show etherchannel summary
- 생략 -
Number of channel-groups in use: 1
Number of aggregators:         1


Group  Port-channel    Protocol     Ports
------+-------------+-----------+------------------------------------
2      Po2(SU)        LACP         Et0/0(P)   Et0/1(P)
!
SW03# show interfaces po2 switchport
Name: Po2
Switchport: Enabled
Administrative Mode: trunk
Operational Mode: trunk
Administrative Trunking Encapsulation: dot1q
Operational Trunking Encapsulation: dot1q
Negotiation of Trunking: On
Access Mode VLAN: 1(default)
Trunking Native Mode VLAN: 1(default)
Administrative Native VLAN tagging: enabled
Voice VLAN: none
- 생략 -
!
SW03# show interfaces po2 trunk


Port    Mode         Encapsulation Status      Native vlan
Po2     on           802.1q        trunking    1
```

```
Port       Vlans allowed on trunk
Po2        1-4094

Port       Vlans allowed and active in management domain
Po2        1,10,20,30,40,50,60

Port       Vlans in spanning tree forwarding state and not pruned
Po2        1
```

조건 3 문제 해설

이 조건은 시스코 전용 프로토콜인 PAgP를 통한 링크 통합을 구성하기 위한 문제다. SW01 – SW04 간의 링크를 PAgP로 링크 통합 설정을 한다. SW01은 링크 통합 협상에 응답만 수행해야 하므로 Auto 모드로 설정한다. 그러나 SW04는 적극적으로 링크 통합 협상을 시도해야 하므로 desirable 모드로 설정한다.

    1) SW01의 E2/0과 E2/1을 채널 그룹 3과 Auto 모드로 설정한다.

    2) SW04의 E1/0과 E1/1을 채널 그룹 3과 desirable 모드로 설정한다.

조건 3 권장 설정

```
SW01(config)# interface range e2/0-1
SW01(config-if-range)# channel-group 3 mode auto

SW04(config)# interface range e1/0-1
SW04(config-if-range)# channel-group 3 mode desirable
=================================================================
SW01#show etherchannel summary
- 생략 -
Number of channel-groups in use: 3
Number of aggregators:           3


Group   Port-channel   Protocol   Ports
------+-------------+-----------+-----------------------------------
1       Po1(SU)         -          Et0/2(P)  Et0/3(P)
```

```
2        Po2(SU)       LACP      Et1/0(P)  Et1/1(P)
3        Po3(SU)       PAgP      Et2/0(P)  Et2/1(P)


SW04# show etherchannel summary
- 생략 -
Number of channel-groups in use: 1
Number of aggregators:        1


Group   Port-channel    Protocol      Ports
-------+-------------+-----------+------------------------------
3        Po3(SU)         PAgP          Et1/0(P)  Et1/1(P)
```

조건 4 문제 해설

이 조건은 조건 1의 링크 통합과 동일하다. 다만 포트 채널에 스위칭 기능을 비활성화함으로써 L3 포트 채널로 동작시켜야 한다.

참고로, GNS3 환경에서 L3 포트 채널은 지원하지 않으므로 제시된 설정과 출력 정보를 참고하기 바란다.

> 1) SW02의 E1/0과 E1/1을 채널 그룹 2와 정적 모드로 설정하라.
>
> 2) SW02의 Po2에 관한 스위칭 기능을 비활성화한다.
>
> 3) SW02의 Po2에 IP 주소 192.168.24.2/24를 입력한다.
>
> 4) SW04의 E0/0과 E0/1을 채널 그룹 2와 정적 모드로 설정한다.
>
> 5) SW04의 Po2에 관한 스위칭 기능을 비활성화한다.
>
> 6) SW04의 Po2에 IP 주소 192.168.24.4/24를 입력한다.
>
> 7) 핑 테스트를 수행한다.

조건 4 권장 설정

```
SW02(config)# interface range e1/0-1
SW02(config-if-range)# channel-group 2 mode on
!
SW02(config-if-range)# interface po2
SW02(config-if)# no switchport
```

```
SW02(config-if)# ip address 192.168.24.2 255.255.255.0

SW04(config)# interface range e0/0-1
SW04(config-if-range)# channel-group 2 mode on
!
SW04(config-if)# interface po2
SW04(config-if)# no switchport
SW04(config-if)# ip address 192.168.24.4 255.255.255.0
======================================================================
SW02# show etherchannel summary
Flags:  D - down       P - bundled in port-channel
        I - stand-alone s - suspended
        H - Hot-standby(LACP only)
R - Layer3     S - Layer2
U - in use     f - failed to allocate aggregator


        M - not in use, minimum links not met
        u - unsuitable for bundling
        w - waiting to be aggregated
        d - default port



Number of channel-groups in use: 2
Number of aggregators:          2

Group   Port-channel   Protocol    Ports
--------+-------------+---------+------------------------------
1       Po1(SU)        -           Et0/2(P)    Et0/3(P)
2       Po2(RU)        -           Et1/0(P)    Et1/1(P)

SW02#ping 192.168.24.4
Type escape sequence to abort.
Sending 5, 100-byte ICMP Echos to 192.168.24.2, timeout is 2 seconds:
!!!!!
Success rate is 100 percent(5/5), round-trip min/avg/max = 1/1/4 ms

SW04# show etherchannel summary
```

```
- 생략 -
Number of channel-groups in use: 2
Number of aggregators:          2

Group   Port-channel    Protocol     Ports
------+-------------+-----------+---------------------------------
2       Po2(RU)         -            Et0/0(P)   Et0/1(P)
3       Po3(SU)         PAgP         Et1/0(P)   Et1/1(P)
```

05

다중 계층 스위칭

우리는 이미 스위치를 통해 제공되는 LAN은 로컬 영역의 통신만 가능하다는 것을 알고 있다. 그러므로 LAN 외부와의 통신은 반드시 OSI 3계층의 프로세싱이 요구된다. 물론 스위치 내의 VLAN도 LAN과 동일한 형태이므로 VLAN 외부와의 통신에는 반드시 OSI 3계층의 프로세싱이 요구된다. LAN이나 VLAN 간의 통신은 LAN의 외부 영역 통신을 의미하므로 라우터와 같은 OSI 3계층의 장비를 통해 라우팅이 이뤄져야 한다.

스위치 내에 설정된 VLAN 간의 통신을 위해 라우터가 사용돼야 하는데, 이는 추가 비용이 요구된다. 그러므로 비용을 절감하기 위해 스위치에 OSI 3계층의 프로세싱이 이뤄질 수 있도록 개발된 스위치가 L3 스위치다. L3 스위치는 L2 스위칭뿐만 아니라 L3 라우팅의 기능까지 제공하므로 이를 다중 계층 스위칭^{Multilayer Switching}이라 한다. 이 장에서는 다중 계층 스위칭에 관해 알아본다.

5.1 왜 L3 스위치가 필요한가?

일반적으로 스위치는 OSI 2계층의 장비로 알려져 있다. 이는 로컬 영역의 통신을 위해 제공되는 장비라는 의미다. OSI 3계층의 관점에서 로컬 영역 통신을 이해한다면, LAN 간의 통신에 왜 3계층 장비가 요구되는지 알 수 있을 것이다.

LAN에서 L3 통신인 IP 통신을 알아보자. 기본적으로 동일 LAN은 하나의 IP 서브넷으로 이뤄진다. 물론 그렇지 않은 경우라도 통신은 가능하지만, 효율적이지 못하고 권장되지 않는다. 하나의 LAN 또는 VLAN이 동일한 서브넷으로 구성된 경우 IP 통신은 각 호스트 간에 직접적으로 이뤄진다. 그림 5.1을 예로 알아보자.

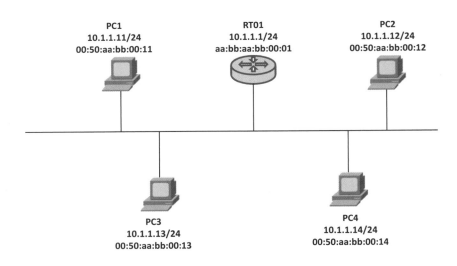

그림 5.1 LAN/VLAN 내부 통신

그림 5.1의 모든 호스트는 동일한 IP 서브넷 10.1.1.0/24에 속한다. 이들 간의 통신은 기본 게이트웨이Default Gateway인 RT01을 경유하지 않고, 호스트 간에 직접적으로 이뤄진다. 예를 들어, PC1이 PC4로 트래픽을 전달한다고 가정해보자.

응용 계층에서 만들어진 정보는 4계층에서 포트 정보 등을 기록하고 라우팅을 위해 3계층으로 전달한다. PC1은 3계층의 패킷을 생산하기 위해 목적지 IP 주소(10.1.1.14)와 출발지 IP 주소(10.1.1.11)를 나타내는 L3 헤더를 추가한 후, 패킷을 2계층으로 보낸다.

PC1은 2계층 헤더 정보를 추가한 후, 해당 프레임을 1계층으로 보내는 데, 이는 전기적인 시그널인 비트로 변환돼 PC4로 전달된다. 이때 PC1이 L2 헤더를 추가할 때 목적지 MAC 주소와 출발지 MAC 주소를 알아야 한다. 그러나 PC1은 3계층의 목적지 주소인 IP 10.1.1.14밖에 알지 못한다. 그러므로 PC4의 MAC 주소, 즉 10.1.1.14를 가지는 호스트의 MAC 주소를 구해야 한다. 이때 사용되는 것이 ARP^{Address Resolution Protocol}다. PC1은 IP 10.1.1.14를 가지는 호스트의 MAC 주소를 찾고 있다는 메시지를 LAN 상의 모든 호스트에게 브로드캐스트한다(그림 5.2).

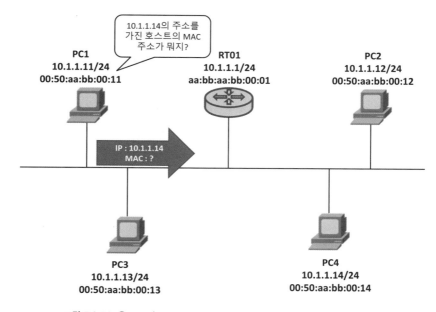

그림 5.2 PC1은 PC4의 MAC 주소를 얻기 위해 ARP 메시지를 브로드캐스트한다.

IP가 10.1.1.14가 아닌 다른 모든 호스트는 해당 ARP 요구^{Query} 메시지를 무시한다. 그러나 PC4는 ARP 문의 메시지의 IP가 자신의 것임을 인지하고, 자신의 MAC 주소를 PC1에게 보낸다(그림 5.3).

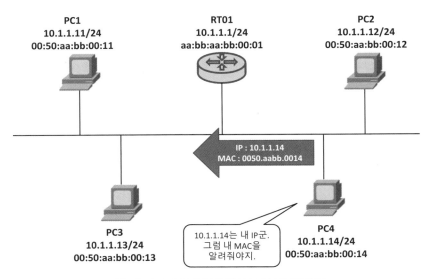

그림 5.3 PC4는 PC1에게 자신의 MAC 주소를 알려준다.

PC4로부터 MAC 주소를 수신한 PC1은 목적지 MAC 주소를 L2 헤더에 삽입해 프레임을 PC4로 바로 전달한다(그림 5.4).

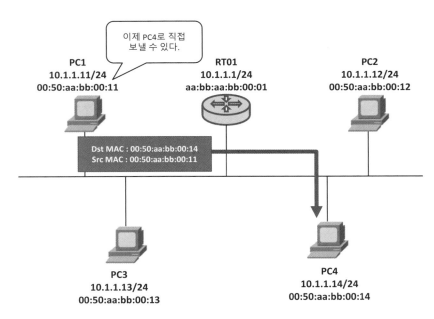

그림 5.4 PC1은 PC4로 프레임을 바로 전달한다.

LAN 내부 통신은 이와 같이 이뤄진다. 만약 다른 LAN으로 정보를 보내는 경우에는 어떨까? PC1이 다른 LAN에 위치하는 목적지 10.2.1.1로 트래픽을 보내고자 하는 경우를 예로 들어보자. 목적지가 내부 서브넷에 속하지 않으므로 송신자는 트래픽을 기본 게이트웨이로 보내야 한다. 이때 목적지 MAC 주소는 기본 게이트웨이의 MAC 주소가 요구된다. 그러므로 게이트웨이의 MAC 주소를 보내기 위해 10.1.1.1의 MAC 주소를 요구하는 ARP 요구 메시지를 보낸다(그림 5.5).

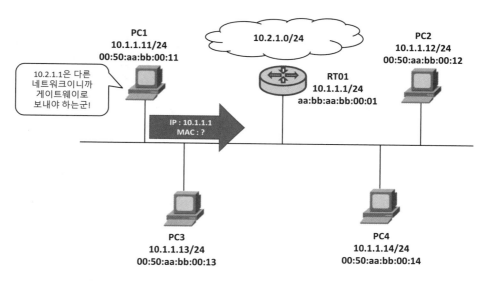

그림 5.5 LAN 외부로 트래픽을 보내기 위해 기본 게이트웨이IP의 MAC 주소를 찾는다.

기본 게이트웨이인 RT01은 자신의 MAC을 ARP 응답 메시지로 PC1에게 알려준다. 이를 바탕으로 PC1은 목적지 10.2.1.1로의 트래픽을 기본 게이트웨이인 RT01로 보낸다. 이를 수신한 RT01은 이를 자신의 라우팅 테이블을 근거로 라우팅한다(그림 5.6).

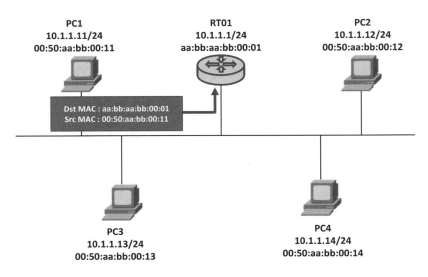

그림 5.6 PC1은 LAN 외부 통신을 위해 기본 게이트웨이로 트래픽을 전달한다.

이와 같이 LAN 외부와 통신하고자 하는 경우에는 라우터와 같은 OSI 3계층 장비가 필요하다. 이는 스위치 내에 설정되는 VLAN의 경우도 마찬가지다. 동일 스위치 내에 설정된 VLAN 역시 논리적으로는 완전히 독립된 LAN이다. 그러므로 서로 다른 VLAN의 통신도 L3 프로세싱을 통해 가능하다. 그러므로 라우터와 같은 L3 장비가 반드시 필요하다(그림 5.7).

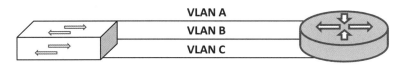

그림 5.7 VLAN 간의 통신을 위해 라우터 인터페이스로의 연결이 요구된다.

VLAN 간의 통신을 위해 라우터를 연결할 수도 있겠지만, 만약 VLAN이 매우 많은 경우에 모든 VLAN을 연결하는 데도 무리가 있을 수 있다. 실무에서는 VLAN이 100개가 넘은 경우도 있기 때문에 이 모든 VLAN을 라우터에 연결하는 데도 무리가 있을 수 있고, 또한 트렁크 설정을 통해 라우터로 연결할 수 있겠지만, 이 역시 트래픽 사용에 따라 무리가 있을 수 있다(그림 5.8). 이런 이유로 스위치가 라우팅을 수행할 수 있도록

L3 프로세싱 기능을 탑재한다면, 비용을 절감할 수 있을 뿐만 아니라 네트워크 구성도 단순화할 수 있을 것이다. 이런 접근으로부터 탄생한 스위치가 오늘날 L3 스위치다.

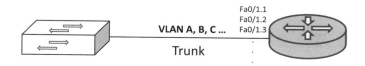

그림 5.8 스위치와 라우터를 트렁크 포트를 통해 연결할 수 있다.

L3 스위치는 L2 프로세싱을 통한 스위칭뿐만 아니라 L3 프로세싱을 통한 스위칭을 제공하므로 이를 다중 계층 스위칭이라 한다. L3 스위치는 로컬 라우팅 프로세서를 이용한 라우팅을 통해 VLAN 간의 통신을 가능하게 한다(그림 5.9).

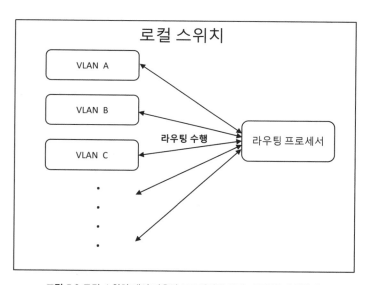

그림 5.9 로컬 스위치 내의 라우팅 프로세서를 통해 라우팅을 수행한다.

L3 스위치에서 라우팅을 수행하기 위해 특정 스위치 포트를 라우팅 포트, 즉 일반적인 라우팅 인터페이스로 변경하거나 특정 VLAN을 대표하는 가상 인터페이스를 생성하는 방식으로 이뤄진다. 이에 관한 내용은 다음 절에서 자세히 알아본다.

다중 계층 스위칭은 동일 LAN 또는 VLAN 내부 통신만 가능하므로 LAN/VLAN 간의 통신에서는 반드시 요구된다는 사실을 명심하기 바란다.

5.2 다중 계층 스위칭 설정

스위치는 일반적인 스위치 본연의 역할인 2계층 스위칭뿐만 아니라 제조사의 모델에 따라 3계층의 라우팅을 통해 VLAN 간의 통신을 구현할 수 있다. 스위치에 라우팅 기능을 탑재함으로써 물리적인 네트워크를 보다 간결하게 구성할 수 있을 뿐만 아니라 별도의 라우터에 관한 비용도 절약할 수 있다.

L3 스위치에 L3 라우팅을 활성화하려면 L3 정보, 즉 IP 정보를 등록하는 것이 필요하다. IP 정보를 등록하는 데는 특정 VLAN에 속하는 IP를 등록하기 위해 가상의 3계층 VLAN 인터페이스를 생성하는 방법과 스위치 포트 자체를 라우팅 포트로 변경해 사용하는 방법이 있다.

먼저 가상의 L3 VLAN 인터페이스를 생성해 IP를 등록하는 방법을 알아보자. 가상 L3 VLAN 인터페이스는 SVI^Switched Virtual Interface라고 알려져 있지만, 실무에서는 대부분 VLAN 인터페이스라고 부른다. VLAN 인터페이스는 동일한 VLAN에 속하는 가상의 인터페이스를 생성해 L3 통신을 스위치와 호스트 간에 이뤄질 수 있도록 한다. 또한 VLAN 인터페이스는 스위치의 라우팅 인터페이스 역할을 수행해 다른 L3 장비와 라우팅 정보를 교환하게 할 수 있는 기반을 제공한다. 물론 특정 VLAN 인터페이스는 VLAN 내의 모든 호스트에 관한 기본 게이트웨이의 역할도 제공한다(그림 5.10).

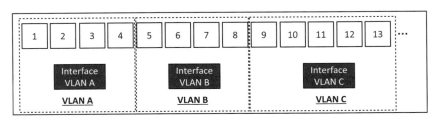

그림 5.10 스위치 내의 VLAN 인터페이스

VLAN 인터페이스는 각 VLAN을 대표한다. 인터페이스 VLAN 100을 생성한다면, 이 VLAN 인터페이스는 VLAN 100을 대표한다. 그러므로 관리자가 생성한 VLAN과 동일한 VLAN ID를 사용해 VLAN 인터페이스를 생성하면 된다. 가상 VLAN 인터페이스를 생성하는 명령어는 아래와 같다.

(config)# interface vlan *vlan_ID*

그림 5.11은 VLAN 간 통신을 확인하기 위한 구성도다. 실습 구성도에서 볼 수 있듯이, PC1과 PC2는 VLAN 100(10.1.100.0/24)에 속하고, PC3은 VLAN 200(10.1.200.0/24)에 속한다. PC4는 스위치의 라우팅 포트에 직접 연결돼 있다.

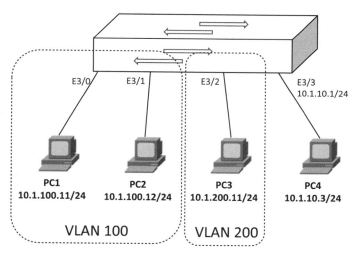

그림 5.11 다중 계층 스위칭 설정을 위한 네트워크 구성도

가상 VLAN 인터페이스는 말 그대로 가상 인터페이스이므로 생성한 후, 활성화되면 항상 가용 상태가 된다. 그러나 VLAN 인터페이스는 해당 VLAN이 스위치에 등록되지 않으면 그 가상 VLAN 인터페이스는 가용화되지 않는다. 반드시 해당 VLAN이 스위치에 등록돼야만 가상 VLAN 인터페이스도 가용화된다. 따라서 최소 하나의 포트가 해당 VLAN에 지정되거나 트렁크 포트를 통해 해당 VLAN이 활성화되고 STP가 동작해야만 VLAN 인터페이스가 활성화된다. 설정 5.1을 보면, VLAN 인터페이스 100을 생성했다. 그러나 로컬 스위치의 VLAN 데이터베이스에 VLAN 100이 등록되지 않

았고 STP도 동작하기 않기 때문에 VLAN 인터페이스 100도 활성화되지 않는다는 것을 확인할 수 있다.

설정 5.1 해당 VLAN이 등록되지 않으면, VLAN 인터페이스도 활성화되지 않는다.

```
SW05(config)#interface vlan 100
SW05(config-if)#no shutdown

SW05#show interfaces vlan 100
Vlan100 is down, line protocol is down
  Hardware is Ethernet SVI, address is aabb.cc80.0600(bia aabb.cc80.0600)
  MTU 1500 bytes, BW 1000000 Kbit/sec, DLY 10 usec,
    reliability 255/255, txload 1/255, rxload 1/255
- 생략 -

SW05#show spanning-tree vlan 100

Spanning tree instance(s) for vlan 100 does not exist.

SW05#show vlan

VLAN Name                Status          Ports
---- ---------------     --------        ------------------------
1    default             active          Et0/0, Et0/1, Et0/2, Et0/3
                                         Et1/0, Et1/1, Et1/2, Et1/3
                                         Et2/0, Et2/1, Et2/2, Et2/3
                                         Et3/0, Et3/1, Et3/2, Et3/3

1002 fddi-default        act/unsup
1003 token-ring-default  act/unsup
1004 fddinet-default     act/unsup
1005 trnet-default       act/unsup
- 생략 -
```

해당 VLAN에 속하는 스위치 포트를 지정하면 스위치에 해당 VLAN이 등록되고 STP가 동작함으로써 비로소 VLAN 인터페이스도 활성화된다. 설정 5.2는 E3/0을 VLAN 100에 지정한 후, VLAN 인터페이스 100이 활성화되는 과정을 보여준다.

```
SW05(config)#interface e3/0
SW05(config-if)#switchport access vlan 100
% Access VLAN does not exist. Creating vlan 100

SW05(config)#interface e3/1
SW05(config-if)#switchport access vlan 100

SW05#show vlan

VLAN  Name              Status        Ports
----  ----------------  --------      --------------------
1     default           active        Et0/0, Et0/2, Et0/3, Et1/0
                                      Et1/1, Et1/2, Et1/3, Et2/0
                                      Et2/1, Et2/2, Et2/3, Et3/2
                                      Et3/3
100   VLAN0100          active        Et3/0, Et3/1
1002  fddi-default      act/unsup
1003  token-ring-default act/unsup
1004  fddinet-default   act/unsup
1005  trnet-default     act/unsup
- 생략 -

SW05#show interfaces vlan 100
Vlan100 is up, line protocol is up
  Hardware is Ethernet SVI, address is aabb.cc80.0600(bia aabb.cc80.0600)
  MTU 1500 bytes, BW 1000000 Kbit/sec, DLY 10 usec,
    reliability 255/255, txload 1/255, rxload 1/255
- 생략 -
```

이제 해당 VLAN 인터페이스에 IP와 같은 3계층 정보를 설정할 수 있다. VLAN 인터페이스에 IP를 설정하는 과정은 일반적인 IOS 라우터에서 인터페이스 IP를 설정하는 것과 동일한 방법으로 진행한다(설정 5.3).

설정 5.3 VLAN 인터페이스의 IP 설정

```
SW05(config)#interface vlan 100
SW05(config-if)#ip address 10.1.100.1 255.255.255.0
```

설정 5.3에서 SW05의 인터페이스 VLAN 100은 서브넷 10.1.100.1/24의 IP가 설정됐고, 이는 VLAN 100이 서브넷 10.1.100.0/24 네트워크에 속한다는 것을 의미한다. 이 정보를 근거로 스위치는 다른 VLAN 또는 다른 서브넷과의 통신을 위해 L3 라우팅을 사용한다.

우선 VLAN 100에 속하는 PC1과 PC2의 통신을 확인해보자. 설정 5.4에서 확인할 수 있듯이, PC1과 PC2는 스위치와의 통신뿐만 아니라 서로 간의 통신이 이뤄진다. 이는 다중 계층 스위칭을 통해서가 아니라 일반적인 L2 스위치로도 이들 간의 통신이 가능하다.

설정 5.4 VLAN 100 내의 IP 통신 확인

```
PC1>ping 10.1.100.1
84 bytes from 10.1.100.1 icmp_seq=1 ttl=255 time=0.903 ms
84 bytes from 10.1.100.1 icmp_seq=2 ttl=255 time=1.655 ms
84 bytes from 10.1.100.1 icmp_seq=3 ttl=255 time=1.688 ms
84 bytes from 10.1.100.1 icmp_seq=4 ttl=255 time=1.590 ms
84 bytes from 10.1.100.1 icmp_seq=5 ttl=255 time=1.769 ms

PC1>ping 10.1.100.12
84 bytes from 10.1.100.12 icmp_seq=1 ttl=64 time=3.805 ms
84 bytes from 10.1.100.12 icmp_seq=2 ttl=64 time=2.376 ms
84 bytes from 10.1.100.12 icmp_seq=3 ttl=64 time=0.725 ms
84 bytes from 10.1.100.12 icmp_seq=4 ttl=64 time=3.869 ms
84 bytes from 10.1.100.12 icmp_seq=5 ttl=64 time=2.519 ms
```

그러나 지금까지의 VLAN 인터페이스 생성과 설정 과정은 다중 계층 스위칭에만 적용되는 것이 아니다. L2 스위치를 포함한 모든 스위치에서 이와 같은 VLAN 인터페이스를 생성한다. 이로 인해 일부 초급자가 일반적인 L2 스위치를 L3 스위치로 오해하

는 경우가 많다.

L2 스위치에서 VLAN 인터페이스를 생성하고 IP를 설정하는 이유는 해당 스위치의 관리, 즉 텔넷 등을 이용한 원격 접속이나 SNMP 등 해당 스위치를 관리하는 목적으로 사용되는 IP다. 이는 L2 스위치 자체를 하나의 IP 호스트로 지정하기 위한 목적으로 이뤄지는 설정이다. L2 스위치냐, L3 스위치이냐는 해당 스위치가 VLAN 간의 통신을 위해 라우팅을 제공하느냐, 제공하지 않느냐에 따라 달라진다. 그러므로 L2 스위치의 경우는 로컬 스위치 자신이 사용할 기본 게이트웨이만 제공한다.

그러나 L3 스위치는 사용자 트래픽의 라우팅을 위해 라우터와 동일한 라우팅 테이블을 구축한다(설정 5.5).

설정 5.5 L2 스위치는 라우팅 테이블을 구축하지 않는다.

```
Switch# show ip route
Default gateway is not set


Host          Gateway       Last Use    Total Uses  Interface
ICMP redirect cache is empty
```

이제 VLAN 200을 생성해 VLAN 100과 VLAN 200 간의 통신을 확인해보자. PC3이 VLAN 200에 속하므로 E3/2를 VLAN 200에 속하도록 설정하고, 인터페이스 VLAN 200을 생성해 IP 10.1.200.1/24를 설정한 후, VLAN 100의 PC1과 PC2와 VLAN 200의 PC3 간 통신을 확인한다. 설정 5.6에서 확인할 수 있듯이, 이들 간의 L3 통신, 즉 IP 통신은 정상적으로 이뤄진다.

설정 5.6 VLAN 200의 생성과 VLAN 간의 통신 확인

```
SW05(config)#interface e3/2
SW05(config-if)#switchport access vlan 200
% Access VLAN does not exist. Creating vlan 200
SW05(config)#interface vlan 200
SW05(config-if)#ip add 10.1.200.1 255.255.255.0
SW05(config-if)#no shutdown
```

```
==============================================================
PC3>ping 10.1.100.11
84 bytes from 10.1.100.11 icmp_seq=1 ttl=63 time=2.630 ms
84 bytes from 10.1.100.11 icmp_seq=2 ttl=63 time=2.248 ms
84 bytes from 10.1.100.11 icmp_seq=3 ttl=63 time=2.425 ms
84 bytes from 10.1.100.11 icmp_seq=4 ttl=63 time=2.545 ms
84 bytes from 10.1.100.11 icmp_seq=5 ttl=63 time=2.253 ms

PC3>ping 10.1.100.12
84 bytes from 10.1.100.12 icmp_seq=1 ttl=63 time=6.179 ms
84 bytes from 10.1.100.12 icmp_seq=2 ttl=63 time=3.378 ms
84 bytes from 10.1.100.12 icmp_seq=3 ttl=63 time=2.987 ms
84 bytes from 10.1.100.12 icmp_seq=4 ttl=63 time=2.472 ms
84 bytes from 10.1.100.12 icmp_seq=5 ttl=63 time=2.355 ms
```

그러면 VLAN 간의 통신은 스위치에서 어떻게 이뤄지는 것일까? 우리는 모든 라우팅은 라우팅 장비가 구축하는 라우팅 테이블을 통해 이뤄진다는 것을 알고 있다. 그러므로 다중 계층 스위치 역시 자신의 라우팅 테이블을 구축해 이를 기반으로 사용자 IP 패킷을 라우팅한다는 것을 짐작할 수 있을 것이다. 그러면 스위치의 라우팅 테이블을 확인해보자. 설정 5.7은 SW05의 라우팅 테이블을 보여준다. 우리가 흔히 확인하는 IOS 라우터의 라우팅 테이블과 크게 다르지 않다는 것을 알 수 있다. 로컬 스위치에 연결된 VLAN 간의 라우팅뿐만 아니라 다른 라우터나 L3 스위치 간의 정적 라우팅이나 동적 라우팅 프로토콜을 사용해 라우팅 테이블만 구축한다면, 일반적인 라우터와 동일한 역할을 수행할 수 있다.

설정 5.7 L3 스위치에서 라우팅 테이블 확인

```
SW05#show ip route
Codes: L - local, C - connected, S - static, R - RIP, M - mobile, B - BGP
       D - EIGRP, EX - EIGRP external, O - OSPF, IA - OSPF inter area
       N1 - OSPF NSSA external type 1, N2 - OSPF NSSA external type 2
       E1 - OSPF external type 1, E2 - OSPF external type 2
       i - IS-IS, su - IS-IS summary, L1 - IS-IS level-1, L2 - IS-IS level-2
       ia - IS-IS inter area, * - candidate default, U - per-user static route
```

```
        o - ODR, P - periodic downloaded static route, H - NHRP, I - LISP
        + - replicated route, % - next hop override

Gateway of last resort is not set

        10.0.0.0/8 is variably subnetted, 4 subnets, 2 masks
C        10.1.100.0/24 is directly connected, Vlan100
L        10.1.100.1/32 is directly connected, Vlan100
C        10.1.200.0/24 is directly connected, Vlan200
L        10.1.200.1/32 is directly connected, Vlan200
```

L3 스위치에 IP 라우팅을 위한 다른 방법은 스위치 포트를 라우팅 포트로 변경함으로써 일반적인 라우터의 인터페이스와 같이 동작시키는 방법이다. 기본적으로 시스코 스위치의 모든 포트는 L2 스위치 포트로 동작한다. 이는 기본 설정 값을 통해서도 알 수 있다. 명령어 show interface switchport 명령을 통해 해당 인터페이스가 스위치 포트인지, 라우팅 포트인지를 확인할 수 있다. 설정 5.8을 보면, 기본적으로 E3/3이 스위치 포트로 동작한다는 것을 알 수 있다.

설정 5.8 스위치 포트 확인

```
SW05#show interfaces e3/3 switchport
Name: Et3/3
Switchport: Enabled
Administrative Mode: dynamic desirable
Operational Mode: static access
Administrative Trunking Encapsulation: negotiate
Operational Trunking Encapsulation: native
Negotiation of Trunking: On
Access Mode VLAN: 1(default)
Trunking Native Mode VLAN: 1(default)
Administrative Native VLAN tagging: enabled
Voice VLAN: none
Administrative private-vlan host-association: none
Administrative private-vlan mapping: none
Administrative private-vlan trunk native VLAN: none
```

```
Administrative private-vlan trunk Native VLAN tagging: enabled
Administrative private-vlan trunk encapsulation: dot1q
Administrative private-vlan trunk normal VLANs: none
Administrative private-vlan trunk associations: none
Administrative private-vlan trunk mappings: none
- 생략 -
```

L2 스위치 포트를 L3 라우트 포트로 변경하려면, 해당 포트에 L2 스위치 포트 기능을 비활성화하면 된다. 이를 위해 no switchport 명령을 설정하면 된다.

  (config-if)# **no switchport**

라우트 포트를 스위치 포트로 변경하려면, 명령어 switchport를 설정하면 된다.

  (config-if)# switchport

스위치 포트인 E0/1을 라우트 포트Route Port로 변경해보자. 설정 5.9에서 E3/3에 스위치 기능을 비활성화해 라우트 포트로 활성화됐다. show interface switchport 명령어를 확인하면 스위치 포트가 비활성화된 것을 확인할 수 있다. 이는 스위치 포트가 비활성화되고 라우팅 포트로 변경됐다는 것을 의미한다.

설정 5.9 스위치 포트에서 라우트 포트로 변경

```
SW05(config)#interface e3/3
SW05(config-if)#no switchport

SW05#show interfaces e3/3 switchport
Name: Et3/3
Switchport: Disabled
```

이제 PC4는 그 어떤 VLAN에도 속해 있지 않다. 다시 말해, PC4는 IP 네트워크를 통해 SW05와 연결돼 있다. 이것은 마치 일반 사용자와 라우터가 직접 연결된 것과 유사하다. 우리는 이미 스위치 포트를 라우팅 포트로 변경했다. 그러므로 라우팅 포트 E3/3에 IP를 직접 설정해 L3 통신이 가능하도록 설정해보자.

이미 스위치 포트를 라우트 포트로 변경했으므로 이는 일반적인 라우터의 인터페이스와 동일한 상태다. 그러므로 해당 라우트 포트에 직접 IP 주소를 설정할 수 있다(설정 5.10).

설정 5.10 라우트 포트에 IP 주소 설정

```
SW05(config)#interface e3/3
SW05(config-if)#ip address 10.1.10.1 255.255.255.0
==================================================================
PC4>ping 10.1.10.1
84 bytes from 10.1.10.1 icmp_seq=1 ttl=255 time=2.390 ms
84 bytes from 10.1.10.1 icmp_seq=2 ttl=255 time=0.727 ms
84 bytes from 10.1.10.1 icmp_seq=3 ttl=255 time=0.714 ms
84 bytes from 10.1.10.1 icmp_seq=4 ttl=255 time=0.539 ms
84 bytes from 10.1.10.1 icmp_seq=5 ttl=255 time=0.627 ms

PC4>ping 10.1.100.11
84 bytes from 10.1.100.11 icmp_seq=1 ttl=63 time=1.096 ms
84 bytes from 10.1.100.11 icmp_seq=2 ttl=63 time=1.015 ms
84 bytes from 10.1.100.11 icmp_seq=3 ttl=63 time=1.205 ms
84 bytes from 10.1.100.11 icmp_seq=4 ttl=63 time=2.822 ms
84 bytes from 10.1.100.11 icmp_seq=5 ttl=63 time=1.269 ms

PC4>ping 10.1.200.11
84 bytes from 10.1.200.11 icmp_seq=1 ttl=63 time=1.206 ms
84 bytes from 10.1.200.11 icmp_seq=2 ttl=63 time=1.064 ms
84 bytes from 10.1.200.11 icmp_seq=3 ttl=63 time=0.873 ms
84 bytes from 10.1.200.11 icmp_seq=4 ttl=63 time=1.308 ms
84 bytes from 10.1.200.11 icmp_seq=5 ttl=63 time=0.986 ms
```

PC4도 마찬가지로 스위치의 포트 E3/3에 설정된 10.1.10.1로 IP 통신이 가능할 뿐만 아니라 VLAN 100과 VLAN 200에 속하는 다른 PC와도 통신이 가능하다는 것을 확인할 수 있다. 이 역시 스위치가 라우팅을 위한 라우팅 테이블을 구축하기 때문이라는 것을 알 수 있다(설정 5.11).

설정 5.11 스위치의 라우팅 테이블 확인

```
SW05#show ip route
Codes: L - local, C - connected, S - static, R - RIP, M - mobile, B - BGP
       D - EIGRP, EX - EIGRP external, O - OSPF, IA - OSPF inter area
       N1 - OSPF NSSA external type 1, N2 - OSPF NSSA external type 2
       E1 - OSPF external type 1, E2 - OSPF external type 2
       i - IS-IS, su - IS-IS summary, L1 - IS-IS level-1, L2 - IS-IS level-2
       ia - IS-IS inter area, * - candidate default, U - per-user static route
       o - ODR, P - periodic downloaded static route, H - NHRP, I - LISP
       + - replicated route, % - next hop override

Gateway of last resort is not set

      10.0.0.0/8 is variably subnetted, 6 subnets, 2 masks
C        10.1.10.0/24 is directly connected, Ethernet3/3
L        10.1.10.1/32 is directly connected, Ethernet3/3
C        10.1.100.0/24 is directly connected, Vlan100
L        10.1.100.1/32 is directly connected, Vlan100
C        10.1.200.0/24 is directly connected, Vlan200
L        10.1.200.1/32 is directly connected, Vlan200
```

이제 L3 스위치를 다른 라우터와 연결하고 이들 간에 동적 라우팅 프로토콜을 구동
시켜보자. 이 책에서는 가장 널리 사용되는 OSPF를 구동시켜 스위치와 라우터 간에
OSPF를 통해 라우팅 테이블을 구축하는지 살펴본다. OSPF 설정 명령어는 일반적인
IOS 라우터와 동일하다. OSPF 설정에 관한 자세한 내용은 저자의 『시스코 라우팅 완
전 분석』(2013)을 참고하거나 각종 웹 사이트의 설명을 참고하길 바란다. 그림 5.12는
이를 위한 예제 구성도를 보여준다.

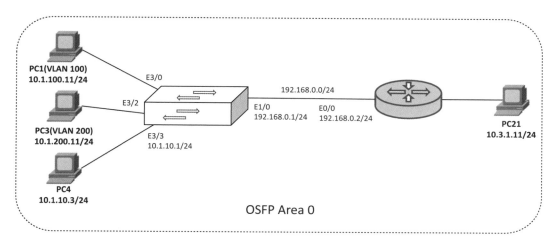

그림 5.12 OSPF 라우팅 확인을 위한 네트워크 구성도

설정 5.12는 스위치와 라우터 간의 통신을 위한 기본 설정과 OSPF 설정이다. 실습 시
참고하길 바란다.

설정 5.12 기본 설정 및 OSPF 설정

```
RT02(config-if)#interface e0/0
RT02(config-if)#ip address 192.168.0.2 255.255.255.0
RT02(config-if)#no shutdown
RT02(config)#interface e1/0
RT02(config-if)#ip address 10.3.1.1 255.255.255.0
RT02(config-if)#no shutdown
RT02(config)#router ospf 1
RT02(config-router)#network 192.168.0.0 0.0.0.255 area 0
RT02(config-router)#network 10.3.1.0 0.0.0.255 area 0
===================================================================
SW05(config)#interface e1/0
SW05(config-if)#ip address 192.168.0.1 255.255.255.0
SW05(config)#router ospf 1
SW05(config-router)#network 192.168.0.0 0.0.0.255 area 0
SW05(config-router)#redistribute connected subnets
```

위와 같이 설정하면 라우터와 L3 스위치 간에 OSPF로 라우팅 정보를 교환한다. 라우팅 정보 교환을 통해 구축된 라우팅 테이블을 근거로 실제 사용자 트래픽을 라우팅할 수 있다(설정 5.13).

설정 5.13 SW05와 RT02의 라우팅 테이블

```
SW05#show ip route
- 중략 -
Gateway of last resort is not set


        10.0.0.0/8 is variably subnetted, 7 subnets, 2 masks
C       10.1.10.0/24 is directly connected, Ethernet3/3
L       10.1.10.1/32 is directly connected, Ethernet3/3
C       10.1.100.0/24 is directly connected, Vlan100
L       10.1.100.1/32 is directly connected, Vlan100
C       10.1.200.0/24 is directly connected, Vlan200
L       10.1.200.1/32 is directly connected, Vlan200
O       10.3.1.0/24 [110/20] via 192.168.0.2, 00:57:58, Ethernet1/0
        192.168.0.0/24 is variably subnetted, 2 subnets, 2 masks
C       192.168.0.0/24 is directly connected, Ethernet1/0
L       192.168.0.1/32 is directly connected, Ethernet1/0
=================================================================
RT02#show ip route
- 중략 -
Gateway of last resort is not set


        10.0.0.0/8 is variably subnetted, 5 subnets, 2 masks
O E2    10.1.10.0/24 [110/20] via 192.168.0.1, 00:58:10, Ethernet0/0
O E2    10.1.100.0/24 [110/20] via 192.168.0.1, 00:58:10, Ethernet0/0
O E2    10.1.200.0/24 [110/20] via 192.168.0.1, 00:58:10, Ethernet0/0
C       10.3.1.0/24 is directly connected, Ethernet1/0
L       10.3.1.1/32 is directly connected, Ethernet1/0
        192.168.0.0/24 is variably subnetted, 2 subnets, 2 masks
C       192.168.0.0/24 is directly connected, Ethernet0/0
L       192.168.0.2/32 is directly connected, Ethernet0/0
```

지금까지 스위치의 L3 라우팅 기능을 통해 라우터 없이 스위치에서 라우팅을 통해 직접 사용자 트래픽을 다른 VLAN 또는 다른 네트워크로 라우팅할 수 있다는 것을 알아봤다. 스위치의 라우팅 기능은 다른 네트워크와의 통신을 위해 필요한 라우터를 물리적으로 제거함으로써 비용을 절감하고 네트워크의 물리적인 구성을 단순화할 수 있다는 장점을 제공한다. 그러나 스위치에 많은 VLAN 인터페이스를 설정함으로써 논리적인 구성은 다소 복잡해질 수 있지만, 그 단점보다 많은 장점을 제공하기 때문에 L3 스위치의 사용은 더욱 늘어날 것이다.

5.3 스위치의 트래픽 포워딩

스위치가 L2 프레임이나 L3 패킷 전달은 여러 가지 방식으로 가능하다. L2 프레임을 전달하는 방식과 L3 패킷을 전달하는 방식은 구별된다. 이 절에서 스위치의 L2 프레임을 전달하는 방식과 L3 패킷을 전달하는 방식, 그리고 시스코 스위치에서 L3 패킷을 전달하는 방식을 알아보자.

스위치의 전형적인 포워딩 방식은 스토어-앤-포워드Store-and-Forward 방식과 컷-스루Cut-Through 방식, 프레그먼트-프리Fragment-Free 방식이 있다. 그리고 시스코의 다중 계층 스위치에서의 L3 패킷의 포워딩 방식은 거의 모든 시스코 라우터에서 라우터 내에서 빠른 패킷 처리를 위해 사용되는 CEF가 있다.

이 절은 다중 계층 스위칭을 설명하지만, 전형적인 L2 스위치의 포워딩 방식을 알아본 후, L3 패킷 처리를 위한 CEF에 관해 알아보자.

5.3.1 스토어-앤-포워드 스위칭

스토어-앤-포워드 스위칭 방식은 기본적으로 가장 원시적인 2계층 스위칭 방식이다. 그 동작은 그 용어에서도 알 수 있듯이, L2 프레임 전체를 스위치의 버퍼Buffer에 저장Store해 필요한 처리 과정을 완료한 후, 포워딩Forwarding하는 방식이다. 여기서 필요한 처리 과정이라는 것은 프레임 내의 목적지 MAC 주소를 확인하고, MAC 테이블을 검색하는 과정이다. 또한 프레임의 에러 체크를 위한 순환 중복 검사CRC: Cyclic Redundancy Check를 수행한다. 순환 중복 검사를 통해 에러가 발견되면 해당 프레임을 폐기하지만, 프레임에서 에러가 발견되지 않으면 해당 프레임을 목적지 호스트가 연결된 스위치 포트로 보낸다. L2 프레임 전체라는 말에서 알 수 있듯이, 스토어-앤-포워드 스위칭은 프레임 내의 L2 헤더 정보뿐만 아니라 상위 계층 정보인 페이로드Payload까지 모두 검사한다(그림 5.13).

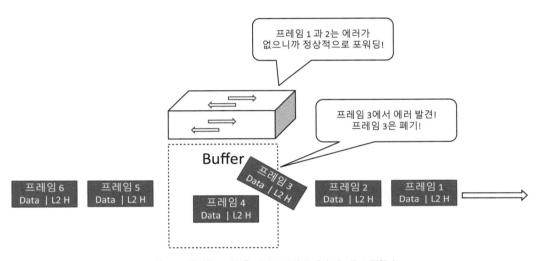

그림 5.13 완전한 프레임을 버퍼로 복사해 에러 체크를 수행한다.

그림 5.13과 같이 프레임에서 에러가 발견되지 않으면 해당 프레임은 목적지로 전달된다. 에러가 발견되지 않는다고 해서 모든 프레임이 목적지로 전달되는 것은 아니다. 각 프레임은 최소 크기Minimum Size와 최대 크기Maximum Size가 정의돼 있다. 그러므로 프레임 내에 에러가 없더라도 프레임의 크기가 최소 크기인 64바이트보다 작으면 '작은 사람'을 의미하는 '런트runt', 그리고 최대 크기인 1518바이트보다 크면 '거인'을 의미하는 '자이언트giant'로 명명해 이런 프레임 역시 폐기된다(그림 5.14). 참고로, 점보 프레임Jumbo Frame 설정을 통해 1,518바이트 이상의 프레임을 송수신할 수 있다.

426

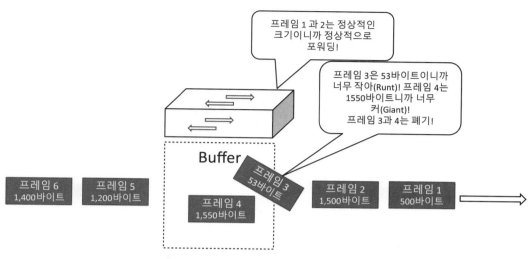

그림 5.14 유효한 크기가 아닌 프레임은 폐기된다.

스토어-앤-포워드 스위칭 방식은 그 동작 자체는 매우 간단하다. 프레임 전체를 버퍼에 저장하는 방식이므로 에러 검출 등에는 매우 효과적일 수 있다. 그러나 이에 따른 스위칭 지연의 결과를 초래한다. 수신하는 프레임을 모두 저장한 후, 포워드함에 따라 프레임을 수신하는 포트의 수가 많아질수록 각 스위치 포트 버퍼에 저장된 프레임을 동시에 검사해야 하므로 스위치 성능에 영향은 더욱 많이 미치게 되고, 프레임 포워딩에 관한 지연은 더욱 심해질 수 있다.

5.3.2 컷-스루 스위칭

스위치는 수신하는 프레임을 적절한 목적지 스위치 포트로 포워딩하는 것이 그 주목적이다. 이때 프레임 포워딩에 필요한 정보는 L2 주소 정보인 목적지 MAC 주소 정보다. 컷-스루 방식은 이런 스위치의 목적에 충실한 스위칭 방식이다.

컷-스루 스위칭 방식은 수신하는 프레임의 L2 헤더에 위치하는 목적지 MAC 주소를 메모리에 복사한 후, MAC 테이블을 검색해 적절한 스위치 포트로 프레임을 포워드한다. 목적지 MAC 주소는 프레임의 프리엠블 필드^{Preamble Field} 다음의 6바이트이므로 스위치 성능에 미치는 영향을 최소화하고, 버퍼링에 의한 지연도 적다는 장점이 있다 (그림 5.15).

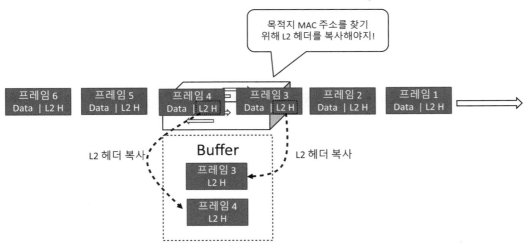

그림 5.15 컷-스루 스위칭 방식은 L2 헤더만 메모리에 복사한다.

그러나 컷-스루 스위칭 방식은 L2 헤더만 메모리에 복사하고, 나머지 데이터 부분은 전혀 검색하지 않기 때문에 순환 중복 검사CRC를 수행하지 않는다. 이 말은 프레임에 에러의 존재 유무에 상관없이 모든 프레임은 호스트로 전달된다는 의미다. 그러므로 에러 체크의 역할이 프레임을 수신하는 최종 호스트에서 수행돼야 한다는 의미다. 호스트가 프레임에서 에러를 발견하면 해당 프레임을 폐기하고 재전송이 이뤄진다. 이런 과정이 빈번하게 발생한다는 것은 링크 대역폭을 상당하게 점유할 가능성이 있고, 이로 인해 네트워크 전체가 느려질 수 있다는 것을 의미한다. 그러나 오늘날 기술의 발달로 인해 이에 관한 문제는 크게 대두되지 않으므로 적은 지연의 장점을 취하기 위해 적절한 스위칭 방식으로 인식된다.

5.3.3 프래그먼트 프리 스위칭

앞에서 설명한 스토어-앤-포워드 스위칭과 컷-스루 스위칭은 각각의 장점과 단점을 가지고 있다. 그에 따른 적절한 사용 위치 또한 다르다. 컷-스루 스위칭은 적은 시스템 부하와 함께 빠른 스위칭이 장점이지만, 에러 검출이 되지 않는다는 단점이 있다. 스토어-앤-포워드 스위칭은 에러 검출을 통해 유효한 프레임만 목적지 호스트로 보낼 수 있는 장점이 있지만 프레임 전체를 버퍼에 저장해야 하므로 시스템 부하가 많고,

프레임 처리 과정에서 발생하는 지연Delay이 크다는 단점이 있다. 이 두 가지 스위칭 방식의 단점을 극복하기 위해 탄생한 스위칭 방식이 프래그먼트 프리 스위칭Fragment-Free Switching 방식이다. 실제로 프래그먼트 프리 스위칭은 컷-스루 스위칭의 진보된 스위칭 방식이라는 말이 더 정확할 것이다.

프래그먼트 프리 스위칭은 스위치가 첫 번째 64바이트 정보만 메모리에 저장해 포워딩을 수행하는 방식이다. 여기서 첫 번째 64바이트를 저장한다는 것에 주목해야 한다. 프레임의 최소 크기는 64바이트다. 프래그먼트 프리 스위칭이 첫 번째 64바이트의 프레임 정보를 저장한다는 의미는 런트Runt 에러는 검출할 수 있다는 것을 의미한다. 앞에서 설명했지만, 런트는 프레임의 최소 크기인 64바이트보다 작은 크기의 프레임으로, 이것은 유효하지 않은 프레임으로서의 에러다. 그러므로 프래그먼트 프리 스위칭은 컷-스루 스위칭 방식의 이점을 유지하면서 런트 프레임을 걸러낼 수 있는 스위칭 방식이다. 이런 특징으로 인해 프래그먼트 프리 스위칭 방식을 런틀리스Runtless: 런트가 없는 스위칭 방식이라 한다(그림 5.16).

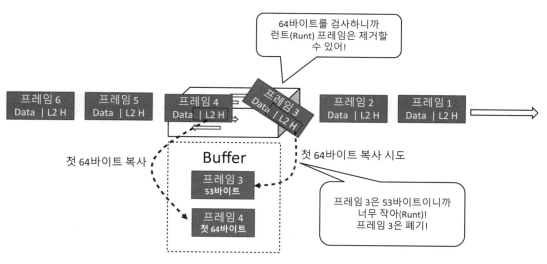

그림 5.16 프래그먼트 프리 스위칭은 런트 프레임 포워딩을 제거한다.

5.3.4 3계층 스위칭

3계층 스위칭은 일반적으로 라우팅이라 한다. 그러나 이 절에서는 3계층에서 동작하는 라우팅에 초점을 맞추기보다 스위칭의 개념에 초점을 맞추고자 한다. 스위칭이란 일반적으로 로컬 스위치 장비 자체가 트래픽을 수신할 때 그 트래픽을 어떤 포트로 포워딩할지를 결정한 후, 트래픽을 포워딩한다.

우린 앞 절에서 여러 스위칭 방식에 관해 알아봤다. 스토어-앤-포워드 스위칭, 그리고 컷-스루 스위칭, 프래그먼트 프리 스위칭 방식을 알아봤다. 다중 계층 스위치는 어떤 스위칭 방식으로 동작할까?

기본적으로 라우팅은 소프트웨어를 기반으로 동작됐다. 이 말은 라우팅은 소프트웨어를 기반으로 하는 CPU 프로세싱으로 이뤄졌다는 것을 의미한다. 이런 이유로 소프트웨어 기반의 라우팅은 하드웨어 기반의 스위칭보다 느리다는 것이 통설이다. 그러나 하드웨어 기술의 발달에 힘입어 소프트 기반의 라우팅이 하드웨어 기반의 스위칭으로 옮겨간다. 이를 통해 완전한 회선 속도를 제공하는 스위칭을 통한 라우팅이 가능해졌다.

다중 계층 스위칭은 일반적인 2계층의 스위칭과 더불어 3계층에 관한 스위칭까지 수행하는 것을 의미한다. 실제 다중 계층 스위칭이 동작하기 위해서 스위치는 스토어-앤-포워드 스위칭 방식을 사용해야 한다. 그 이유는 다른 스위칭 방식으로는 L2 헤더 이상을 살펴볼 수 없기 때문이다. 스토어-앤-포워드 스위칭 방식을 통해 프레임 전체를 복사한 후, 프레임의 데이터 부분에 위치하는 L3 헤더 정보를 살펴보고 그에 따른 라우팅 정보를 확인해야 하기 때문이다(그림 5.17).

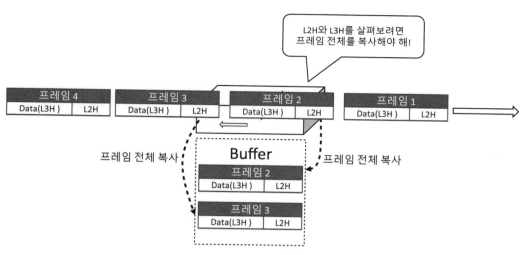

그림 5.17 다중 계층 스위칭은 스토어-앤-포워드 스위칭 방식을 사용해야 한다.

일반적으로 다중 계층 스위치는 L3 스위치로 알려져 있다. L3 스위치가 라우터와 같이 다양한 기능을 제공하지 않지만, 기본적인 동작은 라우터와 유사하다. 기본적인 목적은 수신하는 패킷을 목적지 L3 주소에 근거하여 목적지 방향으로 보내는 것이다. 그러나 이 두 장비가 완전히 동일한 것은 아니다. 기본적으로 라우터는 목적지 L3 주소, 즉 목적지 IP 주소에 관한 라우팅 검색을 수행한다. 이때 라우터에 의해 이뤄지는 라우팅 검색Routing Lookup은 실제 패킷을 목적지 방향으로 보내기 위해 그 패킷을 수신해야 하는 다음 라우터인 넥스트 홉Next-Hop을 찾고, 넥스트 홉 방향의 인터페이스인 출구 인터페이스 정보를 찾기 위함이다. 이때 목적지 네트워크의 라우팅 정보가 최종적으로 출구 인터페이스 정보가 검색될 때까지 라우팅 검색이 반복적으로 이뤄진다. 이를 반복적 라우팅 검색Recursive Routing Lookup이라 한다(그림 5.18). 이런 이유로 라우팅은 소프트웨어적이고, 이로 인한 라우팅 지연이 발생한다는 단점이 있다.

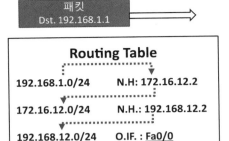

그림 5.18 반복적 라우팅 검색(Recursive Lookup)

예를 통해 반복적 라우팅 검색Recursive Routing Lookup을 알아보자. 그림 5.18에서 패킷은 목적지 192.168.1.1로 향한다. 라우터는 목적지 192.168.1.1을 라우팅하기 위해 라우팅 테이블을 검색한다. 192.168.1.1이 속하는 192.168.1.0/24를 검색하고 이 패킷을 넥스트 홉인 172.16.12.2로 전달해야 한다는 것을 인지한다. 그러나 라우터는 넥스트 홉 172.16.12.2로 패킷을 전달하려 하지만, 넥스트 홉으로 향하기 위한 방향을 알지 못한다. 그러므로 넥스트 홉 172.16.12.2에 해당하는 라우팅 테이블을 다시 검색한다. 172.16.12.2에 관한 넥스트 홉에 관한 라우팅 재검색을 통해 이에 관한 넥스트 홉이 192.168.12.2라는 사실을 인지한다. 192.168.12.2로의 라우팅 방향을 찾기 위해 또 다시 라우팅 테이블을 재검색한다. 이때 192.168.12.0/24 가 인터페이스 Fa0/0에 연결돼 있다는 사실을 인지하고 해당 패킷을 인터페이스 Fa0/0으로 송출한다. 이와 같이 라우터는 패킷을 목적지 방향으로 전달하기 위해 라우팅 정보를 검색하는데, 이때 라우팅 검색은 실제 패킷을 송출할 인터페이스 정보를 얻을 때까지 계속 재검색한다. 이를 반복적 라우팅 검색Recursive Routing Lookup이라 한다.

기본적으로 라우터는 이와 같은 반복적 라우팅 검색을 수행하기 때문에 소프트웨어적으로 동작하고 이에 따른 지연이 발생한다고 알려져 있다.

L3 스위치도 라우팅을 수행하려면, 라우팅 테이블을 검색해야 한다. 그러나 L3 스위치는 모든 패킷에 관해 반복적 라우팅 검색을 수행하는 라우터와 달리 목적지에 관한 라우팅 검색을 수행하면 해당 정보를 메모리에 별도로 기록해 저장한다. 이 정보는 실제 사용된 라우팅 정보의 캐시Cache 정보로 출발지와 목적지 주소, 그리고 넥스트 홉 주

소를 포함한다. 그러므로 연속된 다음 패킷에 관한 라우팅 검색은 이뤄지지 않고 메모리에 저장된 캐시 정보를 사용해 신속히 스위칭한다. 이와 같은 동작으로 L3 스위치는 라우터보다 빠른 라우팅을 수행할 수 있다(그림 5.19).

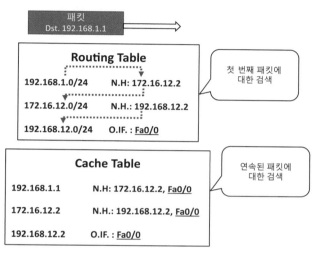

그림 5.19 L3 스위치에서의 라우팅 테이블 검색

시스코는 L3 스위치의 빠른 라우팅을 위해 사용되는 캐시 테이블을 CEF^{Cisco Express} Forwarding라는 기술로 구현했다. CEF는 이미 일찌감치 모든 시스코 라우터에 구현해 라우터에서도 빠른 라우팅을 가능하게 했다. 다음 절에서 CEF에 관해 알아본다.

5.4 CEF

CEF는 시스코가 개발한 패킷 포워딩 메커니즘으로써 비교적 느린 라우팅의 단점을 극복하기 위해 스위칭의 개념을 적용시킨 기술이다. 이를 통해 라우터의 반복적 라우팅 검색을 방지함으로써 라우터의 성능에 영향과 프로세싱으로 인한 지연을 최소화한다. 이 절에서는 시스코 라우터와 다중 계층 스위치에서 수행되는 CEF에 관해 알아보자.

5.4.1 CEF 개요

CEF는 그 말 그대로 시스코^{Cisco}의 빠른^{Express} 패킷 포워딩^{Forwarding}을 꾀하기 위한 기술이다. 기존 스위치의 다중 계층 스위칭 기술은 라우팅을 수행하는 라우팅 프로세서^{RP: Routing Processor}와 스위칭 엔진^{SE: Switching Engine}에 의해 이중적으로 이뤄졌다. 앞 절에서 살펴본 것과 같이 라우팅을 위한 라우팅 검색은 라우팅 프로세서에 의해 이뤄지고, 최종적으로 패킷 송출을 위한 출구 포트가 정해지면 스위칭 엔진을 통해 스위칭된다.

다중 계층 스위치에서 L3 패킷을 스위칭하기 위해 최초 프레임을 수신하는 스위칭 프로세스는 해당 프레임을 단순히 L2 스위칭되지 않게 하기 위해 이를 라우팅 프로세서로 전달해야 한다. 그러나 보다 빠르고 효과적인 프로세싱을 위해, 최초 프레임 이후의 연속된 프레임에 관해서 라우팅 프로세싱을 거치지 않고, 직접적으로 출구 포트로 보낼 수 있게 해야 한다. 이것은 기본적으로 넷플로 스위칭^{Netflow Switching}을 통해 수행된다.

넷플로는 시스코 라우터에 적용된 기능인데, IP 패킷 정보를 수집한다. 넷플로는 수신 패킷의 수신 인터페이스, 출발지 IP 주소, 목적지 IP 주소, IP 프로토콜 정보, 출발지/목적지 TCP/UDP 포트 등의 정보를 수집한다. 넷플로 스위칭은 넷플로의 이 정보를 기반으로 캐시 정보를 구축해 연속된 패킷의 처리를 신속하게 할 수 있다. 기본적으로 넷플로 스위칭은 구형 스위치에서 주로 사용됐다. CEF는 넷플로의 콘셉트를 개선함으로써 개발됐다.

원래 CEF는 기존의 넷플로 스위칭 콘셉트를 기반으로 개발됐는데, 오늘날 모든 시스코 라우터에 적용돼 빠르고 효과적인 패킷 스위칭을 위해 사용되고 있다. 오늘날 대부분의 시스코 카탈리스트^{Catalyst} L3 스위치에 적용돼 L3 패킷 스위칭 기능을 제공한다.

5.4.2 CEF 동작

모든 라우팅은 반복적인 라우팅 테이블 검색에 의해 출구 인터페이스를 찾아 패킷을 포워딩하는 방식으로 이뤄진다고 했다. 그러나 이런 반복적인 라우팅 테이블 검색을 방지하기 위해 라우팅 정보의 캐시 정보를 메모리에 기록해 연속되는 패킷에 관한 반복적 라우팅 테이블 검색을 방지해 빠른 포워딩을 가능하게 한다.

CEF에서도 마찬가지다. CEF가 활성화되면 소위 CEF 테이블이라는 것을 메모리에 저장하고, 패킷에 관한 라우팅을 CEF 테이블을 기반으로 스위칭의 형태로 진행된다. 그러면 이 절에서 CEF가 어떤 방식으로 동작하는지 알아보자.

우리는 이미 라우팅Routing과 스위칭Switching의 개념 및 특징에 관해 알고 있다. 라우팅은 L3 주소, 즉 IP 주소에 기반해 패킷을 전달하기 위해 구축된 라우팅 테이블Routing Table에 의해 이뤄진다. 반면 스위칭은 포워딩 테이블Forwarding Table에 근거해 프레임을 전달한다. 이 사실에서 짐작할 수 있는 것은 라우팅 테이블을 패킷 라우팅을 위해 라우팅 테이블을 구축하고, 이를 근거로 실제 패킷을 라우팅하는 과정으로 구분할 수 있다는 것이다. 이것은 라우팅 장비에서 패킷 라우팅을 위해 두 가지 임무를 수행한다는 것을 의미한다.

첫 번째는 라우팅을 위한 라우팅 테이블을 구축하는 과정이고, 두 번째는 실제 패킷을 라우팅하는 과정이다. 첫 번째의 라우팅 테이블 구축 과정은 실제 패킷을 처리하는 과정이 아니라 패킷 처리를 위한 준비 과정이라 할 수 있다. 이런 준비 과정을 거쳐 실제 패킷을 처리할 수 있는데, 두 번째 과정이 여기에 속한다. 이를 전문적인 표현으로 구분하면, 제어 평면Control Plane과 데이터 평면Data Plane으로 구분할 수 있다.

제어 평면은 라우팅 프로토콜에 의해 라우팅 테이블을 구축하기 위한 부분이다. 제어 평면은 정적 라우팅과 동적 라우팅이 동작하는 부분이다. 동적 라우팅이란 RIP, OSPF, EIGRP, BGP 등의 라우팅 프로토콜을 의미한다.

데이터 평면은 제어 플레인에서 구축된 정보에 근거해 실제 패킷을 처리하는 부분이다. 제어 평면과 마찬가지로, 데이터 평면에도 패킷 처리를 위한 테이블이 존재하는데, 이는 FIBForwarding Information Base 또는 포워딩 테이블Forwarding Table이라 표현한다. 포워딩 테이블은 제어 평면에서 구축된 라우팅 테이블을 바탕으로 재생산되는데, 이 테이블을 참조해 패킷을 출구 인터페이스Outgoing Interface로 보낼 수 있다. CEF는 데이터 평면에서 동작해, 실제 트래픽 전달에 사용된다. CEF 장비는 소위 CEF 테이블이라는 정보를 생산하는데, 데이터 평면의 FIB로 표현된다(그림 5.20).

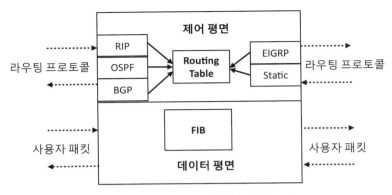

그림 5.20 제어 평면(Control Plane)과 데이터평면(Data Plane)

여기서 한 가지 기억해야 할 점은 CEF가 활성화된 장비에서 실제 패킷 처리를 위해 라우팅 테이블은 전혀 사용되지 않는다는 점이다. 라우팅 테이블은 CEF 테이블인 FIB를 생산하기 위해서만 사용되고, 실제 패킷은 FIB에 의해 처리된다. 그러므로 간혹 라우팅 테이블에 목적지 정보가 존재하지만, 패킷이 라우팅되지 않는 문제가 발생하곤 한다. 이때 목적지에 관한 라우팅 정보를 확인하는 것보다 CEF 테이블, 즉 FIB를 확인할 필요가 있다.

제어 평면과 데이터 평면은 유기적으로 상호 동작한다. 제어 평면에서 구축된 라우팅 테이블을 근거로 데이터 평면의 FIB를 재생산한다. 앞 절에서 언급했듯이, 라우팅 테이블은 최종 출구 인터페이스 정보가 검색될 때까지 반복적 라우팅 검색이 이뤄진다고 했다. 그러므로 제어 평면의 라우팅 테이블의 라우팅 정보를 사전에 반복적 라우팅 검색을 통해 출구 인터페이스를 미리 결정해 데이터 평면의 FIB에 저장한다. 그리고 수신하는 모든 L3 패킷은 FIB의 정보에 근거해 포워딩된다.

설정 5.14는 라우팅 테이블과 FIB 테이블의 예를 보여준다. 라우팅 테이블의 모든 정보는 FIB 테이블로 저장된다. 여기서 200.2.1.0/24의 라우팅 정보$^{show\ ip\ route}$를 보자. 라우팅 테이블의 정보에서는 넥스트 홉 정보인 10.1.0.2의 정보를 보여준다. 그러나 10.1.0.2가 어떤 출구 인터페이스에 위치하는지에 관한 정보가 없다. 이로 인해, 반복적인 라우팅 검색이 발생함으로써 CPU 자원을 소모할 뿐만 아니라 시스템에 의한 지연이 발생한다. 또한 200.2.100.0/24에 관한 라우팅을 보면 넥스트 홉이 직접 연결된

IP 주소가 아니다. 그러므로 넥스트 홉에 관한 반복적 라우팅 검색을 수행한다.

설정 5.14 라우팅 테이블과 FIB 테이블

```
SW01#show ip route
- 중략 -
Gateway of last resort is 10.1.0.2 to network 0.0.0.0

S*      0.0.0.0/0 [1/0] via 10.1.0.2
        10.0.0.0/8 is variably subnetted, 4 subnets, 3 masks
C       10.1.0.0/30 is directly connected, Ethernet0/0
L       10.1.0.1/32 is directly connected, Ethernet0/0
C       10.1.10.0/24 is directly connected, Vlan10
L       10.1.10.1/32 is directly connected, Vlan10
S       200.2.1.0/24 [1/0] via 10.1.0.2
S       200.2.100.0/24 [1/0] via 200.2.1.1


SW01#show ip cef
Prefix              Next Hop          Interface
0.0.0.0/0           10.1.0.2          Ethernet0/0
0.0.0.0/8           drop
0.0.0.0/32          receive
10.1.0.0/30         attached          Ethernet0/0
10.1.0.0/32         receive           Ethernet0/0
10.1.0.1/32         receive           Ethernet0/0
10.1.0.2/32         attached          Ethernet0/0
10.1.0.3/32         receive           Ethernet0/0
10.1.10.0/24        attached          Vlan10
10.1.10.0/32        receive           Vlan10
10.1.10.1/32        receive           Vlan10
10.1.10.2/32        attached          Vlan10
10.1.10.3/32        attached          Vlan10
10.1.10.4/32        attached          Vlan10
10.1.10.255/32      receive           Vlan10
127.0.0.0/8         drop
200.2.1.0/24        10.1.0.2          Ethernet0/0
200.2.1.1/32          10.1.0.2          Ethernet0/0
200.2.100.0/24        10.1.0.2          Ethernet0/0
```

```
224.0.0.0/4              drop
224.0.0.0/24             receive
240.0.0.0/4              drop
255.255.255.255/32       receive
```

그러나 CEF 테이블로 표현되는 FIB 정보를 보면(show ip cef), 네트워크 200.2.1.0/24
의 넥스트 홉 10.1.0.2를 확인할 수 있을 뿐만 아니라 출구 인터페이스인 E0/0 정보를
확인할 수 있다. 그뿐만 아니라 200.2.100.0/24의 넥스트 홉도 라우팅 테이블과 달리,
10.1.0.2로 이미 반복적 라우팅 검색을 수행한 결과를 보여준다. 이로서 L3 장비는 패
킷을 처리할 때 FIB를 확인함으로써 출구 인터페이스 정보까지 제공받을 수 있으므로
반복적 라우팅 검색이 발생하지 않는다.

설정 5.15를 통해 CEF로 구축된 FIB 테이블의 정보를 확인해보자. 200.2.100.0/24의
FIB 테이블을 자세히 살펴보면 넥스트 홉에 관한 반복적인 라우팅 검색이 사전에 이
뤄졌다는 것을 확인할 수 있다.

설정 5.15 CEF의 FIB 테이블 확인

```
SW01#show ip cef 200.2.100.0 detail
200.2.100.0/24, epoch 0
  recursive via 200.2.1.1[1]
    recursive via 200.2.1.0/24[2]
      recursive via 10.1.0.2[3]
        attached to Ethernet0/0[4]
```

한편, 예제의 FIB의 엔트리 정보가 라우팅 테이블의 엔트리 정보보다 많은 것을 알 수
있을 것이다. 그 이유는 호스트 정보인 /32 네트워크 마스크의 주소 정보가 포함돼 있
기 때문이다. 이들 32비트의 호스트 IP 주소 정보는 라우팅 테이블에서 확인되지 않는

---

1 넥스트 홉이 200.2.1.1이다.

2 200.2.1.1은 라우팅 정보 200.2.1.0/24에 속한다.

3 200.2.1.0/24의 넥스트 홉은 10.1.0.2다.

4 10.1.0.2는 E0/0에 연결돼 있다.

정보다. 호스트 IP 정보를 FIB에 저장함으로써 특정 인터페이스에 직접 연결된 호스트에 관한 효과적인 라우팅을 제공할 수 있다.

그럼 FIB의 호스트 IP 정보는 어디서부터 제공받는 것인가? FIB의 호스트 IP 정보는 ARP 테이블의 정보로 구축된다. ARP는 IP 주소와 MAC 주소를 매핑한 정보다. 이는 직접 연결된 호스트로 패킷을 보내기 위해 L2 캡슐화를 위해 해당 호스트의 MAC 주소를 찾기 위한 프로토콜이다. ARP 테이블로부터 호스트 IP 정보를 FIB에 저장함으로써 해당 호스트로의 라우팅을 좀 더 효과적으로 수행할 수 있다. 그림 5.21은 제어 평면의 정보와 FIB와의 상관 관계를 보여준다.

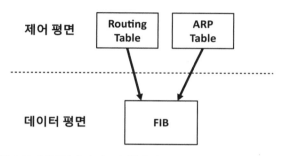

그림 5.21 제어 평면의 정보는 계산을 통해 데이터 평면의 FIB으로 저장된다.

한편, CEF는 FIB 이외에 중요한 테이블을 하나 더 구축하는데, 그것이 인접 호스트 테이블Adjacency Table이다. 인접 호스트 테이블은 패킷을 목적지 방향으로 포워딩하기 위해 넥스트 홉을 검색하는 과정에서 사용된다.

일반적인 IP 라우팅은 목적지에 관한 라우팅 테이블을 통해 넥스트 홉 정보를 검색하고, 해당 넥스트 홉이 연결된 인터페이스로 패킷을 전달하는 과정으로 표현할 수 있다. 이때, 넥스트 홉이 해당 인터페이스에 연결되지 않았다면, 해당 인터페이스에 연결된 넥스트 홉이 검색될 때까지 반복적 라우팅 검색을 수행할 것이다. 반복적 라우팅 검색을 통해 직접 연결된 넥스트 홉이 검색되면, L2 캡슐화를 위해 넥스트 홉 IP에 관한 MAC 주소를 검색하고 L2 프레임을 출구 인터페이스로 포워딩한다.

그러나 인접 호스트 테이블을 구축함으로써 넥스트 홉에 관한 MAC 주소 검색을 별도로 수행하지 않는다. FIB로부터 넥스트 홉 정보와 출구 인터페이스 정보를 검색한 후, 인접 호스트 테이블을 검색해 넥스트 홉의 MAC 주소를 바로 획득함으로써 L2 프레임 캡슐화를 수행할 수 있다. 그림 5.22는 패킷 처리를 위한 FIB와 인접 호스트 테이블에 의한 프로세싱 과정을 보여준다.

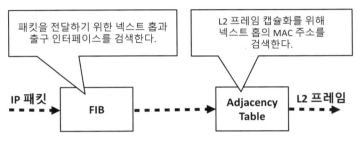

그림 5.22 FIB와 인접 호스트 테이블의 패킷 처리 과정

여기서 인접 호스트 테이블은 어떤 정보를 근거로 구축되는가? 인접 호스트 테이블도 ARP 테이블 정보로부터 구축된다. ARP 테이블 자체가 직접 연결된 인접 호스트들의 정보를 저장하기 때문에 이 정보로부터 인접 호스트 테이블을 구축한다. 그림 5.23은 제어 평면과 데이터 평면의 상호 상관 관계를 보여준다.

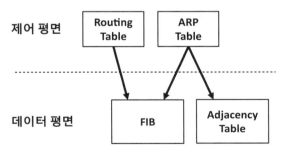

그림 5.23 제어 평면과 데이터 평면의 상호 관계

설정 5.16은 인접 호스트 테이블 확인의 예를 보여준다. ARP 테이블에서 시스템의 로컬 IP 주소를 제외한 나머지 IP 주소는 인접 호스트 테이블로 저장되는데, 이때 L2 캡슐화를 위한 모든 정보를 확보하기 위한 모든 정보를 계산해 저장한다.

설정 5.16 ARP 테이블과 인접 호스트 테이블 확인

```
SW01#show arp
Protocol  Address       Age(min)   Hardware Addr    Type    Interface
Internet  10.1.0.1      –          aabb.cc00.0100   ARPA    Ethernet0/0
Internet  10.1.0.2      200        aabb.cc00.0610   ARPA    Ethernet0/0
Internet  10.1.10.1     –          aabb.cc80.0100   ARPA    Vlan10
Internet  10.1.10.2     0          aabb.cc80.0200   ARPA    Vlan10
Internet  10.1.10.3     200        aabb.cc80.0300   ARPA    Vlan10
Internet  10.1.10.4     0          aabb.cc80.0400   ARPA    Vlan10


SW01#show adjacency
Protocol Interface       Address
IP       Ethernet0/0     10.1.0.2(17)
IP       Vlan10          10.1.10.2(7)
IP       Vlan10          10.1.10.3(7)
IP       Vlan10          10.1.10.4(7)


SW01#show adjacency 10.1.0.2 detail
Protocol Interface       Address
IP       Ethernet0/0     10.1.0.2(17)
                         0 packets, 0 bytes
                         epoch 0
                         sourced in sev-epoch 0
                         Encap length 14
         AABBCC000610AABBCC0001000800[5]
                         L2 destination address byte offset 0
                         L2 destination address byte length 6
                         Link-type after encap: ip
         ARP[6]
```

---

5 목적지 MAC 주소와 출발지 MAC 주소, 그리고 이더 타입 정보를 보여준다.

6 인접 호스트 정보가 ARP 테이블에 의해 생산됐다.

설정에서 확인할 수 있듯이, 특정 인접 호스트의 정보를 상세히 확인하면 L2 프레임 캡슐화를 위해 필요한 정보를 제공한다는 것을 알 수 있다. 특히 AABBCC000610AABBCC0001000800은 L2 프레임 캡슐화를 위한 목적지 MAC 주소와 출발지 MAC 주소를 가진다. 첫 번째 6바이트(AABBCC000610)는 목적지 MAC 주소를 나타낸다. 예제의 넥스트 홉인 10.1.0.2의 MAC 주소가 될 것이다. 이어지는 6바이트 (AABBCC000100)는 출발지 MAC 주소인 로컬 출구 인터페이스의 MAC 주소가 된다. 그리고 마지막 2바이트는 프레임 안에 어떤 데이터가 캡슐화돼 있는지를 나타내는 이더 타입 정보를 나타낸다. 예제는 IP 패킷을 의미하는 0800을 나타낸다.

이러한 인접 호스트 테이블의 정보는 FIB 검색에 의한 넥스트 홉의 MAC 주소를 효과적으로 제공하기 때문에 L3 패킷 처리가 하드웨어 기반으로 보다 빠르게 이뤄질 수 있게 한다.

5.4.3 CEF 설정 및 확인

기본적으로 CEF는 모든 L3 시스코 장비에서 활성화돼 있고, 항상 활성화하는 것을 강력하게 권장한다. 그러므로 CEF에 관한 설정은 그다지 요구되지 않는다. 그러나 간혹 CEF를 수동으로 활성화하거나 비활성화가 요구되는 경우가 발생할 수 있는데, 아래 명령어를 사용할 수 있다. 그러나 특별한 문제가 발생하지 않는 한 CEF를 비활성화하는 것은 권장되지 않는다.

```
(config)# ip cef
(config)# no ip cef
```

그러나 테스트나 이상 동작 확인을 위해 특정 인터페이스에 관해 CEF를 비활성화가 요구될 경우가 있을 수 있다. 이때는 인터페이스 설정 모드의 명령어 no ip route-cache cef로 해당 인터페이스에 관해 CEF를 비활성화할 수 있다(설정 5.17).

```
(config-if)# no ip route-cache cef
```

설정 5.17 특정 인터페이스에 관한 CEF 비활성화 및 활성화

```
SW01(config)#interface e0/0
SW01(config-if)#no ip route-cache cef

SW01#show cef interface e0/0
Ethernet0/0 is up(if_number 22)
  Corresponding hwidb fast_if_number 22
  Corresponding hwidb firstsw->)if_number 22
  Internet address is 10.1.0.1/30
  ICMP redirects are never sent
  Per packet load-sharing is disabled
- 중략 -
  Fast switching type 1, interface type 0
  IP CEF switching disabled
  IP Null turbo vector
  IP Null turbo vector
  IP prefix lookup IPv4 mtrie 8-8-8-8 optimized
  Input fast flags 0x0, Output fast flags 0x0
  ifindex 22(22)
  Slot  Slot unit 0 VC -1
IP MTU 1500
- 생략 -

SW01(config)#interface e0/0
SW01(config-if)#ip route-cache cef
```

한편, CEF 운용 시 CEF 정보를 확인하는 것이 더욱 중요할 것이다. 그 이유는 CEF가 활성화된 장비에서 실제 패킷은 라우팅 테이블이 아닌 CEF 테이블, 즉 FIB에 의해 포워딩되기 때문이다.

기본적으로 CEF의 FIB를 확인하기 위한 명령어는 아래와 같다.

    # show ip cef

설정 5.18은 CEF에 의한 FIB 정보 확인의 예를 보여준다. show ip cef는 모든 FIB 정보를 보여주기 때문에 실제 운용 장비에서 사용 시 효과적이지 않을 수 있다. 그 이유는 실제 운용 장비의 FIB 엔트리는 매우 방대하므로 이 명령어로 특정 네트워크나 호스트에 관한 정보를 확인하는 데 어려움이 있을 수 있다.

설정 5.18 일반적인 CEF의 FIB 정보 확인

```
SW01#show ip cef
Prefix                  Next Hop        Interface
0.0.0.0/0               10.1.0.2        Ethernet0/0
0.0.0.0/8               drop
0.0.0.0/32              receive
10.1.0.0/30             attached        Ethernet0/0
10.1.0.0/32             receive         Ethernet0/0
10.1.0.1/32             receive         Ethernet0/0
10.1.0.2/32             attached        Ethernet0/0
10.1.0.3/32             receive         Ethernet0/0
10.1.10.0/24            attached        Vlan10
10.1.10.0/32            receive         Vlan10
10.1.10.1/32            receive         Vlan10
10.1.10.2/32            attached        Vlan10
10.1.10.3/32            attached        Vlan10
10.1.10.4/32            attached        Vlan10
10.1.10.255/32          receive         Vlan10
127.0.0.0/8             drop
200.2.1.0/24            10.1.0.2        Ethernet0/0
200.2.1.1/32            10.1.0.2        Ethernet0/0
200.2.100.0/24          10.1.0.2        Ethernet0/0
200.2.100.0/25          10.1.0.2        Ethernet0/0
200.2.100.128/26        10.1.0.2        Ethernet0/0
200.2.100.192/26        10.1.0.2        Ethernet0/0
224.0.0.0/4             drop
224.0.0.0/24            receive
240.0.0.0/4             drop
255.255.255.255/32      receive
```

그러므로 라우팅 테이블 확인과 마찬가지로, FIB 정보 확인도 세부 네트워크 단위로 확인할 수 있다. 설정 5.19는 세부 네트워크에 관한 FIB 정보 확인의 예를 보여준다. 또한 옵션 명령어 detail을 사용함으로써 세부 FIB 정보도 확인할 수 있다.

설정 5.19 특정 네트워크에 관한 FIB 확인

```
SW01#show ip cef 200.2.100.0
200.2.100.0/24
nexthop 10.1.0.2 Ethernet0/0

SW01#show ip cef 200.2.100.0 detail
200.2.100.0/24, epoch 0
  recursive via 200.2.1.1
    recursive via 200.2.1.0/24
      recursive via 10.1.0.2
        attached to Ethernet0/0
```

참고로, 모든 네트워크에 관한 라우팅 정보인 디폴트 루트 정보를 사용하는 네트워크에 관한 라우팅 테이블을 확인하면 해당 정보가 라우팅 테이블에 존재하지 않는다는 메시지를 보여준다. 입문자가 이 메시지를 접하면 라우팅 정보가 존재하지 않기 때문에 패킷이 라우팅되지 않는다고 생각하는 경우가 많다. 그러나 FIB 정보를 확인하면, 실제 패킷은 디폴트 정보를 사용해 정상적으로 라우팅되는 것을 알 수 있다(설정 5.20).

설정 5.20 디폴트 루트 정보 사용 네트워크에 관한 라우팅 테이블과 FIB의 차이

```
SW01#show ip route 10.200.1.1
% Subnet not in table

SW01#show ip cef 10.200.1.1
0.0.0.0/0
nexthop 10.1.0.2 Ethernet0/0
```

한편, 특정 네트워크에 관해 여러 라우팅 정보가 존재하는 경우에는 세부 네트워크에 관한 라우팅 정보가 사용된다. 그러므로 특정 네트워크의 정확한 FIB 정보를 확인하려면, 특정 서브넷 마스크를 지정하고 옵션 명령어 longer-prefix를 사용하면 세부 FIB 정보를 확인할 수 있다(설정 5.21).

설정 5.21 세부 네트워크에 관한 FIB 정보 확인

```
SW01#show ip cef 200.2.100.0
200.2.100.0/25
  nexthop 10.1.0.2 Ethernet0/0

SW01#show ip cef 200.2.100.0 255.255.255.0 longer-prefixes
Prefix                  Next Hop        Interface
200.2.100.0/25          10.1.0.2        Ethernet0/0
200.2.100.128/26        10.1.0.2        Ethernet0/0
200.2.100.192/26        10.1.0.2        Ethernet0/0
```

또한 특정 출구 인터페이스에 관한 FIB 정보 역시 확인할 수 있다. 명령어 show ip cef에 출구 인터페이스를 지정함으로써 해당 출구 인터페이스를 사용하는 모든 목적지에 관한 포워딩 정보를 확인할 수 있다. 물론 옵션 명령어 detail을 함께 사용하면 세부 FIB 정보까지 확인할 수 있다. 설정 5.22는 인터페이스 E0/0을 출구 인터페이스로 사용하는 모든 FIB 정보를 확인하는 예를 보여준다.

설정 5.22 출구 인터페이스에 의한 FIB 정보 확인

```
SW01#show ip cef e0/0
0.0.0.0/0
  nexthop 10.1.0.2 Ethernet0/0
10.1.0.0/30
  attached to Ethernet0/0
10.1.0.2/32
  attached to Ethernet0/0
200.2.1.0/24
  nexthop 10.1.0.2 Ethernet0/0
200.2.1.1/32
```

```
  nexthop 10.1.0.2 Ethernet0/0
 200.2.1.2/32
  nexthop 10.1.0.2 Ethernet0/0
 200.2.1.3/32
  nexthop 10.1.0.2 Ethernet0/0
200.2.100.0/24
  nexthop 10.1.0.2 Ethernet0/0
200.2.100.0/25
  nexthop 10.1.0.2 Ethernet0/0
200.2.100.128/26
  nexthop 10.1.0.2 Ethernet0/0
200.2.100.192/26
nexthop 10.1.0.2 Ethernet0/0
```

이와 같이 FIB 정보는 다양한 방법으로 확인할 수 있다. 앞 절에서 언급했듯이, CEF 는 FIB 이외에 또 하나의 테이블을 제공한다. 인접 호스트 테이블은 실제 패킷을 포워 딩하기 위한 넥스트 홉에 관한 정보를 표현한다. 물론 실무에서 인접 호스트 테이블을 확인하는 경우는 흔하지 않다. 그러나 CEF를 이해하는 관점에서 인접 호스트 테이블 을 확인하는 방법을 알아보자.

인접 호스트 테이블은 명령어 show adjacency로 인접 호스트의 간단한 정보를 확인 할 수 있다. 또한 show adjacency summary를 통해 현재의 인접 호스트 개수 등의 요약된 정보를 확인할 수 있다(설정 5.23).

설정 5.23 인접 호스트 테이블 확인

```
SW01#show adjacency
Protocol Interface          Address
IP      Ethernet0/0         10.1.0.2(30)
IP      Vlan10              10.1.10.2(7)
IP      Vlan10              10.1.10.3(7)
IP      Vlan10              10.1.10.4(7)

SW01#show adjacency summary
Adjacency table has 4 adjacencies:
```

```
each adjacency consumes 308 bytes(0 bytes platform extension)
4 complete adjacencies
0 incomplete adjacencies
4 adjacencies of linktype IP
  4 complete adjacencies of linktype IP
  0 incomplete adjacencies of linktype IP
  0 adjacencies with fixups of linktype IP
  3 adjacencies with IP redirect of linktype IP
  0 adjacencies post encap punt capable of linktype IP

Adjacency database high availability:
 Database epoch:      0(4 entries at this epoch)

Adjacency manager summary event processing:
 Summary events epoch is 1
 Summary events queue contains 0 events(high water mark 1 event)
```

앞 절에서 살펴봤듯이, 옵션 명령어 detail을 함께 사용함으로써 각 인접 호스트의 상세 정보도 확인할 수 있다(설정 5.24). 세부 정보 확인을 통해 인접 호스트의 MAC 주소와 로컬 MAC 주소 역시 확인할 수 있다. 이 정보는 L2 프레임 캡슐화 과정에서 사용된다.

설정 5.24 인접 호스트의 상세 정보 확인

```
SW01#show adjacency 10.1.0.2 detail
Protocol Interface          Address
IP      Ethernet0/0         10.1.0.2(30)
                            0 packets, 0 bytes
                            epoch 0
                            sourced in sev-epoch 0
                            Encap length 14
AABBCC000610AABBCC0001000800
                            L2 destination address byte offset 0
                            L2 destination address byte length 6
                            Link-type after encap: ip
ARP
```

한편, 인접 호스트 테이블은 ARP 테이블로부터 생성된다. 그러므로 ARP 테이블의 호스트는 인접 호스트 테이블에 저장돼 패킷을 포워딩할 때 사용된다. 패킷 포워딩의 의미는 CPU를 사용하지 않고 하드웨어상에서 패킷 처리가 수행된다는 것을 의미한다. 만약 인접 호스트 테이블에 존재하는 호스트 정보가 ARP 테이블에 더 이상 존재하지 않으면 어떻게 될까?

이 경우 패킷은 넥스트 홉의 L2 MAC 주소 정보가 존재하지 않기 때문에 하드웨어상에서 패킷 처리가 이뤄지지 않는다. 이 상태를 CEF 글린glean 상태라고 한다. 글린이란, '얻다'의 의미로, 해당 MAC 주소를 찾고 있다는 의미다. 그러므로 이 상태에서의 직접적인 L3 패킷 포워딩은 이뤄지지 않는다. 패킷은 L3 라우팅을 담당하는 L3 엔진 L3 Engine으로 보내져 해당 넥스트 홉 주소에 관한 ARP 요청과 응답을 수행해야 한다. CEF 글린 상태의 인접 호스트 정보는 show ip cef adjacency glean 명령어로 확인할 수 있다(설정 5.25).

설정 5.25 CEF 글린 상태의 인접 호스트 확인

```
SW05# show ip cef adjacency glean
Prefix              Next Hop         Interface
192.168.12.0/24     attached         FastEthernet0/0
192.168.12.2/32     attached         FastEthernet0/0
200.1.1.0/24        192.168.12.2     FastEthernet0/0

SW05# show ip arp 192.168.12.2

SW05# show ip cef 192.168.12.2 255.255.255.255 deta
192.168.12.2/32, version 14, epoch 0, attached
0 packets, 0 bytes
  via FastEthernet0/0, 1 dependency
valid glean adjacency
```

지금까지 시스코의 L3 패킷 스위칭 기술인 CEF에 관해 알아봤다. CEF는 모든 시스코 L3 장비에 기본적으로 활성화돼 있기 때문에 비활성화하지 않는 것이 권장된다. 그리고 CEF의 FIB 정보는 실제 패킷을 처리하기 위해 사용되는 정보이므로 패킷 처리

에 문제가 있다면, CEF의 FIB 정보를 확인하는 것 또한 장애 복구 등에 도움이 될 수 있을 것이다.

5.5 실전 문제

실전 설정을 통해 학습한 내용 중 실무 활용도와 자격증 학습에 대비해보자.

5.5.1 실전 문제

그림 5.24의 구성도를 통해 각 조건을 만족하는 설정을 하라.

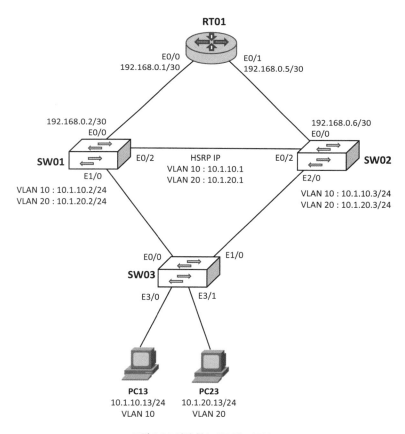

그림 5.24 실전 학습 네트워크 구성도

[조건 1] SW01과 SW02에 각 VLAN에 관한 SVI를 생성하고, 아래에 주어진 IP를 설정하라. PC13과 PC23에서 핑 테스트가 이뤄져야 한다.

VLAN	SW01	SW02
VLAN 10	10.1.10.2/24	10.1.10.3/24
VLAN 20	10.1.20.2/24	10.1.20.3/24

[조건 2] 스위치 간의 링크를 802.1Q 트렁크가 되게 하라. PC1과 PC2에서 각 VLAN 인터페이스로 핑 테스트가 되게 하라.

[조건 3] 코어 스위치와 라우터 간의 IP 네트워크를 아래 조건에 맞게 설정하라.

1) SW01 − RT01, SW02 − RT01 간의 링크에 관한 IP를 설정하라. 단 SW01과 SW02의 스위치 포트는 L3 포트로 동작해야 한다.

2) 제시된 네트워크 구성도에 따라 OSPF 네트워크를 설정하라. RT01은 VLAN 10 과 VLAN 20의 네트워크 정보를 수신해야 한다.

[조건 4] SW01과 SW02의 VLAN 10과 VLAN 20에 관해 아래 조건을 만족하는 HSRP 설정을 하라.

1) SW01과 SW02에 관한 HSRP 가상 IP는 10.1.10.1(VLAN 10), 10.1.20.1(VLAN 20)

2) VLAN 10은 SW01이 Active가 되고, SW02는 Standby가 되도록 설정하라.

3) VLAN 20은 SW02가 Active가 되고, SW01이 Standby가 되도록 설정하라.

4) 선호도가 높은 장비가 항상 Active 상태여야 한다.

5) 각 스위치(Sw01과 SW02)는 RT01로의 링크가 다운되면 외부로의 트래픽을 처리 할 수 없다. 이런 경우를 대비해 RT01로의 링크가 비가용 상태일 때는 예비 게 이트웨이가 Active가 되도록 설정하라.

5.5.2 문제 해설

조건 1 문제 해설

이 문제는 L2의 VLAN에 관한 L3 가상 인터페이스를 생성하고 IP를 설정하는 문제다.
어려움 없이 설정할 수 있을 것이다.

> 1) SW01에 인터페이스 VLAN 10과 인터페이스 VLAN 20을 생성하고 주어진 IP
>   를 설정한다.
> 2) SW01에 인터페이스 VLAN 10과 인터페이스 VLAN 20을 생성하고 주어진 IP
>   를 설정한다.

조건 1 권장 설정

```
SW01(config)# interface vlan 10
SW01(config-if)# ip address 10.1.10.2 255.255.255.0
SW01(config-if)# no shutdown
SW01(config)# interface vlan 20
SW01(config-if)# ip address 10.1.20.2 255.255.255.0
SW01(config-if)# no shutdown

SW02(config)# interface vlan 10
SW02(config-if)# ip address 10.1.10.3 255.255.255.0
SW02(config-if)# no shutdown
SW02(config)# interface vlan 20
SW02(config-if)# ip address 10.1.20.3 255.255.255.0
SW02(config-if)# no shutdown
==================================================================
SW01#show ip interface brief
Interface        IP-Address      OK? Method Status        Protocol
Ethernet0/0      unassigned       YES unset  up           up
 - 생략 -
Vlan10           10.1.10.2       YES manual up            up
Vlan20           10.1.20.2       YES manual up            up

SW02#show ip interface brief
Interface        IP-Address      OK? Method Status        Protocol
```

Ethernet0/0	unassigned	YES unset up	up
- 생략 -			
Vlan10	10.1.10.3	YES manual up	up
Vlan20	10.1.20.3	YES manual up	up

조건 2 문제 해설

이 설정은 조건 3의 문제를 위한 L2 네트워크를 준비하기 위한 문제다. 스위치 간의 링크가 트렁크로 동작해 VLAN 10과 VLAN 20을 허용하면 각 PC로부터 스위치의 SVI에 설정된 IP로 핑 테스트가 될 것이다.

1) SW01의 E0/2와 E1/0의 트렁크 프로토콜을 802.1Q로 적용한다.
2) SW02의 E0/2와 E2/0의 트렁크 프로토콜을 802.1Q로 적용한다.
3) SW03의 E0/0과 E1/0의 트렁크 프로토콜을 802.1Q로 적용한다.
4) 각 스위치에서 트렁크 상태를 확인한다show interface trunk.
5) SW03의 PC 연결 포트에 관한 VLAN 상태를 확인한다show vlan brief.

조건 2 권장 설정

```
SW01(config)# interface range e0/2,e1/0
SW01(config-if-range)# switchport trunk encapsulation dot1q

SW02(config)# interface range e0/2,e2/0
SW02(config-if-range)# switchport trunk encapsulation dot1q

SW03(config)# interface range e0/0,e1/0
SW03(config-if-range)# switchport trunk encapsulation dot1q
====================================================================
PC13>ping 10.1.10.2
84 bytes from 10.1.10.2 icmp_seq=1 ttl=255 time=2.000 ms
84 bytes from 10.1.10.2 icmp_seq=2 ttl=255 time=0.000 ms
84 bytes from 10.1.10.2 icmp_seq=3 ttl=255 time=0.000 ms
84 bytes from 10.1.10.2 icmp_seq=4 ttl=255 time=0.000 ms
84 bytes from 10.1.10.2 icmp_seq=5 ttl=255 time=1.000 ms
```

```
PC13>ping 10.1.10.3
84 bytes from 10.1.10.3 icmp_seq=1 ttl=255 time=1.000 ms
84 bytes from 10.1.10.3 icmp_seq=2 ttl=255 time=2.000 ms
84 bytes from 10.1.10.3 icmp_seq=3 ttl=255 time=1.000 ms
84 bytes from 10.1.10.3 icmp_seq=4 ttl=255 time=1.000 ms
84 bytes from 10.1.10.3 icmp_seq=5 ttl=255 time=1.000 ms


PC23>ping 10.1.20.2
84 bytes from 10.1.20.2 icmp_seq=1 ttl=255 time=4.000 ms
84 bytes from 10.1.20.2 icmp_seq=2 ttl=255 time=2.000 ms
84 bytes from 10.1.20.2 icmp_seq=3 ttl=255 time=3.000 ms
84 bytes from 10.1.20.2 icmp_seq=4 ttl=255 time=2.000 ms
84 bytes from 10.1.20.2 icmp_seq=5 ttl=255 time=2.000 ms


PC23>ping 10.1.20.3
84 bytes from 10.1.20.3 icmp_seq=1 ttl=255 time=3.000 ms
84 bytes from 10.1.20.3 icmp_seq=2 ttl=255 time=5.000 ms
84 bytes from 10.1.20.3 icmp_seq=3 ttl=255 time=3.000 ms
84 bytes from 10.1.20.3 icmp_seq=4 ttl=255 time=2.000 ms
84 bytes from 10.1.20.3 icmp_seq=5 ttl=255 time=2.000 ms
```

조건 3 문제 해설

이 문제는 L2 스위치 포트를 L3 라우팅 포트로 변경하는 문제다. 그리고 L3 라우팅 포트를 기반으로 라우터와 동적 라우팅 프로토콜을 구동한다.

1) SW01의 E0/0에 스위칭 기능을 비활성화하고, IP를 설정한다.

2) SW02의 E0/0에 스위칭 기능을 비활성화하고, IP를 설정한다.

3) RT01의 E0/0과 E0/1에 IP를 설정하고, SW01과 SW02로의 핑 테스트를 확인한다.

4) SW01, SW02, RT01에서 OSPF를 활성화하고, 해당 네트워크를 OSPF Area0에 참여시킨다. OSPF 네이버 상태를 확인한다.

5) SW01과 SW02에서 VLAN 10과 VLAN 20을 OSPF Area 0에 참여시키고, RT01이 해당 정보를 수신하는지 확인한다.

```
SW01(config)# interface e0/0
SW01(config-if)# no switchport
SW01(config-if)# ip address 192.168.0.2 255.255.255.252
!
SW01(config)# router ospf 1
SW01(config-router)# network 192.168.0.0 0.0.0.3 area 0
SW01(config-router)# network 10.1.10.0 0.0.0.255 area 0
SW01(config-router)# network 10.1.20.0 0.0.0.255 area 0


SW02(config)# interface e0/0
SW02(config-if)# no switchport
SW02(config-if)# ip address 192.168.0.6 255.255.255.252
!
SW02(config)# router ospf 1
SW02(config-router)# network 192.168.0.4 0.0.0.3 area 0
SW02(config-router)# network 10.1.10.0 0.0.0.255 area 0
SW02(config-router)# network 10.1.20.0 0.0.0.255 area 0


RT01(config)# interface e0/0
RT01(config-if)# ip address 192.168.0.1 255.255.255.252
RT01(config-if)# no shutdown
RT01(config)# interface e0/1
RT01(config-if)# ip address 192.168.0.5 255.255.255.252
RT01(config-if)# no shutdown
!
RT01(config)# router ospf 1
RT01(config-router)# network 192.168.0.0 0.0.0.3 area 0
RT01(config-router)# network 192.168.0.4 0.0.0.3 area 0
================================================================
SW01# show ip ospf neighbor

Neighbor ID    Pri  State        Dead Time  Address       Interface
192.168.0.6    1    FULL/DR      00:00:32   10.1.20.3     Vlan20
192.168.0.6    1    FULL/DR      00:00:36   10.1.10.3     Vlan10
192.168.0.5    1    FULL/BDR     00:00:31   192.168.0.1   Ethernet0/0
```

```
SW02# show ip ospf neighbor

Neighbor ID      Pri    State         Dead Time    Address        Interface
192.168.0.2      1      FULL/BDR      00:00:38     10.1.20.2      Vlan20
192.168.0.2      1      FULL/BDR      00:00:36     10.1.10.2      Vlan10
192.168.0.5      1      FULL/BDR      00:00:39     192.168.0.5    Ethernet0/0

RT01# show ip ospf neighbor

Neighbor ID      Pri    State         Dead Time    Address        Interface
192.168.0.6      1      FULL/DR       00:00:37     192.168.0.6    Ethernet0/1
192.168.0.2      1      FULL/DR       00:00:38     192.168.0.2    Ethernet0/0
!
RT01# show ip route ospf
Codes: L - local, C - connected, S - static, R - RIP, M - mobile, B - BGP
       D - EIGRP, EX - EIGRP external, O - OSPF, IA - OSPF inter area
       N1 - OSPF NSSA external type 1, N2 - OSPF NSSA external type 2
       E1 - OSPF external type 1, E2 - OSPF external type 2
       i - IS-IS, su - IS-IS summary, L1 - IS-IS level-1, L2 - IS-IS level-2
       ia - IS-IS inter area, * - candidate default, U - per-user static route
       o - ODR, P - periodic downloaded static route, H - NHRP, I - LISP
       + - replicated route, % - next hop override

Gateway of last resort is not set

      10.0.0.0/24 is subnetted, 2 subnets
O        10.1.10.0 [110/11] via 192.168.0.6, 00:11:10, Ethernet0/1
                   [110/11] via 192.168.0.2, 00:10:32, Ethernet0/0
O        10.1.20.0 [110/11] via 192.168.0.6, 00:11:10, Ethernet0/1
                   [110/11] via 192.168.0.2, 00:10:22, Ethernet0/0
```

조건 4 문제 해설

게이트웨이 이중화FHRP: First Hop Redundancy Protocol 관련 문제다. 게이트웨이 이중화는 내
부 호스트가 외부 네트워크와의 통신을 위한 게이트웨이의 이중화 구성으로 중단 없

는 서비스를 제공하기 위한 기능이다. 이 주제는 이 책에서 다루지 않았으나, 실전 문제를 통해 그 설정을 학습한다.

HSRP^{Hot Standby Redundancy Protocol}는 게이트웨이 이중화를 위한 시스코 전용 프로토콜이다. 시스코 장비 간에 이중화를 제공할 수 있다. 이에 관한 표준 프로토콜은 VRRP^{Virtual Router Redundancy Protocol}가 있다. 다른 제조사 제품 간에 이중화를 구성하려면, VRRP로 설정해야 한다. 여기에 더 향상된 기능을 제공하는 GLBP^{Gateway Load Balancing Protocol}가 있다. GLBP는 게이트웨이 이중화를 제공해 중단 없는 서비스를 제공하는 기존 기능 뿐만아니라 백업 장비까지 사용자 트래픽을 처리할 수 있는 기능을 제공해 부하분산까지 가능하다.

각 서브넷 내부의 호스트는 실제 게이트웨이 인터페이스에 설정된 IP를 게이트웨이 IP로 사용하지 않는다. 각 호스트는 HSRP 장비에 설정되는 가상 HSRP IP를 게이트웨이 IP로 사용한다. 그러므로 이 가상 HSRP IP는 한 장비에 속하는 것이 아니라 Active 상태의 HSRP 장비에 귀속된 형태로 동작한다. 만약 HSRP 장비가 비가용 상태가 되면, 예비 장비가 가상 HSRP IP에 응답함으로써 중단 없는 서비스를 제공한다.

이 문제는 HSRP 구성을 위한 문제다. SW01과 SW02의 VLAN 10, VLAN 20의 SVI에 HSRP 설정을 수행한다. HSRP는 프로토콜 자체의 부하분산 기능을 제공하지 않기 때문에 각 서브넷 단위로 그룹을 형성해 인위적인 부하분산을 설정할 수 있다. 문제의 조건에서 VLAN 10은 SW01을 주게이트웨이로 사용하고, VLAN 20은 SW02를 주게이트웨이로 사용해야 한다. 이는 HSRP 그룹의 선호도로 제어할 수 있다. 그리고 각 HSRP 그룹의 주게이트웨이가 비가용 상태에서 가용 상태로 복구될 경우 Standby 상태에 머물지 말고, 적극적으로 Active 상태가 되도록 해야 한다. 이는 선호도가 높은 장비가 항상 Active 상태가 되도록 하는 'preempt' 명령을 사용하면 된다. 그리고 주장비 역할 수행은 RT01로의 업링크여야 한다. 그러므로 RT01로의 업링크 상태를 모니터링해야 한다.

　1) SW01의 인터페이스 VLAN 10에 HSRP 그룹 1의 설정을 한다. 우선 그룹 1에 해당하는 HSRP 가상 IP를 설정한다. SW01의 선호도는 기본값(100)보다 높은

값을 설정한다.

2) SW01의 인터페이스 VLAN 20에 HSRP 그룹 2의 설정을 한다. 우선 그룹 2에 해당하는 HSRP 가상 IP를 설정한다. SW01의 선호도는 기본값(100)보다 낮은 값을 설정한다.

3) SW01의 인터페이스 VLAN 10과 VLAN 20의 각 HSRP 그룹에 관해 preempt 를 적용한다.

4) SW02의 인터페이스 VLAN 10에 HSRP 그룹 1의 설정을 한다. 우선 그룹 1에 해당하는 HSRP 가상 IP를 설정한다. SW02의 선호도는 기본값(100)보다 낮은 값을 설정한다.

5) Sw02의 인터페이스 VLAN 20에 HSRP 그룹 2의 설정을 한다. 우선 그룹 2에 해당하는 HSRP 가상 IP를 설정한다. SW02의 선호도는 기본값(100)보다 높은 값을 설정한다.

6) SW01과 SW02의 RT01로의 인터페이스 E0/0의 상태를 모니터링(명령어 track) 하고, 해당 링크가 비활성화되는 경우 선호도 값을 예비 장비보다 낮은 값을 가 질 수 있도록(명령어 decrement) 감소시키면 된다. 이 문제는 Active와 Standby 장비의 차이값 20보다 낮은 30을 감소시키면 된다.

조건 4 권장 설정

```
SW01(config)# interface vlan 10
SW01(config-if)# standby 1 ip 10.1.10.1
SW01(config-if)# standby 1 priority 110
SW01(config-if)# standby 1 preempt
SW01(config-if)#standby 1 track ethernet 0/0 30
SW01(config)# interface vlan 20
SW01(config-if)# standby 2 ip 10.1.20.1
SW01(config-if)# standby 2 priority 90
SW01(config-if)# standby 2 preempt

SW02(config)# interface vlan 10
SW02(config-if)# standby 1 ip 10.1.10.1
SW02(config-if)# standby 1 priority 90
SW02(config-if)# standby 1 preempt
```

```
SW02(config)# interface vlan 20
SW02(config-if)# standby 2 ip 10.1.20.1
SW02(config-if)# standby 2 priority 110
SW02(config-if)# standby 2 preempt
SW02(config-if)# standby 2 track ethernet 0/0 30
================================================================
SW01# show standby brief
                 P indicates configured to preempt.
                 |

Interface  Grp  Pri  P  State        Active     Standby   Virtual IP
Vl10        1   110  P  Activelocal  10.1.10.3            10.1.10.1
Vl20        2   90   P  Standby      10.1.20.3  local     10.1.20.1


SW02# show standby brief
                 P indicates configured to preempt.
                 |

Interface  Grp  Pri  P  State        Active     Standby   Virtual IP
Vl10        1   90   P  Standby      10.1.10.2  local     10.1.10.1
Vl20        2   110  P  Active local 10.1.20.2            10.1.20.1
```

이중화테스트

```
SW01(config)# interface e0/0
SW01(config-if)# shutdown
*Feb  6 06:05:33.244: %TRACKING-5-STATE: 1 interface Et0/0 line-protocol Up
-> Down
*Feb  6 06:05:33.890: %HSRP-5-STATECHANGE: Vlan10 Grp 1 state Active
-> Speak
SW01# show standby brief
                 P indicates configured to preempt.
                 |

Interface  Grp  Pri  P  State     Active     Standby  Virtual IP
Vl10        1   80   P  Standby   10.1.10.3  local    10.1.10.1
Vl20        2   90   P  Standby   10.1.20.3  local    10.1.20.1
```
→VLAN 10의 선호도가 110에서 80으로 변경됐다.

```
SW02# show standby brief
```

```
            P indicates configured to preempt.
            |
Interface  Grp Pri P  State   Active  Standby    Virtual IP
Vl10        1   90 P  Active  local   10.1.10.2  10.1.10.1
Vl20        2  110 P  Active  local   10.1.20.2  10.1.20.1
```

SW01 업링크 복구
```
SW01(config)#interface e0/0
SW01(config-if)#no shutdown
SW01#
*Feb  6 06:06:44.266: %TRACKING-5-STATE: 1 interface Et0/0 line-protocol Down
-> Up
*Feb  6 06:06:44.953: %HSRP-5-STATECHANGE: Vlan10 Grp 1 state Standby
-> Active
SW01#
SW01# show standby brief
            P indicates configured to preempt.
            |
Interface  Grp Pri P  State    Active     Standby    Virtual IP
Vl10        1  110 P  Active   local      10.1.10.3  10.1.10.1
Vl20        2   90 P  Standby  10.1.20.3  local      10.1.20.1
```
→VLAN 10의 선호도가 회복됐다.

```
SW02# show standby brief
            P indicates configured to preempt.
            |
Interface  Grp Pri P  State    Active     Standby    Virtual IP
Vl10        1   90 P  Standby  10.1.10.2  local      10.1.10.1
Vl20        2  110 P  Active   local      10.1.20.2  10.1.20.1
```

460

06

스위치 감시

네트워크 장애는 늘 잠재돼 있다. 그것이 인위적이든 그렇지 않든, 네트워크 엔지니어로서 네트워크 장애는 피할 수 없는 숙명이다. 네트워크 장애에서 항상 요구되는 것은 최대한 신속하게 서비스를 복구하는 것이다. 또한 잠재하는 문제를 미리 조치함으로써 장애 발생을 미연에 방지하는 것이 강력히 요구된다. 이 장에서 장애 발생을 미연에 방지하기 위한 각종 기능 등을 알아본다.

6.1 트래픽 모니터링

네트워크 장애에 라우터나 스위치에 연관이 있는 것이 아닌, 서버나 사용자 PC와 같은 호스트 장비상에 문제가 있는 경우가 많다. 이 경우 응용 프로그램 등 직접적인 네트워크 장비의 문제가 아닌 경우가 상당하다. 네트워크 장비의 직접적인 문제가 아닌 경우에 장애의 원인을 밝히는 것은 쉽지 않다. 이때는 문제가 발생한 호스트로 송수신되는 트래픽을 수집해 분석함으로써 그 원인을 밝힐 수도 있다.

트래픽 수집은 특정 호스트로 송수신되는 트래픽을 특정 포트에 연결된 수집 장치로 복사해 전달함으로써 이뤄진다. 이와 같은 트래픽 수집을 SPAN^{Switch Port Analyzer} 또는 포트 미러링^{Port Mirroring}이라 하는데, 이 절에서는 이에 대해 알아본다.

6.1.1 SPAN 개요

사용자의 통신 장애 중에 응용 프로그램 장애가 상당한 부분을 차지한다. 그러나 로컬 호스트 장비에서 응용 프로그램을 살펴봐도 문제 발생의 원인을 찾기란 그리 쉽지 않다. 그러므로 통신이 이뤄지는 두 호스트 간의 트래픽을 수집해 그들의 대화 내용을 분석함으로써 원인을 밝힐 수 있다.

가장 기본적인 방식은 사용자 PC나 서버에서 직접 트래픽 수집 프로그램을 실행시켜 NIC, 즉 LAN 카드상의 트래픽을 직접 수집함으로써 분석할 수 있다. 이런 방법이 트래픽 수집하는 가장 쉽고 원초적인 방식일 것이다. 그러나 트래픽 수집을 사용자가 직접 실행해야 하는 단점이 있다. 그러므로 트래픽 수집 프로그램에 익숙하지 않은 사용자에게 쉽지 않을 수 있다. 이런 이유로 사용자가 아닌 네트워크 관리자가 직접 트래픽 분석 장치가 연결된 스위치 포트로 트래픽을 보냄으로써 트래픽을 수집할 수 있다.

그러나 스위치 네트워크에서 두 호스트 간의 통신은 스위치의 포워딩 테이블에 의해 특정 포트로만 전달되므로 기본적으로 수집 장치를 다른 포트에 연결해도 브로드캐스트 트래픽만 수신할 수 있다. 다른 스위치 포트에 연결된 트래픽 수집 장치로 두 호스트 간의 대화하는 트래픽을 단순 복사하듯이 전달해야 한다. 이를 위해 제공되는 기능이 SPAN^{Switch Port Analyzer} 또는 포트 미러링^{Port Mirroring}이다.

그림 6.1은 SPAN의 동작을 보여준다. 여기서 트래픽을 송신하는 호스트가 연결된 스위치 포트를 SPAN 소스 포트^{SPAN Source Port}라 하는데, 이는 수집할 트래픽이 스위치로 유입되는 스위치 포트를 의미한다. SPAN 소스 포트는 미러링^{Mirroring}의 대상이 되는 포트다. 그리고 수집 장치가 연결된 스위치 포트, 즉 복사된 트래픽이 송출되는 스위치 포트를 SPAN 목적 포트^{SPAN Destination Port}라 한다.

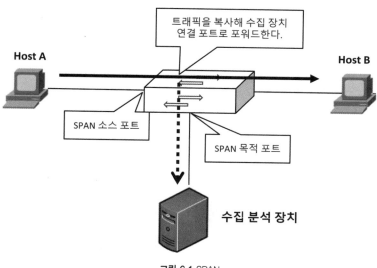

그림 6.1 SPAN

한편, SPAN을 이해하기 위해 전제되는 몇 가지 조건이 있다.

첫째, SPAN 설정 시 SPAN 목적 포트를 지정하면, 해당 스위치 포트가 가지는 기존의 모든 설정 값은 사용되지 않는다. SPAN 목적 포트는 단순히 복사된 SPAN 소스 포트의 트래픽만 수신한다. 따라서 SPAN 목적 포트는 어떤 VLAN에도 속하지 않기 때문에 SPAN 목적 포트의 원래 설정된 VLAN에도 속하지 않는다. 그러나 SPAN 목적 포트 설정을 삭제하면, 기존 스위치 포트의 설정 값은 자동으로 복원된다. 이 말은 SPAN 목적 포트를 설정하고 트래픽을 수집한 후, 해당 SPAN 목적 포트는 사용자 포트로 바로 재사용할 수 있다는 것을 의미한다(설정 6.1).

설정 6.1 SPAN 목적 포트 설정

```
SW01#show vlan brief

VLAN  Name              Status    Ports
----  ----------------  ------    ------------------------
1     default           active    Fa1/0/2, Fa1/0/3, Fa1/0/4
                                  Fa1/0/5, Fa1/0/6, Fa1/0/7
                                  Fa1/0/8, Fa1/0/9, Fa1/0/10
                                  Fa1/0/11, Fa1/0/12, Fa1/0/13
```

```
                                        Fa1/0/14, Fa1/0/15, Fa1/0/16
                                        Fa1/0/17, Fa1/0/18, Fa1/0/19
                                        Fa1/0/20, Fa1/0/21, Fa1/0/22
                                        Fa1/0/24, Gi1/0/1, Gi1/0/2
10      VLAN0010        active          Fa1/0/1
30      VLAN0030        active          Fa1/0/23
1002    fddi-default    act/unsup
- 생략 -

SW01(config)#monitor session 1 destination interface fa1/0/23

SW01#show vlan brief

VLAN    Name                    Status          Ports
----    ----------------        ------          ------------------------
1       default                 active          Fa1/0/2, Fa1/0/3, Fa1/0/4
                                                Fa1/0/5, Fa1/0/6, Fa1/0/7
                                                Fa1/0/8, Fa1/0/9, Fa1/0/10
                                                Fa1/0/11, Fa1/0/12, Fa1/0/13
                                                Fa1/0/14, Fa1/0/15, Fa1/0/16
                                                Fa1/0/17, Fa1/0/18, Fa1/0/19
                                                Fa1/0/20, Fa1/0/21, Fa1/0/22
                                                Fa1/0/24, Gi1/0/1, Gi1/0/2
10      VLAN0010                active          Fa1/0/1
30      VLAN0030                active
1002    fddi-default            act/unsup
```

둘째, 이더 채널에 관한 SPAN 설정의 경우다. 이더 채널에 속하는 멤버 스위치 포트를 목적 포트로 사용할 경우, 해당 이더 채널 멤버 포트는 이더 채널로부터 제외된다(설정 6.2). SPAN 목적 포트로 지정하면 기존의 스위치 포트 설정 값이 모두 사용되지 않으므로 당연한 말이다. 또한 라우팅 포트로 사용하는 포트 역시 SPAN 목적 포트를 설정하면 라우팅 포트의 설정 값도 모두 사용되지 않는다.

설정 6.2 이더 채널의 SPAN 설정

```
SW01#show etherchannel summary
Flags:  D - down        P - bundled in port-channel
        I - stand-alone  s - suspended
        H - Hot-standby(LACP only)
        R - Layer3       S - Layer2
        U - in use       f - failed to allocate aggregator

        M - not in use, minimum links not met
        u - unsuitable for bundling
        w - waiting to be aggregated
        d - default port


Number of channel-groups in use: 1
Number of aggregators:           1


Group  Port-channel   Protocol    Ports
------+-------------+-----------+-----------------------------------
1      Po1(SU)         -          Fa1/0/23(P) Fa1/0/24(P)


SW01(config)#monitor session 1 destination interface fa1/0/23

SW01#show etherchannel summary
Flags:  D - down        P - bundled in port-channel
        I - stand-alone  s - suspended
        H - Hot-standby(LACP only)
        R - Layer3       S - Layer2
        U - in use       f - failed to allocate aggregator

        M - not in use, minimum links not met
        u - unsuitable for bundling
        w - waiting to be aggregated
        d - default port
```

```
Number of channel-groups in use: 1
Number of aggregators:            1

Group  Port-channel    Protocol       Ports
------+-------------+-----------+-------------------------------
1      Po1(SU)         -              Fa1/0/23(D) Fa1/0/24(P)
```

셋째, SPAN 목적 포트는 포트 보안^{Port Security}, 802.1x 인증 및 사설 VLAN을 지원하지 않는다. 그리고 CDP와 스패닝 트리, VTP 및 DTP와 같은 L2 프로토콜도 지원하지 않는다.

넷째, 특정 스위치 포트를 SPAN 소스 포트와 SPAN 목적 포트를 동시에 지정할 수 없다. SPAN 목적 포트의 특성상 당연한 말이다(설정 6.3).

설정 6.3 동일한 스위치 포트를 동시에 SPAN 소스 포트와 SPAN 목적 포트로 지정할 수 없다.

```
SW01(config)#monitor session 1 destination interface fa1/0/23
SW01(config)#monitor session 1 source interface fa1/0/23
% Interface(s) Fa1/0/23 already configured as monitor destinations
```

이 외에도 더 많은 세부적인 조건들을 제시하는 경우가 있지만, 이와 같은 SPAN의 조건은 일일이 외울 필요는 없을 것이다. SPAN 목적 포트의 역할과 특성만 잘 이해한다면, 지극히 당연한 말이기 때문이다. SPAN 목적 포트는 오직 SPAN 소스 포트의 트래픽을 수집하는 역할이 주된 목적이므로 그 외의 스위치 포트 본연의 기능은 모두 비활성화된다.

SPAN은 수집 장치가 연결된 포트의 위치에 따라 로컬 SPAN^{Local SPAN}과 원격 SPAN^{Remote SPAN}으로 분류할 수 있다. 로컬 SPAN은 SPAN 소스 포트와 SPAN 목적 포트가 동일한 스위치에 위치하는 경우를 일컫는다. 반면, 원격 SPAN은 SPAN 소스 포트와 SPAN 목적 포트가 다른 스위치에 위치하는 것을 의미한다. 이런 SPAN 분류에 따라 그 목적과 구현이 상이한데, 이는 다음 절에서 자세히 알아본다.

6.1.2 로컬 SPAN

소규모 네트워크를 직접 관리하는 관리자가 스위치에 접근하기가 용이한 경우, SPAN 소스 포트가 위치하는 스위치에 수집 장치를 연결하면 간단하게 트래픽을 수집할 수 있다. 이 경우 관리자는 분석이 요구되는 트래픽이 유입되는 스위치에 수집 장치를 연결해 직접 트래픽을 수집할 수 있다. 원래의 트래픽이 유입되는 스위치 포트와 수집 장치가 연결되는 스위치 포트, 즉 SPAN 소스 포트와 SPAN 목적 포트가 동일한 스위치 내에 위치하는 것을 로컬 SPAN^Local SPAN이라 한다.

로컬 SPAN은 분석 대상 트래픽의 수신과 수집가 단일 스위치 내에서 이뤄지는 것을 의미한다. 그림 6.2에서 볼 수 있듯이, 로컬 SPAN은 원래의 트래픽이 수신되는 스위치 포트, 즉 SPAN 소스 포트와 수집 장치가 연결된 SPAN 목적 포트가 동일 스위치에 연결된다. 이 경우 SPAN을 위한 트래픽은 하나의 스위치 내부에서 프로세싱되므로 구현 자체가 간단하다.

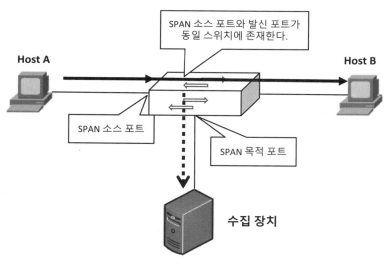

그림 6.2 로컬 SPAN은 SPAN 소스 포트와 SPAN 목적 포트가 동일 스위치에 위치한다.

트래픽의 수집은 그림 6.3과 같이 이뤄진다. 호스트 A가 호스트 B로 프레임을 보낸다. 스위치는 호스트 A가 연결된 SPAN 소스 포트로 수신되는 프레임을 포워딩 테이블에 근거해 호스트 B로 포워딩하는 것과 동시에, 이를 복사해 SPAN 목적 포트로 보낸다.

이때 SPAN 소스 포트의 수신 버퍼로 수신되는 프레임을 복사해 SPAN 목적 포트로 보낸다. SPAN 목적 포트로 보내지는 프레임은 복사된 프레임이므로 그 어떤 정보도 수정되지 않고 원래의 프레임이 가지는 정보 그대로 전달된다. 출발지와 목적지 MAC 주소가 전혀 변경되지 않은 상태로 전달된다.

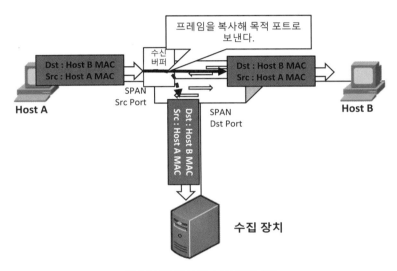

그림 6.3 로컬 SPAN의 수신 트래픽 수집

여기서 SPAN 소스 포트는 원래의 프레임이 수신되거나 송신되는 것과 상관없다. 그것의 의미는 포트 미러링을 위해 원래의 프레임이 복사되는 지점의 스위치 포트를 의미한다. 앞의 그림에 보이는 프레임은 호스트 A로부터 호스트 B로 향하는 트래픽이다. 그렇다면, 그 반대 방향의 트래픽의 수집은 어떻게 이뤄질까?

반대 방향의 트래픽, 즉 호스트 B로부터 호스트 A로 향하는 트래픽은 호스트 B가 연결된 스위치 포트에서 복사되는 것이 아니다. 이 트래픽은 L2 프로세싱을 마친 후, 호스트 A가 연결된 SPAN 소스 포트로 보내지는데, 이때 SPAN 소스 포트의 송신 버퍼에서 복사돼 수집 장치로 보내진다(그림 6.4).

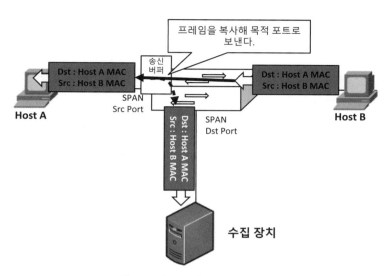

그림 6.4 로컬 SPAN의 송신 트래픽 수집

이와 같이 SPAN은 SPAN 소스 포트와 SPAN 목적 포트의 조합으로 이뤄진다. 로컬 SPAN을 구현하는 데 있어서 SPAN 소스 포트SPAN Source Port는 하나 또는 필요에 따라 여러 스위치 포트를 지정할 수 있다.

한편, SPAN은 개별 스위치 포트를 대상으로 SPAN 소스 포트로 지정할 수 있을 뿐만 아니라 경우에 따라 특정 VLAN을 SPAN 소스 VLAN으로 지정함으로써 해당 VLAN의 전체 트래픽을 수집할 수도 있다. 그러나 SPAN 목적 포트가 SPAN 소스 포트 또는 VLAN의 지원하는 속도가 다를 수 있다.

만약 SPAN 소스 포트가 기가이더넷 포트GigaEthernet Port이고 SPAN 목적 포트가 패스트 이더넷 포트Fast Ethernet Port라면 트래픽 수집이 정확하게 이뤄지지 않을 수 있다. 그 이유는 복사되는 트래픽이 SPAN 목적 포트의 지원 대역폭을 초과할 경우, 수집 트래픽을 유실할 우려가 있기 때문이다. 그러므로 SPAN 목적 포트를 선택할 때 이를 염두에 둬야 한다.

SPAN 소스 포트는 물리적 스위치 포트와 VLAN 등을 지정할 수 있다고 했다. 그러나 여기서 주의할 점은 3계층의 VLAN 인터페이스인 논리적 인터페이스 또는 SVISwitch Virtual Interface는 지원하지 않는다는 점에 유의하기 바란다.

그림 6.5를 통해 로컬 SPAN의 설정을 알아보자. 로컬 SPAN은 SPAN 소스 포트와 SPAN 목적 포트가 동일한 스위치에 위치한다. 예제는 Host A의 트래픽을 분석하고자 한다. 그러므로 Host A가 연결된 스위치 포트 Fa1/0/1이 분석할 트래픽의 원천Source 이 되는 SPAN 소스 포트가 된다. 그리고 분석/수집 장치가 연결된 Fa1/0/23은 복사된 트래픽이 전달될 목적지 포트이므로 이는 SPAN 목적 포트가 된다.

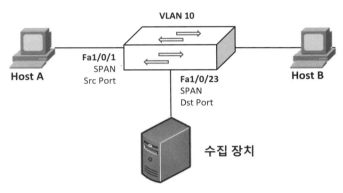

그림 6.5 로컬 SPAN 예제 구성도

로컬 SPAN의 설정은 SPAN 소스 포트 설정과 SPAN 목적 포트 설정으로 이뤄진다. SPAN 소스 포트와 SPAN 목적 포트의 설정은 아래와 같은 명령어로 적용한다.

```
(config)# monitor session session-number source {interface mod/num |
vlan vlan-id} [rx | tx | both]
(config)# monitor session session-number destinationinterface mod/num
[encapsulation [dot1q | isl | replicate]]
```

여기서 session-number는 SPAN의 고유 프로세싱 번호인데, 이 번호를 다르게 설정 하면 별개의 SPAN을 추가할 수 있다. 만약 트래픽 수집을 각 호스트별로 수집하고자 할 경우 세션 번호를 다르게 사용하면 된다.

SPAN 소스 포트 설정 시 물리적인 스위치 포트를 지정할 수 있고, vlan 명령을 통해 VLAN 전체 트래픽을 수집할 수도 있다. 또한 rx나 tx를 지정함으로써 SPAN 소스 포트에 연결된 호스트로부터 수신된(rx) 트래픽만 수집할 수도 있고, 호스트로 발신할(tx)

트래픽만 수집할 수도 있다. 물론 수신/발신의 모든 트래픽(both)을 수집할 수도 있다. 기본 설정 값은 both다.

일반적으로 SPAN은 VLAN 트렁크 태깅 정보를 캡처하지 않는다. 그러나 만약 트렁크 태깅 정보나 각종 2계층 프로토콜 정보까지 수집하고자 한다면, encapsulation 옵션 명령어를 사용할 수 있다.

설정 6.4는 예제 구성도의 SPAN 설정의 예를 보여준다. 설정 후, show monitor 명령어로 SPAN 설정 정보를 확인할 수 있다.

설정 6.4 로컬 SPAN 구성의 예

```
SW01(config)# monitor session 1 source interface fa1/0/1
SW01(config)# monitor session 1 destination interface fa1/0/23

SW01#show monitor session 1
Session 1
---------
Type              : Local Session
Source Ports      :
    Both          : Fa1/0/1
Destination Ports : Fa1/0/23
    Encapsulation : Native
    Ingress       : Disabled
```

기본적으로 SPAN 목적 포트는 수집 장치로 트래픽을 일방적으로 송출한다. SPAN 목적 포트는 트래픽을 소스 포트로부터 복사된 모니터링 트래픽을 수집 장치로 보내기 위한 포트다. 그러므로 SPAN 목적 포트에서는 단방향 트래픽만 발생하기 때문에 해당 포트로부터 수집 장치 방향의 송신 트래픽만 지원한다. 그러나 간혹 트래픽 분석 장치가 특정 트래픽을 발생시키는 경우도 있다. 이 경우 분석 장치로부터 발생하는 트래픽을 수신할 필요가 있을 수 있다. SPAN 목적 포트 설정 시 ingress 명령을 추가함으로써 분석 장치로부터 SPAN 목적 포트로 유입되는 트래픽을 수신할 수 있다(설정 6.5). 아래는 ingress 옵션 명령어를 보여준다.

(config)# monitor session *session-number* destinationinterface *mod/num*
ingress {dot1q vlan *vlan-id* | isl | untagged vlan *vlan-id*}

설정 6.5 ingress 옵션 설정의 예

```
SW01(config)# monitor session 1 destination interface fa1/0/23 ingress dot1q vlan 10

SW01#show monitor session 1
Session 1
---------
Type              : Local Session
Source Ports      :
  Both            : Fa1/0/1
Destination Ports : Fa1/0/23
  Encapsulation   : Native
Ingress           : Enabled, default VLAN = 10
Ingress encap     : DOT1Q
```

한편, 예제의 소스 포트는 호스트가 연결된 액세스 포트다. 그러나 만약 소스 포트가 트렁크 포트인 경우에 특정 VLAN의 트래픽만 수집할 수 있다. 트렁크 포트에는 모든 VLAN 또는 특정 다수의 VLAN의 트래픽이 동시에 전달된다. 그러므로 관리자가 해당 트렁크 링크의 모든 VLAN의 트래픽을 수집하지 않고, 원하는 특정 VLAN의 트래픽만 수집할 수 있다.

예를 들어, 소스 포트가 트렁크이고 VLAN 1부터 VLAN 40까지의 트래픽을 전달한다고 가정해보자. 관리자는 VLAN 10과 VLAN 20의 트래픽만 수집하고자 한다. 이때 사용할 수 있는 명령어가 monitor session filter vlan명령어다(설정 6.6).

(config)# monitor session *session-number* filter vlan *vlan-range*

설정 6.6 소스 포트로부터 VLAN 10과 VLAN 20의 트래픽만 수집한다.

```
SW01(config)# monitor session 1 filter vlan 10 , 20

SW01# show monitor session 1
Session 1
```

```
---------
Type              : Local Session
Source Ports      :
   Both           : Fa1/0/1
Destination Ports : Fa1/0/23
  Encapsulation   : Native
       Ingress    : Disabled
Filter VLANs      : 10,20
```

소스 포트와 목적 포트를 지정함으로써 트래픽을 수집할 수 있다. 하나의 SPAN 세션
에 여러 개의 소스 포트를 추가할 수 있고, 여러 개의 목적 포트도 추가할 수 있다. 그
러나 소스 포트를 지정할 때, 스위치 포트와 VLAN을 동시에 같은 SPAN 세션에 지정
할 수 없다. 만약 특정 스위치 포트와 VLAN 트래픽을 동시에 수집하고자 한다면, 개
별 SPAN 세션을 설정해야 한다. 개별 SPAN 세션은 monitor session 명령어에서 세
션 번호를 다르게 지정하면 된다.

6.1.3 원격 SPAN

1대의 스위치에 소스 포트와 목적 포트가 동시에 위치하는 경우, 즉 로컬 SPAN의 설
정은 매우 간단하게 구현된다. 그러나 실무에서는 다수의 스위치가 존재하므로 소스
포트와 목적 포트가 다른 스위치에 연결돼 있는 경우가 대부분일 것이다. 트래픽 수집
은 관리자가 위치한 곳에 설치하는 것이 일반적이다. 그러므로 소스 포트와 목적 포
트가 다른 스위치에 위치하는 경우가 대부분일 것이다. 이 경우에는 앞 절에서 학습
한 로컬 SPAN으로는 트래픽을 수집할 수 없다. 이때 사용되는 것이 원격 SPAN, 즉
RSPAN^{Remote SPAN}이다.

로컬 SPAN의 경우는 SPAN 소스 포트의 송수신 트래픽을 복사해 로컬 스위치의 스
위칭 패브릭^{Switching Fabric}을 통해 SPAN 목적 포트로 전달하면 된다. 그러나 RSPAN은
소스 포트와 목적 포트가 다른 스위치에 위치하기 때문에 SPAN 트래픽이 스위치 간
의 트렁크 링크를 경유해야 한다. 이때 RSPAN 트래픽은 특별한 VLAN에 속해 트렁
크 링크를 통과한다.

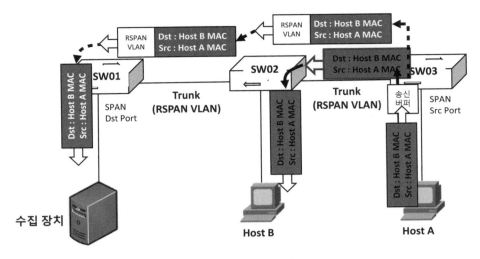

그림 6.6 원격 SPAN(RSPAN)

그림 6.6은 RSPAN 동작의 개요를 보여준다. SW03에 연결된 Host A에 관한 트래픽을 수집/분석하고자 한다. 이때 수집/분석 장치는 SW01에 연결돼 있다. SW03의 Host A에 관한 SPAN 트래픽은 RSPAN VLAN 태깅된 상태로 트렁크를 통과한다. 일반 태깅 트래픽과 마찬가지로, 목적 포트가 있는 스위치에 도착하면 RSPAN VLAN 태깅 정보는 제거돼 수집 장치로 전달된다. 여기까지는 RSPAN 트래픽이 스위치 간의 트렁크 링크를 경유할 때 일반 트래픽과 동일하다. 그러나 RSPAN VLAN은 일반 VLAN과 다른 점이 있다.

RSPAN VLAN은 트래픽 수집을 위해 복사된 트래픽을 전달하기 위한 VLAN이다. 그러므로 복사된 트래픽의 주소 정보는 수집 장치의 정보가 아니라 실제 통신 주체 호스트의 주소 정보를 가진다. 그러므로 스위치가 RSPAN VLAN상의 트래픽을 통해 포워딩 테이블을 구축하면 안 된다. 그래서 RSPAN VLAN상에서의 MAC 주소 학습은 비활성화된다. 또한 RSPAN 트래픽은 목적 포트의 주소 정보를 가지지 않기 때문에 RSPAN VLAN에 속하는 모든 포트로 전달된다. 이런 RSPAN VLAN의 특성으로 인해, RSPAN VLAN에는 일반적인 사용자를 위한 스위치 포트는 참여하지 않는다.

설정을 통해 RSPAN에 관해 알아보자. 그림 6.7은 RSPAN 설정을 위한 네트워크 구성도를 보여준다.

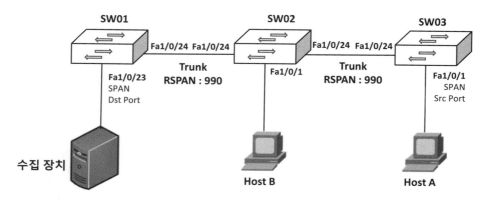

그림 6.7 RSPAN 설정을 위한 구성도

로컬 SPAN과 RSPAN의 가장 큰 차이점은 스위치 간의 RSPAN VLAN 사용 유무다. RSPAN은 RSPAN VLAN을 통해 SPAN 트래픽을 전달해야 한다. 그러므로 첫 번째 설정은 트렁크 링크를 사용하기 위한 RSPAN VLAN에 관한 설정으로 시작한다. RSPAN VLAN 설정은 아래와 같은 명령어로 이뤄진다.

```
(config)# vlan vlan-id
(config-vlan)# remote-span
```

참고로, 스위치에 VTP가 활성화됐다면, 일반적인 VLAN과 마찬가지로 RSPAN VLAN도 VTP 서버에 의해 다른 VTP 서버나 클라이언트 스위치로 전파된다. 설정 6.7은 RSPAN VLAN의 설정 예를 보여준다.

설정 6.7 RSPAN VLAN 설정

```
SW01(config)#vlan 990
SW01(config-vlan)#remote-span
================================================================
SW02(config)#vlan 990
SW02(config-vlan)#remote-span
================================================================
SW03(config)#vlan 990
SW03(config-vlan)#remote-span
```

RSPAN 포트 설정은 소스 포트가 위치하는 소스 스위치와 목적 포트가 위치하는 목적 스위치의 설정이 조금 다르다.

소스 스위치의 RSPAN 소스 포트 설정은 소스 포트가 해당 스위치에 존재하므로 로컬 SPAN의 명령과 동일하다. 그러나 RSPAN 목적 포트가 해당 스위치에 존재하지 않기 때문에 RSPAN 트래픽이 사용할 VLAN, 즉 RSPAN VLAN을 지정한다. 소스 스위치의 RSPAN 소스 설정은 아래와 같다.

(config)# **monitor session** *session-number* **source** {**interface** *mod/num* | **vlan** *vlan-id*} [**rx** | **tx** | **both**]
(config)# **monitor session** *session-number* **destination remote vlan** *rspan-vlan-id*

설정 6.8은 예제 구성도에서 소스 포트가 위치하는 SW03의 설정을 보여준다.

설정 6.8 소스 스위치의 설정 예

```
SW03(config)#monitor session 1 source interface fa1/0/1
SW03(config)#monitor session 1 destination remote vlan 990
====================================================================
SW02#show monitor session 1
Session 1
---------
Type                     : Remote Source Session
Source Ports             :
   Both                  : Fa1/0/1
Dest RSPAN VLAN          : 990
```

목적 포트가 위치하는 목적 스위치의 설정도 소스 스위치와 유사하다. 다만 소스 포트가 존재하지 않기 때문에 SPAN 소스에 관한 설정은 RSPAN VLAN을 지정한다. 목적 스위치의 설정은 아래와 같다.

(config)# **monitor session** *session-number* **source remote vlan** *rspan-vlan-id*
(config)# **monitor session** *session-number* **destination interface** *mod/num* [**encapsulation** [**dot1q** | **isl** | **replicate**]]

설정 6.9는 예제 구성도에서 목적 포트가 위치하는 SW01의 설정을 보여준다.

설정 6.9 목적 스위치의 설정 예

```
SW01(config)#monitor session 1 source remote vlan 990
SW01(config)#monitor session 1 destination interface fa1/0/23

SW01#show monitor session 1
Session 1
---------
Type                  : Remote Destination Session
Source RSPAN VLAN     : 990
Destination Ports     : Fa1/0/23
   Encapsulation      : Native
      Ingress         : Disabled
```

소스 스위치와 목적 스위치의 설정은 이뤄졌다. 그렇다면, 예제 구성도의 SW02와 같이 소스 스위치와 목적 스위치 사이에 위치하는 중간 스위치의 설정은 어떻게 이뤄지는지 알아보자. 중간 스위치는 소스 포트와 목적 포트 모두 존재하지 않는다. 다만 트렁크를 통해 RSPAN 트래픽을 송수신하는 역할을 수행한다. 그러므로 중간 스위치는 RSPAN 포트에 관한 정보를 가질 필요가 없다. 그러나 RSPAN 트래픽이 RSPAN VLAN에 속한 것이라는 사실만 인지하면 된다. 그러므로 RSPAN VLAN 생성이 요구된다. 물론 VTP가 활성화된 네트워크에서 소스 스위치와 목적 스위치에서 RSPAN VLAN 설정이 이뤄졌다면, RSPAN VLAN 정보가 VTP에 의해 공유되므로 중간 스위치에서 RSPAN VLAN 설정이 요구되지 않는다. 설정 6.10은 예제 구성도의 SW02에 요구되는 RSPAN 설정의 예를 보여준다.

설정 6.10 중간 스위치의 설정 예

```
SW02(config)#vlan 990
SW02(config-vlan)#remote-span
```

지금까지 RSPAN에 관해 알아봤다. RSPAN 트래픽은 스위치 간의 트렁크 링크를 경유해 전달된다. 일반적으로 트렁크의 링크 점유율은 높다. RSPAN 트래픽이 트렁크 링크를 사용하기 때문에 이로 인한 부가적인 사용량이 증가된다. 그러므로 트렁크에 추가되는 RSPAN 트래픽으로 인해 실제 네트워크의 높은 링크 사용량으로 인해 실제 서비스의 품질이 저하될 수 있으므로 사용 시 주의하기 바란다.

6.1.4 ERSPAN

기본적으로 SPAN은 L2 영역에서의 트래픽 수집을 위한 기능이다. 그러나 네트워크를 운영할 때, L3 영역에서 트래픽 수집이 요구될 때가 있다. 더구나 소스 포트가 동일한 L2 네트워크에 존재하지 않고, L3 영역을 거쳐 다른 L2 네트워크에 위치하는 경우에도 트래픽 수집이 요구된다. ERSPAN^{Encapsulated Remote SPAN}은 SPAN 트래픽을 L3 네트워크를 경유해 목적 포트에 연결된 수집 장치로 전달하기 위한 기술이다.

그림 6.8은 ERSPAN 동작의 개요를 보여준다. 그림에서 Host A가 Host B와 통신을 한다. 관리자는 Host A의 트래픽을 수집하려 하지만, Host A는 IP 네트워크 너머에 위치하는 다른 L2 네트워크에 존재한다. 그러므로 일반적인 로컬 SPAN이나 원격 SPAN^{RSPAN}을 사용하지 못한다. 이때 사용할 수 있는 SPAN 기능이 ERSPAN이다.

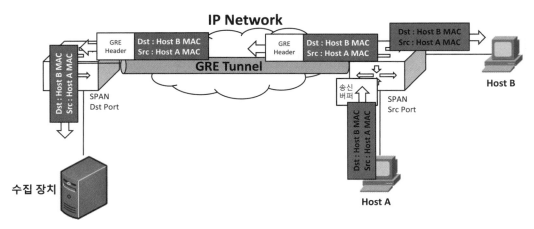

그림 6.8 ERSPAN 개요

ERSPAN은 캡슐화 원격 SPAN으로 이해할 수 있다. 원격 SPAN을 구현하되, 캡슐화 Encapsulated된 SPAN 트래픽을 IP 네트워크로 전달하기 위한 기술이다. 여기서 캡슐화 란, L2 SPAN 트래픽을 GRE 터널 헤더로 캡슐화해 IP 네트워크에서 라우팅을 통해 다른 L2 네트워크에 위치하는 SPAN 목적 포트까지 전달하는 것을 말한다. 이는 IP 네트워크로 연결된 서로 다른 네트워크 간 GRE 터널을 구성함으로써 이뤄진다. ERSPAN에서 사용되는 GRE 터널은 SPAN 소스 스위치와 SPAN 목적 스위치 간의 SPAN을 위한 논리적인 전용 링크로 이해하면 된다.

ERSPAN은 일반적인 중소형 스위치는 지원하지 않고, 시스코 Catalyst 6500과 Nexus 스위치 및 ASR 1000 시리즈 등 일부 장비에서 완전하게 지원한다. 또한 이 책 집필 시점을 기준으로 일부 새로운 중형 스위치인 Catalyst 3800 등이 지원하기는 하지만, 완전한 ERSPAN을 지원하지 않고 소스 ERSPAN만 지원할 뿐, 목적 ERSPAN은 지원하지 않는다는 점을 참고하기 바란다.

ERSPAN의 세부적인 설정은 이 책에서 다루지 않는다. 다만 참고로 ERSPAN 설정의 예만 제시한다는 점을 이해하기 바란다.

예제 설정은 ASR 1000 시리즈와 Catalyst 6500 시리즈 간의 ESPAN 설정을 제시한다(그림 6.9).

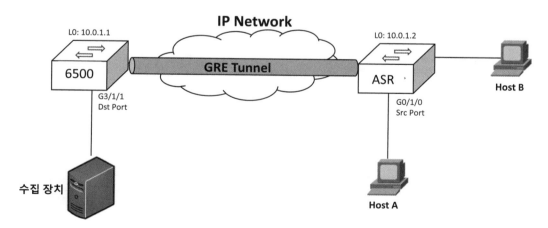

그림 6.9 ERSPAN 설정을 위한 네트워크 구성도

그림에서 ASR의 G0/1/0이 소스 포트고, 6500의 G3/1/1은 목적 포트다. 여기서 Host A로부터 수신하는 트래픽을 ERSPAN을 통해 수집 장치로 전달하기 위한 설정을 한다.

먼저 ASR 1000에서 ERSPAN 소스 설정을 한다. 설정 6.11은 ASR의 ERSPAN 소스 포트 설정의 예를 보여준다.

설정 6.11 ASR에서의 소스 포트 설정의 예

```
ASR1000(config)# monitor session 1 type erspan-source
ASR1000(config-mon-erspan-src)# source interface g0/1/0 rx
ASR1000(config-mon-erspan-src)# no shutdown
ASR1000(config-mon-erspan-src)# destination
ASR1000(config-mon-erspan-src)# erspan-id 100
ASR1000(config-mon-erspan-src)# ip address 10.0.1.1
ASR1000(config-mon-erspan-src)# origin ip address 10.0.1.2

ASR1000# show monitor session 1
Session 1
---------
Type                     : ERSPAN Source Session
Status                   : Admin Enabled
Source Ports             :
  RX Only                : Gi0/1/0
Destination IP Address   : 10.0.1.1
MTU                      : 1464
Destination ERSPAN ID    : 100
Origin IP Address        : 10.0.1.2
```

설정 6.12는 Catalyst 6500에서 ERSPAN 목적 포트의 설정 예를 보여준다.

설정 6.12 Catalyst 6500의 ERSPAN 목적 포트 설정의 예

```
SW6500(config)# monitor session 2 type erspan-destination
SW6500(config-mon-erspan-dst)# destination interface g3/1/1
SW6500(config-mon-erspan-dst)# no shutdown
SW6500(config-mon-erspan-dst)# source
SW6500(config-mon-erspan-dst-src)# erspan-id 100
```

```
SW6500(config-mon-erspan-dst-src)# ip address 10.0.1.1
```

이 설정에서 ERSPAN 목적 세션의 IP 주소와 ERSPAN 소스 세션의 주소가 일치해야
한다는 점을 기억하기 바란다.

6.2 IP SLA

네트워크 관리자가 사용자로부터 민원을 접수할 때 가장 난감한 부분이 속도가 느리
다는 등의 네트워크 성능에 관한 문제일 것이다. 일반적으로 네트워크 관리자가 할 수
있는 행위는 목적지 서버를 이용한 핑 테스트나 트레이스 라우트Trace Route 등의 ICMP
를 통한 IP 통신 테스트가 대부분일 것이다.

그러나 많은 경우의 민원이 IP 계층보다 상위 계층, 즉 4계층 이상의 문제인 경우가 많
다. 또한 특정 서비스에 관한 QoS가 적용된 경우에는 ICMP에 의한 테스트는 거의 무
의미한 결과값을 제공할 뿐인 경우가 많다. 이 경우 네트워크 관리자는 단순히 IP 계층
의 통신 상태가 양호하다거나 서버 문제일 가능성이 있다는 등의 막연한 답을 주는 경
우가 허다하다. 이와 같이 ICMP에 의한 단순한 네트워크 모니터링의 단점을 극복하기
위해 시스코가 소개한 기술이 IP SLA다.

6.2.1 IP SLA 개요 및 동작

SLA란 'Service Level Agreement'의 약자로, 고객이 통신 등의 서비스를 계약할 때
그들이 제공받을 수 있는 서비스의 레벨에 관한 동의를 의미한다. 다시 말해, 특정 장
애가 발생하는 경우, 문제가 해결되는 이장 시간에 관한 합의 등이 이에 속한다. IP
SLA란, ICMP 레벨이 아닌, 실제 웹 통신과 같은 사용자 통신에 관한 지연 시간 등
을 감시함으로써 서비스의 질을 높이기 위해 제공된 기술을 말한다. IP SLA는 효율적
인 감시를 제공하므로 HSRP나 VRRP 등의 게이트웨이 이중화 기술인 FHRPFirst Hop
Redundancy Protocol와 연동해 사용할 수 있게 됐다.

기본적으로 IP SLA는 스위칭 기술을 사용하는 기능이 아니라 IP 계층 및 상위 계층의 서비스 품질을 측정하고 감시하는 기능이다. 이 기능을 스위칭 책에서 다루는 이유는 오늘날 대부분의 스위치가 다중 계층 스위치 기능을 탑재하고 있기 때문이다. 이 말은 IP SLA 기능은 스위치에서만 사용할 수 있는 것이 아니라 라우터 등에 널리 사용할 수 있다는 것을 의미한다. 그러므로 IP SLA의 학습을 통해, 네트워크상의 라우터 등에도 이를 설정해 네트워크 서비스 측정에 활용하기 바란다.

IP SLA는 네트워크 성능을 측정 및 감시하기 위해 특정 서버나 장비로 데이터를 보낸다. 이는 특정 데이터를 서버로 보냄으로써 실시간으로 특정 네트워크 서비스를 시뮬레이션하는 기능을 제공한다. IP SLA는 특정 IP 주소, TCP/UDP 포트, ToS, 그리고 URL 웹 주소 등을 테스트할 수 있다. 그림 6.10에서 볼 수 있듯이, IP SLA 장비는 특정 서버나 IP 시스템으로 요청 패킷Request Packet을 보냄으로써 응답 패킷Respond Packet을 수신하는 것을 기대한다. 요청 패킷을 보내고 그에 관한 응답 패킷이 수신되는 데 걸리는 총 시간 또는 성능에 관련된 계산을 통한 결과값에 관한 감시로 서비스 품질을 측정하게 된다. 이때 IP SLA 요청 패킷을 보내는 장비를 IP SLA 소스 장비IP SLA Source라 하고, 이에 응답하는 장비를 IP SLA 응답 장비IP SLA Responder라 한다.

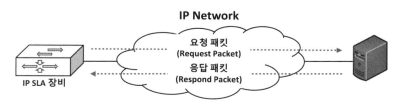

그림 6.10 IP SLA 동작의 개요

설정 6.13은 스위치에서 IP SLA를 통해 측정할 수 있는 응용 프로그램을 확인하는 것을 보여준다. 각 장비마다 상이할 수 있으므로 확인하기 바란다.

설정 6.13 IP SLA 지원 응용 프로그램 확인

```
SW01# show ip sla application
      IP Service Level Agreements
Version: Round Trip Time MIB 2.2.0, Infrastructure Engine-III
```

```
Supported Operation Types:
    icmpEcho, path-echo, path-jitter, udpEcho, tcpConnect, http
    dns, udpJitter, dhcp, ftp, udpApp, wspApp, mcast, generic

Supported Features:
    IPSLAs Event Publisher

IP SLAs low memory water mark: 43533804
Estimated system max number of entries: 31885

Estimated number of configurable operations: 31885
Number of Entries configured : 0
Number of active Entries      : 0
Number of pending Entries     : 0
Number of inactive Entries    : 0
Time of last change in whole IP SLAs: *01:04:04.503 UTC Mon Fab 27 2017
```

IP SLA를 통해 각종 IP 장비에 관한 서비스 품질을 측정할 수 있지만, 시스코가 지원하는 모든 IP SLA 기능을 사용하려면, IP SLA 소스 장비와 IP SLA 응답 장비 모두 IP SLA를 지원해야 한다. 또한 IP SLA 응답 장비^{IP SLA Responder}는 요청 패킷을 수신한 시간과 응답 패킷을 보낸 시간을 기록한 시간 정보^{Time Stamp}를 기록해 응답한다. 그러므로 정확한 측정 결과를 위해 소스 장비^{Source}와 응답 장비^{Responder}의 시스템 시간이 NTP에 의해 동기화되는 것이 권장된다.

6.2.2 IP SLA 설정

IP SLA 설정은 간단한 설정부터 조금은 까다로운 설정까지, 응답 장치에 관한 측정 응용 프로그램에 따라 다양하다. 이 절에서 IP SLA 설정을 통해 막연하게 이해되는 IP SLA 기능을 확실하게 이해할 수 있도록 한다.

가장 기본적인 테스트는 ICMP를 이용한 측정인데, ICMP를 이용한 측정은 모든 IP 장비에 관한 테스트가 가능하다. 그러나 특정 IP SLA 테스트는 응답 장치 역시 IP SLA 테스트에 관한 협상이 요구되기 때문에 완전한 IP SLA 테스트를 위해서 IP SLA 응답 장비에서의 설정도 요구된다.

첫 번째 IP SLA 설정은 가장 간단하고 광범위하게 사용할 수 있는 IP SLA ICMP의 설정을 알아보자. 그림 6.11을 보면, 스위치가 IP SLA 소스 장비고, 200.1.1.1의 주소를 가진 서버가 IP SLA 응답 장비^{IP SLA Responder}다.

그림 6.11 IP SLA 테스트를 위한 예제 구성도

IP SLA 설정은 IP SLA 동작을 위한 프로세스를 활성화한다. IP SLA 프로세스 활성화는 아래와 같은 명령어로 이뤄진다.

```
(config)# ip sla operation-number
(config-ip-sla)# icmp-echo {destination-ip-address | destination-
hostname} [source-ip {ip-address | hostname} | source-interface interface
-id]
(config-ip-sla-echo)# frequency seconds
(config)# ip sla schedule operation-number [life {forever | seconds}]
[start-time {hh:mm [:ss][month day | day month]| pending | now | after
hh:mm:ss}[ageout seconds][recurring]
```

첫 번째 명령어는 *operation-number*는 IP SLA가 동작하는 프로세스 번호라고 이해하면 된다.

두 번째 명령어는 ICMP를 통한 IP SLA 동작을 정의하는데, 이때 IP SLA 응답 장비를 지정한다. 또한 필요에 따라 출발지 주소를 변경할 수 있다.

세 번째는 IP SLA 요청 패킷을 보내는 빈도를 지정한다. 기본값은 60초로, 1분에 하나의 IP SLA 요청 패킷을 보낸다.

마지막 명령어는 IP SLA 동작을 하는 시간을 지정한다. 설정 즉시 동작하도록 할 수 있을 뿐만 아니라 특정 날짜를 지정할 수도 있다.

설정 6.14는 IP SLA의 ICMP 모니터링 설정 과정 예를 보여준다. 예제의 조건은 IP 호스트 200.1.1.1에 관해 ICMP 측정을 수행한다. 그리고 테스트 요청 패킷의 빈도는 10초마다 송출한다. 그리고 IP SLA 동작은 설정과 동시에 시작한다.

설정 6.14 IP SLA의 ICMP 모니터링 설정

```
SW01(config)# ip sla 1
SW01(config-ip-sla)# icmp-echo 200.1.1.1
SW01(config-ip-sla-echo)# frequency 10
SW01(config-ip-sla-echo)# exit
SW01(config)# ip sla schedule 1 start-time now
```

설정 후, show ip sla configuration 명령으로 IP SLA 설정 정보를 자세히 확인할 수 있다. 이 명령어는 IP SLA의 기본 설정 값을 포함한 모든 설정 정보를 보여준다. 또한 show ip sla statistics 명령어를 통해 IP SLA 요청/응답 수신 및 패킷 순환 시간[RTT: Round-Robin Time]을 확인할 수 있다(설정 6.15).

설정 6.15 IP SLA 설정 및 동작 확인

```
SW01# show ip sla configuration 1
IP SLAs Infrastructure Engine-III
Entry number: 1
Owner:
Tag:
Operation timeout(milliseconds): 5000
Type of operation to perform: icmp-echo
Target address/Source address: 200.1.1.1/0.0.0.0
Type Of Service parameter: 0x0
Request size(ARR data portion): 28
```

```
Verify data: No
Vrf Name:
Schedule:
Operation frequency(seconds): 10(not considered if randomly scheduled)
    Next Scheduled Start Time: Start Time already passed
    Group Scheduled : FALSE
    Randomly Scheduled : FALSE
    Life(seconds): Forever
    Entry Ageout(seconds): never
    Recurring(Starting Everyday): FALSE
    Status of entry(SNMP RowStatus): Active
Threshold(milliseconds): 5000
Distribution Statistics:
    Number of statistic hours kept: 2
    Number of statistic distribution buckets kept: 1
    Statistic distribution interval(milliseconds): 20
Enhanced History:
History Statistics:
    Number of history Lives kept: 0
    Number of history Buckets kept: 15
    History Filter Type: None


SW01# show ip sla statistics 1
IPSLAs Latest Operation Statistics


IPSLA operation id: 1
Latest RTT: 3 milliseconds
Latest operation start time: 06:02:23 UTC Mon Fab 27 2017
Latest operation return code: OK
Number of successes: 28
Number of failures: 0
Operation time to live: Forever
```

ICMP를 통한 IP SLA 설정은 간단하게 이뤄진다. 이제 다른 테스트 타입을 설정해보자. 특정 TCP 세션에 관한 IP SLA 설정을 해보자. 예를 들어, HTTP(TCP 80)에 관한 IP

SLA 설정을 한다. 앞의 예제 구성도의 서버 200.1.1.1이 HTTP 웹 서버를 구동한다고 가정해보자. IP 200.1.1.1에 관한 TCP 80의 감시를 한다. TCP 연결을 감시하기 위해 사용할 수 있는 명령어가 tcp-connect다. 설정 6.16은 200.1.1.1의 TCP 80에 연결을 측정하고 감시하는 예를 보여준다.

설정 6.16 TCP 연결의 IP SLA 설정

```
SW01(config)# ip sla 2
SW01(config-ip-sla)# tcp-connect 200.1.1.1 80 control disable
SW01(config-ip-sla-tcp)# frequency 60
SW01(config-ip-sla-tcp)# exit
SW01(config)# ip sla schedule 2 start-time now life forever

SW01# show ip sla statistics 2
IPSLAs Latest Operation Statistics

IPSLA operation id: 2
       Latest RTT: 15 milliseconds
Latest operation start time: 00:35:50 UTC Tue Fab 28 2017
Latest operation return code: OK
Number of successes: 2
Number of failures: 0
Operation time to live: Forever
```

이와 같이 tcp-connect 명령을 통해 모든 TCP 세션 연결을 확인함으로써 특정 응용 서버Application Server의 서비스 상태 등을 확인할 수 있다.

한편, 만약 응답 장비가 IP SLA를 지원하는 시스코 장비라면 더 세부적인 측정이 가능하다. 설정을 통해 좀 더 IP SLA 지원 장비 간의 IP SLA 설정과 동작을 확인하자. 예를 들어, UDP 지터Jitter 확인을 통해 VoIP와 같은 음성 통신과 비디오 등의 실시간 서비스에 관한 적절성 등을 진단할 수 있다.

지터란, 패킷 지연에 관한 변화값을 의미한다. 만약 모든 패킷이 10ms 간격으로 전송됐다면, 수신 역시 10ms 간격으로 수신해야 한다. 만약 일부 패킷이 13ms 간격으로 수신된다면, 네트워크상에서 해당 패킷에 관한 지연이 발생했다고 할 수 있고, 이는 실시간 서비스에 좋지 않은 영향을 미칠 수 있다. 이때 지터 값$^{Jitter value}$은 3ms(13ms - 10ms)이다. 이를 양수 지터 값$^{Positive Jitter}$이라고 한다. 패킷을 수신 시 지연이 발생한 것이다. 또한 일부 패킷이 8ms 간격으로 수신된다면, -2ms(8ms - 10ms)이다. 이를 음수 지터 값$^{Nagative Jitter}$이라고 한다.

가장 이상적인 지터 값은 당연히 0이지만, 이는 말 그대로 가장 이상적인 지터 값일 뿐이다. 실제 네트워크상에서는 지터 값이 서비스에 영향을 미칠 수 있을지에 관한 참고할 수 있는 정보로 받아들이는 것이 바람직할 것이다. 지터 값의 변화가 너무 크면, 원하는 서비스에 관한 QoS를 강화한다거나 링크 업그레이 등을 고려하는 등의 조치가 필요할 것이다.

그림 6.12는 이상적인 상태의 UDP 지터 값의 예를 보여준다. SW01은 4개의 패킷을 10ms 간격으로 전송한다. RT100이 네트워크를 거쳐 수신할 때는 모든 패킷이 10ms 간격으로 수신된다. 이때 각 패킷 간의 전송된 시간 간격과 수신된 시간 간격이 동일하므로 지터 값은 동일하다.

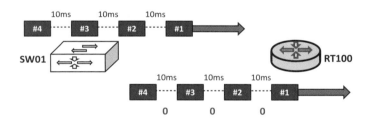

그림 6.12 이상적인 상태의 지터 값

그러나 그림 6.13의 예는 각 패킷 간의 전송된 시간 간격과 수신할 때의 시간 간격이 상이하다. 이런 현상은 네트워크상에서 전송 지연이 발생했기 때문이다. 그러므로 특정 패킷을 수신하는 데 지연으로 인해 더 많은 시간이 소요되므로 실시간 서비스가 적절히 제공되지 않을 수 있다.

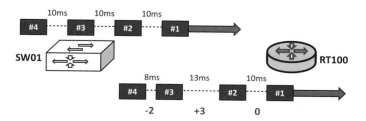

그림 6.13 실제 네트워크상의 지터 값

그림 6.14의 예제 구성도를 통해, SW01과 RT100 간의 UDP 지터 동작을 설정하고 확인하자.

그림 6.14 IP SLA 지원 장비 간의 설정을 위한 예제 구성도

UDP 지터^{UDP Jitter} 측정은 IP SLA 기능을 완전히 사용하기 위해, 소스 장비뿐만 아니라 응답 장비도 IP SLA 기능을 지원해야 한다. 그래서 응답 장비에서 자신이 IP SLA 응답자 역할을 하도록 설정해야 한다. 설정 6.17은 IP SLA 응답 장비의 설정 예를 보여준다.

설정 6.17 IP SLA 응답 장비 설정

```
RT100(config)# ip sla responder
```

설정 6.18은 IP SLA 소스 장비 설정을 보여준다. udp-jitter 명령어로 응답 장비의 IP와 UDP 포트 정보를 입력한다. 그 외의 나머지 설정은 기본적인 명령은 동일하다. 그리 복잡하지 않다. 물론 소스 장비 설정에서 UDP 데이터 크기를 지정하는 등의 세부적인 측정을 위해 추가 설정을 할 수도 있다.

설정 6.18 UDP 지터를 위한 IP SLA 소스 장비 설정

```
SW01(config)# ip sla 5
```

```
SW01(config-ip-sla)# udp-jitter 192.168.12.2 5000
SW01(config-ip-sla-jitter)# frequency 10
SW01(config)# ip sla schedule 5 start-time now life forever
```

이와 같이 UDP 지터를 설정한 후, IP SLA 정보를 확인한다. 설정 6.19의 IP SLA 통계
정보를 확인해보자. 우선 RTT$^{Round-trip\ Delay\ Time}$, 즉 요청 패킷이 목적지로 전달되고 응
답 패킷이 수신되는 데 걸리는 시간을 확인할 수 있다. 예제에서 RTT가 2ms가 소요됐
다. 또한 Latency one-way time을 통해 각 방향의 단방향 소요 시간을 확인할 수 있
다. 아래의 Jitter Time을 통해서도 예제의 UDP 지터 값을 확인할 수 있다. 예제의 지
터 값은 각 방향에 관해 최소 0ms와 최대 1ms가 계산됐다. 이를 참고해 실시간 서비
스를 제공하는 데 참고할 수 있다.

설정 6.19 UDP 지터 측정값 확인

```
SW01# show ip sla statistics 5
IPSLAs Latest Operation Statistics

IPSLA operation id: 5
Type of operation: udp-jitter
Latest RTT: 2 milliseconds
Latest operation start time: 11:56:24 UTC Tue Fab 28 2017
Latest operation return code: OK
RTT Values:
        Number Of RTT: 10          RTT Min/Avg/Max: 1/2/3 milliseconds
Latency one-way time:
        Number of Latency one-way Samples: 10
        Source to Destination Latency one way Min/Avg/Max: 1/1/2 milliseconds
        Destination to Source Latency one way Min/Avg/Max: 0/0/1 milliseconds
Jitter Time:
        Number of SD Jitter Samples: 9
        Number of DS Jitter Samples: 9
        Source to Destination Jitter Min/Avg/Max: 0/1/1 milliseconds
        Destination to Source Jitter Min/Avg/Max: 0/1/1 milliseconds
Packet Loss Values:
```

```
        Loss Source to Destination: 0
        Source to Destination Loss Periods Number: 0
        Source to Destination Loss Period Length Min/Max: 0/0
        Source to Destination Inter Loss Period Length Min/Max: 0/0
        Loss Destination to Source: 0
        Destination to Source Loss Periods Number: 0
        Destination to Source Loss Period Length Min/Max: 0/0
        Destination to Source Inter Loss Period Length Min/Max: 0/0
        Out Of Sequence: 0        Tail Drop: 0
        Packet Late Arrival: 0   Packet Skipped: 0
  Voice Score Values:
        Calculated Planning Impairment Factor(ICPIF): 0
        Mean Opinion Score(MOS): 0
  Number of successes: 8
  Number of failures: 0
  Operation time to live: Forever
```

지금까지 IP SLA에 관해 알아봤다. IP SLA는 말 그대로 서비스 품질을 감시하기 위해 유용하게 사용할 수 있다. IP SLA는 네트워크 관리자가 간접적으로나마 사용자의 입장에서 서비스 품질을 확인함으로써 네트워크를 감시하거나 네트워크 업그레이드를 위한 정보로 사용할 수 있을 것이다.

6.2.3 IP SLA의 활용

IP SLA는 네트워크 감시 도구로 사용한다. 네트워크 감시 기능을 통해 네트워크 장비의 특정 서비스에 적용할 수 있다. HSRP와 같은 게이트웨이 이중화 기술인 FHRP에 효과적으로 적용할 수 있다.

FHRP는 내부 네트워크의 호스트에게 게이트웨이 이중화를 통해 지속적인 서비스를 제공하기 위한 기술이다. 주장비에 이상이 발생한 경우에 자동으로 예비 장비를 게이트웨이로 사용할 수 있게 해준다. 그러나 주장비 자체에 문제가 발생하면, 당연히 예비 장비가 그 역할을 수행할 수 있지만, 업링크상에서 문제가 발생할 경우에는 장애

인지 확인하기가 쉽지 않다. 물론 HSRP와 같은 시스코 기술에서 업링크 인터페이스
상태를 감시함으로써 적절히 대처할 수 있지만, 장애가 ISP 내부에서 발생한 경우에
는 효과적으로 대처할 수 없다는 문제가 있다. 이때에는 IP SLA를 통해 주/예비 장비
를 감시할 수 있다.

그림 6.15는 HSRP가 적용된 네트워크 구성도를 보여준다. 내부 L3 스위치인 SW01과
SW02는 내부 네트워크의 게이트웨이 역할을 수행한다. 이때 HSRP 구성으로 SW01
이 주장비고, SW02는 예비 장비다. 이들은 RT01과 RT02를 통해 ISP로 연결된다. 이
런 네트워크 구성도가 대부분 기업망의 일반적인 구성일 것이다.

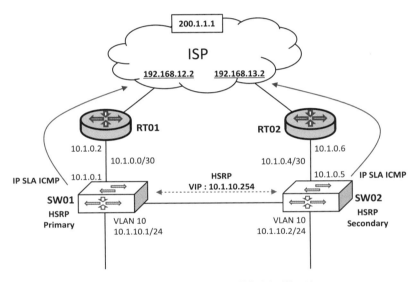

그림 6.15 HSRP 구성에 IP SLA를 활용하기 위한 구성도

실습을 위해 네트워크 구성도에 따른 설정을 하자. 설정 6.20은 HSRP 설정 과정을 보
여주는데, 이를 통해 SW01이 현재 HSRP 주장비라는 것을 확인할 수 있다.

설정 6.20 실습을 위한 HSRP 설정 및 동작 확인

```
SW01(config)# interface vlan 10
SW01(config-if)# standby 1 ip 10.1.10.254
SW01(config-if)# standby 1 priority 110
```

```
SW01(config-if)# standby 1 preempt
==================================================================
SW02(config)# interface vlan 10
SW02(config-if)# standby 1 ip 10.1.10.254
SW02(config-if)# standby 1 priority 95
SW02(config-if)# standby 1 preempt
==================================================================
SW01# show standby brief
                 P indicates configured to preempt.
                 |
Interface   Grp   Pri   P    State    Active    Standby    Virtual IP
Vl10         1    110   P    Active   local     10.1.10.2  10.1.10.254
==================================================================
SW02# show standby brief
                 P indicates configured to preempt.
                 |
Interface   Grp   Pri   P    State    Active     Standby   Virtual IP
Vl10         1    95    P    Standby  10.1.10.1  local     10.1.10.254
```

이와 같은 네트워크 상황에서, RT01과 ISP 간의 링크에 문제가 발생해도 RT01이 여전히 HSTP 액티브로 내부 네트워크 10.1.10.0/24의 게이트웨이 역할을 수행한다. 그러므로 외부 네트워크로 향하는 모든 트래픽은 RT01에서 폐기된다(설정 6.21). 비록 HSRP로 이중화 구성을 제공하지만, 실제 이중화 구성의 이점을 취할 수 없다.

설정 6.21 RT01을 통한 ISP 네트워크에 문제가 발생했다.

```
RT01# ping 200.1.1.1
Type escape sequence to abort.
Sending 5, 100-byte ICMP Echos to 200.1.1.1, timeout is 2 seconds:
......
Success rate is 0 percent(0/5)
==================================================================
RT02# ping 200.1.1.1
Type escape sequence to abort.
Sending 5, 100-byte ICMP Echos to 200.1.1.1, timeout is 2 seconds:
```

```
!!!!!
Success rate is 100 percent(5/5), round-trip min/avg/max = 5/5/6 ms
===================================================================
SW01#show standby brief
                P indicates configured to preempt.
                |
Interface     Grp  Pri  P    State     Active      Standby      Virtual IP
Vl10          1    110  P    Active    local       10.1.10.2    10.1.10.254

SW02#show standby brie
                P indicates configured to preempt.
                |
Interface     Grp  Pri  P    State     Active      Standby      Virtual IP
Vl10          1    95   P    Standby   10.1.10.1   local        10.1.10.254
```

이런 문제를 해결하기 위해 IP SLA의 모니터링 기능을 채택함으로써 ISP로의 링크에 문제가 발생할 경우에도 지속적인 서비스가 가능하도록 네트워크 이중화를 완벽하게 지원할 수 있게 했다.

ISP로 향하는 링크의 IP에 관해 ICMP 모니터링을 적용해 ICMP 실패가 발생할 경우에 HSRP 액티브를 변경할 수 있다. 설정 6.22는 SW01과 SW02에 IP SLA를 설정하고 HSRP 설정에 감시 기능을 추가하는 과정을 보여준다.

설정 6.22 IP SLA 설정과 HSRP 감시 적용

```
SW01(config)#ip sla 10
SW01(config-ip-sla)#icmp-echo 192.168.12.2
SW01(config-ip-sla-echo)#frequency 10
SW01(config-ip-sla-echo)# exit
SW01(config)#ip sla schedule 10 start-time now life forever
SW01(config)#track 1 ip sla 10 reachability
SW01(config)#interface vlan 10
SW01(config-if)#standby 1 track 1 decrement 30
===================================================================
SW02(config)#ip sla 10
```

```
SW02(config-ip-sla)#icmp-echo 192.168.13.2
SW02(config-ip-sla-echo)#frequency 10
SW02(config-ip-sla-echo)#exit
SW02(config)#ip sla schedule 10 start-time now life forever
SW02(config)# track 1 ip sla 10 reachability
SW02(config)#interface vlan 10
SW02(config-if)#standby 1 track 1 decrement 30
```

IP SLA ICMP 감시가 이뤄진다. 이때 SW01과 SW02의 업링크에 관한 감시가 아닌, RT01과 RT02의 업링크에 관한 감시를 한다. SW01과 SW02에서 ISP 링크 IP로의 감시를 통해 HSRP의 효과적인 동작을 꾀할 수 있다.

SW01의 RT01로의 링크에는 문제가 없다. 그러나 RT01의 ISP 링크상에서 문제가 발생했다고 가정해보자. 이제 RT01은 더 이상 ISP를 통해 외부 네트워크로 향하는 경로를 제공할 수 없다. SW01은 IP SLA 감시를 통해 ISP로의 경로에 문제가 발생했다는 것을 인지하기 때문에 SW02가 HSRP의 액티브가 된다(설정 6.23).

설정 6.23 IP SLA 감시가 실패해 예비 장비가 HSRP 액티브가 된다.

```
SW01# ping 192.168.12.2
Type escape sequence to abort.
Sending 5, 100-byte ICMP Echos to 192.168.12.2, timeout is 2 seconds:
.....
Success rate is 0 percent(0/5)


SW01# show ip sla statistics 10
IPSLAs Latest Operation Statistics


IPSLA operation id: 10
Latest RTT: NoConnection/Busy/Timeout
Latest operation start time: 15:22:05 UTC Tue Fab 28 2017
Latest operation return code: Timeout
Number of successes: 135
Number of failures: 202
Operation time to live: Forever
```

```
SW01# show standby brief
           P indicates configured to preempt.
           |
Interface   Grp  Pri  P    State      Active      Standby     Virtual IP
VI10        1    80   P    Standby    10.1.10.2   local       10.1.10.254
================================================================
SW02# show standby brief
           P indicates configured to preempt.
           |
Interface   Grp  Pri  P    State      Active      Standby     Virtual IP
VI10        1    95   P    Active     local       10.1.10.1   10.1.10.254
```

예제에서 HSRP 설정 시 preempt 설정이 이뤄졌다. 그래서 RT01을 통한 ISP로의 경로가 정상적인 상태가 돼 IP SLA 감시가 이뤄지면, SW01이 다시 HSRP 액티브가 된다 (설정 6.24). 물론 HSRP 설정에서 preempt가 적용되지 않았다면, SW02 역시 IP SLA 감시가 실패하면 HSRP 액티브 라우터가 SW01로 변경될 것이다.

설정 6.24 SW01의 IP SLA 감시가 이뤄지면 SW01이 HSRP 액티브가 된다.

```
SW01# show ip sla statistics 10
IPSLAs Latest Operation Statistics

IPSLA operation id: 10
Latest RTT: 3 milliseconds
Latest operation start time: 15:25:25 UTC Tue Fab 29 2017
Latest operation return code: OK
Number of successes: 136
Number of failures: 221
Operation time to live: Forever

SW01#
*Apr 29 15:25:28.436: %TRACKING-5-STATE: 1 ip sla 10 reachability Down->Up
SW01#
*Apr 29 15:25:29.802: %HSRP-5-STATECHANGE: Vlan10 Grp 1 state Standby ->
```

```
Active

SW01# show standby brief
               P indicates configured to preempt.
               |
Interface   Grp  Pri  P   State    Active    Standby      Virtual IP
VI10         1   110  P   Active   local     10.1.10.2    10.1.10.254
```

지금까지 IP SLA에 관해 알아봤다. IP SLA는 핑 또는 트레이스 라우트 등의 기본적인 ICMP 감시뿐만 아니라 상위 계층의 서비스 상태를 확인할 수 있기 때문에 좀 더 효과 적인 서비스 품질을 확인할 수 있다. 또한 IP SLA를 통해 HSRP와 같은 다른 서비스에 관한 감시 기능을 더 유연하게 적용할 수 있다. 그러나 IP SLA는 시스코 장비의 IOS 라이선스License에 따라 지원 유무가 결정되므로 운용 중인 장비가 기본 라이선스로 운 용된다면, IP SLA 지원 유무를 확인해봐야 할 것이다.

6.3 실전 문제

실전 설정을 통해 학습한 내용 중 실무 활용도와 자격증 학습에 대비해보자.

6.3.1 실전 문제

그림 6.16의 구성도를 통해 각 조건을 만족하는 설정을 하라.

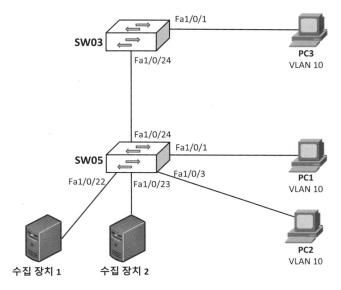

Fa1/0/1

SW03

Fa1/0/24

PC3
VLAN 10

Fa1/0/24

SW05

Fa1/0/1

Fa1/0/3

PC1
VLAN 10

Fa1/0/22

Fa1/0/23

PC2
VLAN 10

수집 장치 1

수집 장치 2

그림 6.16 실전 학습 네트워크 구성도

[조건 1] SW05의 Fa1/0/1과 Fa1/0/3은 VLAN 10에 속한 호스트다. 이들 간의 트래픽을 수집해 분석하고자 한다. 두 호스트 간의 모든 트래픽을 Fa1/0/23에 연결된 수집 장치로 수집하기 위한 설정을 하라.

[조건 2] SW05의 VLAN 10의 모든 트래픽을 수집/분석하고자 한다. VLAN 20으로부터 수신되는 모든 트래픽을 Fa1/0/22에 연결된 수집 장치가 수집할 수 있도록 설정하라.

[조건 3] SW05의 Fa1/0/23에 수집 장치가 연결돼 있다. 그런데 SW03의 Fa1/0/1에 연결된 호스트의 양방향 트래픽을 수집하고자 한다. 조건을 만족하는 설정을 하라. SPAN 트래픽은 VLAN 900을 통해 수집돼야 한다.

6.3.2 문제 해설

조건 1 문제 해설

이 문제는 트래픽 모니터링을 위한 SPAN 설정이다. 트래픽을 교환하는 두 호스트가 동일한 스위치에 위치하므로 일반적인 SPAN 설정을 수행하면 된다. 두 호스트가 연결된 스위치 포트 중 하나의 스위치 포트를 소스 포트로 지정해 송수신 트래픽을 모두 수집한다.

1) SW05의 Fa1/0/1과 Fa1/0/3을 VLAN 10으로 지정한다.

2) Fa1/0/1을 소스 포트로 지정하고, 송수신 트래픽 모두 수집하기 위해 both를 사용한다.

3) Fa1/0/23을 목적 포트로 지정한다.

조건 1 권장 설정

```
SW05(config)#monitor session 1 source interface fa1/0/1 both
SW05(config)#monitor session 1 destination interface fa1/0/23
=================================================================
SW05#show monitor
Session 1
---------
Type              : Local Session
Source Ports      :
  Both            : Fa1/0/1
Destination Ports : Fa1/0/23
 Encapsulation    : Native
    Ingress       : Disabled
```

조건 2 문제 해설

이 문제도 조건 1과 동일한 SPAN 설정이다. 다만 다른 점은 특정 스위치 포트에 관한 트래픽 수집이 아닌, 특정 VLAN의 모든 트래픽을 수집하지 위한 설정이다.

1) VLAN 20을 소스 VLAN으로 지정하고, VLAN 20으로부터 수신되는 트래픽을 수집하기 위해 rx를 사용한다.

2) Fa1/0/22를 목적 포트로 지정한다.

```
SW05(config)#monitor session 2 source vlan 20 rx
SW05(config)#monitor session 2 destination interface fa1/0/22
=======================================================================
SW05#show monitor session 2
Session 2
---------
Type            : Local Session
Source VLANs    :
    RX Only     : 20
Destination Ports : Fa1/0/22
  Encapsulation : Native
      Ingress   : Disabled
```

조건 3 문제 해설

문제 조건에서 수집 장치와 대상 호스트가 연결된 스위치 포트는 서로 다른 스위치에 연결돼 있다. 이 경우 로컬 SPAN이 아닌, 원격 SPAN으로 구현한다. SPAN 트래픽은 VLAN 900을 통해 수집돼야 하므로 VLAN 900을 RSPAN VLAN으로 지정해야 한다.

1) SW03과 SW05에 VLAN 900을 생성하고 RSPAN VLAN으로 지정한다.

2) SW03-SW05 간의 트렁크가 VLAN 900을 허용하는지 확인하고, 만약 허용하지 않으면 VLAN 900을 허용하는 설정이 요구된다.

3) SW03에서 Fa1/0/1을 소스 포트로 지정한다. 양방향 트래픽을 수집해야 하므로 both를 사용한다. 참고로, both는 기본 설정이므로 설정하지 않아도 무방하다.

4) SW03에서 VLAN 900을 목적 RVLAN으로 지정한다.

5) SW05에서 VLAN 900을 소스 RVLAN으로 지정한다.

6) SW05에서 Fa1/0/23을 목적 포트로 지정한다.

조건 3 권장 설정

```
SW03(config)#vlan 900
SW03(config-vlan)#remote-span
!
SW03(config)#interface fa1/0/24
SW03(config-if)#switchport trunk allowed vlan add 900
!
SW03(config)#monitor session 1 source interface fa1/0/1 both
SW03(config)#monitor session 1 destination remote vlan 900

SW05(config)#vlan 900
SW05(config-vlan)#remote-span
!
SW05(config)#interface fa1/0/24
SW05(config-if)#switchport trunk allowed vlan add 900
!
SW05(config)#monitor session 1 source remote vlan 900
SW05(config)#monitor session 1 destination interface fa1/0/23
=================================================================
SW03#show monitor
Session 1
---------

Type                    : Remote Source Session
Source Ports            :
   Both                 : Fa1/0/1
Dest RSPAN VLAN         : 900

SW05#show monitor
Session 1
---------

Type                    : Remote Destination Session
Source RSPAN VLAN       : 900
Destination Ports       : Fa1/0/23
   Encapsulation        : Native
      Ingress           : Disabled
```

07

스위치 보안

오늘날에는 네트워크의 보안 문제가 빈번하게 발생한다. 네트워크 보안을 위해 방화벽이나 침입 감지 시스템 등 많은 종류의 보안 장비를 네트워크에 구축한다. 그러나 이와는 별개로 사용자가 네트워크에 접속하는 단계부터 보안을 적용할 필요가 있다. 외부로부터의 공격이 아닌, 내부로부터의 공격 또한 무시할 수 없기 때문이다.

내부 사용자가 네트워크에 접근 시 최초로 연결되는 장비가 스위치다. 이 장에서는 스위치가 지원하는 보안 기능과 어떤 방식으로 보안을 강구할 수 있는지에 관해 알아보자.

7.1 포트 보안

스위치는 사용자가 최초로 연결되는 네트워크 장비다. 실제 네트워크에서 네트워크 접근을 위해 스위치 포트가 모든 사용자에게 열려 있다. 각 사용자의 책상까지 랜 케이블이 제공돼 사용자는 언제든지 네트워크에 연결할 수 있다. 네트워크 관리자가 모든 사용자의 사용 환경을 일일히 확인하기 어렵다. 이로 인해, 인가되지 않은 사용자 장비가 네트워크에 연결됨으로써 심각한 문제가 야기되곤 한다.

스위치의 포트 보안Port Security은 스위치 포트에 연결되는 사용자 장비를 제한함으로써 비인가 시스템이 연결되는 환경을 조금이나마 방지하기 위한 서비스다. 인가되지 않는 사용자의 개인용 허브나 스위치 등을 이용한 비인가 시스템의 네트워크 연결을 원천적으로 방지할 수도 있다. 이것의 구현은 스위치 포트에 연결되는 시스템의 MAC 주소를 기반으로 이뤄진다.

스위치의 포트 보안의 주요 기능은 아래와 같이 간단하게 요약할 수 있다.

첫 번째는 특정 하나의 스위치 포트에 연결되는 시스템의 수를 제한할 수 있다. 비인가 스위치를 통한 무분별한 사용자 시스템의 네트워크 연결을 방지할 수 있다. 두 번째는 각 스위치 포트에 할당된 사용자 시스템만 네트워크 연결이 가능하도록 할 수 있다. 네트워크 관리자에 의해 특정 스위치 포트 사용을 인가받은 사용자 시스템만 네트워크 접근을 허용함으로써 비인가 사용자 시스템의 사용을 방지한다.

포트 보안Port Security 설정은 말 그대로 스위치 포트에 관한 보안 기능을 의미하므로 인터페이스 설정 모드에서 진행된다.

포트 보안의 시작은 각 스위치 포트에 포트 보안을 활성화하는 것으로 시작된다. 기본적으로 시스코 스위치는 포트 보안 기능이 비활성화돼 있다. 포트 보안 활성화는 아래와 같은 명령어로 이뤄진다.

```
(config-if)# switchport port-security
```

각 스위치 포트에 포트 보안을 활성화한다. 설정 7.1은 각 스위치 포트에 포트 보안 활성화 과정을 보여준다. 포트 보안은 단말 장비가 연결되는 액세스 모드 스위치 포트에만 적용할 수 있다. 그러므로 동적 트렁킹 모드의 스위치 포트에는 적용할 수 없다. 그 이유는 동적 트렁킹 모드의 스위치 포트는 협상을 통해 언제든 트렁크로 동작할 수 있기 때문이다. 트렁크 링크에는 수많은 MAC 주소가 유입되므로 포트 보안으로 인해 트

504

링크 링크가 차단될 우려가 있다. 포트 보안 대상의 스위치 포트는 반드시 switchport mode access 명령을 통해 액세스 모드로 지정해야 한다.

설정 7.1 포트 보안 활성화

```
SW01(config)#interface fa1/0/1
SW01(config-if)#switchport port-security
Command rejected: FastEthernet1/0/1is a dynamic port.¹
SW01(config-if)#switchport mode access
SW01(config-if)#switchport port-security
SW01(config)#interface range fa1/0/1-20
SW01(config-if-range)#switchport mode access
SW01(config-if-range)#switchport port-security
```

포트 보안을 활성화하면 해당 스위치 포트에는 단 하나의 시스템 MAC 주소만 허용된다. 다시 말해, 단 하나의 사용자 시스템만 사용된다. 2대 이상의 사용자 시스템을 동시에 사용할 수 없다. 그러므로 예제의 Fa1/0/1과 같이 사용자 개인의 스위치를 통해 다수의 호스트가 연결되는 경우가 있다. 기본 설정 상태에서 이런 경우에는 포트 보안으로 인해 해당 스위치 포트가 차단될 수 있다. 설정 7.2에서 볼 수 있듯이, 하나 이상의 MAC 주소가 유입되면 포트 보안으로 인해 Fa1/0/1이 에러로 인한 차단 상태err-disabled 가 되는 것을 확인할 수 있다.

설정 7.2 기본 설정하의 포트 보안은 다수의 사용자 시스템의 연결을 허용하지 않는다.

```
SW01#
*Feb  6 13:09:24.732: %PM-4-ERR_DISABLE: psecure-violation error detected on
Fe1/0/1, putting Fe1/0/1 in err-disable state
SW01#
*Feb  6 13:09:24.733: %PORT_SECURITY-2-PSECURE_VIOLATION:
Security violation occurred, caused by MAC address 0050.7966.6803 on port
FastEthernet1/0/1.
*Feb  6 13:09:25.747: %LINEPROTO-5-UPDOWN: Line protocol on Interface
```

---

1 포트 보안은 동적 트렁킹 모드의 스위치 포트에 적용할 수 없다.

```
FastEthernet1/0/1, changed state to down
SW05#
*Feb  6 13:09:26.742: %LINK-3-UPDOWN: Interface FastEthernet1/0/1, changed
state to down

SW01#show interfaces fa1/0/1 status

Port     Name              Status      Vlan         Duplex  Speed Type
Fa1/0/1err-disabled 10          auto   auto unknown

SW01#show interfaces status err-disabled

Port     Name              Status      Reason        err-disabled Vlans
Fa1/0/1err-disabled psecure-violation
```

만약 특정 스위치 포트에 2개 이상의 사용자 시스템을 사용한다면, 허용되는 MAC 주소의 개수를 정의해야 한다. MAC 주소의 개수를 설정하려면, 아래와 같은 명령어로 정의할 수 있다. 각 스위치 포트에 MAC 주소의 허용 개수는 1부터 1024개까지 지정할 수 있다.

(config-if)# switchport port-security maximum *max-addr*

위 명령어를 통해 스위치 포트 Fa1/0/1의 최대 MAC 허용 개수를 3개로 지정하고, Fa1/0/2는 2개로 지정한다. 실무에서 권장되는 최대 MAC 허용 개수는 3개로 제한한다. 실제 대부분의 사용자 포트에 연결되는 시스템에는 사용자 PC와 IP 전화기가 있다. 그리고 여분의 1개의 MAC을 더 허용한다. 설정 7.3은 최대 허용 MAC을 지정하는 과정을 보여준다. 각 스위치 포트의 포트 보안 설정 상태는 show port-security 명령어로 확인할 수 있다.

설정 7.3 포트 보안 최대 MAC 허용 개수 설정 및 확인

```
SW01(config)#interface fa1/0/1
SW01(config-if)#switchport port-security maximum 3
```

506

```
SW01(config)#interface fa1/0/2
SW01(config-if)#switchport port-security maximum 2


SW01#show port-security interface fa1/0/1
Port Security                    : Enabled
Port Status                      : Secure-up
Violation Mode                   : Shutdown
Aging Time                       : 0 mins
Aging Type                       : Absolute
SecureStatic Address Aging       : Disabled
Maximum MAC Addresses            : 3
Total MAC Addresses              : 0
Configured MAC Addresses         : 0
Sticky MAC Addresses             : 0
Last Source Address:Vlan         : 0050.7966.6805:10
Security Violation Count         : 8


SW01#show port-security
Secure Port  MaxSecureAddr  CurrentAddr  SecurityViolation  Security Action
(Count)      (Count)        (Count)
--------------------------------------------------------------------------------
Fa1/0/13        0              8          Shutdown
Fa1/0/22        0              0          Shutdown
--------------------------------------------------------------------------------
Total Addresses in System(excluding one mac per port)    : 0
Max Addresses limit in System(excluding one mac per port) : 6144
```

참고로, 스위치 포트가 에러로 인한 비활성화 상태가 됐다면, 해당 스위치 포트를 통해 학습된 모든 MAC 주소는 포워딩 테이블로부터 삭제된다. 에러 비활성화 상태의 스위치 포트를 활성화하려면, 스위치 포트를 강제적으로 비활성화한 후, 다시 활성화하면 된다(설정 7.4).

설정 7.4 에러 비활성화 포트의 활성화 과정

```
SW01#show interfaces fa1/0/1status

Port    Name            Status    Vlan      Duplex  Speed Type
Fa1/0/1err-disabled 10          auto   auto 10/100BaseTX

SW01(config)#interface fa1/0/1
SW01(config-if)#shutdown
SW01(config-if)#no shutdown
SW01#show interfaces fa1/0/1status

Port    Name            Status    Vlan      Duplex  Speed Type
Fa1/0/1connected    10          a-fulla-10010/100BaseTX
```

스위치는 스위치 포트로 유입되는 프레임으로부터 출발지 MAC 주소를 확인하고, 자신의 포워딩 테이블에 저장한다. 이렇게 학습한 MAC 주소는 수신되는 프레임으로부터 동적Dynamic으로 학습하므로 Dyanmic MAC으로 분류한다. 그러나 포트 보안이 활성화되면 해당 스위치 포트에 연결된 호스트를 기억하기 위해 정적Static MAC으로 저장한다. 설정 7.5를 보면, 스위치 포트 Fa1/0/1을 통해 학습한 MAC 주소가 정적Static MAC 주소로 저장된 것을 확인할 수 있다.

설정 7.5 포트 보안이 활성화되면 스위치 포트를 통해 학습된 MAC을 정적 MAC으로 인지한다.

```
SW01#show mac address-table interface fa1/0/1
        Mac Address Table
-------------------------------------------

Vlan   Mac Address      Type     Ports
----   -------------    ------   ------
10     0050.7966.6800   STATIC   Fa1/0/1
10     0050.7966.6802   STATIC   Fa1/0/1
10     0050.7966.6804   STATIC   Fa1/0/1
Total Mac Addresses for this criterion: 3
```

이는 포트 보안이 활성화된 스위치 포트로 학습한 MAC 주소는 지속적으로 포워딩 테이블에 기록된다는 의미다. 비록 해당 MAC의 호스트가 네트워크에 연결돼 있지 않더라도 포워딩 테이블에 존재함으로써 다른 비인가 호스트 장비의 접근을 방지할 수 있다.

그러나 이와 같이 학습돼 포워딩 테이블에 저장된 MAC 주소는 스위치가 리부팅되면 모두 삭제된다. 그러므로 스위치가 리부팅되면 원하지 않는 비인가 단말 장비가 접근할 수 있다. 이런 이유로 스위치가 리부팅되더라도 보안상 포워딩 테이블에 그대로 유지해야 할 경우가 있을 수 있다. 스위치 리부팅 시에도 포워딩 테이블에 해당 MAC 주소를 그대로 유지하게 하려면, 아래 명령어를 설정하면 된다.

(config-if)# switchport port-security mac-address sticky

설정 7.6과 같이 이 명령어를 입력하면, 해당 스위치 포트를 통해 학습한 MAC 주소가 러닝 컨피규레이션running-configuration에 기록되므로 이를 저장하면 다음 리부팅 시에도 그대로 포워딩 테이블에 기록된다.

설정 7.6 MAC 주소 스틱키 설정

```
SW01(config)#interface fa1/0/1
SW01(config-if)#switchport port-security mac-address sticky

SW01#show running-config interface fa1/0/1
Building configuration...

Current configuration : 380 bytes
!
interface FastEthernet1/0/3
 switchport access vlan 10
 switchport mode access
 switchport port-security maximum 3
 switchport port-security
 switchport port-security mac-address sticky
 switchport port-security mac-address sticky 0050.7966.6800
 switchport port-security mac-address sticky 0050.7966.6802
```

```
switchport port-security mac-address sticky 0050.7966.6804
duplex auto
end
SW01#show mac address-table interface fa1/0/1
        Mac Address Table
-------------------------------------------------

Vlan    Mac Address      Type      Ports
----    --------------   ------    ------
10      0050.7966.6800   STATIC    Fa1/0/1
10      0050.7966.6802   STATIC    Fa1/0/1
10      0050.7966.6804   STATIC    Fa1/0/1
Total Mac Addresses for this criterion: 3
```

물론 MAC 스티키^{sticky} 설정을 하지 않더라도 이와 동일한 결과를 내려면, 정적 MAC 주소를 입력하면 된다. 정적 MAC 주소를 입력하면 이 역시 설정 파일에 저장되므로 스위치 리부팅과 동시에 포워딩 테이블에 등록된다. 정적 MAC 설정은 아래와 같은 명령어로 이뤄진다.

(config-if)# **switchport port-security mac-address** *mac-addr*

설정 7.7에서 보듯이, 호스트의 MAC 주소를 정적으로 설정하면 해당 MAC 주소는 설정 정보에 기록되고, 이를 근거로 리부팅 시에도 포워딩 테이블에 등록된다.

설정 7.7 정적 MAC 주소 설정 및 확인

```
SW01(config)#interface fa1/0/1
SW01(config-if)#switchport port-security mac-address 0050.7966.6800

SW01#show running-config interface fa1/0/1
Building configuration...

Current configuration : 208 bytes
!
interface FastEthernet1/0/3
```

```
switchport access vlan 10
switchport mode access
switchport port-security maximum 3
switchport port-security
switchport port-security mac-address 0050.7966.6800
duplex auto
end

SW01#show mac address-table interface fa1/0/1
       Mac Address Table
-------------------------------------------------

Vlan    Mac Address       Type        Ports
----    --------------    ------      ------
10      0050.7966.6800    STATIC      Fa1/0/1
Total Mac Addresses for this criterion: 1
```

한편 스위치 포트에 설정된 포트 보안을 위반하는 경우, 에러에 의한 비활성화 상태가 된다. 그러나 필요에 따라 포트 보안 위반 시의 스위치 포트 동작을 정의할 수 있다. 포트 보안 위반에 관한 동작은 아래와 같은 명령어로 지정할 수 있다.

(config-if)# switchport port-security violation {shutdown | restrict | protect}

이 명령어에서 shutdown 위반 시 해당 스위치 포트는 에러에 의한 비활성화 상태가 된다. 그러므로 해당 스위치 포트의 트래픽은 모두 차단된다. 포트 보안의 기본 설정 값이 바로 shutdown이다.

restrict는 스위치 포트의 상태는 여전히 활성화 상태를 유지한다. 그러나 포트 보안을 위반한 MAC에 관한 트래픽은 모두 폐기된다. 이때 스위치는 해당 MAC의 위반사항을 SNMP나 시스템 로그(Syslog)로 보고한다.

마지막으로 protect는 restrict와 마찬가지로, 스위치 포트의 상태는 그대로 활성화 상태를 유지하고 포트 보안을 위반한 MAC에 관한 트래픽을 폐기한다. 그러나 해당 MAC의 위반사항에 관한 보고는 하지 않는다.

예제의 Fa1/0/1에 관한 포트 보안 위반 설정을 변경해보자. 기본 설정이 shutdown 이므로 스위치 포트가 비활성화되는 것은 이미 확인했다. 이제 restrict로 변경해보자.

설정 7.8에서 볼 수 있듯이, restrict를 적용하면 해당 스위치 포트에 관한 포트 보안 위반 시 로그 메시지를 보여준다. 그러나 해당 스위치 포트는 여전히 활성화돼 있다는 것을 확인할 수 있다. 물론 포워딩 테이블에 등록된 단말 장비의 트래픽은 여전히 전달 가능하다.

설정 7.8 포트 보안 위반 설정

```
SW01(config)#interfacefa1/0/1
SW01(config-if)#switchport port-security violation restrict

SW01#show mac address-table interface fa1/0/1
        Mac Address Table
-------------------------------------------

Vlan    Mac Address         Type      Ports
----    --------------      ------    ------
10      0050.7966.6800      STATIC    Fa1/0/1
10      0050.7966.6801      STATIC    Fa1/0/1
10      0050.7966.6802      STATIC    Fa1/0/1
Total Mac Addresses for this criterion: 3
SW01#
*Feb  8 02:44:59.873: %PORT_SECURITY-2-PSECURE_VIOLATION:
Security violation occurred, caused by MAC address 0050.7966.6805 on port
FastEthernet1/0/1.

SW01#show interfaces fa1/0/1 status

Port    Name         Status    Vlan    Duplex Speed Type
Fa1/0/1connected   10       a-fulla-10010/100BaseTX
```

그러나 protect를 적용하면 포트 보안을 위반하는 MAC의 트래픽이 유입되더라도 해당 스위치 포트는 여전히 활성화 상태를 유지하는데, 이때 위반 MAC에 관한 어떤 로

그 메시지도 보내지 않는다(설정 7.9).

설정 7.9 protect는 위반 MAC에 관한 어떤 로그 메시지도 보내지 않는다.

```
SW01(config)# interface fa1/0/1
SW01(config-if)# switchport port-security violation protect
SW01(config-if)#

SW01# show interfaces fa1/0/1 status

Port     Name          Status    Vlan    Duplex  Speed Type
Fa1/0/1connected       10        a-fulla-10010/100BaseTX

SW01# show mac address-table interface fa1/0/1
        Mac Address Table
-------------------------------------------------

Vlan    Mac Address       Type      Ports
----    --------------    ------    ------
10      0050.7966.6800    STATIC    Fa1/0/1
10      0050.7966.6801    STATIC    Fa1/0/1
10      0050.7966.6802    STATIC    Fa1/0/1
Total Mac Addresses for this criterion: 3
```

포트 보안 위반의 기본 설정이 shutdown이므로 포트 보안을 위반하면 해당 스위치 포트는 비활성화된다. 그러므로 해당 스위치 포트로부터 학습된 MAC 주소는 포워딩 테이블로부터도 삭제된다. 그러나 restrict나 protect로 지정되면 기존에 기록된 MAC 주소가 지속적으로 포워딩 테이블에 저장된다. 그러므로 새로운 인가 단말 장비가 연결되더라도 기존의 MAC 주소로 인해 새로운 단말 장비는 네트워크에 접근할 수 없다. 이때 새로운 단말 장비가 네트워크에 접근할 수 있게 하려면, 포워딩 테이블에 저장된 기존 MAC 주소를 삭제해야 한다.

포트 보안으로 학습된 MAC 주소를 포워딩 테이블로부터 강제로 삭제하려면, 아래 명령어를 입력하면 된다.

clear port-security {all | configured | dynamic | sticky} [address *mac-addr* | interface *mod/number*]

설정 7.10 비인가 호스트의 MAC 주소 강제 삭제의 예

```
SW01#clear port-security all interface fa1/0/1[2]

SW01#clear port-security all address 0050.7966.6805[3]
```

앞에서 잠깐 언급했는데, 포트 보안의 설정 상태 확인은 show port-security 명령어로 통해서 포트 보안이 활성화된 모든 스위치 포트의 설정 상태를 간략하게 확인할 수 있다. 또한 show port-security interface 명령어로 특정 스위치 포트의 포트 보안 상태를 상세히 확인할 수 있다(설정 7.11).

설정 7.11 포트 보안 상태 확인

```
SW01# show port-security interface fa1/0/1
Port Security              : Enabled
Port Status                : Secure-up
Violation Mode             : Shutdown
Aging Time                 : 0 mins
Aging Type                 : Absolute
SecureStatic Address Aging : Disabled
Maximum MAC Addresses      : 3
Total MAC Addresses        : 3
Configured MAC Addresses   : 0
Sticky MAC Addresses       : 0
Last Source Address:Vlan   : 0050.7966.6800:10
Security Violation Count   : 8

SW01# show port-security
Secure Port  MaxSecureAddr  CurrentAddr  SecurityViolation  Security Action
```

---

2 Fa1/0/1을 통해 학습된 MAC 주소를 포워딩 테이블로부터 삭제한다.

3 특정 MAC 주소를 포워딩 테이블로부터 삭제한다.

```
         (Count)      (Count)      (Count)
         ---------------------------------------------------------------
         Fa1/0/133        8          Shutdown
         Fa1/0/22 1       0          Shutdown
         Fa1/0/311        0          Shutdown
         ---------------------------------------------------------------
         Total Addresses in System(excluding one mac per port)    : 2
         Max Addresses limit in System(excluding one mac per port) : 4096
```

7.2 스톰 제어

스위치는 프레임 전달이 목적지 MAC 주소를 기반으로 이뤄진다. 각 스위치 포트에 연결된 장비의 MAC 주소를 포워딩 테이블에 저장한 후 이를 기반으로 프레임 전달을 수행한다. 이런 프레임 전달은 특정 목적지 MAC의 호스트가 연결된 스위치 포트로만 프레임을 전달하기 때문에 다른 스위치 포트에 연결된 호스트의 통신을 방해하지 않는다.

그러나 스위치가 프레임을 전송할 때 포워딩 테이블에 근거하지 않을 경우, 프레임을 모든 스위치 포트로 방출한다. 이는 프레임을 수신하는 호스트의 성능을 저하시킬 수 있다. 그 이유는 일방적으로 프레임을 수신하는 호스트는 프레임을 비캡슐화해 확인한 후, 자신이 해당하지 않으면 폐기하기 때문이다. 자신을 위한 트래픽이 아님에도 불구하고, 이를 수신하고 확인한 후, 폐기하는 과정에서 시스템의 자원을 낭비하기 때문이다. 일반적인 통신 상황에서는 이와 같은 현상이 시스템에 큰 영향을 줄 정도가 아니기 때문에 무시할 수 있지만, 매우 빈번하게 발생한다면 수신 장비의 심각한 성능 저하를 야기할 수 있다.

이와 같이 포워딩 테이블에 근거하지 않고 전달되는 프레임은 어떤 것일까? 포워딩 테이블에 근거하지 않고 전달되는 프레임에는 브로드캐스트 프레임, 멀티캐스트 프레임, 그리고 학습되지 않은 MAC을 가진 프레임의 경우다.

브로드캐스트는 네트워크상의 모든 호스트를 호출하는 통신 방식이다. 일반적으로 이더넷상에서 발생하는 브로드캐스트 트래픽은 특정 호스트의 IP에 관한 MAC 주소를 얻기 위해 보내는 ARP 요청 트래픽이 대표적이다. 이런 브로드캐스트 트래픽은 모든 호스트를 호출하므로 포워딩 테이블과 무관하게 모든 스위치 포트로 프레임을 방출한다. 그러므로 해당 브로드캐스트 트래픽과 무관한 단말 장비도 이 브로드캐스트에 관한 프로세싱을 수행한 후 폐기한다. 이 역시 수신 단말 장비에 성능 저하를 야기할 수 있다.

멀티캐스트 프레임은 특정 그룹의 다수 수신 단말 장비로 보내는 프레임이다. 멀티캐스트는 전체가 아닌 다수의 호스트를 호출하는 통신 방식이다. 멀티캐스트와 브로드캐스트의 통신 방식은 다르다. 그러나 실제 스위치와 같은 네트워크 장비에서 이뤄지는 프로세싱은 동일하다. 멀티캐스트 프레임도 포워딩 테이블을 기반으로 전달되는 것이 아니기 때문에 모든 스위치 포트로 방출된다. 그러므로 이 역시 수신 단말 장비의 성능 저하를 야기할 수 있다.

마지막으로 스위치가 학습하지 않은 MAC을 가진 프레임의 경우도 포워딩 테이블로 송신 스위치 포트를 판단할 수 없기 때문에 모든 스위치 포트로 방출된다. 이 경우에도 수신 단말 장비에 성능 저하를 야기할 수 있다.

물론 일반적인 상황에서 이와 같은 트래픽으로 인해 호스트 장비에 성능 저하를 야기하는 것은 아니다. 그러나 사용자 단말기의 경우에 그 환경은 사용자에 따라 매우 다양하다. 어떤 경우에는 사용자 단말 장치가 예기치 않은 통제할 수 없는 상황이나 악성 소프트웨어 등에 의해 브로드캐스트나 멀티캐스트 또는 학습되지 않은 MAC의 트래픽을 무차별적으로 송출하는 상황을 예로 들어보자.

이 경우 무차별적인 브로드캐스트 계열의 트래픽을 송출하고, 스위치는 이를 모든 스위치 포트로 포워딩함으로써 네트워크상의 모든 호스트의 성능을 저하시킬 수 있다. 이런 무차별적 브로드캐스트 계열의 트래픽이 방출되는 것을 브로드캐스트 스톰이라한다. 스톰의 뜻 그대로, 브로드캐스트 트래픽이 폭풍처럼 흘러가서 네트워크 내의 모든 단말 장비를 초토화할 수 있다. 이런 현상을 사전에 방지하기 위한 기능을 스톰 제어라 한다.

스톰 제어는 개별 스위치 포트로 유입되는 브로드캐스트 계열의 트래픽 비율을 근거로 이뤄진다. 브로드캐스트 계열의 트래픽이 일정 수준을 초과하는 경우에 해당 스위치 포트를 차단하는 등의 조치가 취해진다.

스톰 제어 역시 각 스위치 포트로 유입되는 트래픽을 검사해 브로드캐스트 계열의 트래픽의 양을 확인한다. 그러므로 스톰 제어 설정은 인터페이스 설정 모드에서 진행된다. 스톰 제어는 스위치 포트의 대역폭에 관한 브로드캐스트 트래픽의 비율 또는 초당 비트수(bps), 초당 패킷수(pps)의 일정 수준을 지정할 수 있다. 스톰 제어 설정은 아래와 같은 명령어로 이뤄진다.

(config-if)# storm-control {broadcast | multicast | unicast} level {*level* [*level-low*] | bps *bps* [*bps-low*] | pps *pps* [*pps-low*]}

각 액세스 포트에 브로드캐스트와 멀티캐스트 트래픽에 관해 대역폭의 10%로 임계치를 정하자. 여기서 임계치에 관한 설정은 실제 스위치 포트의 대역폭과 관계가 있다. 브로드캐스트 트래픽은 네트워크의 환경에 따라 다르기 때문에 각 네트워크의 환경에 적당한 임계치를 적용한다. 일반적으로 브로드캐스트 스톰은 10Mbps 이상의 트래픽을 발생시키므로 그 이상의 임계치는 지정하지 않도록 한다.

예제는 Fa1/0/1의 임계치를 대역폭의 10%로 지정해보자. 그리고 Fa1/0/2는 5Mbps로 임계치를 지정해보자(설정 7.12). 참고로, 이 설정은 시스코 IOU 환경에서 지원하지 않는다.

설정 7.12 스톰 제어 설정

```
SW01(config)#interface fa1/0/1
SW01(config-if)#storm-control broadcast level 10.00
SW01(config)#interface fa1/0/2
SW01(config-if)#storm-control broadcast level bps 5000000
```

각 인터페이스에 설정한 브로드캐스트/멀티캐스트 트래픽의 임계치가 초과되면 해당 스위치 포트는 에러에 의해 비활성화 상태가 된다. 스톰 제어의 위반 동작에 관한 기본 설정은 shutdown으로 적용돼 있기 때문이다. 만약 임계치를 초과하더라도 스위치 포트의 활성화 상태를 그대로 유지하려면, 스톰 제어 위반 시 동작을 trap으로 변경하면 된다. trap으로 변경 시 스위치는 단순히 경고 로그 메시지만 출력할 뿐, 스위치 포트를 비활성화하지 않는다. 스톰 제어 위반 시 동작의 설정은 아래와 같은 명령어로 이뤄진다. 설정 7.13은 Fa1/0/1은 trap으로 지정한 예를 보여준다.

(config-if)# storm-control action {shutdown | trap}

설정 7.13 스톰 제어 위반 시 동작 설정

```
SW01(config)#interface fa1/0/1
SW01(config-if)#storm-control action trap
```

각 스위치 포트의 스톰 제어 설정 상태를 확인하려면, show storm-control 명령어를 사용하면 된다. 설정 7.14는 Fa1/0/1과 Fa1/0/2의 스톰 제어 설정 상태를 보여준다. 예제는 2개의 포트를 예로 설정했지만, 실무에서는 모든 사용자 포트에 스톰 제어를 활성화하는 것을 권장한다.

show storm-control [*interface-id*] [broadcast | multicast | unicast]

설정 7.14 스위치 포트의 스톰 제어 설정 상태 확인

```
SW01#show storm-control fa1/0/1
Interface     Filter State   Upper     Lower      Current
---------     ------------   -------   --------   ----------
Fa1/0/1       Forwarding     10.00%    10.00%     0.00%


SW01#show storm-control fa1/0/2
Interface     Filter State   Upper     Lower      Current
---------     ------------   -------   --------   ----------
Fa1/0/2       Forwarding     5m bps    5m bps     0 bps
```

7.3 VLAN 액세스 리스트

네트워크 장비에서 보안을 위한 기능으로 가장 대표적인 것이 액세스 리스트다. 액세스 리스트는 특정 네트워크 접근이나 트래픽을 걸러내기 위한 기능이다. 일반적으로 액세스 리스트를 떠올리면 IP 주소에 근거해 필터링하기 위한 기법으로 받아들인다. 시스코 스위치에서도 다중 계층 스위칭에서 VLAN 인터페이스에 액세스 리스트를 적용해 패킷 필터링을 구현할 수 있다. 이는 특정 VLAN과 다른 VLAN 간의 통신에서 IP 계층 정보에 근거해 필터링을 구현하는 것이다.

일반적인 액세스 리스트로 특정 동일한 VLAN 내에 속하는 호스트 간의 트래픽을 필터링할 수 없다. 그 이유는 동일한 VLAN에 속하는 호스트 간의 통신은 통신 주체의 두 호스트 간에 직접적으로 이뤄지기 때문인데, 또한 이들 간의 트래픽은 IP 트래픽이 아닌 이더넷과 같은 L2 트래픽이다. 그러므로 VLAN 인터페이스의 IP 계층 단위에서의 필터링이 이뤄지지 않는다.

동일한 VLAN 내의 호스트 간 트래픽 필터링을 위한 VLAN 액세스 리스트 설정을 통해 자세히 알아보자.

VLAN 액세스 리스트(이하 VACL)의 설정은 라우터의 루트맵^{Route-map}에 익숙한 독자라면 그리 생소하지 않을 것이다. 이는 루트맵의 설정과 거의 동일한데, 우선 VLAN 액세스 맵^{VLAN Access Map}을 정의해 match와 action을 통해 적용 대상 호스트와 그에 관한 정책을 정의하는 과정으로 이뤄진다. 먼저 적용 대상 호스트 지정을 위한 액세스 리스트의 설정을 한 후, VACL 설정을 시작해야 한다.

VACL 설정 명령어는 아래와 같다.

```
(config)# vlan access-map map-name [sequence-number]
(config-access-map)# match ip address {acl-number | acl-name}
(config-access-map)# match mac address acl-name
(config-access-map)# action {drop | forward [capture] | redirect interface
_id}
```

action 명령어를 통해 해당 VLAN 트래픽을 폐기할 수 있고(drop), 정상적으로 포워딩할 수 있고(forward), 특정 다른 스위치 포트로 보낼 수도(redirect) 있다.

위 명령어로 VACL에 관한 설정이 이뤄졌다면, 해당 VACL을 해당 VLAN에 적용해야 한다. VACL을 VLAN에 적용하는 명령은 아래와 같다.

(config)# **vlan filter** *map-name* **vlan-list** *vlan-list*

위의 명령에서 짐작할 수 있듯이, VACL 적용을 위한 VLAN은 특정 VLAN 하나뿐만 아니라 다수의 VLAN에 동시에 적용할 수 있다. 여기서 VACL의 적용은 VLAN 자체에 이뤄지는 것이지, L3 라우팅을 위한 VLAN 인터페이스에서 이뤄지는 것이 아니라는 점을 반드시 기억하길 바란다.

동일 서브넷 내에서의 VLAN 필터링 설정을 알아보자. 그림 7.1을 보면, 호스트 10.1.10.20은 VLAN 10 내의 다른 호스트로의 어떤 트래픽도 허용하지 않고 나머지 호스트의 트래픽은 정상적으로 처리한다는 조건을 만족할 수 있도록 설정해보자.

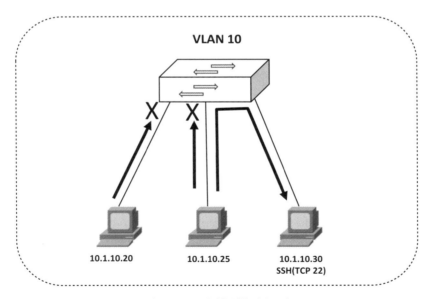

그림 7.1 VCAL 설정을 위한 예제 구성도

호스트 10.1.10.20의 VLAN 10 트래픽을 허용하지 않는 ACL을 먼저 설정한다. 그리고 VLAN 액세스 맵을 통해 해당 ACL에 관한 정책을 정의한다. 그리고 마지막으로 설정한 VALN 액세스 맵을 VLAN 10에 적용한다. 설정 7.15는 VACL 적용 과정의 예를 보여준다. 이는 해당 조건을 만족시키는 여러 방법 중 하나의 예다. 물론 다른 방법으로도 조건을 만족시킬 수도 있으므로 절대적인 설정은 아니라는 점을 알아두기 바란다.

설정 7.15 특정 호스트의 VLAN 통신을 차단하기 위한 설정

```
SW01(config)#ip access-list extended Local_Traffic
SW01(config-ext-nacl)#deny ip host 10.1.10.20 any
SW01(config-ext-nacl)#permit ip any any

SW01(config)#vlan access-map VLAN10_VACL
SW01(config-access-map)#match ip address Local_Traffic
SW01(config-access-map)#action forward

SW01(config)#vlan filter VLAN10_VACL vlan-list 10
```

예제 설정은 호스트 10.1.10.20으로부터 모든 호스트로 향하는 트래픽을 제외한 나머지 트래픽만 포워딩하는 것으로 정의하고 적용했다.

이와 같이 특정 호스트에 관한 트래픽 전체를 정의할 수 있을 뿐만 아니라 특정 서비스 단위로도 트래픽을 정의할 수 있다. 설정 7.16은 예제 구성도의 호스트 10.1.10.25로부터 10.1.10.30의 SSH 통신만 허용하는 조건을 만족하는 설정의 예를 보여준다.

설정 7.16 특정 서비스만 허용하기 위한 설정의 예

```
SW01(config)#ip access-list extended Local_Traffic
SW01(config-ext-nacl)#permit tcp host 10.1.10.25 host 10.1.10.30 eq 22[4]
SW01(config-ext-nacl)#permit tcp host 10.1.10.30 eq 22 host 1.1.10.25[5]
```

---

4 호스트 10.1.10.25가 SSH 서버 접속을 위한 트래픽을 허용한다.
5 SSH 서버(10.1.10.30)가 호스트 10.1.10.25로의 SSH 응답 트래픽을 허용한다.

```
SW01(config-ext-nacl)#deny ip host 10.1.10.25 host 10.1.10.30
SW01(config-ext-nacl)#deny ip host 10.1.10.30 host 10.1.10.25
SW01(config-ext-nacl)#permit ip any any

SW01(config)#vlan access-map VLAN10_Local
SW01(config-access-map)#match ip address Local_Traffic
SW01(config-access-map)#action forward

SW01(config)#vlan filter VLAN10_Local vlan-list 10
```

예제는 설정의 예를 쉽게 하기 위해 각 조건을 별개로 적용했다. 그러나 이런 조건을 동시에 만족시켜야 할 경우에는 액세스 리스트 설정을 적절히 함으로써 모든 조건을 만족시킬 수 있다.

7.4 트렁크 보안

트렁크는 스위치 간의 여러 VLAN 트래픽을 전달하기 위한 링크다. 기본적으로 시스코 스위치의 모든 스위치 포트는 항상 트렁크 포트가 될 수 있다. 그 이유는 동적 트렁크 프로토콜로 인해 상호 연결되는 스위치 간의 협상을 통해 언제든지 트렁크가 될 수 있다. 이런 기능은 네트워크 관리자에게 편리함을 제공하는 것은 사실이다.

그러나 실무에서 항상 주의해야 할 점은 시스템 간에 이뤄지는 자동적인 프로세싱이다. DTP는 스위치 간의 협상을 통해 자동으로 트렁크 링크를 활성화시키지만, 이로 인해 네트워크의 보안에 큰 위험을 내포하고 있다. 이 절에서 DTP로 인해 발생할 수 있는 위험과 그에 관한 대처를 알아본다.

시스코 카탈리스트 스위치의 스위치 포트 기본 설정은 DTP가 활성화돼 있다. 이 말은 각 스위치 포트에 연결되는 시스템이 DTP를 지원하면 트렁크를 형성한다는 점이다. 이때 DTP로 형성된 트렁크는 모든 VLAN 트래픽을 전달할 수 있는 상태가 된다는 것을 이미 학습했다.

그림 7.2의 SW01과 SW02 간의 링크 상태를 확인해보자. 각 스위치의 E0/2는 기본 설정 값을 가지므로 DTP가 활성화돼 있다.

그림 7.2 기본 설정으로 스위치 포트는 DTP가 활성화돼 있다.

스위치 포트에 DTP가 활성화돼 있으므로 두 스위치는 트렁크 협상을 수행한다. 그 협상 결과 각 스위치의 E0/2는 트렁크로 동작하며 모든 VLAN의 트래픽을 전달할 수 있는 상태가 된다. 설정 7.17에서 확인할 수 있듯이, 각 스위치 포트는 협상을 통해 트렁크로 동작하면서 모든 VLAN의 트래픽을 허용한다.

설정 7.17 기본 설정을 통해 형성된 트렁크 정보 확인

```
SW01#show interfaces e0/2 switchport
Name: Et0/2
Switchport: Enabled
Administrative Mode: dynamic desirable
Operational Mode: trunk
Administrative Trunking Encapsulation: negotiate
Operational Trunking Encapsulation: isl
Negotiation of Trunking: On
Access Mode VLAN: 1(default)
Trunking Native Mode VLAN: 1(default)
Administrative Native VLAN tagging: enabled
Voice VLAN: none
Administrative private-vlan host-association: none
Administrative private-vlan mapping: none
Administrative private-vlan trunk native VLAN: none
Administrative private-vlan trunk Native VLAN tagging: enabled
Administrative private-vlan trunk encapsulation: dot1q
Administrative private-vlan trunk normal VLANs: none
```

```
Administrative private-vlan trunk associations: none
Administrative private-vlan trunk mappings: none
Operational private-vlan: none
Trunking VLANs Enabled: ALL
Pruning VLANs Enabled: 2-1001
Capture Mode Disabled
Capture VLANs Allowed: ALL


Appliance trust: none
=============================================================
SW02#show interfaces e0/2 trunk


Port        Mode            Encapsulation    Status        Native vlan
Et0/2       desirable       n-isl            trunking      1


Port        Vlans allowed on trunk
Et0/2       1-4094


Port        Vlans allowed and active in management domain
Et0/2       1,10,20,30,40


Port        Vlans in spanning tree forwarding state and not pruned
Et0/2       1,10,20,30,40
```

이런 무조건적인 협상을 통한 트렁크는 악의적인 사용자에겐 매우 좋은 소식일 것이다. 악의적인 사용자가 어떤 식으로 네트워크에 접근하는지 그 과정을 알아보자.

그림 7.3을 보면, 악의적인 의도를 가진 사용자가 스위치 포트 E3/3에 연결됐다고 가정해보자. E3/3에 사용자 장비가 연결되면 스위치는 DTP 프로세싱을 수행한다. 만약 악의적 사용자 시스템이 DTP 프로세싱에 응답할 수 있다면, E3/3은 DTP에 의해 모든 VLAN 트래픽을 허용하는 트렁크로 동작한다. 그러므로 악의적인 사용자는 모든 VLAN에 접근할 수 있어 보안에 매우 취약한 상태가 된다.

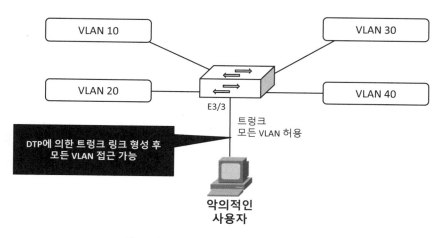

그림 7.3 악의적인 사용자에 의한 네트워크 침입의 예

이런 식의 공격을 악의적 사용자가 스위치인 것으로 위장Spoofing한다는 의미로 스위치 스푸핑Switch Spoofing이라 한다.

이런 스위치 스푸핑 공격을 방지하기 위해서 기본 설정 값으로 DTP가 자동으로 동작해 트렁크를 형성하지 않게 해야 한다. 이를 위해 모든 사용자 포트를 액세스 모드로 수동 설정하는 것을 권장한다. 수동 설정으로 모든 사용자 포트를 트렁크가 되지 않는 일반 액세스 포트 변경함으로써 DTP로 인한 트렁크 형성을 방지하는 것이다. 설정 7.18과 같이 스위치 포트 E3/3을 액세스 모드로 변경함으로써 DTP를 비활성화한다.

설정 7.18 DTP 비활성화를 위해 액세스 모드로 변경

```
Switch(config)#interface e3/3
Switch(config-if)#switchport mode access

Switch# show interfaces e3/3 switchport
Name: Et3/3
Switchport: Enabled
Administrative Mode: static access
Operational Mode: static access
Administrative Trunking Encapsulation: negotiate
Operational Trunking Encapsulation: native
Negotiation of Trunking: Off
```

```
Access Mode VLAN: 1(default)
Trunking Native Mode VLAN: 1(default)
Administrative Native VLAN tagging: enabled
Voice VLAN: none
Administrative private-vlan host-association: none
Administrative private-vlan mapping: none
Administrative private-vlan trunk native VLAN: none
- 생략 -
```

한편, 스위치의 최초 기본 설정은 모든 스위치 포트는 기본 VLAN인 VLAN 1에 속한
다. 기본 VLAN 역시 보안상의 위험을 내포하므로 시스코는 기본 VLAN을 사용하지
않도록 하는 것을 권장한다. 그러므로 실무에서 최초 스위치를 설치할 때 미사용 스위
치 포트를 위한 VLAN을 별도로 생성하고 모든 스위치 포트를 미사용 VLAN에 속하
도록 설정한다. 이후, 요구에 따라 스위치 포트 사용 시 적절한 VLAN 또는 트렁크 설
정을 통해 사용한다. 설정 7.19는 실무에서 스위치의 최초 설치 시 스위치 포트 관련
설정의 예를 보여준다.

설정 7.19 미사용 스위치 포트는 기본 VLAN이 아닌 별도의 VLAN에 속하게 한다.

```
Switch(config)# vlan 1000
Switch(config-vlan)# name unallocated

Switch(config)# interface range e0/0-3,e1/0-3,e2/0-3,e3/0-3
Switch(config-if-range)# switchport mode access
Switch(config-if-range)# switchport access vlan 1000

Switch# show vlan brief

VLAN  Name            Status      Ports
----  --------------- ----------  ------------------------
1     default         active
1000  Unallocated     active      Et0/0, Et0/1, Et0/2, Et0/3
                                  Et1/0, Et1/1, Et1/2, Et1/3
                                  Et2/0, Et2/1, Et2/2, Et2/3
```

```
                                        Et3/0, Et3/1, Et3/2, Et3/3
1002   fddi-default           act/unsup
1003   token-ring-default     act/unsup
1004   fddinet-default        act/unsup
1005   trnet-default          act/unsup
```

최초 스위치를 설치하는 과정에서 이와 같이 설정하면, 만약에 있을 수 있는 스위치 스푸핑 공격을 피할 수 있으므로 설정이 권장된다.

7.5 VLAN 호핑

트렁크 프로토콜에는 시스코의 ISL과 IEEE의 802.1Q가 있다. IEEE의 802.1Q는 ISL에 존재하지 않는 네이티브 VLAN^{Native VLAN}이라는 개념이 있다. 트렁크가 모든 VLAN의 트래픽을 전달할 수 있는 링크이지만, 트렁크 포트 그 자체도 하나의 스위치 포트다. 그러므로 트렁크라는 스위치 포트 그 자체가 속하는 VLAN을 네이티브 VLAN이라 한다.

트렁크가 아닌 특정 VLAN에 속하는 스위치 포트에 관해 해당 VLAN에 속하는 트래픽에는 VLAN 태깅이 이뤄지지 않는다. 이와 같은 논리로, 트렁크 포트 자체가 속하는 네이티브 VLAN에 속하는 트래픽도 트렁크 링크를 경유할 때 VLAN 태깅이 이뤄지지 않는다. 네이티브 VLAN의 이런 점을 이용해 다른 VLAN으로 트래픽을 전달할 수 있는데, 이를 VLAN 호핑^{Hopping}이라 한다. 호핑이란, '폴짝 뛰다'라는 뜻과 같이 서로 다른 VLAN을 건너뛰어 간다는 의미다.

라우터나 다중 계층 스위치가 없는 상태에서 VLAN 간의 L2 통신은 근본적으로 이뤄지지 않는다는 것을 이미 알고 있다. 그러나 IEEE의 802.1Q 트렁크 환경하에서 악의적인 해커의 프레임 조작을 통해 다른 VLAN으로 트래픽을 전달할 수 있다. 그림 7.4는 악의적인 호스트 장비로부터 802.1Q 트렁크 너머에 위치하는 다른 VLAN의 호스트로 트래픽을 전달할 수 있는 과정을 보여준다.

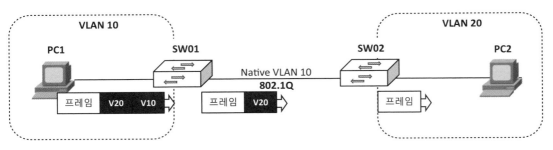

그림 7.4 VLAN 호핑 과정

그림에서 PC1이 악의적 호스트 시스템이라 가정해보자. PC1은 프레임을 보낼 때 자신이 속한 VLAN 10과 프레임의 목적지인 VLAN 20을 이중 태깅^{Tagging}해 보낸다. 일반적인 상황에서 VLAN 태깅은 항상 트렁크를 경유하는 경우에만 추가된다. 그러나 PC1이 연결된 SW01의 스위치 포트는 VLAN 10의 액세스 포트다. 액세스 포트에서 VLAN 태깅은 이뤄지지 않는다. 그러나 PC1의 사용자가 악의적으로 VLAN 10과 VLAN 20의 태깅 후, SW01로 보낸다. 이 경우 SW01은 PC1으로부터 수신한 태깅 프래임이 트렁크를 경유해 수신된 것으로 인지한다.

SW01은 802.1Q의 트렁크를 통해 SW02로 전달한다. 이때 트렁크 포트의 네이티브 VLAN이 VLAN 10이다. 그러므로 PC1이 의도적으로 태깅한 VLAN 10은 트렁크 링크를 경유하는 경우, 제거된다. 앞에서도 언급했듯이, 네이티브 VLAN은 트렁크 포트 그 자체가 속한 VLAN이므로 해당 VLAN의 태깅 정보를 제거한다.

SW02는 VLAN 20이 태깅된 프레임을 수신하므로 VLAN 20으로 해당 프래임을 전달할 때 VLAN 20 태깅을 제거한 후, 태깅되지 않은 순수한 프레임을 PC2로 전달한다.

VLAN 태깅과 802.1Q의 네이티브 VLAN의 특성을 이용해 다른 VLAN 간의 트래픽이 전달됐다. 서로 다른 VLAN은 논리적으로 완전하게 분리된다. 상위 계층인 L3 프로세싱인 라우팅의 도움 없이 트래픽 전달이 불가능하지만, 802.1Q 트렁크의 특성을 이용해 교묘하게 다른 VLAN으로 트래픽이 전달되는 위험성을 내포한다.

이런 위험은 트렁크의 네이티브 VLAN을 사용하지 않는 VLAN으로 지정하면 피할 수 있다. 물론 트렁크 절에서 설명한 네이티브 VLAN의 확실한 장점이 있다. 그러나

VLAN 호핑을 원천적으로 방지하기 위해서 트렁크의 네이티브 VLAN을 실제로 사용하지 않는 VLAN으로 설정할 수 있다. 네이티브 VLAN을 사용되지 않는 VLAN으로 지정함과 동시에 해당 VLAN을 트렁크 사용을 금지시킴으로써 VLAN 호핑 트래픽을 차단할 수 있다(그림 7.5).

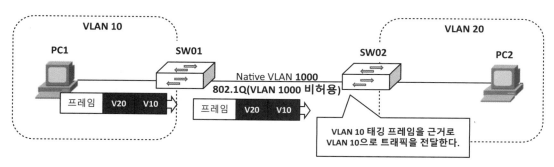

그림 7.5 VLAN 호핑 방지

비록 PC1이 스위치의 VLAN 10과 VLAN 20을 태깅하지 않고, 네이티브 VLAN 인 VLAN 1000을 태깅한다고 하더라도 VLAN 1000의 트렁크 경유가 허용되지 않기 때문에 전달되지 않는다.

이를 구현하기 위해 실제 호스트가 사용하지 않는 VLAN을 생성해 네이티브 VLAN으로 지정한다. 그리고 트렁크 허용 VLAN에서 네이티브 VLAN의 경유를 금지시키면 된다(설정 7.20).

설정 7.20 VLAN 호핑 방지 설정

```
SW01(config)#interface e0/2
SW01(config-if)#switchport trunk encapsulation dot1q
SW01(config-if)#switchport mode trunk
SW01(config-if)#switchport trunk native vlan 990
SW01(config-if)#switchport trunk allowed vlan remove 990
```

네이티브 VLAN을 해당 트렁크에서 허용하지 않는다고 하더라도 실제 장비 관리를 위한 각종 프로토콜인 DTP나 PAgP, CDP 등은 정상적으로 네이티브 VLAN을 사용한다. 그러므로 트렁크에 네이티브 VLAN을 허용하지 않는다고 하더라도 장비 관리를 위한 각종 서비스는 정상적으로 동작한다.

VLAN 호핑의 발생이 802.1Q 트렁크에서 네이티브 VLAN에 관한 태깅을 수행하지 않기 때문에 발생됐다. 만약 네이티브 VLAN을 꼭 사용해야 하는 상황이라면, 위의 호핑 방지 설정 대신, 네이티브 VLAN에 관한 태깅도 수행하도록 하면 된다(설정 7.21). 네이티브 VLAN에 관한 태깅은 아래와 같은 명령어로 이뤄진다. 이 명령어는 스위치의 모든 트렁크의 네이티브 VLAN에 관한 태깅이 이뤄지므로 설정 시 주의하기 바란다.

(config)# vlan dot1q tag native

설정 7.21 네이티브 VLAN 태깅 활성화

```
SW01(config)#vlan dot1q tag native

SW01#show vlan dot1q tag native
dot1q native vlan tagging is enabled
```

7.6 사설 VLAN

인간의 상상력은 끝이 없다. 상상은 무엇이든 다 이룰 수 있게 한다. 이는 논리적 개념이 가지는 막강한 힘이다. 가상화를 통해 가상의 세상 속에 또 다른 가상의 세계를 만들 수 있다. 물리적으로 현존하는 것이 아니므로 상상으로 모든 것을 만들 수 있다.

VLAN도 마찬가지다. VLAN 개념 자체가 실체가 없는 가상Virtual의 LAN이다. 그런데 그 가상 LAN 속에 또 다른 가상의 LAN을 귀속시킬 수 있을까? 가능하다. 실체가 존재하지 않는 논리적 개념으로는 무엇이든 가능하다.

이번 장은 VLAN의 고급 기술 중의 하나인 사설 VLAN에 관해 알아본다.

7.6.1 사설 VLAN의 개요 및 특징

VLAN은 물리적인 LAN을 논리적인 가상의 여러 LAN 네트워크로 분리하기 위해 사용하는 개념이다. 그런데 하나의 VLAN을 다시 복수의 독립적인 네트워크, 즉 복수의 개별 L2 네트워크로 분리하기 위한 개념을 사설 VLAN[PVLAN : Private VLAN]이라 한다.

사설 VLAN의 동작, 그리고 설정 등을 알아보기 전에 왜 특정 VLAN을 여러 독립적인 하부 VLAN[Sub-VLAN] 생성으로 분리하는 것이 요구되는지를 아는 것이 중요하다. 이런 고급 기술의 개념과 설정법을 알아도 그것이 어떤 경우에 사용되는지를 모른다면, 실무에서 그 기술을 제안하지 못해 구현하지 못할 수 있기 때문이다.

사설 VLAN은 어떤 경우에 사용될까? 아래의 예를 살펴보자.

일반적으로 VLAN은 IP 서브넷과 동일하게 구현되는 것이 권장된다. 다시 말해, 각 VLAN과 IP 서브넷을 일대일로 일치해 구성하는 것이 바람직하다. 앞 절에서 설정한 것과 같이 VLAN 10은 10.1.1.0/24 네트워크, 그리고 VLAN 20은 10.1.2.0/24 네트워크로 적용한다. 그런데 만약 매우 작은 서브넷이 많이 요구되는 경우, 즉 일대일 네트워크인 30비트 서브넷으로 이뤄진 경우를 살펴보자. 이런 구성 조건은 일반적으로 고객에게 인터넷 서비스를 제공하는 ISP에서 빈번하게 발생할 수 있는 예라 할 수 있다.

이와 같은 경우에 그림 7.6과 같이 30비트 서브넷으로 분리해 서비스를 제공할 수 있다. 고객 서비스는 특별한 문제 없이 잘 운용될 것이다.

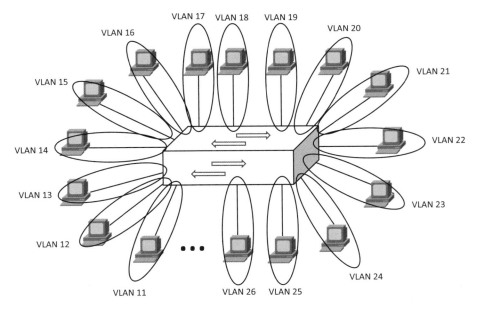

그림 7.6 단 하나의 호스트를 가지는 30비트 서브넷으로 네트워크를 구성한다.

그러나 하나의 192.168.10.0/24 네트워크는 최대 64개의 30비트 서브넷으로 분리할
수 있다. 각 30비트 서브넷은 2개의 사용 가능한 IP 주소를 제공하는데, 그중 하나는
ISP 장비, 다른 하나는 해당 고객 장비에 제공된다. 그 결과, 하나의 24비트 네트워크
는 최대 64 고객밖에 수용하지 못하게 된다. 또한 네트워크도 64개의 서브넷으로 늘
어나므로 서브넷 관리도 까다로워질 수 있다(그림 7.7). 이와 같은 구성은 IP 서브넷과
VLAN을 일치시키는 과정에서 불가피하게 발생한다. 보안적인 측면에서 다른 호스트
와의 원천적인 분리가 요구되기 때문이다.

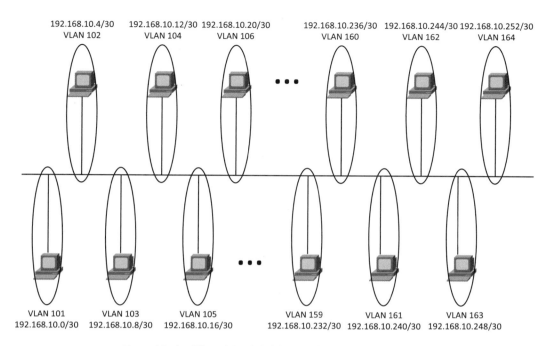

192.168.10.4/30 192.168.10.12/30 192.168.10.20/30   192.168.10.236/30 192.168.10.244/30 192.168.10.252/30
VLAN 102   VLAN 104   VLAN 106   VLAN 160   VLAN 162   VLAN 164

VLAN 101   VLAN 103   VLAN 105   VLAN 159   VLAN 161   VLAN 163
192.168.10.0/30 192.168.10.8/30 192.168.10.16/30   192.168.10.232/30 192.168.10.240/30 192.168.10.248/30

그림 7.7 작은 서브넷은 IP 낭비뿐만 아니라 관리적 측면에서도 효율적이지 못하다.

한편, 실제 24비트의 네트워크는 총 254개가 사용 가능하므로 게이트웨이의 IP를 제외한 253개의 IP 주소를 호스트로 사용할 수 있다. 그러나 위와 같은 IP 서브넷과 VLAN 구성은 실제로 64개의 IP만 호스트에게 할당된다. 즉, 최대 64개의 호스트만 사용할 수 있다. 그러면 보안적인 위험 요소를 방지하기 위해 L2 네트워크를 분리하면서 최대한의 호스트를 수용할 수 있을까? PVLAN이 그 답이 될 수 있다.

이해를 도모하기 위해 이런 조건을 ISP의 예로 들어 알아보자.

ISP는 고객에게 서비스를 제공한다. 이때 ISP 내부에서 의도하지 않는 서로 다른 네트워크 간의 정보 유출이 발생하면 안 된다. 기본적으로 고객이 ISP에 서비스를 요청하는 것은 보안의 이유로 고객 자신을 위한 전용 회선을 요구하는 것이다. 다른 고객과 함께 공유하는 공용 회선을 요구하는 것이 아니다. 고객은 자신의 정보가 유출되지 않게 하기 위해 자신의 내부 네트워크에 방화벽을 설치하는 등의 보안 솔루션을 구축한다. 그러나 이와 상관없이 자신의 정보가 ISP 내부 네트워크에서 유출이 된다면, 이를 받아들이기 힘들 것이다(그림 7.8).

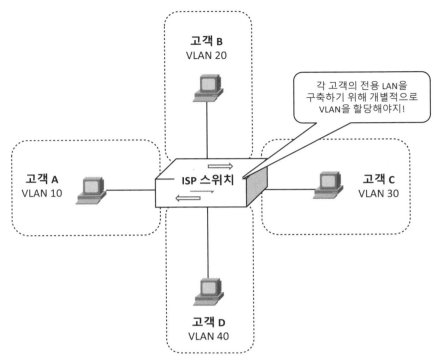

그림 7.8 ISP는 고객에게 전용 네트워크를 제공해야 한다.

사설 VLAN은 고객에게는 전용 LAN을 제공하는 효과를 가짐과 동시에, ISP는 효율적인 IP 관리를 용이하게 하는 효과가 있다.

사설 VLAN은 하나의 VLAN(Primay VLAN)을 두고, 그 아래 하위 VLAN^Sub-VLAN을 가상으로 생성해 L2 브로드캐스트 영역을 제한함으로써 L2 보안의 취약점을 극복하기 위한 기술이다. 그림 7.9에서 볼 수 있듯이, VLAN 10에 PVLAN A와 PVLAN B가 존재한다. 물론 VLAN 20에도 PVLAN C와 PVLAN D가 존재한다. 이들 사설 VLAN은 특정 VLAN 내부에 위치하지만, 독립적인 영역의 VLAN의 역할을 한다.

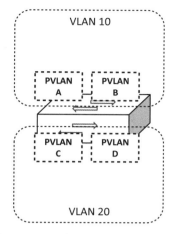

그림 7.9 사설 VLAN은 특정 VLAN의 하위 VLAN이다.

여기서 VLAN 10과 VLAN 20과 같이 원래의 VLAN을 주VLAN^{Primary VLAN}이라 한다. 주VLAN이라 하는 이유는 VLAN 외부 관점에서 볼 때, 하위의 사설 VLAN은 나타나지 않고 주VLAN만 확인되기 때문이다. VLAN 10의 관점으로 보면 내부의 PVLAN A와 PVLAN B가 존재한다는 사실을 인지할 수 있지만, 외부 VLAN인 VLAN 20의 관점에서 보면 VLAN 10만 확인된다. VLAN 20은 VLAN 10 내부에 PVLAN A와 PVLAN B가 존재한다는 사실을 인지하지 못한다. 그 반대의 경우도 마찬가지다(그림 7.10).

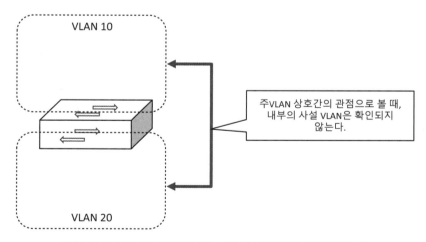

그림 7.10 주VLAN 외부 관점으로부터는 사설 VLAN의 존재가 확인되지 않는다.

이런 사실을 외부 관점에서 보면 주VLAN이 내부의 사설 VLAN을 포함한 모든 호스트에 관해 동일한 VLAN ID와 동일한 IP 서브넷을 사용한다는 것을 의미한다. 다른 말로 표현하면, 사설 VLAN은 대외적으로 주VLAN의 VLAN ID와 IP 서브넷을 공유한다.

특정 사설 VLAN에 속하는 호스트 수에 따라 공동 사설 VLAN^{Community PVLAN}과 독립 사설 VLAN^{Isolated PVLAN}으로 적용할 수 있다.

공동 사설 VLAN은 community^{공동체}에서 짐작할 수 있듯이, 동일한 커뮤니티^{Community} 사설 VLAN에 속하는 다른 호스트와 직접적인 통신을 할 수 있는 VLAN이다. 다시 말해, 일반적인 VLAN의 개념과 동일한 사설 VLAN이다. 물론 공동 사설 VLAN 외부와는 완전하게 차단된 하부 VLAN이다. 특정한 공동 사설 VLAN에 속하는 호스트가 다수인 경우에 사용할 수 있다(그림 7.11).

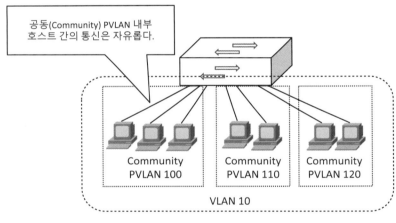

그림 7.11 공동 VLAN

독립 사설 VLAN은 사설 VLAN 외부에 위치하는 호스트는 물론이고 해당 사설 VLAN 내부에 위치하는 호스트와의 통신까지 차단된 형태의 하부 VLAN이다. 독립 사설 VLAN 내에 위치하는 호스트는 기본적으로 다른 호스트로부터 모두 차단돼 있기 때문에 특정 주VLAN에 관해 여러 개의 독립 사설 VLAN을 생성할 필요가 없다. 독립 사설 VLAN은 단 하나의 호스트 단위의 독립된 VLAN 영역을 제공하고자 하는 경우에 사용할 수 있다(그림 7.12).

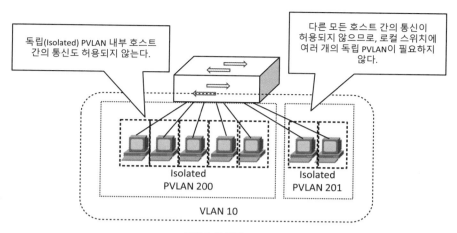

그림 7.12 독립 VLAN

여기서 잠시 OSI모델의 2계층이 아닌 3계층, 즉 IP 통신의 관점에서 살펴보자. 사설 VLAN은 주VLAN에 할당된 IP 서브넷을 공유한다. 그렇다면, 다른 사설 VLAN 간의 호스트 간 통신은 이뤄지지 않는다. IP 통신은 3계층 통신이다. 특정 호스트가 다른 IP 서브넷의 호스트, 즉 목적지 IP가 다른 서브넷에 속한다면, 해당 패킷을 게이트웨이로 전달할 것이다. 그러나 목적지 IP가 동일 서브넷이라면 게이트웨이로 패킷을 보내지 않고 직접 전달하기 위해 ARP 프로세싱을 통해 목적지 IP의 MAC 주소를 얻은 후, 직접 전달할 것이다. 그러나 사설 VLAN의 특징으로 외부와의 직접 통신이 허용되지 않으므로 통신이 이뤄지지 않는다(그림 7.13).

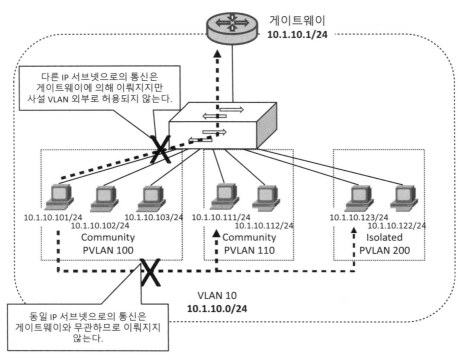

게이트웨이
10.1.10.1/24

다른 IP 서브넷으로의 통신은
게이트웨이에 의해 이뤄지지만
사설 VLAN 외부로 허용되지 않는다.

10.1.10.101/24
10.1.10.102/24
Community
PVLAN 100

10.1.10.103/24

10.1.10.111/24
10.1.10.112/24
Community
PVLAN 110

10.1.10.123/24
10.1.10.122/24
Isolated
PVLAN 200

VLAN 10
10.1.10.0/24

동일 IP 서브넷으로의 통신은
게이트웨이와 무관하므로 이뤄지지
않는다.

그림 7.13 사설 VLAN 내 호스트 간의 IP 통신이 이뤄지지 않는다.

이런 사실은 실무에서 사설 VLAN을 구성하는 데 어려움이 있을 수 있다. ISP뿐만 아니라 기업망에서 더 큰 문제가 될 수 있다. 그 이유는 기업망에서 특정 이유로 인해 사설 VLAN이 요구돼 적용했다고 가정해보자. 그러나 앞에서 설명한 이유로 인해 사설 VLAN에 속한 사용자는 동일한 IP 서브넷에 속하는 다른 호스트와 통신이 불가능하다. 특히 같은 IP 서브넷을 사용하는 주VLAN에 속하는 프린터나 서버뿐만 아니라 외부 통신을 위한 게이트웨이로도 접속할 수 없다는 것을 의미하기 때문에 심각한 문제가 될 수 있다.

이런 문제를 해결하기 위해 사설 VLAN에 다른 개별 IP 서브넷을 할당하는 쉬운 방법을 적용할 수 있다. 그러나 사설 VLAN 사용으로 인해 관리해야 하는 IP 서브넷이 증가되므로 사설 VLAN의 이점을 취하기 어렵다. 그러므로 L3 네트워크 분리를 통하는 방법이 아닌, L2 네트워크 내에서 그 해결점을 찾아야 한다.

사설 VLAN은 이런 문제점을 극복하기 위해 특별한 포트를 마련했는데, 이 스위치 포트를 프로미스큐어스Promiscous 포트라고 한다. Promiscous는 '난잡한'이라는 뜻을 가지는데, 이 책에서는 이를 '불특정Promiscous 포트'라고 명명한다.

불특정 포트는 어떤 사설 VLAN에도 속하지 않고, 주VLAN에 속한다. 그러나 불특정 포트는 모든 사설 VLAN의 호스트와의 통신이 허용된다. 다시 말해, 불특정 포트는 특정 사설 VLAN에 상관없이 동일한 주VLAN 내의 모든 사설 VLAN과의 통신이 허용된다. 또한 각 사설 VLAN은 동일한 주VLAN 내의 모든 불특정 포트와의 통신이 허용된다. 그림 7.14에서 보듯이, 공동 사설 VLAN과 독립 사설 VLAN은 불특정 포트에 연결된 게이트웨이와 통신이 가능하다. 물론 불특정 포트는 사설 VLAN이 아닌 주VLAN 자체에 속하므로 일반적인 호스트와의 통신 역시 허용된다.

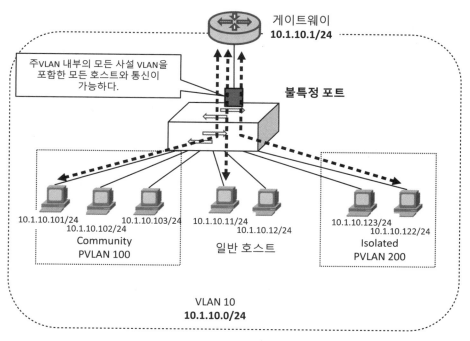

그림 7.14 불특정 포트는 모든 사설 VLAN과 통신이 가능하다.

그림 7.15는 사설 VLAN과 불특정 포트, 그리고 일반 VLAN 포트 간의 트래픽 관계를 정리한 것이다. 그림이 복잡해 보이지만, 기본적인 원칙만 기억한다면, 복잡하게 느껴지지 않을 것이다.

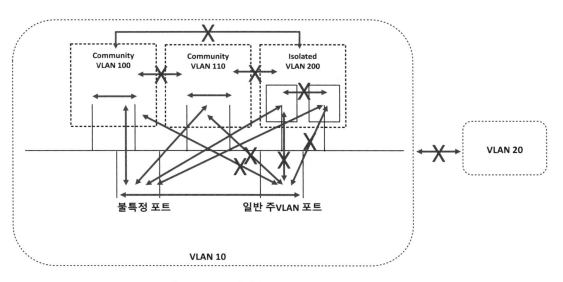

그림 7.15 주VLAN과 사설 VLAN, 불특정 포트 간 트래픽 흐름

트래픽 흐름의 기본 원칙은 아래와 같다. 실제 네트워크에 사설 VLAN을 적용할 때 참고하길 바란다.

- 기본적으로 VLAN 내부 호스트 간의 트래픽은 허용된다.
- VLAN 간 트래픽은 허용되지 않는다.
- 모든 사설 VLAN 외부로의 트래픽은 허용되지 않는다.
- 독립Isolated 사설 VLAN 내의 호스트 외부로의 트래픽은 허용되지 않는다.
- 모든 사설 VLAN 내의 호스트와 불특정 포트 간의 트래픽만 허용된다.

VLAN의 기본적인 특징과 사설 VLAN, 그리고 사설 VLAN을 위한 불특정 포트의 동작을 이해하고 있다면, 쉽게 이해할 수 있다.

7.6.2 사설 VLAN 설정 및 확인

이제 설정을 통해 사설 VLAN에 관해 알아보자. 그림 7.16은 사설 VLAN 설정을 위한 구성도를 보여준다. 그림을 보면, VLAN 10은 주VLAN으로써 모든 사설 VLAN은 VLAN 10에 속한다. 사설 VLAN 100과 110은 공동 VLAN이다. 이는 각 VLAN 내부의 호스트 간의 통신은 자유롭게 이뤄진다. 그리고 사설 VLAN 200은 독립 VLAN으로서, 내부 호스트 간의 직접적인 통신도 이뤄지지 않는다.

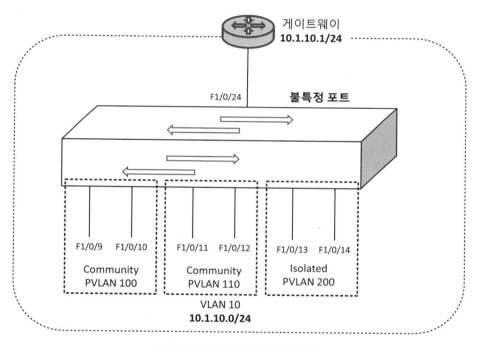

그림 7.16 사설 VLAN 설정을 위한 구성도

사설 VLAN의 설정은 일반적인 VLAN의 설정과 마찬가지로 VLAN을 생성하는 것으로 시작한다. 그러나 일반 VLAN 설정은 스위치 포트에 액세스 VLAN을 지정하면 자동으로 생성되지만, 사설 VLAN은 생성 시 PVLAN의 타입을 정해야 하기 때문에 VLAN 생성 과정이 요구된다.

사설 VLAN의 생성과 타입 지정은 아래와 같은 명령어로 이뤄진다.

```
(config)# vlan vlan-id
(config-vlan)# private-vlan {isolated | community}
```

설정 7.22는 사설 VLAN 생성과 타입 지정 과정을 보여준다. 설정에서 볼 수 있듯이, 사설 VLAN은 해당 스위치에 한해 적용돼야 하므로 VTP가 활성화된 상태에서 사용할 수 없다. 그러므로 VTP를 비활성화하거나 VTP 정보를 교환하지 않는 트랜스페어런트 모드로 변경해야 한다.

설정 7.22 사설 VLAN 타입 설정

```
SW01(config)# vlan 100
SW01(config-vlan)# private-vlan community
%Private VLANs can only be configured when VTP is in transparent/off mode.

SW01(config)# vtp mode transparent

SW01(config)# vlan 100
SW01(config-vlan)# private-vlan community
SW01(config)# vlan 110
SW01(config-vlan)# private-vlan community
SW01(config)# vlan 200
SW01(config-vlan)# private-vlan isolated

SW01# show vlan private-vlan

Primary      Secondary      Type          Ports
-------      ---------      ---------     -------------------------
             100            community
             110            community
             200            isolated
```

사설 VLAN을 생성하고, 각 사설 VLAN 타입을 지정했다. 그러나 이 사설 VLAN이 속하는 주VLAN을 아직 지정하지 않았다. 그러므로 사설 VLAN의 생성과 타입 지정이 이뤄지면, 해당 사설 VLAN에 관한 주VLAN을 지정해야 한다. 각 사설 VLAN은 외부

542

관점에서는 주VLAN에 속하는 것으로 나타난다. 주VLAN의 설정은 아래와 같은 명령어로 이뤄진다.

```
(config)# vlan vlan-id
(config-vlan)# private-vlan primary
(config-vlan)# private-vlan association {secondary-vlan-list | add
secondary-vlan-list | remove secondary-vlan-list}
```

해당 주VLAN 지정에 연결되는 사설 VLAN의 리스트를 나열함으로써 설정된다. secondary-vlan-list는 앞에서 설정한 사설 VLAN을 모두 나열하면 된다. add는 주VLAN 설정을 완료한 후, 새로운 사설 VLAN을 추가할 경우, remove는 기존 사설 VLAN을 제거하고자 하는 경우에 사용할 수 있다. 설정 7.23은 주VLAN 설정 과정을 보여준다. 사설 VLAN 100, 110, 200을 주VLAN 10에 포함시킨다.

설정 7.23 주VLAN을 설정하고 사설 VLAN을 귀속시킨다.

```
SW01(config)# vlan 10
SW01(config-vlan)# private-vlan primary
SW01(config-vlan)# private-vlan association 100,110,200
SW01(config-vlan)# private-vlan association remove 200
SW01(config-vlan)# private-vlan association add 200


SW01# show vlan private-vlan


Primary     Secondary     Type          Ports
-------     ----------    -----------   ------------------

10          100           community
10          110           community
10          200           isolated
```

주VLAN 설정이 이뤄지면, 사설 VLAN에 속하는 각 스위치 포트에 관한 설정이 요구된다. 특정 스위치 포트를 해당 사설 VLAN에 속하게 하는 과정이다. 사설 VLAN에 속하는 스위치 포트의 설정은 아래와 같은 명령어로 이뤄진다.

```
(config-if)# switchport mode private-vlan {host | promiscuous}
(config-if)# switchport private-vlan host-association primary-vlan-
idsecondary-vlan-id
```

스위치 포트 설정은 우선 사설 VLAN 모드를 정의한다. 이는 다른 사설 VLAN과 통신이 가능 유무를 정의하는 과정인데, promiscuous 모드의 스위치 포트는 다른 모든 스위치 포트와 통신이 가능하다. 불특정 포트는 게이트웨이로 연결되는 스위치 포트와 같이 모든 사설 VLAN의 호스트뿐만 아니라 일반 VLAN의 호스트까지 통신이 가능해야 하는 스위치 포트에 지정한다. 그러나 다른 사설 VLAN과 통신을 원하지 않으면 host 모드로 지정한다. 설정 7.24는 예제 구성도의 각 포트에 관한 사설 VLAN 지정 과정을 보여준다.

설정 7.24 스위치 포트의 사설 VLAN 지정

```
SW01(config)# interface range fa1/0/9-10
SW01(config-if-range)# switchport mode private-vlan host
SW01(config-if-range)# switchport private-vlan host-association 10 100
SW01(config)# interface range fa1/0/11-12
SW01(config-if-range)# switchport mode private-vlan host
SW01(config-if-range)# switchport private-vlan host-association 10 110
SW01(config)# interface range fa1/0/13-14
SW01(config-if-range)# switchport mode private-vlan host
SW01(config-if-range)# switchport private-vlan host-association 10 200


SW01# show vlan private-vlan

Primary      Secondary     Type          Ports
-------      ----------    ----------    --------------------------
10           100           community     Fa1/0/9, Fa1/0/10
10           110           community     Fa1/0/11, Fa1/0/12
10           200           isolated      Fa1/0/13, Fa1/0/14
```

설정 과정에서 알 수 있듯이, 사설 VLAN에 지정되는 스위치 포트는 일반 VLAN 설정이 요구되지 않는다. 해당 스위치 포트의 사설 VLAN 설정만으로 주VLAN과 사설

VLAN에 동시에 속하는 효과를 가진다. 그러나 사설 VLAN에 속하는 스위치 포트가 트렁크와 같이 속하는 여러 VLAN에 관해 완전하게 동작하는 것은 아니다. 다만 주 VLAN과 사설 VLAN 간의 단방향 통신만 제공된다는 점을 기억하길 바란다.

한편, 불특정 포트로 지정한 스위치 포트는 사설 VLAN의 호스트뿐만 아니라 일반 VLAN 호스트까지 통신이 가능하다. 보안적인 관점으로 볼 때, 이는 바람직하지 않다. 그러므로 불특정 포트를 지정할 때, 통신 가능한 VLAN을 일일히 나열함으로써 통신을 원하지 않는 사설 VLAN의 호스트를 보호할 수 있다. 불특정 포트를 지정할 때, 통신 가능한 VLAN을 지정하는 설정이 요구된다. 이를 위한 설정은 불특정 포트에서 아래와 같은 명령어로 이뤄진다.

(config-if)# **switchport private-vlan mapping** *primary-vlan-id secondary-vlan-list* | {**add** *secondary-vlan-list*} | {**remove** *secondary-vlan-list*}

설정 7.25는 불특정 포트 설정을 보여준다. 불특정 포트 설정을 통해 통신 가능한 VLAN을 지정하면, 각 사설 VLAN 모두에 불특정 포트가 포함되는 것을 확인할 수 있다. 이는 불특정 포트에 지정된 모든 사설 VLAN과 통신이 이뤄진다는 것을 의미한다.

설정 7.25 불특정 포트 설정과 확인

```
SW01(config)# interface fa1/0/24
SW01(config-if)# switchport mode private-vlan promiscuous
SW01(config-if)# switchport private-vlan mapping 10 100,110,200


SW01# show vlan private-vlan

Primary     Secondary     Type          Ports
-------     ---------     ----------    --------------------------
10          100           community     Fa1/0/9, Fa1/0/10, Fa1/0/24
10          110           community     Fa1/0/11, Fa1/0/12, Fa1/0/24
10          200           isolated      Fa1/0/13, Fa1/0/14, Fa1/0/24
```

마지막으로 스위치의 SVI, 즉 VLAN 인터페이스에 허용되는 사설 VLAN을 지정한다. 여기서 VLAN 인터페이스는 주VLAN의 SVI를 의미하는데, 이 VLAN 인터페이스는 하위 사설 VLAN의 게이트웨이 역할을 수행할 수도 있다. 그러므로 VLAN 인터페이스 역시 보안을 위해 지정된 사설 VLAN과만 통신이 가능하다. VLAN 인터페이스에의 사설 VLAN 지정은 해당 VLAN 인터페이스에서 아래와 같은 명령어로 이뤄진다 (설정 7.26).

(config-if)# **private-vlan mapping** {*secondary-vlan-list* | **add** *secondary-vlan-list* | **remove** *secondary-vlan-list*}

설정 7.26 SVI 인터페이스에 사설 VLAN 매핑

```
SW01(config)# interface vlan 10
SW01(config-if)# private-vlan mapping 100,110,200
```

지금까지 사설 VLAN에 관해 알아봤다. 각 사설 VLAN의 특징만 제대로 이해한다면, 그리 어렵지 않을 것이다. 그리고 설정을 통해 각 사설 VLAN의 동작을 확인하면 더욱 쉽게 이해할 수 있을 것이다. 물론 사설 VLAN은 IOU나 GNS3 등의 에뮬레이션에서 지원하지 않기 때문에 실습 장비를 통한 실습이 요구된다는 점을 기억하길 바란다.

지금까지 스위치에서 적용할 수 있는 보안 기능에 관해 알아봤다. 물론 언급한 보안 기능 이외에 DHCP나 IP 스푸핑 및 AAA 등 많은 보안 기술이 있다. 그러나 이런 기술은 스위치에만 한정적으로 적용할 수 있는 기술이 아니다. 이 책에서는 스위치에만 적용할 수 있는 스위치 보안 기능만 언급했다.

스위치는 사용자 시스템이 가장 먼저 접속하는 네트워크 장비이므로 스위치의 보안 기능은 가장 기초적이지만 잠재적인 문제를 방지할 수 있는 중요한 기능으로 실제 네트워크에 적용하는 것을 권장한다.

7.6 실전 문제

실전 설정을 통해 학습한 내용 중 실무 활용도와 자격증 학습에 대비해보자.

7.6.1 실전 문제

[조건 1] 아래 조건에 맞게 브로드캐스트 트래픽을 제한하라.

　　1) SW01의 Fa1/0/1은 사용자 스위치 포트다. 이 포트에 관한 브로드캐스트 트래
　　　 픽을 링크 용량의 10%로 제한하라.

　　2) SW01의 Fa1/0/2는 사용자 스위치 포트다. 이 포트에 관한 브로드캐스트 트래
　　　 픽에 관해 초당 1,500개 패킷으로 제한하라.

　　3) SW01의 Fa1/0/3은 사용자 스위치 포트다. 이 포트에 관한 브로드캐스트 트래
　　　 픽에 관해 5Mbps가 초과하지 않도록 제한하라.

[조건 2] SW01의 Fa1/0/1-20은 사용자 포트다. 각 사용자 포트에 최대 2개의 장비까
지만 연결할 수 있도록 설정하라.

[조건 3] 조건 2에서 설정된 각 스위치 포트에 관한 호스트 장비의 수가 초과돼 해당
스위치 포트가 err-disabled에 의해 강제 비활성화된다. 최대 호스트 장비수에 관한
err-disabled된 스위치 포트가 10분 후에 자동으로 재복구될 수 있도록 설정하라.

[조건 4] SW01-SW02 간에 2개의 링크(Fa1/0/23과 Fa1/0/24)가 연결돼 있다. 포트 채널
과 STP 구성 없이 Fa1/0/23을 주링크(Fa1/0/24)의 백업 링크로 구현하라.

[조건 5] SW01의 VLAN 20의 모든 트래픽 중에서 텔넷 트래픽을 차단하고자 한다. 이
조건을 만족할 수 있는 설정을 하라.

7.6.2 문제 해설

조건 1 문제 해설

이 문제는 브로드캐스트 트래픽 제한에 관한 문제다.

1) SW01의 Fa1/1의 브로드캐스트 트래픽의 레벨Level을 대역폭의 10%로 제한
한다.

2) SW01의 Fa1/2의 브로드캐스트 트래픽의 초당 패킷수(PPS)를 1,500개로 제한
한다.

3) SW01의 Fa1/3의 브로드캐스트 트래픽의 사용량 bps를 5Mbps로 제한한다.

조건 1 권장 설정

```
SW01(config)# interface fa1/0/1
SW01(config-if)# storm-control broadcast level 10
!
SW01(config)# interface fa1/0/2
SW01(config-if)# storm-control broadcast level pps 1500
!
SW01(config)# interface fa1/0/3
SW01(config-if)# storm-control broadcast level bps 5m
================================================================
SW01# show storm-control broadcast
Interface    Filter State   Upper      Lower      Current
---------    ------------   -------    ------     ----------
Fa1/0/1      Link Down      10.00%     10.00%     0.00%
Fa1/0/2      Link Down      1.5k pps   1.5k pps   0 pps
Fa1/0/3      Link Down      5m bps     5m bps     0 bps
```

조건 2 문제 해설

이 문제는 각 사용자 포트에 비인가 허브나 스위치를 통한 무분별한 비인가 시스템의
연결을 방지하는 기능에 관한 것이다. 기본적으로 각 스위치 포트는 특정 호스트 장비
가 연결되는 것이 일반적이다. 그러나 IP 전화를 사용할 경우 IP 전화기를 통해 호스
트 장비가 연결되기 때문에 총 2대의 호스트 장비가 연결된다. 이는 해당 스위치 포트
를 통해 수신되는 MAC 주소의 개수로 제한한다.

조건 2 권장 해설

```
SW01(config)# interface range fa1/0/1-20
SW01(config-if-range)# switchport mode access
SW01(config-if-range)# switchport port-security
SW01(config-if-range)# switchport port-security maximum 2
====================================================================
SW01# show port-security
```

Secure Port	MaxSecureAddr (Count)	CurrentAddr (Count)	SecurityViolation (Count)	Security Action
Fa1/0/1	2	1	0	Shutdown
Fa1/0/2	2	0	0	Shutdown
Fa1/0/3	2	0	0	Shutdown
Fa1/0/4	2	0	0	Shutdown
Fa1/0/5	2	0	0	Shutdown
Fa1/0/6	2	0	0	Shutdown
Fa1/0/7	2	0	0	Shutdown
Fa1/0/8	2	0	0	Shutdown
Fa1/0/9	2	0	0	Shutdown
Fa1/0/10	2	0	0	Shutdown
Fa1/0/11	2	0	0	Shutdown
Fa1/0/12	2	0	0	Shutdown
Fa1/0/13	2	0	0	Shutdown
Fa1/0/14	2	0	0	Shutdown
Fa1/0/15	2	0	0	Shutdown
Fa1/0/16	2	0	0	Shutdown
Fa1/0/17	2	0	0	Shutdown
Fa1/0/18	2	0	0	Shutdown
Fa1/0/19	2	0	0	Shutdown
Fa1/0/20	2	0	0	Shutdown

```
Total Addresses in System(excluding one mac per port)     : 0
Max Addresses limit in System(excluding one mac per port) : 6144
```

조건 3 문제 해설

조건 2에서 최대 MAC 주소의 개수를 제한한 문제다. 최대 MAC 주소의 개수가 초과될 경우, 해당 스위치 포트는 err-disabled로 강제 비활성화된다. 기본적으로 err-disabled된 스위치 포트는 수동으로 비활성화^{shutdown}한 후, 활성화^{no shutdown}해야 재활성화된다. 그러나 특정 err-disabled 상태에 관한 자동 복구 설정을 통해 일정 시간 후, 자동 재활성화할 수 있다.

조건 3 권장 해설

```
SW01(config)# errdisable recovery cause mac-limit
SW01(config)# errdisable recovery interval 600
=====================================================================
SW01# show errdisable recovery
ErrDisable Reason          Timer Status
----------------           --------------
arp-inspection             Disabled
bpduguard                  Disabled
channel-misconfig(STP)     Disabled
dhcp-rate-limit            Disabled
dtp-flap                   Disabled
gbic-invalid               Disabled
inline-power               Disabled
l2ptguard                  Disabled
link-flap                  Disabled
mac-limit                  Enabled
loopback                   Disabled
pagp-flap                  Disabled
- 생략 -
```

조건 4 문제 해설

이 문제는 본문에서 다루지 않은 기능에 관한 문제다. 이는 논리적인 포트 채널의 구성 또는 L2 기술인 STP를 구현하지 않고, 단순히 스위치 포트의 1계층의 상태에 따른 백업 링크를 구성할 수 있게 한다. 설정은 단순히 백업 링크의 역할을 수행하는 스위치 포트에 주링크의 백업 인터페이스로 지정하면 된다.

조건 4 권장 설정

```
SW01(config)# interface fa1/0/23
SW01(config-if)# switchport backup interface fa1/0/24

SW02(config)# interface fa1/0/23
SW02(config-if)# switchport backup interface fa1/0/24
======================================================================
SW01# show interfaces switchport backup detail

Switch Backup Interface Pairs:

Active Interface        Backup Interface        State
----------------------------------------------------------------------
FastEthernet1/0/23      FastEthernet1/0/24      Active Up/Backup Standby
    Preemption Mode  : off
    Multicast Fast Convergence  : Off
    Bandwidth : 100000 Kbit(Fa1/0/23), 100000 Kbit(Fa1/0/24)
    Mac Address Move Update Vlan : auto

SW02# show interfaces switchport backup detail

Switch Backup Interface Pairs:

Active Interface        Backup Interface        State
----------------------------------------------------------------------
FastEthernet1/0/23      FastEthernet1/0/24      Active Up/Backup Standby
    Preemption Mode  : off
    Multicast Fast Convergence  : Off
    Bandwidth : 100000 Kbit(Fa1/0/23), 100000 Kbit(Fa1/0/24)
    Mac Address Move Update Vlan : auto
```

조건 5 문제 해설

VLAN 20의 트래픽 중 텔넷^{Telnet} 트래픽을 차단하려 한다. 이는 VACL(VLAN ACL)을 통해 구현할 수 있다.

1) SW01에서 텔넷 트래픽에 관한 ACL을 설정한다.
2) VLAN 액세스 맵을 정의하고 텔넷 트래픽에 관한 ACL을 지정한 후, 동작^{action}을 폐기^{drop}로 정의한다.
3) 텔넷 트래픽을 제외한 나머지 트래픽을 허용하는 맵을 정의한다.
4) VLAN 액세스 맵을 대상 VLAN에 적용한다.

조건 5 권장 설정

```
SW01(config)#access-list 100 permit tcp any any eq telnet
!
SW01(config)#vlan access-map DENY_TELNET 10
SW01(config-access-map)#match ip address 100
SW01(config-access-map)#action drop
SW01(config)#vlan access-map DENY_TELNET 20
→All permit 동작이숨어있다.
!
SW01(config)#vlan filter DENEY_TELNET vlan-list 20
====================================================================
SW01#show vlan access-map
Vlan access-map "DENY_TELNET"  10
  Match clauses:
    ip  address: 100
  Action:
    drop
Vlan access-map "DENY_TELNET"  20
  Match clauses:
  Action:
    forward
```

NX-OS

시스코는 데이터센터의 확장성과 가용성에 대한 기존 카탈리스트 스위치의 제약이 대두돼, 이를 극복하기 위해 새로운 데이터센터용 장비와 운영체제를 출시했는데, 대표적인 것이 시스코 넥서스^{Cisco Nexus} 스위치 장비다. 시스코 넥서스의 운영체제를 NX-OS라고 한다.

A.1 NX-OS 개요

NX-OS는 기존의 시스코 SAN OS^{Storage Area Network Operating System}에 근거해 개발했기 때문에 실시간 트래픽 등에 대한 지속적인 가용성을 향상시켰다. NX-OS의 특징을 이해하려면 데이터센터의 특성을 살펴보면 된다. 데이터센터는 중단 없는 서비스 제공이 가장 중요하다. 그러므로 데이터센터 네트워크를 구성하는 NX-OS 장비는 이런 데이터센터의 요구를 만족시키기 위해 개발됐다.

NX-OS가 제공하는 중요한 기능은 다음과 같다.

우선 VDC^{Virtual Device Context}인데, 말 그대로 가상 장비를 지원한다는 점이다. 현재 이 기능은 Nexus 7000 시리즈에서 지원하는데, 하나의 물리적인 장비를 여러 개의 논리적 장비로 나눠 동작시킬 수 있다. 이는 시스코 라우터의 VRF와 같은 단순히 프로세스상에서만 분리되는 것이 아니라 실제 메모리 및 스위치 포트 등을 물리적으로 할당함으로써 독립적인 논리적 장비로 구동시킬 수 있는 기능이다.

두 번째로는 VPC^{Virtual Port Channel}를 들 수 있다. VPC는 NX-OS가 제공하는 기능 중 가장 많이 사용한다. 이는 L2 네트워크 이중화 구현을 위해 절대적으로 요구되는 STP를 사용하지 않고 이중화 구성을 제공한다. 한편 하나의 동일한 장비로 복수의 링크를 연결해 구성되는 기존 포트 채널의 제약을 넘어 복수의 다른 링크로의 링크를 하나의 포트 채널로 구성함으로써 링크 회선 자체에 대한 이중화는 물론, 물리적인 장비에 대한 이중화를 지원한다.

세 번째로 ISSU^{In-Service Software Upgrade} 기능이다. NX-OS는 서비스 중단 없이 소프트웨어를 업그레이드할 수 있으므로, 실제 네트워크에서 유지보수에 큰 이점을 제공할 수 있다.

네 번째로는 OTV^{Overlay Transport Virtualization} 기능이다. 이는 L3 네트워크를 거치는 L2 네트워크의 확장을 가능하게 하므로 데이터센터 이중화 구현에 도움을 줄 수 있다.

이 외에도 유용한 기능을 통해 보다 효과적으로 네트워크를 운용할 수 있게 한다.

A.2 NX-OS의 특징

NX-OS는 시스코 넥서스^{Nexus} 장비에서 운용되는 시스템 OS이다. 넥서스 스위치도 각 계위에 따라 여러 모델의 장비로 분류되는데, NX-OS는 기본적으로 동일하지만, 장비 모델에 따라 지원하는 기능과 지원하지 않는 기능이 존재한다.

현재 데이터센터용 장비로서 코어^{Core} 및 통합^{Aggregation} 계위의 스위치로 넥서스 9000 시리즈^{Nexus 90000 Serise}와 넥서스 7000 시리즈^{Nexus 7000 Series}가 있다. 또한 넥서스 5000

시리즈와 넥서스 6000 시리즈는 데이터센터 액세스 계위에 사용된다. 이 외에도 넥서스 3000 시리즈와 FEX 스위치인 넥서스 2000 시리즈, 가상 스위치인 넥서스 1000v가 있다. 여기에서 넥서스 스위치에 대한 내용은 생략한다.

실제 NX-OS 명령어를 살펴보면 기존 IOS 명령어와 크게 다르지 않다는 것을 알 수 있다. 그러나 기존 IOS 명령어와 완전히 동일하지 않기 때문에 그 차이점을 숙지하면 NX-OS를 다루는 데 도움이 될 것이다.

NX-OS는 각 특정 기능에 기반을 둔 라이선스를 사용한다. 그러므로 각 네트워크에 요구되는 기능에 대한 라이선스를 유연하게 사용할 수 있다. 또한 NX-OS는 각 기능을 활성화 또는 비활성화할 수 있는데, 특정 기능이 비활성화돼 있다면 관련 명령어도 사용할 수 없다. 관련 설정이나 확인 명령어를 사용하려면, 해당 기능을 먼저 활성화해야 한다(설정 A.1).

설정 A.1 각 기능의 활성화 유무 확인

```
NX-OS01# show feature
Feature Name         Instance   State
-----------------    -------    -------
bfd                  1          disabled
bfd_app              1          disabled
bgp                  1          disabled
bulkstat             1          disabled
cable-management     1          disabled
cts                  1          disabled
dhcp                 1          disabled
dot1x                1          disabled
eigrp                1          disabled
eigrp                2          disabled
eigrp                3          disabled
eigrp                4          disabled
eigrp                5          disabled
eigrp                6          disabled
eigrp                7          disabled
eigrp                8          disabled
```

```
eigrp                    9           disabled
eigrp                    10          disabled
- 생 략 -
```

NX-OS상에서 각 인터페이스는 이더넷으로 표현되는데, 이는 인터페이스의 속도와 무관하다. 인터페이스의 실제 속도는 동적 협상으로 정해지는데, 이 속도는 인터페이스 정보를 통해 확인할 수 있다.

NX-OS는 가상 장비 컨텍스트, 즉 VDC를 지원함으로써 물리적인 장비를 여러 개의 논리적 장비로 분리할 수 있다. 최초 기본 상태에서의 장비 접속은 기본 VDC^{Default VDC}로 접속한다. 또한 NX-OS는 관리^{management}와 기본^{default}의 VRF^{Virtual Routing Forwarding}를 기본적으로 제공함으로써 장비 관리만을 위한 라우팅 관리를 별도로 제공한다. 이는 각 VDC에 모두 해당되는 것으로, 새로운 VDC가 생성되면 해당 VDC에 대한 관리 VRF와 기본 VRF가 기본적으로 제공된다.

기본적으로 IOS 장비로의 접속은 텔넷이고, SSH는 선택적으로 활성화할 수 있다. 그러나 NX-OS는 SSH가 기본적으로 활성화돼 있고, 텔넷은 비활성화돼 있다. 보안적인 개념이 보다 강화됐다는 것을 의미한다. 또한 기본 로그인 역시 사전 정의된 사용자 ID로 접속돼 있는데, 기본 사용자 ID는 admin으로 정의돼 있다. NX-OS는 IOS와 달리, 접속 사용자 ID 접속을 비활성화할 수 없다. 이 말은 반드시 사용자 ID를 사용해 접속해야 한다는 것을 의미한다.

NX-OS는 구동하는 이미지도 기존 IOS와 다르다. NX-OS는 크게 킥스타트 이미지^{kickstart image}와 시스템 이미지^{system image}로 구동된다. 시스템 부팅이 이뤄지면 킥스타트 이미지가 구동돼 리눅스 커널^{Linux kernel}, 기본 드라이버^{basic driver} 및 초기 파일 시스템 등을 제공한다. 이후, L2, L3 기능 등을 제공하기 위한 시스템 이미지가 구동된다.

한편, NX-OS는 설정 저장을 위한 명령어인 write memory 명령어를 없애고, copy running-config startup-config 명령어를 사용한다(설정 A.2).

설정 A.2 NX-OS의 설정 저장

```
NX-OS01# write memory
           ^
% Invalid command at '^' marker.
NX-OS01#
NX-OS01# copy running-config startup-config
[#######################################] 100%
Copy complete.
NX-OS01#
```

NX-OS에서 show 명령어는 설정 모드에서도 실행 가능한데, 이는 설정 모드와 같은 세부 명령 모드에서 일반 명령어가 실행 가능하다는 것을 의미한다. 기존 IOS 명령 체계와 같이 설정 모드와 같은 세부 명령어 실행이 가능하지 않다는 점에서 관리자에게 편의성을 제공한다(설정 A.3).

설정 A.3 설정 모드에서 show 명령어를 실행할 수 있다.

```
NX-OS01(config)# interface e2/1
NX-OS01(config-if)# show run interface e2/1

!Command: show running-config interface Ethernet2/1
!Time: Mon Jun 12 05:01:37 2017

version 7.3(0)D1(1)

interface Ethernet2/1
  shutdown
  no switchport
  mac-address 0000.0000.002f
```

기존 IOS 스위치에서 여러 스위치 포트를 일괄 설정할 때 사용하는 interface range 명령어는 NX-OS에서 사용되지 않는다. NX-OS에서는 interface 명령으로 하나의 인터페이스 설정하는 것과 동시에 여러 인터페이스를 동시에 일괄 설정할 수 있다. (설정 A.4)

설정 A.4 interface 명령으로 여러 인터페이스의 일괄 설정이 가능하다.

```
NX-OS01(config)# interface e2/1
NX-OS01(config-if)# exit
NX-OS01(config)# interface e2/1-10
NX-OS01(config-if-range)#
```

NX-OS는 롤백^{Rollback} 기능을 제공하는데, 특정 시점의 설정 정보를 기록/저장 (Snapshot)한 후, 이를 재적용할 수 있는 기능을 제공한다. 이는 기존 시스코 ACE에서 지원한 checkpoint 기능과 동일한 개념으로 동작한다. 관리자의 잘못된 설정으로 인해 어떤 문제가 발생했을 경우, 저장된 설정 정보(Snapshot)를 재적용함으로써 원래의 설정 상태로 손쉽게 되돌릴 수 있다(설정 A.5).

설정 A.5 checkpoint 명령을 통한 롤백 기능 제공

```
NX-OS01# show checkpoint summary
1) 170421_config:
Created by admin
Created at Mon, 06:01:43 12 Jun 2017
Size is 27,456 bytes
User Checkpoint Summary
--------------------------------------------------------------------
Description: None


NX-OS01# rollback running-config checkpoint 170421_config
Note: Applying config parallelly may fail Rollback verification
Collecting Running-Config
#Generating Rollback Patch
Executing Rollback Patch
Generating Running-config for verification
Generating Patch for verification
Verification is Successful.

Rollback completed successfully.
```

지금까지 살펴본 것 이외에도 세부적으로 다른 점은 있지만, 이 정도의 차이점만으로도 NX-OS를 이해하는 데 무리가 없을 것이다. 이제부터 본격적으로 NX-OS의 대표적인 기능을 살펴보자.

A.3 VDC의 개념과 설정

VDC는 가상 장비 컨텍스트Virtual Device Context로, 하나의 물리적인 장비를 분할함으로써 여러 개의 논리적인 장비로 동작하는 기능을 말한다. 이 기능은 NX-OS를 운용하는 코어 계층 장비인 넥서스 7000 시리즈 장비에서 사용할 수 있다. 여러 개의 VDC를 통해 운용과 관리를 분리할 수 있고, 특정 설정 정보 변경으로 인한 장애를 다른 VDC로부터 분리함으로써 장애의 범위를 제한시킬 수 있는 장점을 제공한다.

생성된 각 VDC는 완전히 독립된 논리적 장비로, 서로 다른 관리자에 의해 개별적으로 관리될 수 있다. 또한 각 VDC는 개별적인 이중화 시스템을 구축할 수 있으므로 보다 안전한 독립된 네트워크를 제공한다.

VDC는 스위치의 VLAN, 라우터의 VRF와 유사한 개념으로 생각하면 된다. 그러나 VLAN과 VRF는 스위치와 라우터 자체의 한 부분으로 동작하지만, VDC는 거의 완전하게 분리돼 있는 형태로 동작한다. 각 VDC는 자신만의 시스템 자원과 인터페이스, 설정 정보를 할당받으므로 거의 완전한 형태의 개별적 장비로서 동작한다는 것이다.

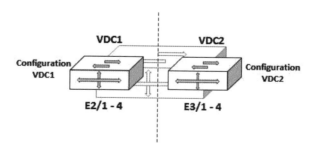

그림 A.1 VDC는 개별적인 시스템 자원과 관리 체계를 확보한 개념이다.

최초 상태에서 관리자는 NX-OS의 기본 VDC로 접속한다. 기본 VDC는 모든 기능을 활용할 수 있는 VDC다. 기본 VDC는 새로운 VDC를 생성하거나 제거할 수 있고, 인터페이스나 메모리 등의 자원 할당, 그리고 모든 VDC에 대한 NX-OS 업그레이 등의 시스템 관리의 중요한 기능을 제공한다. 넥서스 7000 시리즈는 최대 8개의 VDC를 지원한다.

VDC의 생성은 아래 명령어로 이뤄진다.

(config)# **vdc** *vdc-name*

설정 A.6은 VDC 생성의 예를 보여준다.

설정 A.6 새로운 VDC 생성

```
NX-OS01(config)# vdc myvdc01

Note: Creating VDC, one moment please ...

NX-OS01# show vdc

vdc_id  vdc_name  state   mac                type      lc
----    --------  -----   ----------------   --------  -------------
1       NX-OS01   active  00:7a:0e:41:05:21  Admin     None
2       myvdc01   active  00:7a:0e:41:05:26  Ethernet  m1 f1 m1xl m2xl
```

새로운 VDC가 생성되면, 해당 VDC에서 사용할 인터페이스를 할당한다. VDC 인터페이스 할당은 해당 VDC 설정 모드에서 할당할 인터페이스를 지정하면 된다. 설정 명령어는 아래와 같고, 설정 A.7은 VDC에 인터페이스를 할당하는 예를 보여준다.

(config-vdc)# **allocate interface** *interface-type interface-number*

설정 A.7 VDC에 인터페이스 할당

```
NX-OS01(config-vdc)# allocate interface ethernet 4/5 - 8
```

```
Moving ports will cause all config associated to them in source vdc to be removed.
Are you sure you want to move the  ports (y/n)?  [yes] y
```

인터페이스 할당이 이뤄진 다음, 각 VDC에 할당된 포트 정보를 확인할 수 있다. show vdc membership [module *module_number*] 명령으로 할당된 인터페이스 정보를 확인할 수 있다. 특정 모듈에 대한 정보는 module 옵션을 사용하면 된다. 설정 A.8은 인터페이스 할당 정보 확인의 예를 보여준다.

설정 A.8 VDC 인터페이스 할당 확인

```
NX-OS01# show vdc membership module

vdc_id: 0 vdc_name: Unallocated interfaces:
        Ethernet4/17        Ethernet4/18        Ethernet4/19
        Ethernet4/20        Ethernet4/25        Ethernet4/26
        Ethernet4/27        Ethernet4/28        Ethernet4/29
        Ethernet4/30        Ethernet4/31        Ethernet4/32
        Ethernet4/33        Ethernet4/34        Ethernet4/35
        Ethernet4/36        Ethernet4/37        Ethernet4/38
        Ethernet4/39        Ethernet4/40        Ethernet4/41
        Ethernet4/42        Ethernet4/43        Ethernet4/44
        Ethernet4/45        Ethernet4/46        Ethernet4/47
        Ethernet4/48

vdc_id: 6 vdc_name: myVdc01 interfaces:
        Ethernet4/5         Ethernet4/6         Ethernet4/7
        Ethernet4/8
```

생성된 VDC에 인터페이스까지 할당됐다. 이제 생성한 VDC로 접속해 해당 VDC의 최초 설정을 시작한다. 특정 VDC에서 다른 VDC로의 이동은 switchto 명령을 사용한다. 설정 A.9는 설정을 위한 초기 대화창을 이용해 생성된 VDC 설정의 예를 보여준다.

설정 A.9 생성된 VDC로의 이동 및 새로운 VDC 생성

```
NX-OS01# switchto vdc myVdc01


       ---- System Admin Account Setup ----


Do you want to enforce secure password standard (yes/no) [y]: y


  Enter the password for "admin":
  Confirm the password for "admin":


       ---- Basic System Configuration Dialog VDC: 6 ----


- 중략 -


Press Enter at anytime to skip a dialog. Use ctrl-c at anytime
to skip the remaining dialogs.


Would you like to enter the basic configuration dialog (yes/no): yes


  Create another login account (yes/no) [n]: n
  Configure read-only SNMP community string (yes/no) [n]: n
  Configure read-write SNMP community string (yes/no) [n]: n
  Enter the switch name : myVdc01


  Continue with Out-of-band (mgmt0) management configuration? (yes/no) [y]: y
    Mgmt0 IPv4 address : 10.1.10.1
    Mgmt0 IPv4 netmask : 255.255.255.0
  Configure the default gateway? (yes/no) [y]: y
    IPv4 address of the default gateway : 10.1.10.254
  Configure advanced IP options? (yes/no) [n]: n
  Enable the telnet service? (yes/no) [n]: n
  Enable the ssh service? (yes/no) [y]: y
    Type of ssh key you would like to generate (dsa/rsa) [rsa]:
    Number of rsa key bits <1024-2048> [1024]:
  Configure default interface layer (L3/L2) [L3]: L3
  Configure default switchport interface state (shut/noshut) [shut]: shut
```

```
The following configuration will be applied:
  password strength-check
  switchname myvdc01
vrf context management
ip route 0.0.0.0/0 10.1.10.254
exit
  no feature telnet
  ssh key rsa 1024 force
  feature ssh
  no system default switchport
  system default switchport shutdown
interface mgmt0
ip address 10.1.10.1 255.255.255.0
no shutdown

Would you like to edit the configuration? (yes/no) [n]: n
Use this configuration and save it? (yes/no) [y]: y

[########################################] 100%
Copy complete.

Cisco Nexus Operating System (NX-OS) Software
- 중략 -
http://www.opensource.org/licenses/gpl-2.0.php and
http://www.opensource.org/licenses/lgpl-2.1.php

myVdc01#
```

생성된 VDC에 접속한 상태에서 인터페이스 정보를 확인하면, 할당받은 인터페이스만
보여준다. 이 말은 해당 VDC는 할당받은 인터페이스만 사용할 수 있고, 할당받지 않
은 인터페이스에 대해서는 그 존재 자체도 인지하지 못한다는 것을 의미한다. 이는 기
본 VDC로부터 완전히 독립된 논리적 장비라는 사실을 알려준다(설정 A.10).

```
myVdc01# show interface brief

--------------------------------------------------------------------------
Port   VRF        Status IP Address               Speed   MTU
--------------------------------------------------------------------------
mgmt0  --         up     4.4.4.4                   1000    1500


--------------------------------------------------------------------------
Ethernet   VLAN   Type Mode  Status Reason         Speed   Port
Interface                                          Ch#
--------------------------------------------------------------------------
Eth4/5     --     eth  routed down  Administratively down   auto(D) --
Eth4/6     --     eth  routed down  Administratively down   auto(D) --
Eth4/7     --     eth  routed down  Administratively down   auto(D) --
Eth4/8     --     eth  routed down  Administratively down   auto(D) --
```

이제 VDC myvdc01은 완전히 독립적인 하나의 장비로서 사용할 준비가 돼 있다.

A.4 NX-OS의 VLAN

NX-OS에서 VLAN 설정은 일반 IOS의 VLAN과 거의 동일하다. 각 VDC는 개별적인
VLAN 데이터베이스를 구축하는데, 기본적으로 각 VDC당 최대 4,096개의 VLAN을
지원한다. 그러나 특정 VLAN은 시스템 계위의 기능을 위해 사용되므로 이들 VLAN은
일반적인 용도로 사용할 수 없다. 시스템 계위의 VLAN의 확인은 show vlan internal
usage 명령어로 확인할 수 있다(설정 A.11).

설정 A.11 시스템 계위의 VLAN 확인

```
NX-OS01# show vlan internal usage

VLANs                  DESCRIPTION
```

```
    ---------------           -----------------
    3968-4031                 Multicast
    4032-4035,4048-4059       Online Diagnostic
    4036-4039,4060-4087       ERSPAN
    4042                      Satellite
    4044                      Native VLAN to enable/disable tagging
    4040                      Fabric scale
    4041                      Fabric Multicast vpc (FP)
    4045                      Fabric Multicast vpc (CE)
    4043                      FCF vlans
    3968-4095                 Current
```

VLAN 생성과 설정은 기존 IOS 명령어와 동일하게 진행된다. 설정 A.12는 NX-OS 의 VLAN 생성 과정을 보여준다. 예제는 개별 VLAN 생성 과정과 특정 범위의 VLAN 의 일괄 생성 과정을 보여준다.

설정 A.12 VLAN의 생성과 삭제

```
NX-OS01(config)# vlan 10
NX-OS01(config-vlan)# name NET_10.1.10.0
NX-OS01(config)# vlan 11-15
NX-OS01(config-vlan)# exit

NX-OS01# show vlan brief

VLAN  Name              Status    Ports
----  ---------------   -----     ------- --------------------
1     default           active
10    NET_10.1.10.0     active
11    VLAN0011          active
12    VLAN0012          active
13    VLAN0013          active
14    VLAN0014          active
15    VLAN0015          active
```

```
NX-OS01(config)# no vlan 14
NX-OS01(config)#
```

NX-OS의 스위치 포트 설정 역시 거의 동일하다. 스위치 포트의 액세스 포트와 트렁크 포트 지정은 설정 A.13과 같이 이뤄진다. 트렁크 포트는 기본적으로 모든 VLAN 트래픽을 허용한다. VLAN 트래픽 제한도 동일한 명령어로 이뤄진다. 예제 설정에서 확인할 수 있듯이, 트렁크 포트인 E2/5가 허용하는 모든 VLAN에 해당 스위치 포트가 포함되는 것이 기존 IOS와 다른 점이라 할 수 있다.

설정 A.13 스위치 포트의 액세스 포트 및 트렁크 포트 지정

```
NX-OS01(config)# interface e2/4
NX-OS01(config-if)# switchport mode access
NX-OS01(config-if)# switchport access vlan 10
!
NX-OS01(config)# interface e2/5
NX-OS01(config-if)# switchport mode trunk
NX-OS01(config-if)# switchport trunk allowed vlan 10,11,12
!
NX-OS01# show vlan brief


VLAN  Name             Status      Ports
----  --------------   ----------  ------------------------
1     default          active      Eth2/1, Eth2/2, Eth2/3, Eth2/6
                                    Eth2/7, Eth2/8, Eth2/9, Eth2/10
10    VLAN0010         active      Eth2/4, Eth2/5
11    VLAN0011         active      Eth2/5
12    VLAN0012         active      Eth2/5
13    VLAN0013         active
14    VLAN0014         active
15    VLAN0015         active
1002  fddi-default     act/lshut
1003  token-ring-default act/lshut
1004  fddinet-default  act/lshut
1005  trnet-default    act/lshut
```

VLAN 데이터베이스를 일괄 관리하는 VTP 역시 NX-OS에서 지원한다. 그러나 앞에서 언급했듯이, NX-OS는 각 기능별로 선택적으로 활성화할 수 있다. NX-OS의 모든 기능은 기본적으로 비활성화돼 있다. 그러므로 VTP 설정은 가장 먼저 VTP 기능의 활성화로 이뤄진다. 그 이후 모든 설정은 기존 IOS 명령과 동일하다(설정 A.14).

```
(config)# feature vtp
```

설정 A.14 NX-OS의 VTP 설정

```
NX-OS01(config)# vtp domain mylab
NX-OS01(config)# vtp version 2
NX-OS01(config)# vtp mode server
!
NX-OS01# show vtp status
VTP Status Information
---------------------------------------------
VTP Version                          : 3 (capable)
Configuration Revision               : 0
Maximum VLANs supported locally      : 1005
Number of existing VLANs             : 11
VTP Operating Mode                   : Server
VTP Domain Name                      : mylab
VTP Pruning Mode                     : Disabled (Operationally Disabled)
VTP V2 Mode                          : Enabled
VTP Traps Generation                 : Disabled
MD5 Digest                           : 0x7D 0x5A 0x76 0x9A 0x4A 0xD3 0x42 0x94
                                       0xF9 0x81 0xC9 0xF3 0x0E 0x63 0x3D 0xAB

Configuration last modified by 0.0.0.0 at 6-12-17 11:30:47

Local updater ID is 0.0.0.0 (no valid interface found)
VTP version running          : 2
```

스위치 포트에 대해 VLAN을 지정하는 과정도 기존 IOS 스위치와 동일하다. 설정 A.15를 보면 동일한 명령으로 VLAN 지정이 이뤄지는 것을 알 수 있다.

```
NX-OS01(config)# interface e2/3-4
NX-OS01(config-if-range)# switchport mode access
NX-OS01(config-if-range)# switchport access vlan 10

NX-OS01# show vlan brief

VLAN  Name              Status          Ports
----  --------------    ---------       -------------------------
1     default           active          Eth2/1, Eth2/2, Eth2/6, Eth2/8
                                        Eth2/9, Eth2/10
10    VLAN0010          active          Eth2/3, Eth2/4, Eth2/5, Eth2/7
11    VLAN0011          active          Eth2/5
12    VLAN0012          active          Eth2/5
13    VLAN0013          active
14    VLAN0014          active
15    VLAN0015          active
1002  fddi-default      act/lshut
1003  token-ring-default act/lshut
1004  fddinet-default   act/lshut
1005  trnet-default     act/lshut
```

A.5 NX-OS의 스패닝 트리 프로토콜

스패닝 트리 프로토콜은 스위치 네트워크의 이중화 구성에서 브리징 루프를 방지해주는 역할을 한다는 것은 본문에서 이미 학습했다. NX-OS에서도 당연히 STP를 구동한다. NX-OS는 두 가지 형태의 STP를 구동하는데, RSTP, 즉 Rapid-PVST(802.1w)와 MST(802.1s)를 지원한다. STP의 동작은 본문에서 다룬 기존 IOS와 동일하므로 다루지 않는다. 다만, STP의 포트 타입에서 기존 IOS와 다른 점이 있기 때문에 이에 대해 알아본다.

NX-OS의 포트 타입은 간편하고 쉬운 관리를 위한 세 가지 기본 스위치 포트 타입을 제공한다.

첫 번째로 기본 포트Normal Port로, 이는 STP를 구동하는 기본적인 스위치 포트인데, STP 구동에 요구되는 동작에 대해 수정되지 않은 기본 STP 포트다.

두 번째는 네트워크 포트Network Port다. 이 포트 타입은 다른 스위치와 연결된 스위치 포트를 의미한다.

마지막으로 엣지 포트Edge Port가 있다. 엣지 포트는 일반 호스트 장비가 연결된 스위치 포트로, 스위치 네트워크에 종단 지점으로 연결되는 스위치 포트다. 일반적으로 엣지 포트는 브리징 루프가 발생될 가능성이 없으므로 포트 패스트 기능을 통해 빠른 STP, 전이를 꾀한다.

한편, 오늘날의 가상화 추세로 인해 엣지 포트에서도 새로운 형태의 STP 포트 타입이 소개되는데, 엣지 트렁크Edge Trunk 포트가 바로 그것이다. 실제 물리적인 연결은 종단 호스트로 연결되는 형태지만, 논리적으로 종단 서버에서 가상화 서버의 연결을 위해 트렁크를 구동해야 하는 형태다. 그림 A.2를 보면, 스위치 포트에서 서버로 연결되는 스위치 포트는 종단 포트다. 그러나 서버가 여러 VLAN에 속하는 가상 서버를 구동하기 때문에 해당 링크는 트렁크로 동작해야 한다. 이 경우에 사용할 수 있는 STP 타입이 엣지 트렁크 타입이다. 엣지 트렁크 타입은 일반적인 엣지 포트와 마찬가지로 포트 패스트를 활성화함으로써 빠른 STP 전이가 이뤄진다.

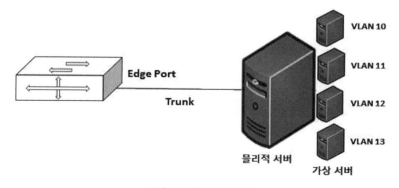

그림 A.2 엣지 트렁크 포트

설정 A.16 엣지 트렁크 포트 설정 및 확인

```
NX-OS01(config)# interface e2/6
NX-OS01(config-if)# switchport
NX-OS01(config-if)# switchport mode trunk
NX-OS01(config-if)# spanning-tree port type edge trunk
Warning: Edge port type (portfast) should only be enabled on ports connected to a
single
 host. Connecting hubs, concentrators, switches, bridges, etc... to this
 interface  when edge port type (portfast) is enabled, can cause temporary bridging l
oops.
 Use with CAUTION
 !
NX-OS01# show spanning-tree vlan 10 interface e2/6 detail

 Port 262 (Ethernet2/6) of VLAN0010 is designated forwarding
   Port path cost 4, Port priority 128, Port Identifier 128.262
   Designated root has priority 32778, address 007a.0e41.052f
   Designated bridge has priority 32778, address 007a.0e41.052f
   Designated port id is 128.262, designated path cost 0
   Timers: message age 0, forward delay 0, hold 0
   Number of transitions to forwarding state: 1
   The port type is edge by port type edge trunk configuration
   Link type is point-to-point by default
   BPDU: sent 807, received 0
```

STP의 대부분 내용은 기존 IOS와 거의 동일하고, 본문에서 학습한 STP 내용을 인지하고 있다면, NX-OS의 STP를 이해하는 데 어려움이 없을 것이다.

A.6 NX-OS의 링크 통합

스위치 네트워크에서 링크 이중화는 브리징 루프 방지를 위해 단순히 링크의 백업 역할밖에 수행하지 못한다. 그러므로 기본적으로 링크의 수를 증가시킴으로써 부하분산을 통한 대역폭 증가가 불가능하다. 이런 단점을 극복하기 위해 소개된 기술이 링크 통합 기술이다.

링크 통합은 복수의 물리적인 링크를 하나의 논리적인 포트 채널로 동작시킴으로써 STP상에서도 논리적인 하나의 링크로 다뤄지므로 대역폭 증가와 이중화 구성 모두를 구현할 수 있게 한다.

전체적으로 NX-OS에서 포트 채널 설정은 동일한 명령어로 이뤄진다. 설정 A.17은 포트 채널 구성을 보여준다. 설정에서 볼 수 있듯이, 수동 포트 채널 구성은 기존 IOS 명령어와 동일하다. 그러나 LACP를 이용한 포트 채널 구성은 LACP 기능을 활성화한 후에만 가능하다는 점의 차이가 있다. 또한 IOS에서는 포트 채널이 생성되면 최초 상태에서 비활성화돼 있지만, NX-OS는 포트 채널이 생성됨과 동시에 활성화된다.

설정 A.17 포트 채널 구성

```
NX-OS01(config)# interface e2/1-2
NX-OS01(config-if-range)# channel-group 1 mode on
!
NX-OS01(config)# feature lacp
NX-OS01(config)# interface e2/3-4
NX-OS01(config-if-range)# channel-group 2 mode active
```

한 가지 더 참고할 사항은 NX-OS는 표준 링크 통합 프로토콜인 LACP만 지원한다는 점이다. 기존 IOS가 PAgP와 LACP를 모두 지원하는 것과 다르다.

NX-OS의 포트 채널도 크게 다른 점은 존재하지 않는다. 그러나 NX-OS의 가장 큰 장점이자 가장 널리 사용되는 기능이 가상 포트 채널, 즉 VPC 기능이다. 다음에서 VPC에 대해 알아본다.

A.7 NX-OS의 가상 포트 채널

NX-OS의 기능 중에서 가장 획기적이고 널리 사용되는 기능이 가상 포트 채널VPC;
Virtual Port Channel이다. VPC는 기존 포트 채널의 단점을 극복하기 위해 소개됐다. 기존
의 포트 채널은 동일한 스위치로의 복수 링크를 연결해 이를 하나의 논리적인 링크로
구현함으로써 대역폭 증가와 링크 이중화를 동시에 구현했다. 그러나 기존의 포트 채
널은 단순히 링크에 대한 이중화를 구현했지만, 상호 연결된 장비에 대한 이중화는 이
뤄지지 않는다.

그림 A.3을 보면, 스위치 간의 모든 링크 통합이 기존의 포트 채널로 구성돼 있다. 이
경우 루트 포트를 제외한 채널 포트를 포함한 모든 포트는 차단 상태가 된다. SW05
의 관점에서 SW03으로 포트 채널을 구성하고 있고, 해당 포트 채널은 루트 포트로서
포워딩 상태다.

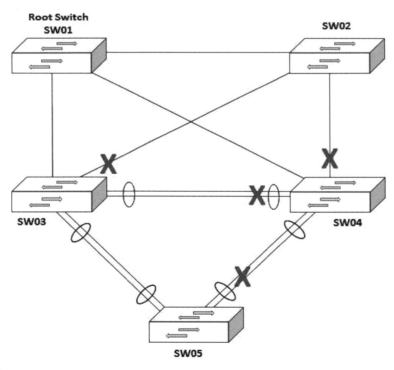

그림 A.3 기존 포트 채널

이 상태에서 SW03 – SW05 간의 하나의 링크에 문제가 발생해 비가용 상태가 됐다고 하더라도 나머지 링크가 가용 상태이고 포트 채널은 그대로 가용 상태를 유지하므로 트래픽은 그대로 포워딩된다. 그러나 SW03 자체가 비가용 상태가 된다고 가정해보자.

SW03 자체에 문제가 발생하면 해당 포트 채널의 멤버 링크가 모두 비가용 상태가 되므로 SW04 – SW05 간 링크로의 STP 전이가 발생하고, 이 상황에서 트래픽은 일정 시간 동안 차단 상태에 머물게 된다. RSTP 등을 구현해 STP 전이에 의한 포워딩 지연을 단축시키기는 하지만, 데이터센터와 같은 네트워크에서는 짧은 시간의 서비스 중단도 치명적이라 할 수 있다. 이런 단점을 가상 포트 채널을 통해 극복할 수 있다.

VPC는 다른 스위치로의 링크로 포트 채널을 형성함으로써 대역폭 증가, 링크 이중화 뿐만 아니라 STP로 인한 STP 차단 상태를 배제할 수 있다. 그림 A.4는 VPC를 통한 L2 네트워크를 보여준다.

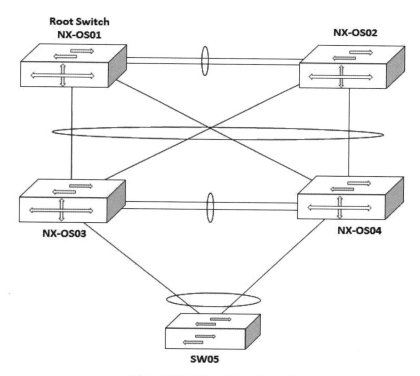

그림 A.4 VPC를 통한 스위치 네트워크 구현

그림에서 볼 수 있듯이, SW05는 SW03과 SW04로의 링크를 가진다. 이때 SW05는 이 두 링크를 하나의 포트 채널로 구성한다. 이 두 물리적인 링크가 하나의 논리적인 포트 채널의 멤버다. 포트 채널 자체가 STP 포워딩 상태이므로 두 링크 모두 트래픽을 포워딩한다. SW01, SW02, SW03과 SW04 간의 네트워크도 마찬가지다. 이들 간에는 모두 4개의 업링크가 존재하는데, 이 모든 링크를 하나의 논리적인 포트 채널로 형성할 수 있기 때문에 이 모든 4개의 포트 역시 포워딩 상태가 된다. 그러므로 STP에 의한 차단 상태가 발생하지 않는다.

이 네트워크에서 STP는 구동되지만, STP에 의해 차단되는 스위치 포트가 존재하지 않는다. 순환 구조 네트워크를 형성하고 있지만, 브리징 루프가 존재하지 않는 특별한 형태의 스위치 네트워크가 구현된다. 이런 형태의 포트 채널을 가상 포트 채널이라 한다. 한마디로 VPC로 인해 STP의 제약이 완전히 제거될 수 있다는 것을 의미한다. 그럼 VPC가 어떻게 동작하는지 알아보자.

VPC를 이해하기 위해 VPC의 용어를 우선 알아보자. 그림 A.5를 보면 VPC 관련 용어를 확인할 수 있다.

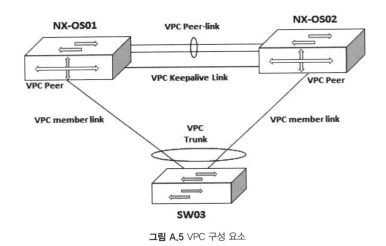

그림 A.5 VPC 구성 요소

여기서 VPC 멤버 링크^{VPC Member Link}는 VPC를 통해 가상 포트 채널을 형성하는 멤버 링크를 의미한다. 이는 일반적인 포트 채널의 포트 멤버와 동일한 개념으로 생각하면 된다. 다만 동일한 스위치로 연결되던 포트 멤버가 다른 스위치로 연결된다는 것만 다른 점이다.

VPC의 특별한 용도의 링크는 VPC 킵얼라이브 링크^{VPC Keepalive Link}와 VPC 피어 링크^{VPC Peer-link}다.

VPC 킵얼라이브 링크는 VPC 피어인 NX-OS01과 NX-OS02 상호간 상태를 확인하기 위한 링크다. VPC는 기존의 STP의 동작을 완전히 따르지 않는 획기적인 기술이다. 그러므로 VPC 피어가 정상적으로 동작하지 않을 경우, 브리징 루프와 같은 심각한 문제가 야기될 수 있다. 이런 이유로 VPC 피어 상호간에 허트비트 메시지^{Heartbeat message}를 지속적으로 교환함으로써 그 위험성을 배제할 수 있다. VPC 킵얼라이브 링크는 허트비트 메시지 이외의 그 어떤 데이터나 동기화 정보도 전달하지 않는다. VPC 킵얼라이브 링크는 1G 또는 10G 링크를 사용할 수 있다.

VPC 피어 링크^{VPC Peer-link}는 VPC 피어 간 상태 정보를 교환함으로써 동기화하는 데 사용되고, VPC에 속하는 VLAN을 위한 L2 트렁크 역할을 한다. 이는 특정 VPC 멤버 포트가 비가용 상태가 되는 경우, 실제 사용자 트래픽을 전달하는 데 사용된다. VPC 피어 링크는 10G 링크를 사용해야 한다.

VPC가 구동되면 VPC 동작은 브리징 루프를 방지하기 위한 메커니즘이 동작한다. 그림 A.6은 정상적인 상태의 VPC 동작을 보여준다. SW05가 NX-OS01로 향하는 트래픽을 수신하면 SW05는 NX-OS03으로 트래픽을 보낸다. 이때 NX-OS03은 정상적인 상태에서 자신의 포워딩 테이블의 정보를 통해 NX-OS01로 해당 트래픽을 포워딩한다. 그러나 만일 어떤 이유에서 해당 트래픽이 VPC 피어 링크를 통해 NX-OS04로 보내진다고 하더라도 NX-OS04는 브리징 루프나 중복 프레임 전달을 방지하기 위해 해당 프레임을 NX-OS01로 전달하지 않는다.

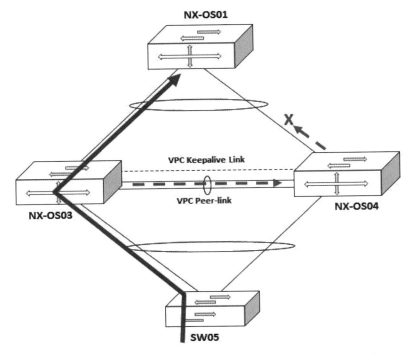

그림 A.6 정상적인 상태의 VPC를 통한 트래픽 흐름

그러나 NX−OS01 − NX−OS03 간의 링크에 문제가 발생했을 경우, NX−OS03은 자신의 포워딩 테이블을 근거로 피어 링크를 통해 NX−OS04로 트래픽을 보낸다. 이때 NX−OS04는 NX−OS03의 VPC 멤버 포트가 비가용 상태가 됐다는 것을 인지하고 해당 트래픽을 NX−OS01로 포워딩한다(그림 A.7).

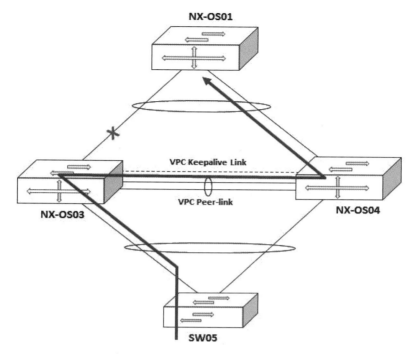

그림 A.7 VPC 멤버 링크가 비가용 상태의 트래픽 흐름

이와 같이 VPC 피어 간에 VPC 멤버 링크의 상태 정보를 지속적으로 교환함으로써 브리징 루프가 발생하지 않는 네트워크를 제공할 수 있다.

이제 그림 A.8의 네트워크 구성도를 통해 VPC 설정 과정을 알아보자.

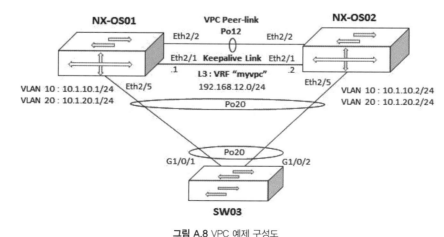

그림 A.8 VPC 예제 구성도

VPC 설정은 다음의 단계로 이뤄진다.

1. VPC 기능 활성화
2. VPC 킵얼라이브를 위한 VRF 생성 및 포트 설정
3. VPC 피어 링크 설정
4. VPC VLAN 지정
5. VPC 이더 채널 설정

최초의 VPC 설정의 시작은 VPC 기능을 활성화하는 것으로 시작한다. 또한 VPC 활성화 후 VPC 도메인 ID를 지정하는데, VPC 도메인은 다른 VPC 멤버와 구별하기 위해 사용된다. 참고로, LACP 기능이 활성화되지 않았다면 LACP도 활성화한다. 설정 A.18은 그 설정 예를 보여준다.

```
(config)# feature vpc
(conifg)# feature lacp
(config)# vpc domain domain_id
```

설정 A.18 VPC 기능 활성화 및 VPC 도메인 지정

```
NX-OS01(config)# feature vpc
NX-OS01(config)# vpc domain 10


NX-OS02(config)# feature vpc
NX-OS02(config)# vpc domain 10
==================================================================
NX-OS01# show vpc
Legend:
            (*) - local vPC is down, forwarding via vPC peer-link

vPC domain id                     : 10
Peer status                       : peer link not configured
vPC keep-alive status             : Disabled
Configuration consistency status  : failed
Configuration inconsistency reason: vPC peer-link does not exist
Per-vlan consistency status       : failed
```

```
Type-2 consistency status          : failed
Type-2 inconsistency reason        : vPC peer-link does not exist
vPC role                           : none established
Number of vPCs configured          : 0
Peer Gateway                       : Disabled
Dual-active excluded VLANs and BDs : -
Graceful Consistency Check         : Enabled
Auto-recovery status               : Enabled (timeout = 240 seconds)
Operational Layer3 Peer-router     : Disabled
Self-isolation                     : Disabled
```

설정에서 확인되듯이, VPC 도메인 10이 생성됐다. 그러나 VPC 설정이 완전히 이뤄지지 않았기 때문에 아무것도 확인되지 않는다.

이제 VPC 킵얼라이브 링크를 설정한다. VPC 킵얼라이브 링크는 L3 통신으로 이뤄지므로 VPC 피어 간의 킵얼라이브 통신을 위한 L3 VRF를 생성한다. 설정 A.19는 VRF 생성의 예를 보여준다.

```
(config)# vrf context vrf_name
!
(config)# interface interface-type number
(config)# vrf member vrf_name
```

설정 A.19 VPC 킵얼라이브 통신을 위한 VRF 생성과 링크 설정

```
NX-OS01(config)# vrf context myvpc
NX-OS01(config-vrf)# exit
NX-OS01(config)# interface eth2/1
NX-OS01(config-if)# vrf member myvpc
NX-OS01(config-if)# ip address 192.168.12.1 255.255.255.0
NX-OS01(config-if)# no shutdown


NX-OS02(config)# vrf context myvpc
NX-OS02(config-vrf)# exit
NX-OS02(config)# interface eth2/1
NX-OS02(config-if)# vrf member myvpc
```

```
NX-OS02(config-if)# ip address 192.168.12.2 255.255.255.0
NX-OS02(config-if)# no shutdown
================================================================
NX-OS01(config-if)# ping 192.168.12.2 vrf myvpc

PING 192.168.12.2 (192.168.12.2): 56 data bytes
36 bytes from 192.168.12.1: Destination Host Unreachable
Request 0 timed out
64 bytes from 192.168.12.2: icmp_seq=1 ttl=254 time=0.156 ms
64 bytes from 192.168.12.2: icmp_seq=2 ttl=254 time=0.843 ms
64 bytes from 192.168.12.2: icmp_seq=3 ttl=254 time=0.655 ms
64 bytes from 192.168.12.2: icmp_seq=4 ttl=254 time=0.907 ms

--- 192.168.12.2 ping statistics ---
5 packets transmitted, 4 packets received, 20.00% packet loss
round-trip min/avg/max = 0.763/0.836/0.917 ms
```

VPC 피어 간의 L3 통신이 이뤄진다. 이제 해당 VPC 도메인의 VPC 킵얼라이브 링크를 지정하는데, 이는 L3 통신의 출발지와 목적지를 지정함으로써 이뤄진다.

VPC 킵얼라이브 링크의 상태를 확인하면 그 상태가 성공^{success}이라는 것을 확인할 수 있다(설정 A.20).

```
(config)# vpc domain domain_id
(config-vpc-domain)# peer-keepalive destination ip-address source ip-
address vrf vrf_name
```

설정 A.20 VPC 킵얼라이브 링크 설정 및 상태 확인

```
NX-OS01(config-vpc-domain)# peer-keepalive destination 192.168.12.2 source
192.168.12.1 vrf myvpc

NX-OS02(config-vpc-domain)# peer-keepalive destination 192.168.12.1 source
192.168.12.2 vrf myvpc
================================================================
NX-OS01# show vpc peer-keepalive
```

```
vPC keep-alive status          : peer is alive
--Peer is alive for            : (45) seconds, (60) msec
--Send status                  : Success
--Last send at                 : 2017.06.13 04:04:19 70 ms
--Sent on interface            : Eth2/1
--Receive status               : Success
--Last receive at              : 2017.06.13 04:04:18 579 ms
--Received on interface        : Eth2/1
--Last update from peer        : (0) seconds, (768) msec

vPC Keep-alive parameters
--Destination                  : 192.168.12.2
--Keepalive interval           : 1000 msec
--Keepalive timeout            : 5 seconds
--Keepalive hold timeout       : 3 seconds
--Keepalive vrf                : myvpc
--Keepalive udp port           : 3200
--Keepalive tos                : 192
```

이제 또 하나의 특별한 용도의 링크인 피어 링크$^{Peer-link}$ 생성을 위한 설정을 한다. 일반적으로 VPC 피어 링크는 2개 이상의 링크를 요구한다. 그러므로 피어 링크는 포트 채널로 형성된다. 예제는 하나의 링크만 제공하므로 하나의 링크로 이뤄진 포트 채널을 생성한다. 생성된 포트 채널에 대해 VPC 피어 링크로 사용한다는 것만 지정하면 된다. 설정 A.21은 VPC 피어 링크 설정의 예를 보여준다.

```
(config)# interface po number
(config-if)# vpc peer-link
```

설정 A.21 VPC 피어 링크 설정

```
NX-OS01(config)# interface eth2/2
NX-OS01(config-if)# switchport
NX-OS01(config-if)# switchport mode trunk
NX-OS01(config-if)# channel-group 12 mode on
!
```

```
NX-OS01(config)# interface po 12
NX-OS01(config-if)# vpc peer-link
```

Please note that spanning tree port type is changed to "network" port type on vPC
peer-link.
This will enable spanning tree Bridge Assurance on vPC peer-link provided the STP
Bridge Assurance
(which is enabled by default) is not disabled.

```
NX-OS02(config)# interface eth2/2
NX-OS02(config-if)# switchport
NX-OS02(config-if)# switchport mode trunk
NX-OS02(config-if)# channel-group 12 mode on
!
NX-OS02(config)# interface po 12
NX-OS02(config-if)# vpc peer-link
================================================================
NX-OS01(config)# show vpc consistency-parameters global
```

Legend:
    Type 1 : vPC will be suspended in case of mismatch

Name	Type	Local Value	Peer Value
STP Mode	1	Rapid-PVST	Rapid-PVST
STP Disabled	1	None	None
STP MST Region Name	1	""	""
STP MST Region Revision	1	0	0
STP MST Region Instance to	1		
VLAN Mapping			
STP Loopguard	1	Disabled	Disabled
STP Bridge Assurance	1	Enabled	Enabled
STP Port Type, Edge	1	Normal, Disabled,	Normal, Disabled,
BPDUFilter, Edge BPDUGuard		Disabled	Disabled
STP MST Simulate PVST	1	Enabled	Enabled
Allowed VLANs	-	1	1
Local suspended VLANs	-	-	-

이와 같이 VPC 피어 링크의 설정까지 모두 마친 후, VPC 상태를 확인한다. VPC 상태 확인에서 VPC 피어의 상태가 정상적으로 형성됐다는 것을 확인할 수 있다(설정 A.22).

설정 A.22 VPC 상태 확인

```
NX-OS01(config)# show vpc

Legend:
               (*) - local vPC is down, forwarding via vPC peer-link

vPC domain id                    : 10
Peer status                      : peer adjacency formed ok
vPC keep-alive status            : peer is alive
Configuration consistency status : success
Per-vlan consistency status      : success
Type-2 inconsistency reason      : Consistency Check Not Performed
vPC role                         : Primary
Number of vPCs configured        : 0
Peer Gateway                     : Disabled
Dual-active excluded VLANs       : -
Graceful Consistency Check       : Enabled
Auto-recovery status             : Disabled
```

이제 VPC를 사용할 VLAN을 지정해야 한다. 실습을 위해 VPC에 지정할 VLAN을 생성한다(설정 A.23). 물론 실무에서 해당 VLAN이 이미 설정돼 있다면, 이 단계는 생략할 수 있다.

설정 A.23 VPC VLAN 지정을 위한 VLAN 생성

```
NX-OS01(config)# vlan 10,20
NX-OS01(config-vlan)# exit
NX-OS01(config)# interface vlan 10
NX-OS01(config-if)# ip address 10.1.10.1/24
NX-OS01(config-if)# no shutdown
NX-OS01(config)# interface vlan 20
NX-OS01(config-if)# ip address 10.1.20.1/24
```

```
NX-OS01(config-if)# no shutdown

NX-OS02(config)# vlan 10,20
NX-OS02(config-vlan)# exit
NX-OS02(config)# interface vlan 10
NX-OS02(config-if)# ip address 10.1.10.2/24
NX-OS02(config-if)# no shutdown
NX-OS02(config)# interface vlan 20
NX-OS02(config-if)# ip address 10.1.20.2/24
NX-OS02(config-if)# no shutdown

SW03(config)# vlan 10,20
SW03(config-vlan)# exit
SW03(config)# interface vlan 10
SW03(config-if)# ip address 10.0.10.3 255.255.255.0
SW03(config-if)# no shutdown
SW03(config)# interface vlan 20
SW03(config-if)# ip address 10.0.20.3 255.255.255.0
SW03(config-if)# no shutdown
```

이제 NX-OS에서 VPC 이더 채널을 생성하고, IOS 스위치에서 일반 이더 채널을 생성한다. NX-OS상에서 VPC 이더 채널 설정은 기존 IOS 이더 채널 설정과 매우 유사한 방식으로 진행된다. 다만 NX-OS 설정에서 해당 VPC 사용 포트 채널에 VPC 채널 번호를 입력하는 명령어만 추가된다. 설정 시 포트 채널 번호와 VPC 번호를 동일하게 설정할 필요는 없다. 그러나 관리상 편의를 위해 동일한 번호를 사용할 것을 권장한다(설정 A.24).

```
(config)# interface interface-type number
(config-if)# channel-group port-channel-number
(config)# interface port-channel port-channel-number
(config)-if)# vpc vpc-number
```

설정 A.24 VPC 이더 채널 생성 및 확인

```
NX-OS01(config)# interface eth2/5
NX-OS01(config-if)# channel-group 20 mode active
NX-OS01(config-if)# exit
NX-OS01(config)# interface port-channel 20
NX-OS01(config-if)# vpc 20

NX-OS02(config)# interface eth2/5
NX-OS02(config-if)# channel-group 20 mode active
NX-OS02(config)# interface port-channel 20
NX-OS02(config-if)# vpc 20

SW03(config)# interface GigabitEthernet1/0/1
SW03(config-if)# channel-group 20 mode active
SW03(config)# interface GigabitEthernet1/0/2
SW03(config-if)# channel-group 20 mode active
SW03(config)# interface Port-channel 20
SW03(config-if)# switchport trunk encapsulation dot1q
SW03(config-if)# switchport mode trunk
====================================================================
NX-OS01# show vpc


Legend:
                (*) - local vPC is down, forwarding via vPC peer-link

vPC domain id                     : 10
Peer status                       : peer adjacency formed ok
vPC keep-alive status             : peer is alive
Configuration consistency status  : success
Per-vlan consistency status       : success
Type-2 consistency status         : success
vPC role                          : secondary
Number of vPCs configured         : 2
Peer Gateway                      : Disabled
Dual-active excluded VLANs        : -
Graceful Consistency Check        : Enabled
```

```
Auto-recovery status                    : Disabled

vPC Peer-link status
-----------------------------------------------------------------------
id   Port    Status    Active vlans
--   ----    ------    -----------------------------------------------
1    Po12    up        1,10,20

vPC status
-----------------------------------------------------------------------
id   Port    Status    Consistency    Reason    Active vlans
--   ----    ------    -----------    ------    ------------
2    Po20    up        success        success   1,10,20
```

이제 SW03은 서로 다른 스위치로의 링크를 통한 포트 채널을 가진다. 그러므로 특정 업링크가 비가용 상태가 되더라도 STP 전이 없이 해당 포트 채널을 통해 트래픽 전송을 중단 없이 할 수 있다.

A.8 NX-OS의 FEX

FEX는 'Fabric Extension', 즉 '스위칭 패브릭을 확장한다'는 의미로, 넥서스 5000 또는 넥서스 7000 시리즈 스위치에서 사용된다. FEX는 기존 데이터센터의 스위치와 서버 간의 케이블 연결 등을 개선하기 위해 소개됐다.

FEX는 넥서스 2000을 넥서스 5000 또는 넥서스 7000 시리즈 스위치에 연결함으로써 구현된다. FEX는 기존의 일반적인 스위치와 달리, 자체 포워딩 테이블이나 관리 등을 위한 제어 플레인Control Plane을 제공하지 않는다. 다시 말해, 대형 스위치의 외장 확장 모듈 개념으로 이해하면 된다.

FEX는 상위 스위치, 즉 넥서스 5000 또는 넥서스 7000 시리즈 스위치의 확장 모듈로서 독립적인 소프트웨어 업그레이드 또는 설정 정보 및 시스템의 유지보수가 요구되

지 않는다. 스패닝 트리를 제거한 상위 스위치로의 연결을 통해 마치 상위 시스템 내
부에 실장된 모듈과 같은 형태로 동작한다. 다만 물리적으로 상위 스위치의 내부 스위
칭 패브릭을 사용하는 것이 아니라 10G 링크로 연결되는 것만 다르다고 할 수 있다.

FEX가 요구되는 배경을 알면 그 기술의 이점을 확실히 이해할 수 있을 것이다. 그림
A.9는 기존 데이터센터의 스위치와 서버 간의 케이블 연결을 보여준다.

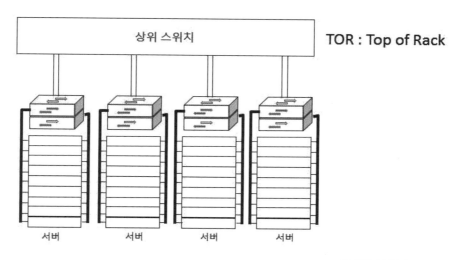

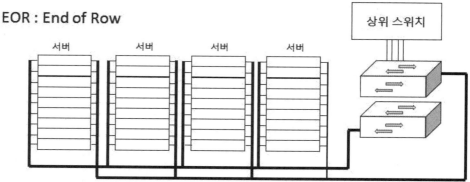

그림 A.9 기존 데이터센터의 네트워크 배열

기존 데이터센터의 배열을 보면 크게 두 가지 경우로 나타난다. 첫 번째는 중형 스위
치를 각 서버랙의 상위에 둬 각 랙^{Rack}의 서버를 모두 연결하고, 그 중형 스위치를 집선
대형 스위치로 연결하는 방식이다. 이런 방식을 스위치가 랙 상단에 위치한다고 해서

TOR^{Top of Rack}이라 한다. 이 경우 관리자가 각 랙에 위치하는 모든 중형 스위치를 개별적으로 관리해야 한다는 단점이 있다.

또 다른 배열은 중대형 스위치를 서버 랙의 열 끝부분에 위치한다는 의미로 EOR^{End of Row}이라 한다. 이 방식은 관리해야 할 스위치의 수는 TOR에 비해 적을 수 있지만, 많은 케이블이 스위치로 동시에 연결되므로 케이블 관리에 어려움이 있을 수 있다는 단점이 있다.

FEX는 기존 TOR과 EOR의 단점을 극복하고 장점만을 취하기 위해 제공됐다. 그림 A.10을 보면, FEX 스위치는 TOR 형태로 각 서버 랙의 상단에 위치하므로 데이터센터 내의 케이블 관리 문제를 해소할 수 있다. 또한 FEX 스위치는 논리적으로 상위 스위치의 모듈 형태로 동작하므로 스위치 관리의 단점을 극복할 수 있다.

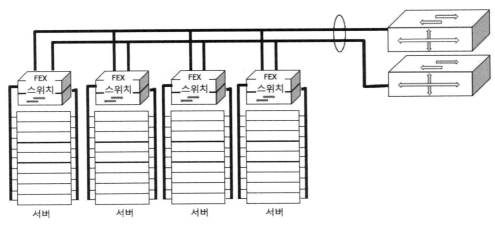

그림 A.10 FEX를 이용한 데이터센터 배열

FEX 스위치가 상위 스위치의 확장 모듈로 동작하므로 FEX 링크는 기존 스위치의 트렁크 개념과 다르다. 그러므로 상위 스위치는 FEX 스위치의 각 스위치 포트의 존재를 인지해야 한다. 이를 위해 FEX는 각 스위치 포트에 대한 태그 ID를 할당함으로써 상위 스위치는 FEX의 개별 스위치 포트를 구분할 수 있다.

한편, FEX 구성은 VPC와 동시에 구현할 수 있다. VPC를 구현함으로써 FEX 구성은 단일 상위 스위치로 구성되는 경우와 이중 상위 스위치로 구성되는 경우로 설명할 수 있다.

그림 A.11에서 보듯이, 단일 상위 스위치의 구성은 FEX 스위치가 하나의 상위 스위치로 연결된다. 이 경우는 서버가 다른 FEX로 연결함으로써 VPC를 구성해 안정된 네트워크를 구축할 수 있다.

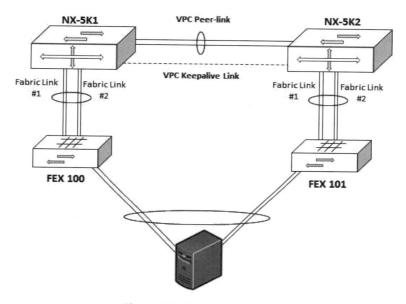

그림 A.11 단일 상위 스위치로 구성되는 FEX

그림 A.12의 이중 상위 스위치 FEX 구성은 2개의 상위 스위치로 연결함으로써 네트워크의 안정성을 도모한다. 반면, 이 경우 서버는 단일 연결 구성으로 연결된다.

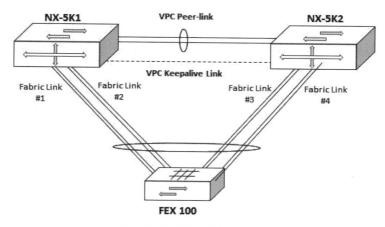

그림 A.12 이중 상위 스위치 FEX 구성

그림 A.13을 통해 FEX 구성을 위한 설정을 알아보자. 이 구성도는 하나의 FEX 스위치를 연결하는 가장 기본적인 FEX 설정의 예다.

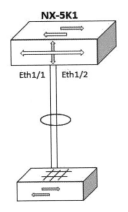

그림 A.13 FEX 설정을 위한 네트워크 구성도 .

설정 A.25에 보여주듯이, FEX 설정의 시작도 FEX 기능의 활성화부터 시작한다. FEX 스위치가 상위 스위치에 물리적으로 연결되면 상위 스위치는 해당 FEX 스위치를 자동으로 감지한다. show fex를 통해 자동으로 감지된 FEX 스위치를 확인할 수 있다.

설정 A.25 FEX 기능 활성화 및 확인

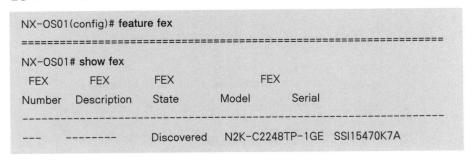

상위 스위치와 FEX 스위치 간에 2개의 링크로 연결돼 있다. 2개의 링크를 포트 채널 설정을 하는데, 이때 FEX는 LACP를 지원하지 않으므로 수동으로 포트 채널을 구성한다. NX-OS에서 기본 포트 채널 설정은 수동 포트 채널(mode on)이다(설정 A.26).

```
NX-OS01(config)# interface e1/1 - 2
NX-OS01(config-if-range)# channel-group 100
```

기본적으로 포트 채널은 액세스 포트나 트렁크로 동작한다. 그러나 시스코 넥서스는 FEX 패브릭 모드로 동작시킬 수 있다. 앞에서 생성한 포트 채널에 대해 FEX 패브릭으로 지정하면 간단한 FEX 설정이 이뤄진다. 설정은 해당 포트 채널의 스위치 포트 모드를 FEX 패브릭으로 지정하고, FEX ID를 지정한다. 여기서 FEX ID는 100부터 199까지 부여할 수 있다. 설정 A.27은 생성한 포트 채널을 FEX를 위한 패브릭으로 설정하는 과정을 보여준다.

```
(config)# interface port-channel-number
(config-if)# switchport mode fex-fabric
(config-if)# fex associate fex-id
```

설정 A.27 FEX 패브릭 설정

```
NX-OS01(config)# interface po100
NX-OS01(config-if)# switchport mode fex-fabric
NX-OS01(config-if)# fex associate 100
=================================================================
NX-OS01# show fex
  FEX       FEX          FEX
  Number   Description   State       Model          Serial
-----------------------------------------------------------------
  100       FEX0100       Image Download   N2K-C2248TP-1GE   SSI15470K7A
```

설정한 FEX의 세부 상태를 살펴보자. FEX 버전과 상위 스위치 버전을 동시에 확인할 수 있다. 최초 FEX가 구성되면 최초 FEX 버전은 FEX가 정상적으로 동작하면서 상위 스위치의 버전으로 자동 업그레이드된다(설정 A.28).

설정 A.28 FEX 스위치와 상위 스위치 간의 버전이 상이한 경우, FEX 스위치 버전은 업그레이드된다.

```
NX-OS01# show fex detail
FEX: 100 Description: FEX0100   state: Image Download
 FEX version: 4.2(1)N1(1) [Switch version: 5.0(3)N2(1)]
 FEX Interim version: 4.2(1)N1(0.002)
 Switch Interim version: 5.0(3)N2(1)
 Module Sw Gen: 12594 [Switch Sw Gen: 21]
 post level: complete
pinning-mode: static    Max-links: 1
 Fabric port for control traffic: Eth1/1
 Fabric interface state:
   Po100 - Interface Up. State: Active
   Eth1/1 - Interface Up. State: Active
   Eth1/2 - Interface Up. State: Active
 Fex Port      State  Fabric Port
Logs:
 05/18/2014 19:41:08.622843: Module register received
 05/18/2014 19:41:08.623921: Image Version Mismatch
 05/18/2014 19:41:08.624230: Registration response sent
 05/18/2014 19:41:08.624584: Requesting satellite to download image
```

FEX 버전이 업그레이드된 후, FEX는 재부팅된다. FEX 재부팅 이후, FEX 버전이 상위 스위치의 버전과 일치된 것을 확인할 수 있다(설정 A.29).

설정 A.29 FEX 스위치의 버전이 업그레이드됐다.

```
NX-OS01# show fex detail
FEX: 100 Description: FEX0100   state: Online
 FEX version: 5.0(3)N2(1) [Switch version: 5.0(3)N2(1)]
 FEX Interim version: 5.0(3)N2(1)
 Switch Interim version: 5.0(3)N2(1)
 Extender Model: N2K-C2248TP-1GE,  Extender Serial: FOC160411LY
 Part No: 73-13232-01
 Card Id: 99, Mac Addr: 2c:36:f8:36:be:82, Num Macs: 64
 Module Sw Gen: 12594 [Switch Sw Gen: 21]
```

```
   post level: complete
   pinning-mode: static     Max-links: 1
   Fabric port for control traffic: Eth1/1
   Fabric interface state:
    Po100 - Interface Up. State: Active
    Eth1/1 - Interface Up. State: Active
    Eth1/2 - Interface Up. State: Active
   Fex Port        State  Fabric Port
      Eth100/1/1  Down       Po101
      Eth100/1/2  Down       Po101
 - 생 략 -
```

이제 FEX는 상위 스위치의 확장 모듈로서 동작한다. 스위치 포트의 상태를 확인하면 FEX 스위치의 스위치 포트가 상위 스위치의 스위치 포트로 확인된다(설정 A.30).

설정 A.30 FEX 스위치 포트 확인

```
NX-OS01# show interface status fex 100

--------------------------------------------------------------------

Port         Name     Status      Vlan  Duplex  Speed  Type

--------------------------------------------------------------------

Eth100/1/1  --        notconnec 1     auto    auto    --
Eth100/1/2  --        notconnec 1     auto    auto    --
Eth100/1/3  --        notconnec 1     auto    auto    --
Eth100/1/4  --        notconnec 1     auto    auto    --
Eth100/1/5  --        notconnec 1     auto    auto    --
Eth100/1/6  --        notconnec 1     auto    auto    --
 - 생 략 -
```

지금까지 FEX에 대해 알아봤다. FEX를 통해 데이터센터 배열을 획기적으로 변화시킬 수 있다는 것을 짐작할 수 있을 것이다. FEX는 데이터센터의 배열뿐만 아니라 FEX를 통해 스위치 포트도 간편하게 추가할 수 있다.

지금까지 NX-OS에 대해 간단하게 알아봤다. 이 부록에서는 NX-OS의 L2 기능에 충실하게 언급했다. NX-OS는 여기서 언급한 기능이 외에 L3 기능과 서버 및 스토리지 관련의 다양한 기능도 제공한다. 이 부록에서는 NX-OS의 가장 기본적인 기능에 대한 기본적인 내용만 다루었다는 점을 이해하기 바란다.

부록 **B**

GNS3 설치 및 구성

이 책 대부분의 실습 과정은 GNS3과 GNS3 IOU 등의 각종 시뮬레이터를 이용해 진행됐다. 여기에서 새로운 GNS3 버전 2.0.1 및 GNS3 VM 2.0.1을 활용해 실습 환경을 구축하는 과정을 알아보자.

GNS3은 오픈소스 소프트웨어로서 인터넷에서 누구나 쉽게 다운로드할 수 있다. GNS3은 버전 0.x에서도 충분히 만족할 만한 기능을 제공했는데, 버전 1.x를 거쳐 버전 2.x로 업그레이드된 이후에 더욱 편리한 기능을 제공한다.

GNS3은 http://www.gns3.com/에서 회원 가입 후 다운로드할 수 있다. GNS3 버전 2.x 설치를 위한 윈도우 버전과 맥 버전, 리눅스 버전 등을 제공하므로 자신의 PC 환경에 맞는 파일을 다운로드하길 바란다. 이 부록은 윈도우 버전의 설치 과정을 설정한다(그림 B.1).

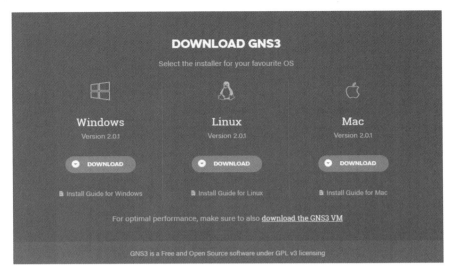

그림 B.1 GNS3 다운로드

윈도우 버전을 다운로드한다. GNS3의 기능을 사용하는 데 필요한 모든 소프트웨어를 포함하고 있는 올인원 설치 파일이 다운로드된다. 올인원 설치 파일을 더블클릭해 설치한다(그림 B.2).

그림 B.2 GSN3 설치

소프트웨어의 라이선스 동의를 묻는 창이 나타난다. 라이선스에 동의한다는 의미로 I Agree를 클릭한다. 이후 일반적인 소프트웨어 설치와 거의 비슷한 과정이 진행된다. Next를 클릭해 설치를 계속 진행한다.

설치 시 GNS3에 설치될 세부 소프트웨어를 지정할 수 있다(그림 B.3). 기본적으로 설치가 권장되는 소프트웨어가 지정돼 있으므로 Next를 클릭한다.

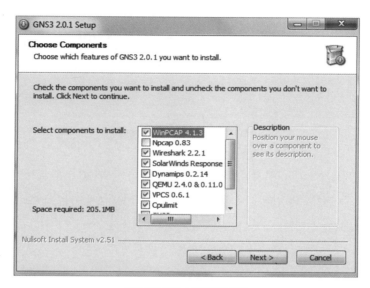

그림 B.3 설치 소프트웨어 선택

GNS3을 설치할 위치를 지정한다. 기본적으로 C 드라이브의 Program Files₩GNS3으로 지정된다(그림 B.4). Install을 클릭하면 GNS3이 설치된다.

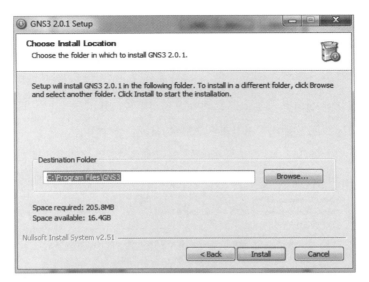

그림 B.4 GNS3 설치 위치 지정

GNS3의 설치는 WinCap 설치로부터 시작된다(그림 B.5). WinCap은 네트워크 인터페이스 카드, 즉 랜카드와 같은 NIC를 다양한 용도로 사용하게 하는 소프트웨어다. 설치를 위해 Next를 선택한다.

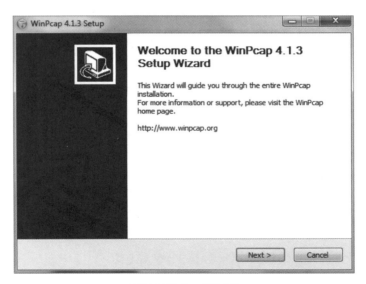

그림 B.5 WinCap 설치 옵션

WinCap 설치가 끝나면 패킷 분석툴인 Wireshark 설치와 모니터링 툴인 SolarWinds 설치가 이뤄진다. 이 소프트웨어는 GNS3 구동에 필수적인 요소가 아니므로 원하지 않으면 Cancel을 클릭해 취소해도 된다. 만약 설치를 원하는 경우, '인터넷 연결 문제' 등의 메시지와 함께 설치가 불가능하다는 메시지를 받는 경우, 해당 소프트웨어 설치를 취소하고, 별도로 다운로드해 설치할 수 있다.

GNS3의 설치가 완료됐다(그림 B.6). Next를 클릭해 GNS3의 설치를 종료한다.

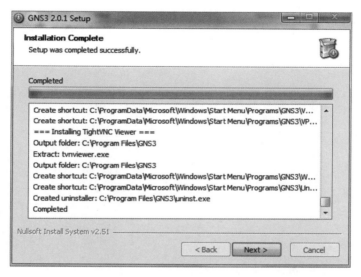

그림 B.6 GSN3 설치 완료

GNS3을 설치했다면, 이제 GNS3 VM을 다운로드한다. GNS3 VM은 GNS3에서 구동할 수 없는 IOU 이미지 등을 구동하기 위한 장치다. 쉽게 말하면, 가상 장비를 구동하기 위한 서버를 구축한다고 생각하면 된다. 여기서 구동되는 가상 장비를 실제 GNS3에서 실습 네트워크에 연결해 구동할 수 있다. 물론 GNS3 자체만으로도 실습을 진행할 수 있지만, 더 많은 종류의 장비를 구동하기 위해서는 GNS3 VM을 함께 설치할 것을 권장한다. 또한 시스코 IOS 스위치는 GNS3으로는 구동할 수 없고, IOU라는 이미지로 구동해야 하는데, 이는 GNS3 VM에서 구동할 수 있다.

GNS3 다운로드 페이지 하단의 **download the GNS3 VM**을 클릭한다. GNS3 VM 다운로드 페이지에서 자신의 환경에 맞는 VM 파일을 다운로드한다(그림 B.7). VMWare 워크스테이션이나 VMPlayer 등을 사용한다면, VMWARE WORKSTATION 용 설치 파일을 다운로드한다. 오라클 버추얼박스를 사용한다면 VIRTUALBOX용, VMWare ESXi 서버를 구동한다면 VMWARE ESXi용 파일을 다운로드한다. 여기서는 VMWare Workstation으로 설명을 진행한다.

다만 여기서 가장 중요한 점은 GNS3과 GNS3 VM의 버전이 반드시 일치해야 한다. 앞에서 GNS3 2.0.1을 설치했으므로 GNS3 VM 역시 버전 2.0.1을 설치해야 한다.

그림 B.7 GSN3 VM 다운로드

다운받은 GNS3 VM 파일을 VMWare 워크스테이션에서 불러들인다. VMWare 워크스테이션을 실행한 후, File의 **Open**을 클릭한다(그림 B.8).

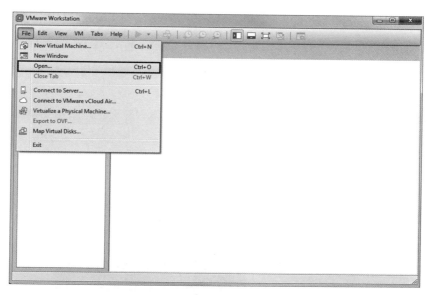

그림 B.8 GNS3 VM 파일 열기

VM 장비를 불러들이기 위한 창이 제공된다. 원하는 VM 장비 이름을 입력한 후, 다운로드한 GNS3 VM 파일을 선택하고 **import**를 클릭하면 GNS3 VM이 준비된다(그림 B.9).

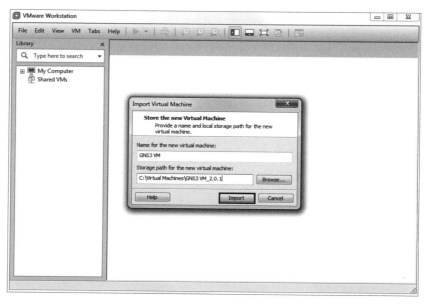

그림 B.9 GNS3 VM 불러들이기

옵션으로 GNS3 VM 창에서 **Edit virtual machine setting**을 클릭해, 불필요한 구성 요소를 삭제하거나 본인의 상황에 맞게 메모리 등을 조절한다(그림 B.10). 메모리는 최소 4GB를 권장한다. 참고로, CD/DVD는 해당 없으므로 삭제해도 무방하다.

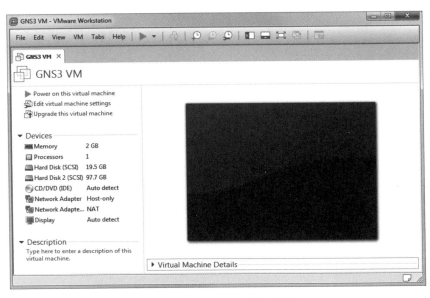

그림 B.10 GNS3 VM 가상 장비 실행 창

GNS3 VM 가상 장비 실행 창에서 **Power on this virtual machine**을 클릭해 GNS3 VM을 실행한다. GNS3 VM을 실행하면 VMWare 워크스테이션의 네트워크 구성으로부터 IP를 할당받는다. 예제에서 192.168.101.129를 할당받았다(그림 B.11).

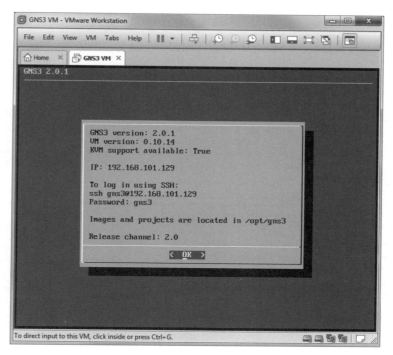

그림 B.11 GNS3 VM 실행

GNS3 VM이 실행되면, 가상 장비를 사용하기 위해 한 가지 선행해야 할 것이 있다. GNS3 VM을 사용하기 위해서는 VM 라이선스가 요구된다. 이를 위한 작업이 요구되는데, CiscoIOUKeygen.py 파일을 GNS3 VM상에서 실행함으로써 라이선스 정보를 얻을 수 있다. 이 과정은 저작권 위배의 위험성이 있으므로 이 책에서는 설명하지 않는다. 인터넷에서 해당 파일을 쉽게 구할 수 있을 것이다.

해당 파일을 확보한 후, WinSCP 프로그램으로 Secure FTP를 통해 GNS3 VM으로 업로드하고 GNS3 VM상에서 실행하면 된다. 관련된 자세한 내용은 유튜브나 인터넷을 참고하기 바란다.

이제 GNS3을 실행한다. 최초 GNS3을 실행하면 초기 설정 마법사가 실행된다. 첫 번째 창은 GNS3을 실행할 서버를 지정한다. 기존 시스코 라우터 에뮬레이터인 다이내믹스^{Dynamips}는 GNS3 프로그램상에서 실행되고, 이 외의 네트워크 장비를 VMWare

워크스테이션에서 실행되는 GNS3 VM에서 실행하기 위해 Run modern IOS(IOSv or IOU), ASA and appliances from non Cisco manufacturers를 선택한 후, Next를 클릭한다(그림 B.12).

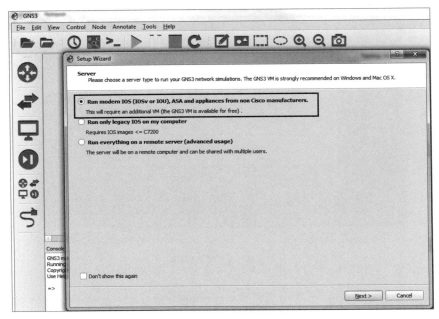

그림 B.12 GNS3 실행 서버 선택

이제 GNS3 로컬 서버에 관한 설정이다. GNS3 실행 파일을 지정하고, Host bindings를 통해 로컬 GNS3 서버의 IP 주소를 지정한다. 기본 IP는 127.0.0.1로 선택돼 있다. 만약 GNS3 VM을 동시에 같이 사용할 경우에는 GNS3 VM에 할당된 IP와 동일한 서브넷의 IP를 선택한다. 예제에서 GNS3 VM의 IP가 192.168.101.129이기 때문에 로컬 GNS3 서버의 주소는 192.168.101.1로 선택한다(그림 B.13).

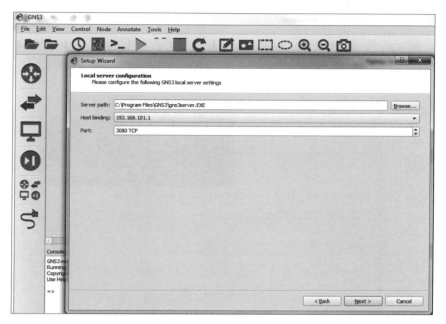

그림 B.13 로컬 GNS3 서버 지정

로컬 GNS3 서버 세팅이 이뤄진 후, GNS3 VM 서버 세팅 창이 제공된다. 이는 그림 B.12에서 GNS3 VM 사용을 선택했기 때문에 제공된다. GNS3 VM이 VMWare 워크 스테이션에서 실행되므로 **VMWare**를 선택한다. vCPU나 RAM 등은 각자 상황에 맞게 지정한다(그림 B.14). 이후 **Next**를 클릭하고 초기 설정을 마무리한다.

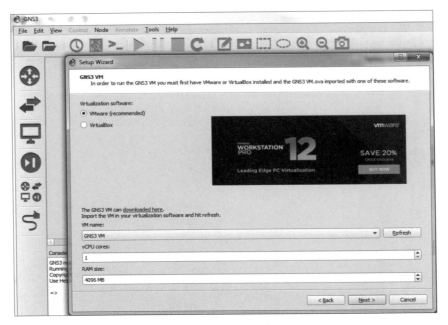

그림 B.14 GNS3 VM 지정

GNS3 VM 지정을 마치면 GNS3을 실행하는 마법사가 종료되고, GNS3에서 사용할 가상 네트워크 장비의 OS를 지정을 위한 마법사가 실행된다. 기존 GNS3에서 가장 많이 사용한 다이내믹스로 실행되는 실제 장비의 IOS를 지정하기 위해 Add an IOS router using a real IOS image(supported by Dynamips)를 선택하고 OK를 클릭한다. GNS3에 익숙하지 않은 처음 사용하는 독자는 쉽게 장비 이미지를 등록할 수 있다. 그러나 이 방법은 쉽지만 조금은 번거로울 수 있다. 예제는 이 과정을 생략하고, GNS3 설정을 통해 장비 이미지를 등록한다.

GNS3을 사용하기 위한 필요 설정은 이미지 등록 등의 설정이 요구된다. 그림 B.15와 같이, Edit ▶ Preferences를 클릭한다.

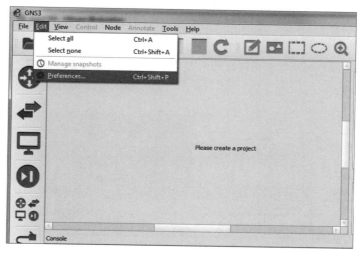

그림 B.15 GNS3 서버 설정 메뉴

GNS3 실행에 앞서 수행해야 하는 설정 창이 제공된다. 그림 B.16은 설정 창을 보여주는데, 여기서 반드시 설정해야 하는 부분은 Server, GNS3 VM이다. 이 설정은 최초 실행 과정에서 마법사에 의해 이미 설정됐을 것이다. 그러므로 이후 수반돼야 하는 설정은 Dynamips의 IOS routers를 통해 기존 IOS를 등록할 수 있고, QEMU를 통해 ASA 및 시스코의 제품이 아닌 다른 제조사의 장비 이미지를 구동할 수 있다. 또한 IOU 이미지 장비를 사용하기 위해 IOU 이미지를 등록할 수 있다. 참고로 여기서 요구되는 각 장비의 이미지는 반드시 독자 본인이 구해야 한다.

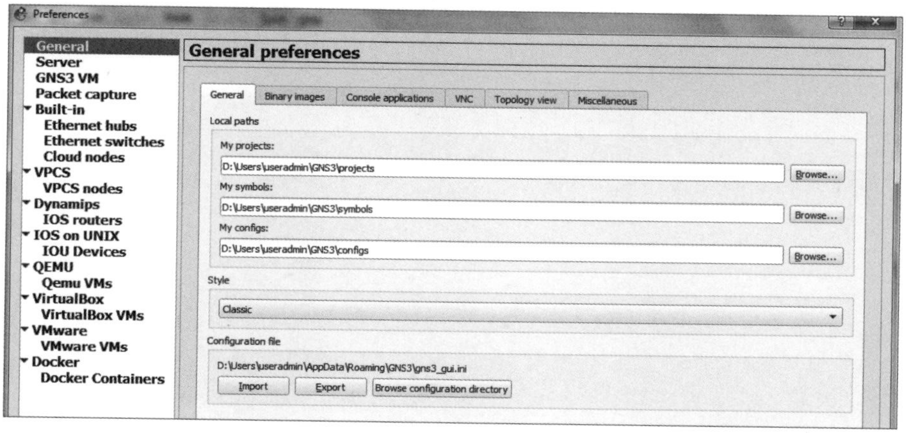

그림 B.16 GNS3 서버 설정 창

우선 기존 GNS3에서 사용하는 다이내밉스용 시스코 IOS 이미지를 등록한다. Dynamips의 IOS routers를 선택한다. 최초 상태이므로 등록된 IOS 라우터가 존재하지 않는다. 그러므로 New를 클릭해 IOS 이미지를 등록한다. 그림 B.17은 IOS 이미지 등록 과정을 보여준다.

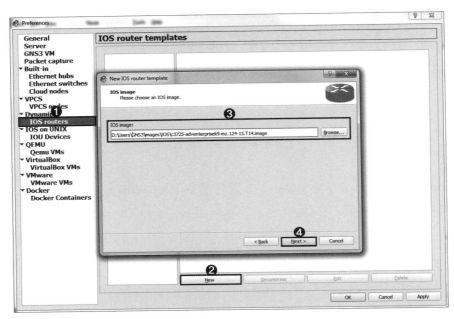

그림 B.17

IOS 이미지 등록이 완료되면 그림 B.18과 같이 사용할 수 있는 라우터가 등록된다.

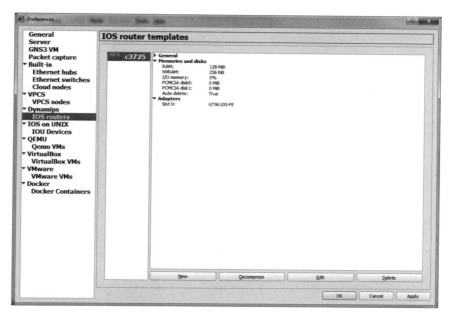

그림 B.18 IOS 라우터 등록

IOU on UNIX를 선택하면 그림 B.19와 같이 보인다. 이 창에서 Browse를 클릭해 앞에서 생성한 라이선스를 추가하면, 라이선스 내용을 보여준다.

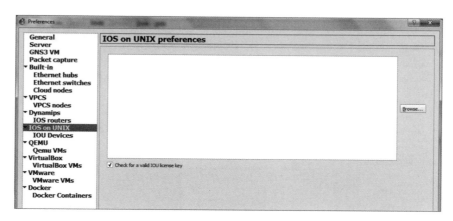

그림 B.19 IOU 라이선스 등록

다음은 IOU 이미지를 등록해보자. IOS on UNIX의 IOU Devices를 클릭하고, New를 클릭한다(그림 B.20).

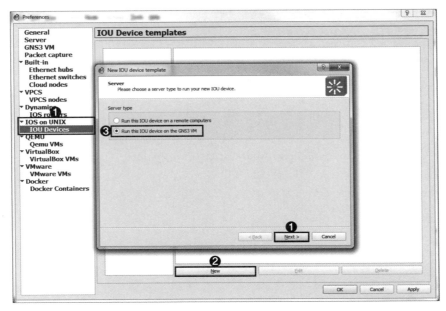

그림 B.20 새로운 IOU 이미지 등록 창

그림 B.21은 IOU 이미지 등록 과정을 보여준다. IOU 이미지의 이름을 지정하고, 이 미지 타입을 선택한 후 해당 이미지를 선택하면 해당 이미지는 GNS3 VM으로 자동 업로드된다. Finish를 클릭하면 해당 이미지는 사용 가능한 장비가 된다.

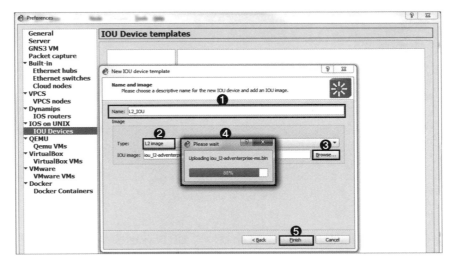

그림 B.21 IOU 이미지 등록 과정

추가할 이미지가 더 있을 경우 이 과정을 반복하면 된다. 그러나 GNS3은 이런 이미지 등록을 보다 간편하게 하는 툴을 제공한다. 사용할 장비 이미지만 확보한다면 GNS3 사이트에서 장비 import 툴을 사용할 수 있다. 아래 URL로 접속하면 각 장비 리스트를 확인할 수 있다. 원하는 장비를 클릭하면 해당 장비 이미지를 등록할 수 있는 GNS3 템플릿 파일을 다운로드할 수 있다.

- https://www.gns3.com/marketplace/appliances

템플릿 파일과 이미지 파일을 동일한 폴더로 복사한 후, GNS3에서 해당 장비의 템플릿 파일을 이용해 장비 이미지를 간편하게 등록할 수 있다. **File › Import appliance**를 클릭한 후, 다운로드한 템플릿 파일(.gns3a)을 선택한다(그림 B.22). 가용한 이미지를 선택하면 해당 이미지가 GNS3 VM으로 업로드되고, 가용 장비로 등록된다.

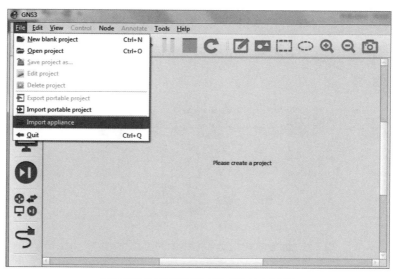

그림 B.22 GNS3 템플릿을 통한 장비 이미지 등록

실습을 위한 GNS3 기본 설정을 알아봤다. GNS3 설치 과정에서 어려움이 있다면 인터넷 검색을 하거나 필자의 독자 지원 카페(http://cafe.naver.com/ciscorouting/)를 통해 해결할 수 있을 것이다.

마지막으로 본문에서 실제 장비를 사용한 실습 예제를 제외한 나머지 모든 예제에 사용한 GNS3 네트워크 구성도를 참고하기 바란다. 본문의 실습 결과값과 독자의 실습 결과값을 최대한 동일하게 함으로써 본문 이해도를 높이고자 한다. 해당 구성도는 그림 B.23을 참고하기 바란다.

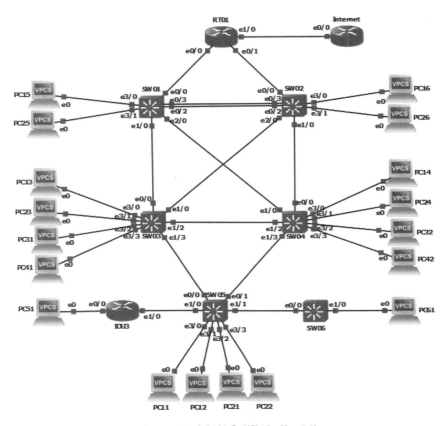

그림 B.23 본문 예제 실습을 위한 네트워크 구성도

찾아보기

W

번호

에이콘출판의 기틀을 마련하신 故 정완재 선생님 (1935-2004)

GNS3 시뮬레이터를 활용한

시스코 스위칭 완전 분석

발 행 ㅣ 2017년 8월 11일

지은이 ㅣ 정 철 윤

펴낸이 ㅣ 권 성 준
편집장 ㅣ 황 영 주
편 집 ㅣ 이 지 은
디자인 ㅣ 박 주 란

에이콘출판주식회사
서울특별시 양천구 국회대로 287 (목동)
전화 02-2653-7600, 팩스 02-2653-0433
www.acornpub.co.kr / editor@acornpub.co.kr

한국어판 ⓒ 에이콘출판주식회사, 2016, Printed in Korea.
ISBN 979-11-6175-029-3
ISBN 978-89-6077-449-0 (세트)
http://www.acornpub.co.kr/book/cisco-switching

이 도서의 국립중앙도서관 출판시도서목록(CIP)은 서지정보유통지원시스템 홈페이지(http://seoji.nl.go.kr)와
국가자료공동목록시스템(http://www.nl.go.kr/kolisnet)에서 이용하실 수 있습니다.(CIP제어번호: CIP2017018334)

책값은 뒤표지에 있습니다.